CENTENARIOS
CONMEMORACIONES E HISTORIA OFICIAL

CENTRO DE ESTUDIOS HISTÓRICOS

CENTENARIOS
CONMEMORACIONES E HISTORIA OFICIAL

Erika Pani y Ariel Rodríguez Kuri
coordinadores

EL COLEGIO DE MÉXICO

972.03
C39714
Centenarios: Conmemoraciones e historia oficial / Erika Pani y Ariel Rodríguez Kuri. coordinadores. -- 1a. ed. -- México, D.F. : El Colegio de México, Centro de Estudios Históricos , 2012.
437 p. ; 22 cm.

ISBN 978-607-462-400-7

1. México — Historia — Guerra de independencia, 1810-1821 — Centenarios, conmemoraciones, etc. 2. México — Historia — Revolución, 1910-1920 — Centenarios, commemoraciones, etc. I. Pani, Erika, coord. II. Rodríguez Kuri, Ariel, coord.

Primera edición, 2012

Camino al Ajusco 20
Pedregal de Santa Teresa
10740, México, D.F.
www.colmex.mx

ISBN 978-607-462-400-7

Impreso en México

ÍNDICE

INTRODUCCIÓN

Erika Pani
Ariel Rodríguez Kuri

Toda comunidad política busca, en la "invención de la tradición", en la reconstrucción del pasado como historia compartida, construir cimientos que trasciendan el tiempo y la enraícen en el espacio.[1] Estos relatos constituyen un "nosotros" frente a los demás; la comunidad se presenta como inmanente y esencial, la pertenencia como "de cierta manera intrínseca a la verdadera identidad de sus miembros".[2] En el caso del Estado-nación, la comunidad política moderna por excelencia, esta historia "oficial", generadora de identidad y solidaridad, tiene una doble función, "terapéutica y militante", afirma Marc Ferro, pensada para inspirar orgullo y patriotismo.[3] Por tratarse de una historia que pretende imbuir de un sentido ético tanto la conciencia del ciudadano como la vida pública, la "historia patria" tiende a ser selectiva y simplificadora, y a justificar el orden existente. Es la historia que padecen la mayoría de los niños en la escuela, la de los "gobernantes tiesos, precursores de su estatua; de proezas conmemorables un día al año y cada diez, veinticinco, cien y mil años, de pueblos en heroica disposición de sacrificio", que describía Luis González y González.[4]

Toda comunidad, entonces, y las naciones con mayor razón, tienen su "historia oficial"; un relato con el que les gusta presentarse al mundo. Ahora bien, ¿a qué nos referimos cuando hablamos de historia oficial? Desde

[1] Hobsbawm y Ranger, *The Invention of Tradition*; Anderson, *Imagined Communities*.

[2] Smith, *Stories*, p. 64.

[3] Ferro, *Comment on raconte l'histoire*, pp. 7-12.

[4] González y González, "El quehacer histórico", p. 69.

ahora el lector debe ser advertido de que la idea de la existencia de una "historia oficial" —una, nefasta, omnipresente y autoritaria— ha circulado libremente en los medios académicos y culturales mexicanos. Sobre los significados del término y sobre la función que cumple en el quehacer historiográfico, así como en el debate público, no existe un control riguroso, ni semántico ni epistemológico. No sería extraño que un examen detenido mostrara que el término tiene varios y quizá demasiados significados. En todo caso, este volumen pretende contribuir a un esclarecimiento del término y de su función en la cultura mexicana contemporánea.

De todos modos, sea cual fuera el estatus de la historia oficial, su crítica, tan en boga en la estela de unas celebraciones nacionales torpemente ejecutadas, no es nada nuevo. Ya en 1882, en una célebre conferencia impartida en la Sorbona, el filósofo e historiador francés Ernest Renan subrayaba los problemas intrínsecos a la historia nacionalista: la nación se funda, explicaba Renan, sobre la conciencia de "haber hecho grandes cosas juntos, querer hacer aún más". Pero para que este recuerdo, glorioso y compartido, cumpliera con su acometido tenía que correr paralelo al error histórico o, por lo menos, al olvido reiterado y estratégico.[5] La historia "oficial" no podía, por lo tanto, sino inspirar recelo a los historiadores. A pesar de esto, la historia, como disciplina y no ya como arte, que desde finales del siglo XIX buscó erigirse en ciencia, asiéndose de la investigación documental y de los parámetros de veracidad y objetividad, creció y se consolidó irremediablemente atada al Estado-Nación, del que sería la cronista privilegiada. Ha sido el Estado-Nación, con su vocación aglutinadora y educadora, el que ha proporcionado parte importante de los espacios y del mercado a quienes se abocan a estudiar el pasado.

Si la historia académica ha sido "oficial", para su congoja y a pesar de sus protestas, en tanto que vinculada al Estado, el problemático vínculo entre pasado y nación dota además a la historia de una relevancia pública de la que carecen otras disciplinas. Como apunta Eric Foner en este volumen, los desacuerdos en torno a la historia no son como los de la física cuántica: si el de dónde venimos, supuestamente, determina quiénes somos y a dónde vamos, la controversia sobre el pasado se convierte en una disputa por la nación. De esta manera, al tiempo que la historia y su difusión —a través de las fiestas patrias y de los manuales escolares— representan un elemento central en la construcción de un imaginario nacional,

[5] Renan, "Qu'est-ce qu'une nation".

no han faltado historiadores que se han sentido incómodos o culpables por lo que esto hace a la disciplina. La tensión entre historia e historia oficial ha estructurado entonces el debate historiográfico prácticamente desde su origen, de forma diversa según las coyunturas y las tradiciones disciplinarias de los distintos países.

Así, en la Francia de finales del XIX, en donde la multiplicidad de miradas y diversidad de interpretaciones parecía negar la cientificidad del saber histórico —y parecía poner en peligro la estabilidad de la república—, los profesionales de la historia buscaron concentrarse exclusivamente en "los hechos" para asegurar "la verdad histórica". Siguiendo a Lucien Febvre, quien en 1919 afirmó que la historia que sirve es "una historia sierva", la historiografía francesa pregonará, durante parte importante del siglo XX, el análisis clínico del pasado, atento especialmente a las estructuras geográficas, demográficas y económicas, que distinguió a la escuela de los *Annales*. En este contexto, durante décadas, los manuales escolares franceses privilegiaron, sobre los sucesos y los personajes, las grandes transformaciones de la "civilización".[6]

En Estados Unidos, los primeros historiadores académicos, fuertemente influenciados por las prácticas y las visiones de la universidad alemana, erigieron la objetividad "científica" como el elemento que los distinguía de los "aficionados" —Bancroft, Prescott— que habían construido, en el siglo XIX, el pasado triunfalista del país del Destino Manifiesto. Sin embargo, ante el desafío que significó para la república estadounidense el participar en la primera Guerra Mundial, los profesores de historia, asumiendo que tenían que cumplir con un deber patriótico, creyeron que se podía ser "flagrantemente propagandístico, sin violar las normas del saber estrictamente concebido". Así, la defensa de la objetividad contribuyó a marginar las posturas de quienes —como Carl Becker o Charles Beard— consideraban que la "verdad" era histórica y relativa, y que las preocupaciones del presente daban forma a las visiones del pasado.[7]

En México, las discusiones sobre la "historia oficial" también se insertan en una larga tradición. A principios del siglo XX, el irascible político Francisco Bulnes criticaba, con típica hipérbole, el uso de la historia y de los héroes como instrumento de construcción nacional: los "caramelos

[6] Ferro, *Comment on raconte*, p. 139; Delacroix, Dosse, García, "L'historiographie française"; *Documents*.

[7] Novick, *Ese noble sueño*, t. I, esp., pp. 33-63, 109-164, cita en p. 157.

literarios" que entre la exaltación y la censura hacían las veces de historia nacional engendraban patrias desaliñadas y mediocre conocimiento histórico, reduciendo a la historia al "trapaleo de la adulación, el repertorio de canciones de la orgía sin luces de los parásitos, la *pierreuse* de todos los condotieros de último orden".[8] A su venenosa disertación sobre el Benemérito de las Américas siguió, sin embargo, la consagración con patrocinio gubernamental, por escrito y en mármol, de Juárez el inamovible. El relato de las glorias prehispánicas, la opresión colonial y el liberalismo redentor fraguado por el liberalismo triunfante —y en primer lugar por Vicente Riva Palacio y Justo Sierra— fue de una eficiencia tal que la "primera revolución social" del siglo XX no la desbancó, contentándose con expulsar a Porfirio Díaz del panteón de los héroes.

Más tarde y durante décadas, bajo el régimen de la Revolución hecha gobierno, que fincara parte de su legitimidad en el legado revolucionario y liberal, la historia de buenos, malos y medias verdades, prescriptiva y patriotera, que es en todos lados la "historia oficial", gozó de particular vigor, difundiéndose a través de repertorios festivos, toponímicos y monumentales, así como en libros de texto únicos, gratuitos y obligatorios.[9] Estos últimos, en sus distintas versiones —1959, 1973 y 1992—, y a pesar de la continuidad en los contenidos, provocaron acres polémicas y movilizaciones, azuzadas más por las oscuras intenciones que, supuestamente, abrigaban los promotores de los cambios que fincadas en una lectura atenta.[10] De la versión de 1992 se dijo que los autores habían reescrito "la historia nacional como si fueran estadounidenses, faltándoles, únicamente, escribirlos en inglés para ser consecuentes con la versión arreglada, tergiversada, de los hechos históricos fundamentales".[11] Parecería que cuando se trata de la historia que debe "formar mexicanos", el suprimir a un héroe o no satanizar a un villano es deshacer patria.

Pero guardemos las distancias. Son conocidas las grandes operaciones de trocamiento, falsificación y desaparición de documentos históricos emprendidos por algunos regímenes totalitarios del siglo XX. Stalin suprimió de las fotografías a los bolcheviques que mandó ejecutar, y fal-

[8] Bulnes, *El verdadero Juárez*, p. 617.

[9] Véase Vázquez, *Nacionalismo*; Loyo y Torres Septién, "Radicalismo y conservadurismo"; Greaves, *Del radicalismo a la unidad nacional*.

[10] Villa Lever, *Los libros de texto*; Loaeza, *Clases medias y política en México*; Aguilar, *El sonido y la furia*.

[11] Álvaro Cepeda Neri citado en Aguilar, *El sonido y la furia*, p. 30.

seó documentos sobre los orígenes y primeros pasos de la Revolución rusa; los nazis emprendieron verdaderas operaciones de Estado, a cargo de las SS, para encontrar (en realidad, fabricar) restos arqueológicos que "probaran" el origen ario del pueblo alemán. ¿Existe algo parecido en la experiencia mexicana, a las empresas estalinista y nazi? No parece ser el caso. Todo mundo sabe que Venustiano Carranza algo tuvo que ver con el asesinato de Emiliano Zapata y que Álvaro Obregón pagó por asesinar a Francisco Villa. Pero en una suerte de dialéctica local, el panteón revolucionario mexicano asume esas contradicciones —por llamarlas de alguna manera— y las resuelve en otro plano: no destruye ni oculta sistemáticamente información, y en cambio recurre (con algo de cinismo) al viejo truco de las conferencias de prensa: *no comments*. Es una verdad de Perogrullo pero es necesario asentar el punto en este libro: nuestra historia oficial no es la de los totalitarismos estalinista, nazi o falangista o, en otro plano, la de la Iglesia católica, incluyendo la aparición de la Virgen de Guadalupe. Que conste.

En general, la crítica a la "historia oficial" en México ha sido de tres tipos: la de la "oposición", la de los defensores de "la verdad" y la académica. Frente a las versiones liberal y revolucionaria, los conservadores construyeron, desde la trinchera de enfrente, otras historias que, aunque de signo opuesto, compartían con la "oficial" tanto el tono como el tipo de contenidos.[12] Por otra parte, varios han pretendido —con aportaciones normalmente poco originales, pero con gran éxito editorial— "desmitificar", desenmascarar la historia oficial para desengañar a los pobres mexicanos, durante tanto tiempo embaucados.[13] Finalmente, como se ha mencionado ya, la historia profesional o académica —que empezó a consolidarse a mediados del siglo XX— busca distinguirse, a pesar de desarrollarse en ámbitos y con dinero público, de la historia oficial. Ésta se erige en espantapájaros, de cuyo rechazo se parte pero que rara vez se analiza. Y a veces hacemos trampa. Debido a que no existe (y quizá nunca existirá) una definición rigurosa de lo que llamamos historia oficial, los historiadores profesionales salimos siempre triunfantes de nuestro enfrentamiento

[12] Para una revisión de la historiografía conservadora en el siglo XX, Jaime del Arenal, en Hernández López, *Tendencias*.

[13] Bulnes, *Las grandes mentiras*; Salmerón, *Las grandes traiciones*; y la aparentemente inagotable obra de Francisco Martín Moreno —que se dice ha vendido más de 2 000 000 de libros—, *Las grandes traiciones de México; México mutilado; México negro; México secreto; México sediento*, y *México acribillado. Cien mitos de la historia de México*, en 15 tomos.

con ese molino de viento. En la academia y en los medios escritos y electrónicos hemos construido un enemigo *ad hoc*, al que derrotamos cada vez cual David a Sansón. Exageramos, sin duda. De hecho, la historia oficial no argumenta, nosotros (sus enemigos) le atribuimos argumentos que luego rebatimos.

Más aún, con frecuencia se omite que la noción de historia oficial desempeña un papel legitimador del quehacer de los historiadores, un verdadero *marketing* personal y gremial, en especial en aquellas corrientes que se consideran a sí mismas revisionistas o sólidamente ancladas en genealogías ideológicas. Es el caso de los liberales, los católicos y los marxistas, todos ellos militantes contra lo que al unísono llaman "el mito de la historia oficial". Esa legitimación de los historiadores se da en al menos tres planos: como denuncia de lo que se considera un falseamiento pleno y premeditado del pasado (lo que sucede pocas veces en el caso mexicano, como ya se dijo); como hipótesis según la cual toda historia oficial es una legitimación deliberada y planeada de un estado de cosas político (lo que sucede todo el tiempo, en México, en China y en el Vaticano); y como una crítica a las deficiencias epistemológicas y metodológicas de los historiadores oficiales (lo que pasa de vez en cuando entre nosotros, dadas nuestras debilidades epistemológicas).

Pero hay otro problema, incluso de mayor envergadura, y ante el cual los historiadores contemporáneos en México tendemos a ser omisos (con sus honrosas excepciones, como siempre). El mito es también materia de los historiadores, al menos en dos sentidos: como evidencia de la instauración imaginaria de una historia compartida que, justo ahí, comienza o cambia de dirección (pensemos en el águila devorando la serpiente, en la aparición de la guadalupana, en el grito de Dolores) y, en segundo lugar, como materia, como objeto en sí mismo, de la investigación y la reflexión históricas. En una nota a pie de página, Lucas Alamán despachó de un plumazo el asunto del Pípila: éste no existió, fue una invención de Carlos María de Bustamante. El héroe popular, casi anónimo, no tiene cabida en su historia, donde además prácticamente no hay héroes. En realidad, poco importa si el Pípila fue un personaje real o no. Lo que interesa es la persistencia, la omnipresencia y los papeles quizá cambiantes del mito "Pípila".

El propio Alamán sostuvo, en alguna parte, que la posteridad llegó finalmente para todos, hasta para el Pípila, que tal vez no existió, pero cuya gesta heroica ha educado (para bien o para mal) a muchas generaciones de niños mexicanos. ¿Estamos preparados los historiadores del tema mexicano para lidiar con esos contrasentidos, con esas vaguedades e indefiniciones? ¿Estamos dispuestos a reconocer que con esos materiales imperfectos se hace también la historia? Acaso no, porque muchos de los historiadores contemporáneos quieren ser también desacralizadores profesionales, un poco a la manera de Alamán. Se olvida que también pueden cometerse abusos desde las visiones abusivamente coherentes, precisas, contestatarias y didácticas de la historia. Si la mistificación es un peligro para cualquier narrativa porque distorsiona el horizonte histórico, el hiperrealismo (ése que no quiere mitos, historias oficiales, caramelitos bulnesianos) acaba por colocar al historiador como el *Big Brother* del pasado, como el pastor único de una historia no sujeta a litigios. Se incurre en eso mismo que denuncia y combate.

Con la transición política, las discusiones sobre la reforma educativa y la llegada al poder, en el año 2000, de un partido de oposición, el debate sobre el pasado nacional se ha avivado, pero se ha tornado menos contencioso. De hecho, se ha cuestionado menos a la historia oficial en sí que discutido sus contenidos. El debate, exagerada su influencia en la conciencia de los ciudadanos de a pie, revestido con lo que dicen los profesionales del escribir y del opinar, no ha buscado identificar los efectos que ha tenido la enseñanza y difusión de la tan vapuleada historia oficial.[14] Raros son los análisis que abordan de manera específica las formas en que, dentro de ciertos contextos, la manera de concebir el pasado nacional da forma a las percepciones y traba discusiones.[15] En general, sigue permeando el sentimiento del "ciudadano encolerizado" porque "siempre nos han engañado" o porque la "identidad nacional" que se constituye no es la que nos gusta.[16] Se exige una historia "para la democracia" que ponga de manifiesto que el abuso del poder es peligroso, que la violencia es mala, y que los gringos no lo son tanto.[17]

[14] ¿Puede hablarse de los nefastos efectos de la "historia oficial" sobre la *psique* nacional, cuando parecería que los mexicanos no sabes mucho de historia? A mediados de los ochenta, un estudio mostraba que los estudiantes de educación básica del Distrito Federal consideraban que los héroes que más habían beneficiado al país eran Juárez, Hidalgo y el presidente Cárdenas. Sólo 38% logró asociar al héroe de su elección con un suceso histórico relevante. Aguilar, *El sonido y la furia*, p. 34. Véanse también las reconstrucciones populares de la historia patria que reseña Ricardo Pérez Montfort en este volumen.

[15] Garciadiego, "Transición"; Meyer, "¿Qué hacer con el pasado?".

[16] Mora, *El gatuperio*, p. 11. Este autor añade, defendiendo el legado hispano de los mexicanos, "¿Cómo haríamos para separar de nuestras arterias una mitad de la sangre y distinguirla de la otra mitad?" (p. 390).

[17] Crespo, *Contra la historia oficial*, pp. 296-299.

En general, entonces, se habla de "desmitificar" la historia patria y de devolver la humanidad a sus héroes, a quienes "se les debe quitar la capa de bronce [...] sin [bajarlos] de su pedestal".[18] Unos sugieren la inclusión de más héroes, empezando por los "apestados," los conservadores o radicales que dejaba fuera la trama liberal y revolucionaria. Otros exigen revelar que detrás de "los héroes de la versión liberal están en realidad las clases populares y las masas campesinas, obreras, indígenas y urbanas de nuestro país", al tiempo que insisten en que no hay que "desatanizar" a nadie, "sino más bien fundar con más elementos y más sistemáticamente dicha condena [...] demostrando como los grupos y los poderosos intereses [...] que estos 'villanos' han encarnado siguen todavía vivos, amenazantes y actuantes".[19] Se aboga por una historia generadora de identidad, muestrario de virtudes cívicas, anunciadora de futuros mejores, pero menos maniquea, más moderna, más matizada, más plural. La discusión se ha enriquecido, pero sigue encerrada en el mismo círculo.

La conmemoración de los rumbosos aniversarios de 2010 —200 años de independencia, 100 de revolución— iba a insertarse en esta querella por la historia. De manera quizá más trascendental, coincidiría con una crisis económica y social —no faltará quien diga que anímica— en la región a la que le tocó celebrar en el 2010. Esto contribuyó a que, en Iberoamérica, con la posible excepción de Chile, los festejos hayan girado más hacia lo frívolo, lo espectacular y lo efímero que hacia lo solemne y lo permanente. En México, además, el partido en el poder tenía una relación conflictiva con este tipo de celebraciones, ya por sentirse ajeno a una historia en la que sus "precursores" habían desempañado el papel de los malos, ya por identificar historia pública con manipulación e imposición. De ahí que los festejos, independientemente de su costo y ejecución, hayan carecido de un guión histórico claro, exhibiendo más bien el México del folclor y la cursilería.[20]

Más allá del festejo callejero y multitudinario, el gobierno federal promovió, con la intención de difundir la historia nacional, un programa de televisión y la edición de tres libros. En el programa *Discutamos México*

[18] "Desmitifica Krauze figuras históricas", *Reforma* (3 dic. 2010).

[19] Aguirre Rojas, *Mitos y olvidos*, pp. 83-84.

[20] Por ejemplo, el espectáculo multimedia "Yo México" que se exhibió en el Zócalo para abordar los sesenta, mostró en las pantallas, de forma indistinta, escenas del movimiento estudiantil, de los bailes de moda y de las olimpiadas al son de música instrumental de la época.

participaron "más de quinientos expertos en la historia y la cultura en nuestro país", que abordaron, en un formato de mesas redondas, distintos periodos históricos —de "Mesoamérica" a "la transición democrática"— y temas varios como "La política fiscal", "Las mujeres hoy" y los "Partidos minoritarios". Se transmitió a lo largo de 2010, todos los días por televisión y radio. En cuanto a los libros, se dirigieron a un público infantil y juvenil, y fueron repartidos de forma gratuita para que, como afirma el texto introductorio que escribió para uno de ellos el presidente de la República, las "familias mexicanas disfruten este paseo por el pasado y encuentren hospitalaria su visión generosa, plural, abierta y positiva".[21]

Uno de ellos, *Viaje por la historia de México*, recupera un texto de Luis González y González que ofrece "un recorrido por nuestro pasado a través de aquellos personajes que fueron representativos de una época o tuvieron especial relevancia en algún momento de nuestra historia". Con un tiraje de veinticinco millones de ejemplares, el libro, bellamente ilustrado, apunta a la pluralidad y al equilibrio, incluyendo a personajes de todos los bandos, y a artistas, literatos y científicos a la par que a políticos y caudillos militares. Aquéllos dominan la última parte del libro, conformando en su totalidad la "Generación de medio siglo" y el "Fin de siglo". El lector seguramente agradecerá que figuren como forjadores de nuestra realidad quienes actuaron desde un ámbito distinto al del poder político. Sin embargo, podría también causarle cierta extrañeza que la transformación del México de la revolución institucionalizada se haya dado, aparentemente, de la mano de poetas, arquitectos, astrofísicos, químicos y ensayistas. Sorprende, por otra parte, que dentro de un repertorio de personajes que arranca con Quetzalcóatl, sólo cuatro de los biografiados sean mujeres, incluyendo a la Coyolxauhqui y la Virgen de Guadalupe. Desafortunadamente, el texto recordará a los niños la prosa mecánica de las monografías de papelería antes que introducirlos al sabroso estilo y a la lucidez del historiador michoacano que escribió la obra.[22]

[21] González y González, *Viaje*, p. 3.

[22] González y González, *Viaje*. El libro da, por ejemplo, incluso visualmente, un espacio equiparable a Manuel Gómez Morín y a Lázaro Cárdenas (pp. 58-59), e incluye a Félix Zuloaga con Ocampo y Juárez (p. 38) y al general cristero Enrique Gorostieta con Saturnino Cedillo y Plutarco Elías Calles (pp. 56-57). Las cuatro mujeres que tienen su propia biografía son la Coyolxauhqui, la Virgen de Guadalupe, sor Juana Inés de la Cruz y Josefa Ortiz de Domínguez (p. 13, p. 25 y p. 29, respectivamente). Isabel de Castilla comparte la de "Los Reyes Católicos" con Fernando (p. 15); se menciona a la Malinche en la biografía

Por su parte, *Arma la historia* —en dos versiones, una para la educación primaria y otra para la secundaria— es una adaptación convencional, aunque también excepcionalmente bien ilustrada, de una obra más amplia, cuya estructura y tono son los de un libro de texto. Finalmente, para el público adulto, la Academia Mexicana de la Historia publicó una *Historia de México* que se vende a un precio muy accesible y esboza una visión general del pasado de nuestro país. El texto empieza analizando el espacio mexicano como elemento imprescindible de la comprensión de la acción humana en el tiempo, y termina haciendo un análisis del México contemporáneo, tutelado por dos premios Nobel, y bajo el signo de "dos milagros globales: la caída del muro de Berlín y la adopción generalizada de la democracia en América Latina".[23] Esta *Historia de México* goza de las virtudes características de una obra general y colectiva, y adolece de sus vicios. Presenta las visiones pulidas y ponderadas de algunos de los historiadores más destacados de México, pero constituye una narrativa impresionista y discontinua, lo que en este caso se agrava por el hecho de que, para la época virreinal, son los siglos y no los procesos históricos los que definen la periodización. Por otra parte, quizá por ser una historia "dirigida a todos los mexicanos", los debates, la adopción de perspectivas distintas y el cambio de paradigmas historiográficos que han fortalecido a la historiografía mexicana están prácticamente ausentes. En conjunto, se trata de tres obras que ofrecen una visión sólida, plural y completa del pasado mexicano.

El libro que aquí presentamos es también producto del 2010, pero no busca reseñar doscientos años de vida independiente, ni abonar a las discusiones historiográficas —cuyas pautas son ajenas a los aniversarios— sobre la independencia y la revolución. Tampoco pretende catalogar los defectos que todos sabemos tiene la historia oficial. Este volumen reúne los textos que fueron presentados, en una primera versión, en un coloquio que se llevó a cabo en las instalaciones de El Colegio de México, en junio del 2010. En esa ocasión, investigadores de diversas instituciones académicas reflexionaron y debatieron sobre las maneras en las que se construye la historia oficial y sobre los mecanismos con los que se difunde; sobre la importancia, para darle forma, de la coyuntura y del espacio en el que

de Cortés y a Carmen Serdán en la de su hermano Aquiles (p. 17, p. 50).

[23] Manuel Ceballos, "El espacio mexicano"; Enrique Krauze, "México contemporáneo (1988-2008)", en *Historia de México*, pp. 15-44, pp. 261-277, la cita en p. 261.

se desarrolla; sobre lo determinante que es la recepción en la construcción de la conciencia histórica, y sobre la multiplicidad de factores que contribuyen a deformar lo que suponemos son los mensajes claros del poder. En este contexto, los autores buscaron, en medio de la vorágine de celebraciones del Bicentenario, ir más allá de la crítica justificada pero limitada a la historia oficial, para repensar las formas, cometidos y posibilidades de una historia que importe e implique a todos los ciudadanos.

El libro se divide en cuatro secciones. Tres se abocan a explorar distintas expresiones de la historia "oficial" —la que se enuncia desde el poder, se ufana de monopolizar la verdad y pretende normar actitudes y comportamientos— a lo largo de los siglos XIX y XX. Así, en "Celebrar y conmemorar", Enrique Florescano reseña el largo, arduo y complejo proceso mediante el cual los hombres del siglo XIX dotaron a una nación en ciernes de las imágenes, símbolos y fiestas de guardar, dando al imaginario nacionalista una solidez de la que carecía, quizá, la comunidad política. Ana Santos, a través de un análisis más acotado de los festejos del cincuenta aniversario de la Revolución mexicana, logra mostrar cómo el gobierno federal echó mano de recursos diversos para transmitir el mensaje de sus logros a públicos distintos, al tiempo que, con la exaltación de la Revolución, se ponía de manifiesto el resquebrajamiento de la retórica revolucionaria. Por su parte, Verónica Zárate comienza con una revisión crítica de las conmemoraciones del 2010, y de cómo fueron percibidas, para continuar con un recorrido de doscientos años por las formas en las que, en México, se materializó y difundió la historia —a través de la exhibición, circulación o censura de ciertas imágenes, la construcción de monumentos y la celebración de ciertos sucesos y personajes— con el fin de construir una memoria compartida.

La sección "Héroes y villanos" busca desentrañar la lógica y los trazos de una historia centrada en vidas ejemplares, espejo de virtudes y vicios, que se quería a la vez fascinante y normativa. Enrique Krauze contrapone a los monstruosos "grandes hombres" que exaltaba Thomas Carlyle con los héroes cívicos, sufridos y populares de la tradición mexicana. El autor de *Biografía del poder* matiza así lo que había sido uno de los *leitmotiv* de su obra: México es menos tierra de caudillos que patria de héroes entrañables. Por su parte, Juan Ortiz, al revisar la forma en que se constituyen los referentes de la historia patria, identifica las circunstancias, las confrontaciones políticas y las dinámicas sociales que contribuyen a transformar a un actor histórico como Félix María Calleja de héroe en el antihéroe por excelencia para, posteriormente, desdibujarse hasta desaparecer de la memoria nacional. Su análisis se enriquece, por un lado, por tomar en cuenta la importancia de los patriotismos de provincia en la construcción del discurso nacional y, por otro, por sugerir, partiendo de antecedentes históricos, el valor tanto de la orientación cívica como de la erudición—frente a la "vulgarización"— en la historia que se dirige a los niños.

Los artículos de Tomás Pérez Vejo y Ricardo Pérez Montfort exploran algunos de los problemas que estructuran la elaboración y la recepción de la historia heroica. Para el primero, el afán por transformar la complejidad histórica en imágenes de fácil difusión, digestión y arraigo hizo tan difícil representar la historia de la independencia, protagonizada tanto por Hidalgo como por Iturbide, como construir un relato de familia en el que figuren dos padres para la misma prole. Pérez Montfort, por su parte, rastrea la apropiación por parte de los ciudadanos de a pie de tanta imagen que la autoridad posrevolucionaria suponía edificante y sublime. La manipulación creativa y contestataria que ponen de manifiesto estas "versiones populares" de los héroes que nos dieron patria, así como las dificultades que conlleva el traducir en imagen sencilla una historia complicada, ponen de manifiesto la problemática, a menudo soslayada, de la difusión masiva del conocimiento histórico.

La tercera sección se ocupa de los dos campos en donde, supuestamente, la historia oficial sienta sus reales y ejerce la influencia más nefasta: la enseñanza y la difusión de la historia, a través de los libros infantiles de las últimas décadas del siglo XIX, de los libros de texto gratuitos de la segunda mitad del XX y de los espectaculares murales pintados en edificios públicos, que durante parte importante del siglo XX iban a constituir la imagen estereotípica de México para propios y ajenos. No obstante, estos objetos no reflejan los empeños de un Estado monolítico que logra controlar el futuro de la nación imponiéndole un pasado. Su análisis revela, en cambio, la distancia que a menudo separa la versión histórica del patrocinador de la del ejecutante, y el lugar privilegiado, pero muchas veces complementario, que desempeña la historia en la factura del relato, del material pedagógico y de la obra de arte.

Los trabajos de Beatriz Alcubierre y Lorenza Villa Lever revisan los libros que, en dos periodos distintos, buscaron transmitir a los niños de México el conocimiento de la historia de su país. Como muestra Alcubierre, la historia, a finales del siglo XIX, representó el espacio en el que el niño se nutría de patriotismo, aunque éste resultaba más bien "tenue". Era también donde aprendería a leer, a ubicarse temporal, geográfica y socialmente, y a comportarse con urbanidad. Desde su creación, los libros de texto gratuitos se han concebido de cuatro maneras distintas. Villa Lever rastrea, en esta evolución, las transformaciones en la historia que se enseña a los niños. Muestra, sin embargo, que no fueron estos cambios los que impusieron los cambios de paradigma, sino el desarrollo de nuevos preceptos pedagógicos e imperativos de socialización dentro de la educación básica. Finalmente, Alicia Azuela revisa quince años de muralismo mexicano en el Distrito Federal, analizando la elaboración y el contenido de los murales de san Ildefonso, Chapingo y Palacio Nacional. Su texto revela tanto la transformación de la postura "oficial" frente al pasado —y de manera particular frente a la Conquista— como los desencuentros y confrontaciones que resultaron de la visión radical y crítica que plasmaron los muralistas.

La última sección reúne una serie de reflexiones sobre el lugar que debe ocupar la historia en el espacio público y de cara al futuro, como patrimonio que pertenece a todos. Eric Foner, revisando la función estratégica que han desempeñado, sobre todo en Estados Unidos, el olvido y la memoria, afirma que es la reflexión histórica la que nos permitirá superar los límites de la celebración autorreferencial y la mitificación para poder "pensar nuestra nación". El texto de Javier Garciadiego logra tomar distancia frente a las celebraciones bicentenarias de 2010 patrocinadas por el gobierno federal, insertándolas en la historia de las grandes fiestas nacionales, desde las "fastuosas" de 1910 hasta las "polifónicas" del Bicentenario. De ahí que rescate lo provechoso de un programa que ha sido fuertemente vilipendiado, las más veces justificadamente. Se trató, afirma Garciadiego, de una conmemoración que, a través de los medios electrónicos, hizo presente el pasado para un número importante de mexicanos —el portal Bicentenario, por ejemplo, recibió más de doce millones de visitas—, y durante la cual, de manera más trascendental, se escuchó una gran pluralidad de voces, exponiéndose tanto los eventos como el discurso a todo tipo de críticas.

Por su parte, Álvaro Vázquez Mantecón y Soledad Loaeza, conscientes de las taras que han caracterizado a la historia oficial mexicana, ponderan sus posibilidades. Vázquez Mantecón analiza el Memorial del 68 que se inauguró en 2007, en el Centro cultural Tlatelolco, y en el que fungió como curador. Se trata de un proyecto auspiciado por una instancia pública y académica, la Universidad Nacional Autónoma de México, y que, como escribe el autor, presenta una visión del movimiento estudiantil muy distinta a la que fue, durante mucho tiempo, la "versión oficial". A diferencia de un monumento que, como escribe el autor, es una construcción estatal que pretende "calmar la ansiedad de la memoria pero que acaba propiciando el olvido público", el Memorial carece de "un sentido unívoco". Representa, por lo tanto, un sitio de memoria que propiciará el conocimiento y la reflexión sobre el pasado reciente.

Si Vázquez Mantecón centra su trabajo en lo que puede considerarse como una expresión positiva de la historia oficial, la reflexión de Loaeza parte de un fracaso. La "historia oficial" conformaba, sin duda, parte del arsenal del régimen autoritario. Sin embargo, a toro pasado, parecería que la transición que desembocó en una democracia política también trastocó "las nociones de identidad y de comunidad que con el liderazgo del Estado y bajo el sello del nacionalismo, sostuvieron por décadas un cierto grado de cohesión social, y un considerable apoyo al sistema autoritario". A partir de esta constatación, Loaeza pondera la necesidad de una historia patria —que no una historia oficial monolítica y totalizante—, difundida desde el Estado y dirigida a los niños. Ésta, más que historia, es "celebración", y ha demostrado poder engendrar "la identidad de índole cultural" que es crucial para la eficacia de las políticas de gobierno, así como generar "los lazos simbólicos, incluso míticos" que "permitan movilizar los recursos" de la sociedad.

La condena a la "historia oficial" forma parte integral del discurso sobre la historia de México desde hace ya —si tomamos en consideración los tan mal recibidos libros de Francisco Bulnes— más de cien años. Como en otros lugares del mundo, esta crítica ha servido para defender una "verdad" distinta a las manipulaciones de gobiernos empeñados en controlar conciencias; para afirmar, aunque sea por medio de un gesto retórico, la legitimidad de la historia académica, y como estrategia a todas luces exitosa para vender muchos libros. A pesar del desprestigio de una historia desde y para el Estado, parecería que ésta es ineludible. Incluso los más críticos afirmaron a menudo que la conmemoración del 2010 resultó "una oportunidad perdida". Esperamos aquí haberla aprovechado. Para los autores de esta compilación representó la excusa para ir más allá de la crítica fácil y trillada a la historia oficial. Esperamos que sus reflexiones alimenten un debate crítico sobre la historia y sus funciones dentro, pero sobre todo fuera del ámbito académico.

Agradecemos a los autores de este volumen su entusiasta participación, así como el apoyo de El Colegio de México, y la eficiente logística de Noé Valdivieso.

Celebrar y conmemorar

INDEPENDENCIA, IDENTIDAD Y NACIÓN EN MÉXICO, 1810-1910

Enrique Florescano
Consejo Nacional para la Cultura y las Artes

El 27 de septiembre de 1821, el general Agustín de Iturbide, al mando del Ejército Trigarante, hizo su entrada triunfal en la capital del país y el 28 de septiembre del mismo año se instaló la Soberana Junta Provisional Gubernativa. Ambos acontecimientos culminaron el movimiento independentista iniciado por el cura Miguel Hidalgo en 1810.

Después de diez años de guerra, la entrada de Iturbide y del Ejército Trigarante en la ciudad de México vino a ser la primera celebración colectiva y una fiesta popular (imagen 1). Estos acontecimientos y la proclamación formal de la independencia fijaron un modelo, una forma popular de recordación histórica y un calendario cívico que se habría de consolidar en los años siguientes.

El 28 de septiembre de 1821, el Ejército Trigarante recorrió las principales calles de la ciudad, encabezado por el general Agustín de Iturbide. En la vanguardia iban "las parcialidades de indios, los principales títulos de Castilla, y crecidísimo número de vecinos de México". En distintos momentos del recorrido, las autoridades de la ciudad y la población les rindieron honores a los libertadores. La avanzada del ejército fue recibida por el ayuntamiento con un arco triunfal y la entrega a Iturbide de las llaves de la ciudad.

En este recorrido flanqueado por multitudes, dice un testigo que "no se oyeron otras expresiones que las de viva el padre de la patria, el libertador de Nueva España [...]. El segundo objeto de la admiración de las gentes fue el Ejército Trigarante compuesto por ocho mil hombres de infantería y diez mil caballos [...]".

Carlos María de Bustamante, el cronista que narró la gesta independiente, relata que luego de este recorrido, los jefes del ejército, los miembros del ayuntamiento, los representantes indígenas de las parcialidades y los títulos de Castilla, se trasladaron a la catedral donde "se entonó el *Te Deum* por el señor arzobispo". Al día siguiente se instaló la Junta Provisional Gubernativa y se declaró la independencia, en el salón de acuerdos del antiguo Palacio de los Virreyes. Luego, los miembros de la Junta "se dirigieron a la iglesia catedral, donde cada uno, poniendo la mano sobre los Evangelios, juró cumplir fielmente el Plan de Iguala". Por la noche, la Junta dio a conocer el Acta de Independencia que declaró a México nación soberana e independiente.

El rasgo significativo de esta celebración es que en el mismo año en el que se festejó la Independencia en la capital del país fue celebrada en el resto del territorio. En el mejor estudio sobre los actos que saludaron la Independencia, el historiador colombiano Javier Ocampo mostró que su celebración se realizó en todo el territorio. En las ciudades y en los pueblos del interior, la fiesta popular hizo pública la separación política de España y su celebración en los rincones más alejados dio a conocer la buena nueva a los diferentes sectores sociales.

LOS NUEVOS RITOS Y CALENDARIOS DE LA NACIÓN

El antecedente de la fiesta colectiva en México se remonta a la conmemoración religiosa. El primer festejo de la nación independiente recoge las formas y los símbolos de la celebración religiosa, pero le otorga un nuevo sentido y hace aparecer otros actores, espacios, tiempos e imaginarios.

Los actores de la nueva ceremonia cívica son el héroe libertador, el Ejército Trigarante y la nación independiente. Iturbide y su ejército ocupan el espacio central de las ceremonias, hacia ellos converge la aclamación popular y son los personajes más representados en los carros alegóricos, arcos triunfales, pinturas y escenas que reproducen en forma realista o simbólica la liberación de la patria. En casi todos los escenarios se representa a la nación bajo la figura de una joven indígena que es liberada de sus cadenas por Iturbide, o es conducida por el héroe hacia el sitial más alto (imagen 2).

Los antiguos recintos, planeados para celebrar otras ceremonias y héroes, se transforman y le dan cabida al nuevo culto patriótico. Un ejemplo de estas transformaciones es el de la plaza mayor de la capital, donde se levantaba la estatua ecuestre de Carlos IV. El 27 de octubre, con motivo de la jura de la Independencia, la estatua fue cubierta para festejar en ese mismo sitio la separación con la monarquía española.

Estos actos muestran el entrelazamiento de tradiciones antiguas con concepciones políticas modernas. En la capital y en las ciudades del interior, al mismo tiempo que se hace repicar las campanas para festejar la Independencia, se multiplican los proyectos que proponen erigir estatuas, columnas, pirámides y obeliscos republicanos dedicados a honrar a los héroes.

Como ocurre con otros movimientos políticos, en la insurgencia mexicana el manejo del tiempo y la fijación del calendario revolucionario son actos imperativos: no admiten más fechas y conmemoraciones que las que dicta el movimiento triunfador. Por esa razón, la fecha de la consumación de la Independencia por Iturbide fue asumida como la definitoria del proceso insurgente y como el momento fundador de la nación (imagen 3).

Los independentistas de 1821 proclamaron el 27 de septiembre el día del nacimiento de la nación, borraron el 16 de septiembre de 1810, y olvidaron las efemérides que los primeros insurgentes habían proclamado como momentos gloriosos de las gestas revolucionarias. Las acciones de los iniciadores del proceso de emancipación fueron caracterizadas como fases negativas: como actos en los que imperaba la violencia, la destrucción y la guerra civil.

LOS SÍMBOLOS DE LA NACIÓN LIBERADA

La fiesta revolucionaria produce también nuevos símbolos e imágenes visuales. Los primeros insurgentes, Hidalgo y Morelos, eran sacerdotes y les dieron a sus ejércitos símbolos religiosos como estandartes. Iturbide, en cambio, formado en el ejército realista que combatió a los primeros insurgentes, se vale de símbolos militares para difundir sus programas emancipadores. Como se ha visto, convierte la parada militar en centro de la admiración pública y en celebración colectiva. Asimismo, promueve también la parafernalia de las insignias, los uniformes, las galas y el boato que en adelante caracterizarán al caudillo militar.

A Iturbide se debe también la institucionalización de uno de los primeros símbolos nacionales: la bandera (imagen 4). El Plan de Iguala que dio a conocer en 1821 descansaba en tres principios: "la conservación de la religión católica, apostólica, romana, sin tolerancia de otra alguna; la Independencia bajo la forma de gobierno monárquico moderado; y la unión entre americanos y europeos. Éstas eran las tres garantías, de donde tomó el nombre el ejército que sostenía aquel plan, y a esto aluden los tres colores de la bandera que se adoptó". El color blanco simbolizaba la pureza de la religión, el rojo encarnaba la unión de los americanos y españoles, y el verde, la independencia.

Cuando se derrumbó el imperio de Iturbide, el Congreso adoptó la república federal como forma de gobierno y convirtió los antiguos emblemas de la patria en emblemas del Estado. En la Constitución Federal de 1824 se ve el águila combatiendo con la serpiente, sin corona, parada sobre el nopal heráldico que brota del montículo que emerge de la laguna (imagen 5). La república mantuvo la bandera tricolor del Ejército Trigarante y esta bandera fue el símbolo representativo de la nación independiente. Era la imagen visual que en los actos públicos identificaba a la patria liberada y expresaba los sentimientos de unidad e identidad nacionales. Fue el primer emblema cívico, no religioso, que unió a la antigua insignia de los mexicas con los principios y las banderas surgidas de la guerra de liberación nacional.

Los sentimientos patrióticos tradicionales, la idea de compartir territorio, lengua, religión y pasado, se integraron al proyecto moderno de constituir una nación soberana dedicada a la persecución del bien común. Apoyada en la insurgencia libertaria y en el pensamiento político moderno, la nación se asumió libre y creó un porvenir para realizar en él un proyecto histórico propio, centrado en el Estado autónomo. A su vez, la transformación radical del presente y la creación de un horizonte abierto hacia el futuro, modificaron la concepción que se tenía de la memoria del pasado.

La independencia política de España y la decisión de emprender un proyecto colectivo, crearon un sujeto nuevo de la narración histórica: el Estado nacional. Por primera vez, en lugar de un territorio fragmentado y gobernado por poderes extraños, los mexicanos consideraron su país, las diferentes partes que lo integraban, su población y su pasado como una entidad unitaria. A partir de entonces, más allá de las pugnas políticas y de las contradicciones internas, la nación se contempló como una entidad territorial, social y política que tenía un origen, un desarrollo en el tiempo y un futuro comunes. El surgimiento de una entidad política que integraba en sí misma las diferentes partes de la nación fue el nuevo sujeto de la historia.

IMÁGENES DE LA PATRIA EN LA ERA REPUBLICANA

El fugaz imperio de Iturbide concluyó de manera catastrófica en marzo de 1823. Ante la precipitada abdicación del emperador, el Congreso adoptó la república federal como forma de gobierno, una decisión que transformó los antiguos emblemas de la patria. En la Constitución Federal de 1824 el emblema que aparece en el escudo nacional es el del águila combatiendo con la serpiente. Sin embargo, aun cuando el escudo del águila y el nopal, así como la bandera tricolor, serán en adelante los emblemas oficiales de la república, la imagen que representa a la patria en el siglo XIX es la de una mujer mestiza, adornada con collares de perlas y vestido vernáculo, y acompañada por el carcaj, las flechas y el cuerno de la abundancia que alude a su riqueza. Tal es la imagen canónica de la patria mexicana que veremos reproducirse a lo largo del siglo con ligeras variantes.

Una magnífica "alegoría de México" de la primera mitad del siglo reproduce esta imagen (imagen 6). Aquí, una bella mujer de rasgos clásicos y gesto altivo, con faldellín de plumas y coronada por una diadema y un penacho tricolor, sostiene en una mano un arco y en la otra un cuerno de la abundancia. A sus pies se ve el águila y el lienzo tricolor. Otra alegoría pintada con vivos colores presenta a la patria cubierta con faldellín y capa, coronada por un tocado de plumas. La custodian cuatro banderas tricolor, y arriba de ella se ve volar un águila que sostiene en el pico una corona de laurel.

Otra serie de imágenes recuerda el sacrificio de los héroes que ofrendaron su vida en defensa de la patria. Poco después de proclamada la Independencia brotaron las iniciativas para honrar a los héroes, como se aprecia en una litografía donde la patria acongojada conmemora la memoria de Hidalgo, Allende e Iturbide. Una emotiva pintura de Felipe Castro, la *Tumba de Hidalgo,* exhibe a la patria postrada ante el mausoleo del héroe.

Como lo ha mostrado el historiador Carlos Herrejón, entre 1825 y 1834 el discurso cívico sustituye al antiguo sermón patriótico y la fiesta por excelencia es la celebración de la Independencia, el 16 de septiembre. En los discursos que celebran este acontecimiento se atribuye a Hidalgo la gloria de haber iniciado la liberación de la patria. Desde esos años, el 16 de septiembre fue considerado "el día primordial", el "umbral de la vida", e Hidalgo pasó a ser el fundador de la nación independiente.

IMÁGENES DE LA PATRIA EN LA ÉPOCA DE LA REFORMA

La Constitución de 1857, al resumir los ideales de soberanía política y territorial, independencia y defensa de los derechos individuales, se convirtió en emblema del Partido Liberal (imagen 7). Al lado de este símbolo aparecieron otras imágenes y alegorías de la patria, la república y la nación. Al contrario de los emblemas anteriores, asentados en la pertenencia étnica, el territorio ancestral o en la imagen religiosa, los símbolos liberales son seculares, republicanos y cívicos. Así, uno de los efectos derivados de la derrota ante Estados Unidos fue la decisión de crear símbolos que expresaran la unidad y los valores nacionales. En 1854, las autoridades organizaron un certamen para encontrar "el canto" que expresara los sentimientos patrióticos de la población. Los triunfadores fueron el poeta Francisco González Bocanegra y el músico catalán Jaime Nunó, y su canto se convirtió en el himno nacional.

Los liberales de la época de la Reforma vivieron la terrible experiencia de las guerras intestinas, la invasión estadounidense de 1846 y el imperialismo francés que promovió el imperio de Maximiliano en 1864-1867. Contra esos desastres nacionales los liberales levantaron la bandera de la Constitución de 1857, defendieron las Leyes de Reforma que separaron a la Iglesia del Estado, proclamaron el Estado laico y vieron en la educación el instrumento idóneo para consolidar la república liberal. Benito Juárez fue para la generación de la Reforma el defensor inquebrantable de la patria asediada y la encarnación de los ideales liberales y republicanos (imagen 8).

Conforme se fueron extendiendo esas ideas en las acciones y los escritos de los liberales, comenzaron a aparecer alegorías de la patria influidas por la iconografía francesa. Entre éstas puede citarse la casi ignorada colección de alegorías de la patria que aparece a mediados del siglo XIX y en la época de la Reforma. En contraste con las imágenes anteriores centradas en la mujer indígena, criolla o mestiza, estas alegorías resaltan los símbolos políticos republicanos. En numerosas imágenes que representan el escudo nacional, el poder presidencial o la efeméride del 15 de septiembre, sobresale el gorro frigio de los revolucionarios franceses de 1789. En otros grabados y pinturas la patria aparece con atavíos republicanos, o imita en su pose y en los símbolos las representaciones de la *Marianne* francesa.

LA PATRIA UNIDA DE *MÉXICO A TRAVÉS DE LOS SIGLOS*

La meditación sobre los orígenes y la identidad que recorre estos años condujo a una revaloración crítica de la memoria histórica. La revisión intensa del pasado y el escrutinio de las diferencias, negaciones y contradicciones que se advertían entre una época y otra, llevó a la generación de la Reforma a proponer una nueva interpretación del desarrollo histórico de la nación. José María Vigil y otros intelectuales habían observado que la condena y exaltación del pasado prehispánico, por un lado, o el vituperio del virreinato como una época dominada por el oscurantismo religioso, por el otro, eran obstáculos formidables para el conocimiento de la propia historia, y motivo de discordia antes que de unión entre los mexicanos.

Vicente Riva Palacio, el destacado político, periodista, novelista y defensor armado de la patria, llegó a la misma conclusión y fue el primero en diseñar una gran empresa historiadora que le brindara unidad y coherencia a los distintos pasados del país, que entonces contendían uno contra el otro. Riva Palacio imaginó un libro que contara las diversas historias de la nación bajo un hilo conductor unitario (imagen 9).

El libro que diseñó habría de ser, como reza su subtítulo, una "Historia general y completa del desenvolvimiento social, político, religioso, militar, artístico, científico y literario de México desde la antigüedad más remota hasta la época actual". Para su realización convocó a un grupo selecto de escritores, historiadores y editores, y con esos recursos compuso la primera gran obra colectiva del devenir histórico de México, desde los tiempos prehispánicos hasta la Reforma.

Tres rasgos abonaron el éxito inusitado de este libro. Primero, *México a través de los siglos* integró en una misma obra los distintos pasados del país. En lugar de estar distanciados o de chocar y pelear entre sí, el pasado prehispánico, el virreinato y la época moderna comparecían unidos en este libro, formando distintas etapas de un mismo desarrollo nacional.

El segundo logro de *México a través de los siglos* fue presentar estos distintos pasados como si formaran parte de un mismo proceso evolutivo, cuyo transcurso iba forjando la deseada integración y cumplía las "leyes inmutables del progreso". La idea de evolución que predomina en esta obra le da sustento a la tesis que propone una lenta fusión de la población nativa con la europea y la progresiva integración del territorio, y hace concluir esos procesos en la fundación de la república, en la constitución de la nueva nación.

El tercer acierto de *México a través de los siglos* debe atribuirse a su envoltura. Sus cinco lujosos volúmenes resumían el conocimiento acumulado sobre el inmenso pasado en capítulos escritos en una prosa clara, precisa y aleccionadora. La exposición templada y ecuánime de los episodios más dramáticos que había vivido el país, aunada a la cualidad de ser la primera obra abarcadora de todos sus pasados, la convirtieron en el relato ejemplar de la historia mexicana. A estas virtudes se sumó un despliegue iconográfico que no se había visto nunca en los libros de historia. Vicente Riva Palacio cuidó en persona que toda la obra estuviera ilustrada con dibujos, grabados y litografías del paisaje, los monumentos y las ciudades, retratos de personajes, copias de documentos, mapas, autógrafos y testimonios gráficos que por sí mismos representaban diversos escenarios de la historia de la nación.

LA FIESTA DEL CENTENARIO DE LA INDEPENDENCIA Y LA EXALTACIÓN DE PORFIRIO DÍAZ

La compulsión de crearle una identidad histórica y cultural a la nación independiente fue una ambición compartida por los gobiernos conservadores y liberales. Pero sólo bajo el largo gobierno de Porfirio Díaz hubo la disponibilidad económica para imprimirle a la recuperación del pasado un nuevo aliento. Desde el primer gobierno de Díaz se manifiesta un interés decidido por apoyar el estudio del pasado remoto y se asiste a una revaloración de las culturas indígenas. Entre 1870 y 1910, las imágenes que provienen de este pasado se transformaron en íconos nacionalistas y en emblema del Estado porfiriano. Bajo la dirección del historiador Francisco del Paso y Troncoso, y con el apoyo de Justo Sierra en la secretaría de Educación, el antiguo Museo Mexicano vino a ser un edificio privilegiado en el escenario cultural de la capital y un centro de acumulación de conocimientos y formación de nuevos especialistas en historia, lingüística, etnografía y arqueología.

Durante las fiestas que celebraron el Centenario de la Independencia este museo fue uno de los lugares más concurridos. Entonces se transformó su contenido y se inauguraron nuevas salas, dedicadas a la historia antigua, el Virreinato y la República. Por primera vez, los distintos espacios del museo mostraron el desenvolvimiento histórico del país, siguiendo la secuencia cronológica establecida por *México a través de los siglos*. Pero la pieza fuerte era la Sala de Monolitos, el área más espaciosa, donde se habían reunido las obras monumentales: la Piedra del Sol, la Coatlicue, la llamada Piedra de Tizoc, un Chac Mol, la cabeza colosal de Coyolxauhqui, una serpiente emplumada y otras esculturas de grandes dimensiones. Así, por obra de un cuidadoso despliegue museográfico, los monumentos de la antigüedad, sobre todo los de estirpe azteca, pasaron a ocupar el lugar de símbolos de la identidad mexicana.

En esta nueva concepción del museo la recuperación del pasado se convirtió en un instrumento poderoso de identidad nacional y el museo en un santuario de la historia patria. A su vez, la historia patria vino a ser el eje de un programa escolar que trasmitió la idea de una memoria nacional, asentada en un pasado compartido por los diversos componentes de la población.

Así, a lo largo de un proceso complejo y mediante una imbricación entre las antigüedades, la pintura, la litografía, el grabado, el libro de historia, el mapa, el museo y los medios modernos de difusión, se creó una nueva imagen del país. En las cartas geográficas el territorio apareció claramente demarcado, con la particularidad de que sus diversas regiones tenían una identidad y un pasado propios, pues una serie de estampas mostraba su rostro cambiante por medio del tiempo, sus paisajes y personajes icónicos, anudados en el hilo de la historia nacional. No es un azar que poco después de la guerra de 1847 y de la invasión francesa surgiera una reconstrucción del pasado basada en libros históricos tales como *Los mexicanos pintados por sí mismos* (1855), *México y sus alrededores* (1855-1856), *Las glorias nacionales* (1867-1868), *México y sus costumbres* (1872), *Hombres ilustres mexicanos* (1873-1875), hasta culminar con la suma de todas esas recuperaciones, el *Atlas pintoresco e histórico de los Estados Unidos Mexicanos* (1855), de Antonio García Cubas, publicado en 1885.

El Atlas de García Cubas incorporó en sus páginas estos variados intentos de representar en imágenes la historia de la nación, pues fue concebido como una galería donde se escenificaba la construcción de la república. Contenía un catálogo de sus fisionomías hasta entonces reconocidas: la carta política, etnográfica (imagen 10), eclesiástica, orográfica, hidrográfica, marítima, agrícola y minera, cada una ilustrada con sus rasgos físicos e históricos sobresalientes. Por primera vez presentaba una carta arqueológica, acompañada de los monumentos notables que albergaba el Museo Nacional. Incluía también una carta política del reino de la

Nueva España, escoltada por una galería de los virreyes. Así, el territorio, los distintos pasados y la variada situación actual aparecían integrados en un solo libro que desde entonces adquirió la fama de compendio de la mexicanidad, una suerte de relicario laico de lo mexicano. De este modo, mediante el uso alternativo de la pintura, el periodismo gráfico, los monumentos públicos, el museo, el mapa, el calendario cívico y el libro, los gobiernos de fines de siglo imprimieron en la población la imagen de un México sustentado en un pasado antiguo y glorioso, próspero en el presente y proyectado hacia el futuro, como lo expresa con gran fuerza una alegoría de Casimiro Castro del México independiente.

La celebración del Centenario de la Independencia en septiembre de 1910, vino a ser la coronación del imaginario nacionalista forjado por los políticos, intelectuales, artistas y creadores del Porfiriato. Esta apoteosis del patriotismo fue cuidadosamente planeada, de tal manera que una porción del excedente económico generado en ese tiempo se aplicó a los costosos monumentos y obras públicas que entonces se inauguraron, así como a las innumerables recepciones, ceremonias, conferencias, congresos, desfiles y exposiciones que hicieron de esa conmemoración la más lucida en la historia de los fastos nacionales. El Centenario de la Independencia se celebró en todo el territorio, pero los festejos significativos tuvieron lugar en la capital de la República, como lo muestra la *Crónica oficial* de esa efeméride.

LOS FESTEJOS DEL CENTENARIO Y LA EXALTACIÓN POLÍTICA DE PORFIRIO DÍAZ

Los festejos del Centenario comenzaron el 14 de septiembre de 1910 con una *gran procesión cívica* formada por todos los sectores de la sociedad, y un homenaje luctuoso a los restos de los héroes de la Independencia en la catedral. El día siguiente tuvo lugar el tradicional desfile, que en esta ocasión ofreció una representación de los momentos fundadores de la nación: la Conquista, el Virreinato y la Independencia.

En la noche tuvo lugar la ceremonia del grito, enmarcada por la novedad espectacular de la iluminación eléctrica. El día siguiente se inauguró la Columna de la Independencia (imagen 11), el monumento que por su grandiosidad y simbolismo se convirtió en el icono de la nación moderna. En su base, esculpidas en mármol de Carrara, destacaban las figuras de Miguel Hidalgo, José María Morelos, Vicente Guerrero, Francisco Javier Mina y Nicolás Bravo, y su fuste esbelto estaba rematado por la Victoria alada, el símbolo de la patria liberada. El 18 del mismo mes se inauguró el monumento a Benito Juárez, diseñado en estilo neoclásico y realizado en mármol y bronce, como la Columna de la Independencia. Mediante este monumento solemne, Porfirio Díaz, enemigo político de Juárez, reconoció la deuda que la república tenía con el impulsor de las Leyes de Reforma que establecieron los fundamentos del Estado liberal, y con el defensor de la integridad de la nación frente a las agresiones imperialistas.

El Paseo de la Reforma, con sus monumentos a Cuauhtémoc, Cristóbal Colón, la estatua ecuestre de Carlos IV, la Columna de la Independencia y el mausoleo de Benito Juárez, era una síntesis de los episodios constructores de la nación, un libro que se leía paseando y un homenaje teatralizado a los héroes de la patria. En las fiestas, inauguraciones y discursos que describe la *Crónica oficial*, las palabras canónicas fueron "independencia", "paz" y "progreso", voces similares a los lemas que identificaron el gobierno de Porfirio Díaz. De esta manera la conmemoración del Centenario de la Independencia se transformó en un teatro escenificado con derroche de recursos en la capital del país y focalizado en la persona de Porfirio Díaz. En cada una de esas ceremonias emergía, en la escena final, la figura imponente del presidente de la República, cuya imagen recorría luego las capitales y ciudades del interior del país, proyectada por los medios de comunicación.

La difusión de la imagen de Porfirio Díaz en los festejos del Centenario es una obra maestra de propaganda política que merece un estudio específico como representación teatralizada del poder presidencial. Aquí sólo me referiré a las imágenes en las que Díaz aparece como encarnación de la patria, la república o la nación. La *Crónica oficial* del Centenario y el *Álbum gráfico de la República mexicana*, contienen la mejor colección de fotografías en las que el presidente encabeza las ceremonias, inauguraciones, desfiles, discursos y homenajes a los héroes de la patria, a los fundadores de la república y a los defensores de la nación.

Al lado de la dilatada iconografía oficial, Carlos Monsiváis rescató una magnífica colección de imágenes populares que dan cuenta de la profundidad que alcanzó esta celebración en el imaginario colectivo. Así, una serie de estampas y platos pintados presentan la imagen de Porfirio Díaz como general victorioso, icono nacional rodeado de monumentos y personajes representativos, o presidente de la República. Otras imágenes lo muestran acompañado por los miembros de su gabinete. Una colección de estampas de manufactura popular, las más numerosas durante las fiestas del Centenario, presenta el retrato del presidente Díaz acompañado de las efigies de Hidalgo, Juárez o de ambos, equiparándolo con los fundadores de la nación independiente.

La clave que explica el esplendor de los festejos del Centenario es el tamaño y la fuerza alcanzados por el Estado porfiriano. En contraste con el perfil disminuido de las fiestas que celebraron la Independencia en 1821 o en la época de Juárez, en 1910 son las instituciones del Estado (los ministerios o secretarías, el ejército, los gobiernos estatales y municipales y el aparato administrativo) las ejecutoras del vasto programa de celebraciones. El análisis de la *Crónica oficial* de las fiestas del Centenario muestra que en estas instituciones descansó la organización del extenso programa de festejos, la coordinación de los múltiples sectores, burocracias y grupos participantes, y la calculada efectividad de su realización. Con perfecto dominio del arte de la manipulación, Porfirio Díaz hizo coincidir el programa de festejos con la apertura de las obras realizadas por su gobierno, y con una serie de exposiciones que reunieron a los diversos sectores productivos (agricultores, ganaderos, industriales, comerciantes), así como a los gremios de profesionistas (educadores, médicos, ingenieros, arquitectos). Este programa exhaustivo e incluyente culminó con la inauguración de un elenco de nuevas instituciones educativas y culturales: la Universidad Nacional, la Escuela de Estudios Superiores, el Congreso Internacional de Americanistas, el Museo Nacional de Arqueología, Historia y Etnología, el Museo Tecnológico Industrial, etcétera. De esta manera, la celebración del primer Centenario de la Independencia se transformó en una exaltación de las obras realizadas por el gobierno de Porfirio Díaz.

Los festejos del Centenario, además de su proyección internacional ante el cuerpo diplomático y los invitados especiales, y de su relación íntima con los miembros del gobierno, el capital y la Iglesia, tuvieron una repercusión profunda en los sectores medios y populares. Junto a los desfiles, verbenas, corridas de toros y estallidos pirotécnicos, la Comisión del Centenario promovió una propaganda iconográfica dedicada a estos sectores, que se tradujo en una colección de estampas que festejaban a los héroes de la patria o celebraban la Declaración de Independencia firmada el 28 de septiembre de 1821. Durante los 30 días que duraron estas fiestas proliferaron las medallas conmemorativas y las imágenes patrióticas. La rica colección de estampas, banderas, platos pintados, anillos de puros, tarjetas postales, juegos infantiles y artefactos con imágenes de los héroes de la Independencia, y los emblemas de la patria, brinda una idea del alcance popular que tuvo esta celebración y del manejo que de ella hizo el presidente Porfirio Díaz (imagen 12).

Imagen 1. Pintura anónima de la entrada del general Iturbide y el Ejército de las Tres Garantías en la ciudad de México.

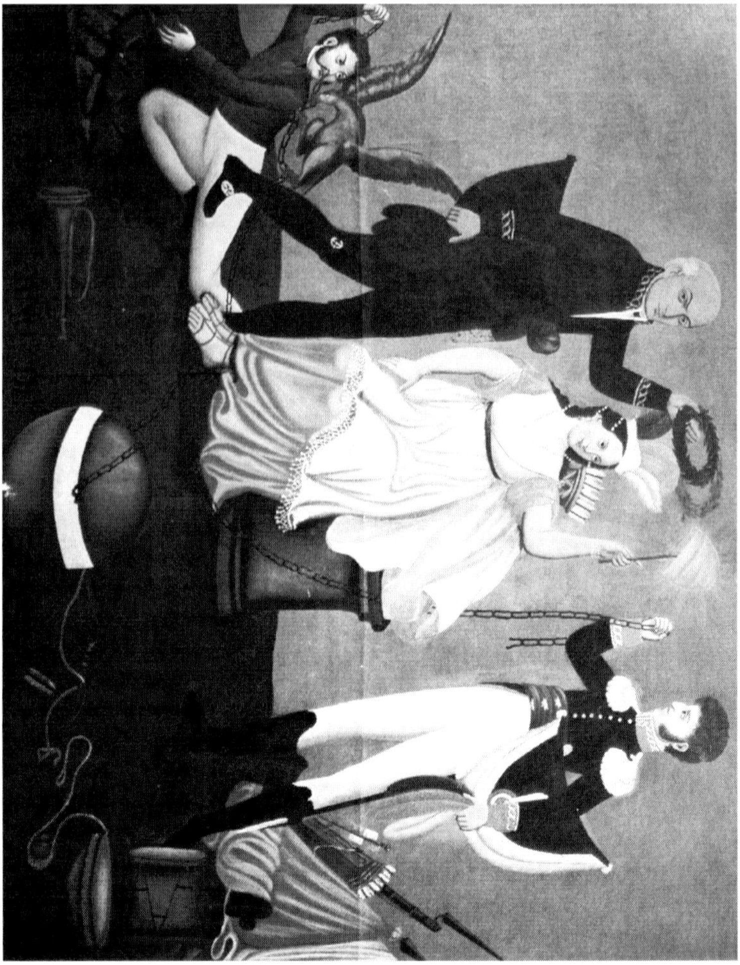

Imagen 2. Alegoría de la patria liberada por Hidalgo e Iturbide. Hidalgo ofrece una corona de laurel a la mujer criolla que representa a la patria americana, mientras que Iturbide y el águila mexicana rompen sus cadenas.

Imagen 3. Alegoría de la coronación de Agustín de Iturbide en 1822.

Imagen 4. Bandera de las Tres Garantías, 1821.

Imagen 5. Escudo de la República Federal Mexicana de 1824.

Imagen 6. Alegoría de México. Pintura anónima del siglo XIX.

Imagen 7. Alegoría de la Constitución de 1857. Obra de Petronilo Monroy.

Imagen 8. *Imágenes de la patria.* Ciudadano Benito Juárez, presidente de los Estados Unidos Mexicanos.

Imagen 9. Personajes de la política mexicana del siglo XIX, retratados en *México a través de los siglos*. Vicente Riva Palacio, el director de la obra, aparece abajo a la izquierda.

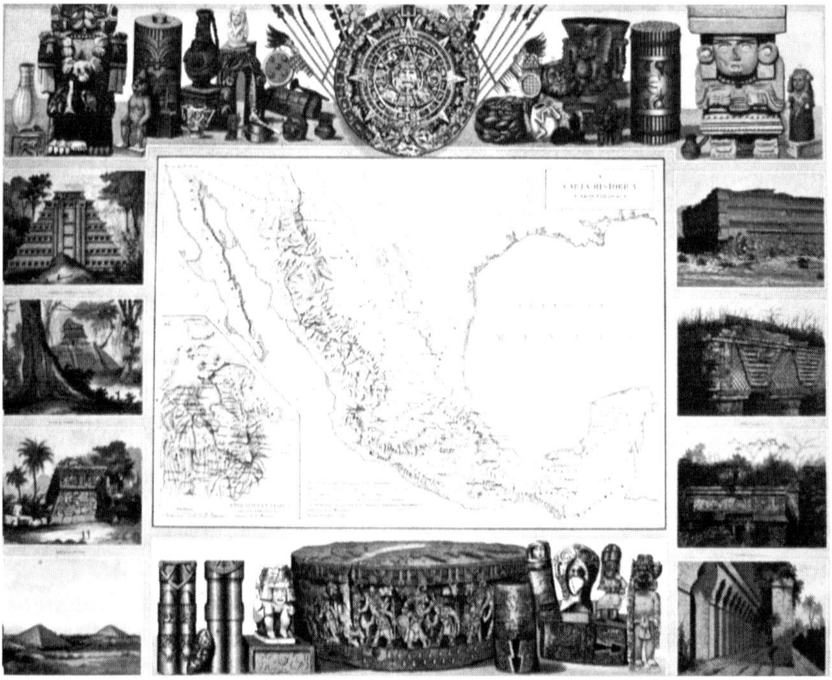

Imagen 10. *Carta Histórica y Arqueológica de la República Mexicana*, de Antonio García Cubas, 1885.

Imagen 11. La Columna o Monumento de la Independencia, inaugurado el 16 de septiembre de 1910. Obra del ingeniero Antonio Rivas Mercado.

Imagen 12. Retrato oficial de Porfirio Díaz, 1910.

EL 50 ANIVERSARIO DE LA REVOLUCIÓN MEXICANA: ENTRE LA CONTINUIDAD Y EL AGOTAMIENTO DEL DISCURSO DE LA *REVOLUCIÓN PERMANENTE*

Ana Santos
UNIVERSIDAD NACIONAL AUTÓNOMA DE MÉXICO

1960. El año que inauguró la convulsiva década de los sesenta coincidió en México con la presidencia de Adolfo López Mateos, la nacionalización de la industria eléctrica, la creación del ISSSTE, la represión de los sindicatos que luchaban por su independencia y el encarcelamiento de sus líderes, la visita del presidente cubano Oswaldo Dorticós y el 50 aniversario de la Revolución mexicana.

El oficialmente llamado "Año de la Patria" trajo consigo numerosas celebraciones que, organizadas desde el Estado, tendrían por objetivo reforzar la legitimidad de un régimen que seguía declarándose heredero de la Revolución, ello a pesar de las voces críticas que desde hacía varios años venían llamando la atención sobre el abandono del proyecto revolucionario. Además, algunos cambios a nivel internacional, como la Revolución cubana, sumados a los movimientos jaramillista en Morelos, y al ferrocarrilero y magisterial en la capital, vinieron también a cuestionar la demagogia del discurso de la Revolución hecha gobierno.

En este contexto, el Cincuentenario del proceso revolucionario iniciado en 1910, resultó propicio a la reactivación del viejo debate entre quienes habían proclamado su muerte y quienes defendían su vigencia *ad eternum*. Asimismo, puso de manifiesto la preocupación del régimen por la emergencia de una generación mucho más entusiasmada por el reciente triunfo de la Revolución cubana, que identificada con la Revolución mexicana, pues ésta última parecía habitar sólo en los pliegues retóricos del poder.

Con todo, la crítica al régimen que provenía de buena parte de la élite ilustrada, no logró desprenderse del nacionalismo revolucionario. La Revolución mexicana fue la trama que aportó sus hilos al discurso que fustigaba la desviación del régimen y de los principios revolucionarios, los que seguían siendo considerados por estos actores sociales como ideales para regir la vida del país.

En las páginas que siguen se abordará el Cincuentenario de la Revolución mexicana como momento disruptivo en el que se dio una batalla por la interpretación del verdadero significado de la Revolución, y en el que afloraron los conflictos a los que venía enfrentándose el Estado mexicano desde finales de la década de los cincuenta. Por un lado, se revisará la visión oficial sobre la Revolución mexicana a partir de los discursos oficiales de los festejos del Cincuentenario; y por el otro, se recuperará la crítica a dichos discursos, con especial atención a los cuestionamientos enunciados por Daniel Cosío Villegas y Moisés González Navarro, así como a los del grupo de intelectuales y periodistas reunidos en torno a la revista *Política*.

Sólo una advertencia. No se intenta sobredimensionar la voz de los intelectuales mexicanos, siempre reducida a unos cuantos espacios y con un limitado impacto en la vida social (salvo ocasiones excepcionales), pero sí se le considera como indicio de un malestar, a pesar de que su crítica disidente se enmarcara dentro de los parámetros del discurso ideológico de la Revolución mexicana.

LA REVOLUCIÓN FESTEJADA

Es sabido que las conmemoraciones cívicas fungen como un espacio propicio para la reafirmación de la identidad histórica, el patriotismo y la solidaridad nacional; para el reforzamiento de la popularidad de un líder, partido o gobierno, y para la transmisión de los valores que constituyen el discurso político hegemónico, así como los mitos nacionalistas fundamentales (como aquél que, en el caso mexicano, hacía descansar la legitimidad del Estado en la Revolución). Asimismo, estas conmemoraciones sirven para actualizar el pasado en el presente; es decir, para adecuar la representación del pasado en el sentido de que éste satisfaga o censure las demandas actuales.

El cumpleaños número 50 de la Revolución mexicana no era un aniversario más. Probablemente, debido a una inexplicable fascinación por el sistema decimal (por aquello de que cincuenta es la mitad de cien o diez intervalos de cinco), este aniversario sería la primera gran oportunidad para celebrar al Estado mexicano, un Estado que se mostraba sólido y que proclamaba haber alcanzado desde tiempo atrás la paz, la democracia, el progreso, la modernización y la estabilidad social y económica. Además, en este año convergían otras fechas simbólicas, igualmente fundamentales en el relato de la nación: el 150 aniversario de la Independencia y el centenario de las Leyes de Reforma.

Los preparativos de tan importante festividad comenzaron un año antes, con la conformación de la "Comisión Nacional para la Celebración del Sesquicentenario de la Proclamación de la Independencia y del Cincuentenario de la Revolución Mexicana", integrada por diputados de la legislatura en turno, encargada, a su vez, de diseñar el programa de los festejos, así como la agenda que debían seguir los representantes de los tres poderes de la Unión.[1] El resultado de los trabajos de dicha Comisión pudo apreciarse al año siguiente, titulado por decreto presidencial como el "Año de la Patria", y es que, efectivamente, a lo largo de 1960 se sucederían, para empacho del público, celebraciones, homenajes, festivales artísticos, veladas musicales, discursos, conferencias, proyecciones cinematográficas, develaciones de placas y monumentos, e inauguraciones de obras públicas en prácticamente todos los confines del país.

Respecto a la Revolución, el programa festivo contempló la conmemoración de los planes de San Luis y de Ayala; el traslado de los restos de Madero del Panteón Francés al Monumento a la Revolución, previo homenaje en la Cámara de Diputados; el tributo a diversas figuras revolucionarias como los hermanos Serdán, Venustiano Carranza y Ricardo Flores Magón. Asimismo, se dispuso la realización del ya tradicional desfile deportivo frente a Palacio Nacional; la inauguración de dos exposiciones, una ganadera y la otra de historia,[2] así como de una feria del libro. Final-

[1] *Diario de los debates de la Cámara de Diputados*, XLIV Legislatura, t. I, 22 de septiembre de 1959.

[2] La exposición de historia se realizó en el Museo del Caracol (Castillo de Chapultepec), llevó por título "La lucha del pueblo mexicano por su libertad" y abordó la historia de México desde la guerra de Independencia hasta la promulgación de la Constitución de 1917. Allí, el presidente de la República, Adolfo López Mateos, develó una placa que rezaba: "Mexicano, comprende, siente y respeta el esfuerzo de todos los que vivieron a fin de legarte una patria hermosa. El ejemplo de los hombres, las mujeres y hasta los niños que lucharon por ofrecerte la libertad, defender el suelo y afirmar la justicia entre tus hermanos, te guiará en la existencia como en las salas de este recinto. Procura ser siempre

mente, se impusieron las medallas condecorativas a miembros del ejército y se promovió a algunos militares, ambos actos tendientes a reafirmar el carácter revolucionario y popular del ejército mexicano.

Entre los eventos destinados a festejar la Revolución se contó con la distribución —no sin la aguerrida oposición de los sectores católicos y conservadores mexicanos— de los libros de texto gratuitos de la SEP, cuyos fines eran: reforzar la educación primaria, apoyar a las familias de escasos recursos, preparar a la futura fuerza de trabajo, según las directrices del modelo industrializador, fomentar la identidad e integración nacional (que desdibujara, aunque sólo fuera en papel, las diferencias socioeconómicas y raciales de la población) y, de paso, regenerar el vapuleado consenso nacionalista.[3]

Estos libros fueron un espacio adecuado para la difusión tanto de aquellas normas y valores que debía observar la ciudadanía,[4] como de la interpretación oficial sobre la historia de México. En ellos, se insistía en ver a la Revolución mexicana como mito fundador de la nación moderna, principio y límite de la vida toda; se identificaba el presente con la etapa constructiva de la Revolución (que había alcanzado ya la democracia y la justicia) y se canonizaba a los revolucionarios más destacados. Madero, Zapata, Carranza, Obregón, Calles y Cárdenas, sobre todo, constituían una especie de linaje del que abrevaba la clase política en el poder. En este discurso, patria y gobierno formaban un binomio indisoluble al que debían subordinarse todos los mexicanos, pues, al fin y al cabo, sólo el gobierno sabía interpretar adecuadamente los postulados de la Revolución, que no eran otra cosa que el producto de la voluntad popular.

digno del héroe esencial de la Independencia, de la Reforma y de la Revolución: El pueblo al que perteneces". *Tiempo* (28 nov. 1960), p. 14.

[3] Respecto a los objetivos que perseguía la Conaliteg (Comisión Nacional de Libros de Texto Gratuitos) con la edición de estos libros, véase Loaeza, *Clases medias y política en México*, y Torres Barreto, "Los Libros de Texto Gratuitos de Historia en México", pp. 25-48.

[4] Al respecto, señala Torres Barreto, "A las virtudes del ahorro y del trabajo, así como el pago de impuestos, se les relacionaba con el ascenso social y el servicio a la nación. Al concebirse el éxito social como opción abierta y recompensa a la virtud, y postular que los logros de un individuo eran responsabilidad exclusiva de él, se ocultaba que las circunstancias económicas y sociales también definían la jerarquía social, muchas veces aún por encima de cualquier garantía abstracta de igualdad ante la ley. El respeto a la ley y al gobierno era la forma privilegiada de asumir la causa de los próceres de la historia. Bajo esta premisa, la subversión llegaba a calificarse de atentado contra la patria". Torres Barreto, "Los Libros de Texto Gratuitos de Historia en México", p. 29.

Como parte también de la celebración del Cincuentenario, se reeditaron libros de historia de la Revolución y se publicaron nuevas obras, dirigidas ya a ofrecer un balance de los logros alcanzados a lo largo de 50 años, ya a poner a disposición de los investigadores colecciones de documentos fundamentales para el estudio de este proceso histórico.[5] Pero si estas obras iban dirigidas a un público letrado o a los investigadores, el resto de la población podía acceder a las imágenes documentales de la Revolución gracias al reestreno de *Memorias de un mexicano* (1950),[6] así como al disfrute de las películas de Emilio el *Indio* Fernández o de Ismael Rodríguez que, por estar ambientadas en la Revolución, se proyectaron en las salas de cine del país.[7]

Los actos centrales del Cincuentenario fueron aprovechados para mostrar la unidad de la familia revolucionaria frente a los embates de la crítica que iba cundiendo en algunos medios de comunicación, pero sobre todo en la calle, con las múltiples manifestaciones de descontento que desde 1958 venían amenazando la tranquilidad urbana.

[5] La lista de obras reeditadas y nuevas ediciones de 1960 es larga. Algunas de ellas son: *Diario de los debates del Congreso Constituyente (1916-1917)*; Isidro Fabela, *Documentos históricos de la Revolución mexicana*; Jesús Silva Herzog, *Breve historia de la Revolución mexicana*; Arturo Figueroa, *Ciudadanos en armas, antecedencia y datos para la historia de la Revolución mexicana*; Jesús Romero Flores, *La Revolución mexicana. Síntesis histórica*; Morales Jiménez, *Historia de la Revolución mexicana*; Gustavo Pérez Jiménez, *Vigencia del pensamiento político, económico y social de la Revolución mexicana en la vida institucional de la nación*; Juan Sánchez Azcona, *La etapa maderista de la Revolución*; y Juan de Dios Bojórquez, *Forjadores de la Revolución mexicana*.

[6] Así lo recuerda el historiador Álvaro Matute. Rueda, "Álvaro Matute. La vida del pasado", p. 188.

[7] Cabe mencionar que bajo los auspicios de la secretaría de Relaciones Exteriores se inauguró en varias ciudades de América Latina la Semana del cine de la Revolución mexicana. Algunas de las películas seleccionadas para representar a la Revolución en su cumpleaños fueron: *Flor Silvestre* (1943), *Enamorada* (1946), *Cielito lindo* (1956), *Así era Pancho Villa* (1957) y *La cucaracha* (1958). *El Universal* (12 nov. 1960), p. 10. Tal parece que el gobierno mexicano prefería seguir acudiendo a los estereotipos revolucionarios y a las melodramáticas historias de amor con sabor a pólvora para mostrarse al exterior, que al realismo crítico de *La sombra del caudillo*. La novela de Martín Luis Guzmán fue llevada a la pantalla por Julio Bracho y estrenada en 1960. Después de su estreno, el 20 de noviembre de 1960, la censura militar enlató la obra por 30 años. Respecto al cine y a los estereotipos revolucionarios y nacionalistas, véase, por ejemplo, Pérez Montfort, "Nacionalismo y regionalismo en el cine mexicano, 1930-1950".

El Movimiento Revolucionario del Magisterio (sección IX del SNTE), y, más aún, el movimiento ferrocarrilero (aglutinado en torno a Demetrio Vallejo y Valentín Campa), habían mostrado una capacidad combativa que no se veía en México desde hacía mucho tiempo. El rechazo a los líderes "charros" y a la afiliación colectiva de los sindicatos al PRI, la lucha por mejores salarios y prestaciones, así como la propuesta de los ferrocarrileros de participar en la administración de la empresa, había lanzado a miles de trabajadores a la huelga. Las denuncias del líder de la CTM, Fidel Velázquez, sobre el "rojismo comunista" de los ferrocarrileros, no impidieron la solidaridad de otros sindicatos como el de los telefonistas, tranviarios, telegrafistas, electricistas y petroleros, quienes también pugnaron por iniciar una depuración de sus líderes. Los estudiantes tampoco se quedaron atrás y salieron a la calle para manifestarse en contra del aumento de las tarifas en el transporte, así como para apoyar al movimiento obrero que prometía rebasar la anquilosada estructura cetemista.[8]

Como lo prometió Adolfo Ruiz Cortines, aún siendo titular del Ejecutivo, para abril de 1959 la insurrección obrera se encontraba desactivada gracias a las macanas de la policía, el ejército, los agentes especiales y las campañas intimidatorias y descalificadoras de los medios de comunicación oficialistas, los que no tuvieron empacho en acusar a los trabajadores inconformes de comunistas conjurados contra el gobierno para destruir la paz y el orden social.[9] Eran los años de la Guerra Fría y el régimen mexicano, desde que fuera presidente Miguel Alemán, había calibrado los beneficios que le ofrecían las campañas anticomunistas para aplastar cualquier movimiento que se saliera de los cauces oficiales.[10]

Miles de trabajadores fueron apresados junto con sus dirigentes sindicales bajo el delito de disolución social, Artículo 145 del Código Penal, que se empleó primero para salvaguardar al país de la "amenaza fascis-

[8] Krauze, *La presidencia imperial,* pp. 230-231; Pellicer de Brody, "La Revolución cubana y la izquierda mexicana", pp. 196-200, y Pellicer de Brody y Reyna, *Historia de la Revolución mexicana* 1952-1960, pp. 141-214.

[9] En relación a las huelgas de los maestros, ferrocarrileros y estudiantes, Ruiz Cortines declaró: "La Nación entera ha condenado esos hechos. Muy a mi pesar, pero con toda entereza debo decirlo: en caso de que estas situaciones se repitieren, el gobierno las reprimirá con máxima energía". Citado en Aguilar Camín, *Saldos de la Revolución*, p. 93.

[10] Véase Servín, "Propaganda y Guerra Fría: La campaña anticomunista en la prensa mexicana del medio siglo", y López-Portillo, "El discurso anticomunista de la burguesía mexicana durante el alemanismo".

ta" en el contexto de la segunda Guerra Mundial y, posteriormente, para criminalizar a la disidencia.[11] En breve, los trabajadores encarcelados en Lecumberri serían acompañados por otro "traidor a la patria", David Alfaro Siqueiros, quien era miembro del Comité Nacional por la Liberación de los Presos Políticos y la Defensa de las Garantías Constitucionales, y se había atrevido a recorrer Cuba y Venezuela acusando al presidente Adolfo López Mateos de ser un impostor, demagogo, contrarrevolucionario, entreguista y de gobernar cual si fuera emperador.[12] El resto de los sindicatos pronto sabría lo que les esperaba a sus miembros si se atrevían a desafiar al régimen: despidos forzosos de los dirigentes telegrafistas, empleo de la fuerza pública contra las manifestaciones de maestros y petroleros, así como contra los estudiantes que marchaban en solidaridad con los trabajadores, por la libertad de los presos políticos y en apoyo a la Revolución cubana.[13]

[11] En el contexto de la emergencia bélica, el Congreso de la Unión aprobó el 24 de octubre de 1941 las reformas a los artículos 129 y 145 del Código Penal (si bien fueron publicadas en el *Diario Oficial de la Federación* hasta el 4 de septiembre de 1942). El Artículo 129 sancionaba a quien proporcionara información a gobiernos extranjeros sobre las operaciones militares y planes de defensa de México. El Artículo 145 incorporaba el delito de disolución social que castigaba a cualquier nacional o extranjero que realizara propaganda política, difundiera ideas, programas o normas de acción de cualquier gobierno extranjero con el objeto de perturbar el orden público (produciendo rebeliones, sedición, asonadas o motines), o de afectar la soberanía de México (obstaculizando el funcionamiento de las instituciones legítimas o propagando el desacato de los mexicanos a sus deberes cívicos). *Diario Oficial de la Federación* (4 sept. 1942), pp. 5-7.

La derogación de este artículo fue uno de los puntos del pliego petitorio del movimiento estudiantil del 68, pero no fue sino hasta 1970 cuando aún estaban en la cárcel algunos miembros del Consejo Nacional de Huelga, que se consiguió.

[12] Krauze, *La presidencia imperial*, pp. 233-234, y Condés Lara, *Represión y rebelión en México*, t. I, pp. 141-145. Las declaraciones de Siqueiros fueron consignadas por la revista *Política* (1° sep. 1960). Otros presos políticos notables del gobierno lópezmateísta fueron el maestro Othón Salazar, Filomeno Mata hijo, Dioniso Encina, Miguel Aroche Parra y Hugo Ponce de León.

[13] Siguiendo la tradición priísta de hacer concesiones políticas al tiempo que se somete a los movimientos disidentes, el gobierno decretaría la creación del ISSSTE e introduciría una serie de modificaciones al Artículo 123 constitucional en beneficio de los trabajadores: reparto de utilidades, nueva fijación de salarios mínimos y aumento de las indemnizaciones en caso de despido injustificado. De igual modo, se inaugurarían unidades habitacionales en Nonoalco Tlatelolco y en San Juan de Aragón que dotarían de vivienda a miles de trabajadores. De acuerdo con José Luis Reyna, las luchas obreras de fines de los cincuenta "enriquecieron la experiencia de los dirigentes políticos, quienes pronto se dieron cuenta

LA REVOLUCIÓN ENUNCIADA

Ante este ambiente de malestar social, al que se añadiría la creciente disidencia campesina y de los braceros repatriados que pasaron a engrosar las filas de los campesinos sin tierra,[14] Adolfo López Mateos convocó a una manifestación para mostrar la unidad de la familia revolucionaria. El 20 de noviembre de 1960, el dignatario logró hacerse acompañar por seis expresidentes, primero en la ceremonia en que se depositaron los restos de Francisco I. Madero, en el Monumento a la Revolución (cuya dirección se confió al Colegio Militar), y posteriormente en el balcón presidencial de Palacio Nacional, bajo el cual transcurría el desfile deportivo acostumbrado. Emilio Portes Gil, Pascual Ortiz Rubio, Abelardo L. Rodríguez, Lázaro Cárdenas, Miguel Alemán y Adolfo Ruiz Cortines subrayaron con su presencia el apoyo indiscutible a la administración de López Mateos.[15]

de que, de seguirse insistiendo en una política laboral represiva, habrían de provocarse más conflictos de los que se solucionaban." En consecuencia, se procuró mejorar la situación económica de los obreros al igual que fortalecer el control estatal sobre los sindicatos. Pellicer de Brody y Reyna, *Historia de la Revolución mexicana* 1952-1960, p. 216.

[14] A inicios de 1958 se registró una ola de invasiones de tierras en el norte del país, en las que participaron, además de jornaleros avecindados en Sinaloa, Chihuahua, Nayarit, Sonora, Baja California, Colima y La Laguna, braceros afectados por la operación *Wetback* que el gobierno estadounidense llevó a cabo en 1954. Se calcula que en ese año fueron deportados 1 000 000 de braceros. En el sur seguía activo el movimiento de Rubén Jaramillo, al que se sumará, en 1959, la Asociación Cívico Guerrerense. Esta organización se creó para defender los derechos de los campesinos frente a los caciques locales y tendrá entre sus líderes a Genaro Vázquez. Más adelante se transformará en la organización guerrillera Asociación Cívica Nacional Revolucionaria. También en el caso del campo, el Estado reactivó el reparto agrario a fin de regular los conflictos. Durand, "El Programa Bracero (1942-1964). Un balance crítico", p. 34; Pellicer de Brody y Reyna, *Historia de la Revolución mexicana* 1952-1960, pp. 123-130 y 217; Castellanos, *México armado*, 1943-1981, pp. 44-56, 71-73 y 104-111.

[15] El caso de Lázaro Cárdenas no deja de llamar la atención y quizás amerite un breve comentario. Cárdenas pugnó por la liberación de los presos políticos y fue un entusiasta de la Revolución cubana; consideraba que ésta podría inducir un proceso de corrección en México que él mismo encabezaría desde la oposición legal al régimen. Con esta idea contribuyó a la fundación del Movimiento de Liberación Nacional en 1961 y a la Central Campesina Independiente en 1963. A pesar de los fuertes dolores de cabeza que seguramente le provocó a López Mateos, Cárdenas era un hombre institucional y, en ese sentido, no podía dejar de plegarse al orden que él mismo había contribuido a edificar. Véase, por ejemplo, Krauze, *La presidencia imperial*, pp. 249-253 y 264-265. También hay quien afirma que la estrategia de Cárdenas fue acercarse a López Mateos para sensibilizarlo a

Como decía uno de los periodistas que hizo la crónica del evento para *El Nacional:* "la Revolución mexicana [se encuentra] más vigorizada ahora que nunca en torno al Señor Presidente López Mateos y cuyas realizaciones son cada vez más fecundas, en este Año de la Patria en que se consolida la Independencia económica de nuestra nación."[16]

Los discursos que se pronunciaron en el homenaje a los restos de Madero insistieron, como era de esperarse, en los avances sociales de la Revolución, así como en la continuidad del programa revolucionario, un programa que se hacía día con día, respondiendo a los retos que planteaba la realidad mexicana. Así, por ejemplo, el senador Natalio Vázquez Pallares afirmó:

> La Revolución mexicana tuvo siempre y tiene hoy una doctrina económica, social y política propia, creada no en el laboratorio de las ideas abstractas, sino en la constante creación frente a la realidad. Su teoría es producto de la vida mexicana, que fluye y cambia, que se desenvuelve y diversifica, que nace y se desarrolla siempre creando nuevas formas. Es por esto mismo [...] por lo que la Revolución mexicana, a cincuenta años de haber principado, muestra existencia vigorosa, porque rejuvenece sus tesis, y frente a las realidades nuevas, dicta soluciones nuevas sin perder su objetivo central: formar una nación independiente, de hombres libres y donde impere la justicia social.[17]

La confección y consolidación del concepto de *revolución permanente*, una revolución que trasciende el periodo armado y se convierte en gobierno, desplegándose incesantemente hacia el futuro, correspondió al grupo de los sonorenses, en especial a Plutarco E. Calles. Dicha idea no sólo se expresó en los discursos oficiales, sino que también se proyectó en monumentos, celebraciones y libros de historia, constituyéndose en uno de los elementos simbólicos a los que se acudirá para dar sentido comunitario al pasado y a un proyecto orientado hacia el futuro, al igual que para dar

favor de la liberación de los presos políticos. Condés Lara, *Represión y rebelión en México (1959-1985)*, pp. 193-198.

[16] "En una reverente ceremonia, la Nación recibió ayer los restos del Apóstol de la Democracia", *El Nacional* (21 nov. 1960), p. 1. Citado en Hernández y Lazo (coord.), *Celebración del 20 de noviembre*, pp. 430-431.

[17] "En una reverente ceremonia, la Nación recibió ayer los restos del Apóstol de la Democracia", *El Nacional* (21 nov. 1960), p. 1. Citado en Hernández y Lazo (coord.), *Celebración del 20 de noviembre*, pp. 433-434.

legitimidad a los actos del régimen. Festejar el inicio de la Revolución, y no su término, era de hecho apelar a un proyecto que estaría siempre en proceso de construcción.

Más allá de reseñar la génesis de un concepto que logró condensar diversos proyectos (y personajes) políticos procedentes del movimiento revolucionario de 1910,[18] quisiera destacar algunas de sus principales características en tanto éstas seguían vigentes en 1960.

En principio, es de considerar que los elementos que compusieron el discurso nacionalista revolucionario emanaron, la mayoría de las veces, de las demandas sociales de la Revolución (*tierra, libertad, sufragio efectivo, justicia, democracia, reparto agrario, educación*), aunque incluyeron también una constelación de ideales, símbolos y valoraciones sociales construidas o emergidas a lo largo de años de gobiernos posrevolucionarios (*Constitución de 1917, laicidad, modernización, progreso, capitalismo*). Estos componentes se presentaron en el discurso de manera abierta e indeterminada, lo que les permitió adquirir distintos significados en relación a los procesos políticos coyunturales y en estricta dependencia de los actores que los enunciaran, aunque siempre fueron referente obligado en la construcción de proyectos nacionales y en la definición política de los regímenes posrevolucionarios.[19]

La permanencia de estas demandas sociales en la agenda política del Estado manifestaba la continuidad y vitalidad del mito de la *revolución permanente*, pero en "los momentos de su debilitamiento u ocaso, es decir, ante la evidencia del incumplimiento de las promesas convertidas en agenda gubernamental, la pregunta que tendrán que responder tanto la clase política como los intelectuales del régimen será la siguiente: ¿Ha muerto la Revolución mexicana?".[20]

Ese momento llegó a fines de los años cuarenta. Los presidentes Manuel Ávila Camacho y Miguel Alemán se propusieron acelerar la industrialización del país mediante políticas destinadas a conciliar las fuerzas que

[18] Algunos de los estudios que bordan sobre el tema son: Benjamin, *La Revolución mexicana. Memoria, mito e historia*; Palacios, "Calles y la idea oficial de la Revolución mexicana"; Aguilar Camín, *Saldos de la Revolución*; y Reséndiz García, "Del nacimiento y muerte del mito político llamado Revolución mexicana".

[19] Para un análisis de las estrategias retóricas del discurso nacionalista revolucionario, en particular en los años cuarenta, véase Buenfil Burgos, *Argumentación y poder.*

[20] Reséndiz García, "Del nacimiento y muerte del mito político llamado Revolución mexicana", p. 145.

venían oponiéndose al Estado (empresarios, pequeños y grandes propietarios agrarios, comerciantes, sectores de las clases medias, miembros de la Iglesia católica, entre otros), impulsar el desarrollo de una burguesía local, así como promover la inversión de capitales nacionales y extranjeros. Ello significó la "rectificación" de las principales medidas del gobierno cardenista (al igual que de su retórica política), y la paulatina subordinación de los sectores obrero y campesino a los intereses del sector privado.[21]

El Estado viró poco a poco hacia posiciones más conservadoras al impulsar un desarrollo económico basado en un liberalismo capitalista que, si bien no perdió sus rasgos interventores, aumentó la dependencia de México respecto al exterior, profundizó las desigualdades económicas y neutralizó toda alternativa ideológica y política opuesta a la del partido oficial, que en 1946 estrenó el flamante nombre de Partido Revolucionario Institucional (PRI). Un Estado cada vez más centralista y autoritario se iba afirmando, empero, la implantación de un nuevo orden social no podía descansar sobre la mera imposición de la voluntad de los sectores oficiales.

Una de las estrategias empleadas para mantener el control político y social fue la resignificación del discurso nacionalista revolucionario de modo tal que diera sustento y legitimidad a la nueva orientación estatal. Las adecuaciones contemplaron el fortalecimiento de la veta liberal de dicho discurso, la eliminación de toda referencia a la "lucha de clases" y la introducción de un conjunto de valores morales, culturales y educativos que justificaran las prioridades públicas del Estado (como liberalización económica, unidad nacional, mexicanidad, armonía social y hasta conciliación de clases para el desarrollo económico de la nación). Por ejemplo, en su discurso de toma de posesión como presidente de la República, Manuel Ávila Camacho afirmó:

> Los inversionistas y los empresarios saben de antemano que ningún negocio que se derive de salarios de hambre o de la violencia de los derechos fundamentales del trabajador, puede sustentarse en una administración pública como la nuestra, que representa la causa de las reivindicaciones nacionales. Pero debe saber también que cumpliendo nuestras leyes, toda legítima ganancia les será respetada. [...] Cifraremos nuestra seguridad de expansión

[21] Bertaccini, *El régimen priísta frente a las clases medias, 1943-1964*, pp. 222-235. Para la rectificación de las políticas cardenistas, véase Medina, *Historia de la Revolución mexicana, 1940-1952*.

> económica, principalmente en las energías vitales de la iniciativa privada. [...] Así esperamos consolidar nuestra herencia de reivindicaciones, usándolas para desenvolver la riqueza, acrecentar nuestra producción y darle a la patria la fuerza de una sólida economía y al pueblo la oportunidad de una vida mejor.[22]

Desde su primer día de gobierno, Ávila Camacho se proclamaba representante de las "reivindicaciones nacionales" (sin esclarecer cuáles eran éstas), que "heredaba" de la tradición revolucionaria, y las ligaba a su proyecto económico, como si este último quedara naturalmente comprendido en los postulados proclamados por la Revolución mexicana. Además, con esta operación retórica, se enviaba un mensaje tranquilizador tanto a los trabajadores, a los que se aseguraba que sus derechos serían respetados, como a los empresarios, quienes podían confiar en el apoyo del Estado para el desarrollo de sus actividades.

Sin embargo, en la misma década de los años cuarenta, surgieron voces que diagnosticaron que la Revolución mexicana estaba al borde de la muerte debido a un paulatino abandono del proyecto social revolucionario. Jesús Silva Herzog y Daniel Cosío Villegas señalaron que las medidas destinadas a alcanzar la modernización e industrialización nacional, hicieron posible el retorno a un "neoporfirismo" que amenazaba con sumir al país en la desigualdad social y económica. Señalaron también que los problemas que aquejaban a México eran la corrupción de los políticos, la ausencia de democracia, el sometimiento del movimiento obrero y la libertad de expresión a los designios presidenciales, el avance de la derecha y el imperialismo estadounidense, entre otros.[23]

Estas críticas provocaron indignadas respuestas por parte de quienes guiaban a México por su nuevo camino: los viejos revolucionarios preocu-

[22] *Diario de los debates de la Cámara de Diputados*, XXXVIII Legislatura, t. I, 1o de diciembre de 1940. Con respecto a los valores morales que normarían su administración y, por tanto, que estarían presentes en los discursos públicos, no había lugar a dudas: "Queremos una prosperidad con justicia sobre la cual se exalten los valores espirituales de México. Tendremos, pues, que fortalecer la moral pública; [...] nos esforzaremos por que las virtudes características de la familia mexicana, de honor, de devoción filial, de fraternidad, se mantengan incólumes, haremos que en todos los hogares subsista el sentimiento de la buena voluntad como expresión de auténtico espíritu democrático."

[23] Silva Herzog, "La Revolución mexicana en crisis" y "La Revolución mexicana es ya un hecho histórico"; Cosío Villegas, *Obras completas. La crisis de México.*

pados por los logros inalcanzados de la Revolución, los profesionistas constructores del nuevo proyecto económico del régimen, los intelectuales que compartían el optimismo por el desarrollo modernizador y los políticos que buscaban identificarse con los lineamientos de la tradición revolucionaria. Entre el extremo de quienes plantearon la muerte de la Revolución y quienes defendían su vigencia a ultranza, se abrió un abanico de posturas ricas en matices, dando vida así a un debate que duraría varios años.[24]

Entre los muchos argumentos que entonces se esgrimieron para defender la permanencia de la Revolución destaca uno por su simpleza: la Revolución había carecido de un programa ideológico que pudiera ser traicionado. Leopoldo Zea y, en general, los llamados filósofos de la mexicanidad[25] sostuvieron que la característica esencial de la Revolución era su capacidad mudable para definir proyectos y planes acordes con las circunstancias y los problemas de cada momento, de manera tal que "su vigencia dependerá de la capacidad que tengan sus hombres para ir resolviendo los cambiantes problemas que la realidad les vaya planteando".[26] Bajo esta óptica, la Revolución continuaría viva siempre que el ideal de un México mejor, "de acuerdo con lo que por tal vayan entendiendo las nuevas generaciones que aspiren a su realización", se mantuviera en pie. A la tautológica pero eficaz definición de Zea, puesta en órbita durante el alemanismo, se acogerán los gobiernos subsecuentes, como puede leerse en el discurso antes citado de Vázquez Pallares: "la Revolución mexicana, a cincuenta años de haber principado, muestra existencia vigorosa, porque rejuvenece sus tesis, y frente a las realidades nuevas, dicta soluciones nuevas [...]".

[24] Enrique Krauze computa 68 respuestas a "La crisis de México" de Cosío Villegas, la mayoría de ellas poco favorables al autor y bajo el ánimo de defender la vigencia de la Revolución en tanto fruto de las aspiraciones populares. Krauze, *Daniel Cosío Villegas: una biografía intelectual*, p. 151. Una buena compilación, aunque incompleta de aquellos ensayos que se inscribieron en este debate fue realizada por Ross, *¿Ha muerto la Revolución mexicana?*

[25] La filosofía de la mexicanidad o de lo mexicano fue una corriente de estudios seguida por el grupo filosófico Hiperión a fines de los años cuarenta. El grupo estaba integrado por Leopoldo Zea, Emilio Uranga, Luis Villoro, Joaquín Sánchez Macgregor, Ricardo Guerra, Jorge Portilla, Salvador Reyes Nevares y Fausto Vega. El Hiperión se propuso, entre otras cosas, descubrir la estructura ontológica del mexicano para así identificar los problemas de fondo que planteaba la realidad mexicana y, en consecuencia, proponer medidas para superarlos.

[26] Zea, *Conciencia y posibilidad del mexicano*, p. 24.

Otro de los elementos que se introdujeron en este periodo fue la noción de que la Revolución mexicana había entrado, de la mano de Miguel Alemán, en su etapa constructiva; esto es, que había superado la violencia revolucionaria y se afanaba en un orden sostenido bajo la ley, la paz, la democracia y el progreso económico sostenido en el desarrollo industrial. El concepto de *revolución permanente* se nutría así con el de *revolución constructiva* y se afirmaba que ahora existía una conciencia y un plan racional que daba dirección a la Revolución, lo que permitía superar la etapa de la pura acción inmediata. Este argumento se expresó para enmarcar al nuevo proyecto de nación dentro del cauce revolucionario, al tiempo que planteaba una distancia positiva respecto del régimen cardenista.

Así, por ejemplo, Samuel Ramos señalaría en un artículo de 1952, "El mexicano de medio siglo", que "cuando apenas está en sus comienzos la segunda mitad del siglo XX, las fuerzas constructivas del país han dominado la etapa destructora y surge un México vigoroso con una fisonomía propia sin precedentes en la historia".[27] La industrialización y las grandes obras que estaban transformando al país, añadía Ramos, eran las responsables de ese cambio. O bien, puede citarse el "Manifiesto a la Nación" que varios intelectuales, profesionistas, artistas y periodistas suscribieron para apoyar la candidatura de Adolfo Ruiz Cortines:

> Concluido hace años el periodo violento de reivindicaciones revolucionarias, el esfuerzo público ha venido aplicándose a consolidar las instituciones que amparan los derechos individuales y las garantías sociales. La etapa constructiva de la Revolución mexicana mantendrá su vigencia en tanto subsistan las aspiraciones que debe satisfacer. Sus metas inmediatas son el robustecimiento del régimen de Derecho que estimule la cooperación responsable y cordial entre gobernantes y gobernados, asegurando el respeto a la vida, a la libertad, a la justicia, al trabajo y al decoro de las gentes; el reconocimiento de la superioridad que se funda en el mérito; la convivencia civilizada; el abatimiento de las desigualdades sociales [...], el

[27] *México en la cultura* (8 jun. 1952), p. 7. Para Samuel Ramos el ultimo reducto de la destrucción, el desorden y el caos tuvo lugar en el periodo cardenista, lo que, según él, produjo un estado psicológico de pesimismo ante el futuro. En cambio, ahora surgía un hombre nuevo, confiado en sí mismo y que ya no dependía del extranjero, tanto en la cuestión ideológica como en la material.

desenvolvimiento armónico de las actividades económicas; el incremento de las formas culturales que definen la fisonomía nacional y contribuyen a la elevación del pueblo".[28]

Para la década de los sesenta la revolución constructiva era ya un lugar común. El mismo López Mateos inscribiría su gobierno dentro de la etapa constructiva de la Revolución, más aún, de la etapa constructiva de toda la historia de México. La distancia con los años del "radicalismo" de los treinta le permitía al presidente incluir el sexenio cardenista dentro de este esquema:

> México, en su dramático peregrinar por los caminos de su historia, ha disfrutado de pocos, breves periodos de paz constructiva. Antes de la conquista ibérica, la crónica es de permanentes luchas internas; luego, trescientos años de agobiante coloniaje. Conquistada la Independencia, un siglo trágico de guerras fraticidas, de invasiones extranjeras, de dictadura. Hecha la Revolución armada y consolidada en el poder por su eficacia gubernativa, no es sino hace seis lustros que el país goza de una paz institucional, firmemente asentada sobre la libertad y la justicia que establecen y garantizan las leyes que el pueblo se ha dado desde su sabia Constitución de 1917.[29]

Por otra parte, la Revolución mexicana, en tanto relato que funda, moldea y define a la nación, solía presentarse también como la continuación y conclusión lógica de otros dos quiebres fundacionales: la Independencia y la Reforma.[30] En la ocasión que nos ocupa, López Mateos expresaría ante el Congreso de la Unión:

[28] *El Nacional* (1° jul. 1952), p. 7. Insisto, no es que se eliminaran del discurso las viejas demandas sociales de la Revolución, pero sí se perfilaban nuevos elementos de corte conservador, como el decoro de la gente, la superioridad fundada en el mérito y la convivencia civilizada, que nada tenían que ver con la retórica del sexenio cardenista.

[29] Citado en Aguilar Camín, *Saldos de la Revolución*, pp. 92-93.

[30] De acuerdo con Thomas Benjamin, la triada histórica Independencia-Reforma-Revolución que dio forma al discurso identitario nacionalista se construyó desde los primeros años de lucha revolucionaria, cuando los rebeldes mexicanos intentaron insertar el movimiento que abanderaban dentro de la tradición histórica y política liberal decimonónica. Los maderistas, inscritos en esa tradición, representaron a la Revolución como la tercera etapa de una epopeya revolucionaria que inició con la insurgencia de 1810 y prosiguió con la Reforma de la segunda mitad del siglo XIX. De esta manera presentaron su causa como la causa de México, caracterizándose a sí mismos como los herederos de una tradición emancipadora. Véase Benjamin, *La Revolución mexicana. Memoria, mito e historia.*

> Este año 1960 tiene para los mexicanos triple significado conmemorativo: hace 150 años el país inició la lucha por hacerse independiente y por definir, para seguirlos con lealtad y firmeza, los trazos fundamentales de su destino; hace 100 el pueblo afrontó, en la Reforma, la empresa de formar una comunidad de hombres libres incorporada a la historia del mundo moderno; y hace 50 comenzamos la transformación más honda de nuestra sociedad en sus sistemas político, cultural y económico, para crear formas de vida acordes con la dignidad y el destino del pueblo mexicano, y con una clara visión de los grandes problemas que la humanidad ha venido confrontando en este siglo.[31]

Esta lectura de la historia de México, además de ser convenientemente ambigua, exhibía a la nación como una realidad permanente a lo largo del tiempo y a una comunidad humana que siempre había existido, idéntica bajo el sucederse de formas y ordenamientos políticos. En esta construcción discursiva, la Revolución mexicana no había sido hecha por hombres y objetivos concretos sino por un espíritu nacional que la hacía desprenderse de su origen y presentarse como un orden por encima de los sujetos, como una racionalidad trascendental que empujaba la Independencia de México en todos los órdenes de la vida social.[32]

La Revolución era, como ya se dijo, la conclusión anunciada de un movimiento iniciado en 1810 que marcó el "destino" que debía seguir el pueblo mexicano. Los conductores del país, representantes de la voluntad popular expresada en estas tres grandes gestas, se aseguraban que ello fuera así, vigilando el cumplimiento de los grandes ideales de sus caudillos. Tal era la imagen expresada por el diputado Carlos Hank González, en su discurso conmemorativo de la batalla del Monte de las Cruces, el 30 de octubre de 1960:

[31] *Diario de los debates de la Cámara de Diputados*, XLIV Legislatura, t. I, 1° de septiembre de 1960.

[32] Benjamin, *La Revolución mexicana. Memoria, mito e historia*, pp. 69-73, y Buenfil Burgos, *Argumentación y poder: La mística de la Revolución mexicana rectificada*, pp. 34-35. En este discurso sobre la historia de México, la Independencia se identificaba con la emancipación política, la Reforma con la espiritual y la Revolución con la económica. Esta última, solía decirse, iba a conseguirse mediante la industrialización del país. Todavía en el régimen de Luis Echeverría se seguía postulando a la industrialización como paradigma emancipatorio.

> La Revolución hecha gobierno se empeña en dar al pueblo pan, educación y justicia y deposita una ofrenda a Hidalgo, consistente en el cumplimiento de sus ideales. Hidalgo libertador de un pueblo, reformador social, agrarista, recibe el homenaje de la Revolución hecha gobierno con la entrega de la tierra al campesino, la nacionalización de la industria eléctrica, la creación del ejido ganadero, el impulso a la industria [...] y los esfuerzos en fin, que se realizan para llevar felicidad y bienestar al pueblo mexicano [...] el pueblo de ayer, hambriento y descalzo, formó la insurgencia, realizó la Independencia, la Reforma y la Revolución y hoy sigue luchando con afán por su liberación.[33]

La Revolución mexicana se enraizaba así en el pasado de luchas liberales nacionales, se continuaba en el presente y se proyectaba al futuro. La Revolución hecha gobierno, permanente y continua, afianzada en su etapa constructiva, proseguida mediante nuevas y futuras reformas sociales, así como unificada en torno a una "familia revolucionaria" (que dejaba atrás todas las discordias pasadas), creó algunos de los elementos que conformaron su relato místico, que seguirá blandiéndose en la década de los sesenta para adoctrinar a las nuevas generaciones. Sin embargo, para esa misma época dicho discurso estaba en vías de agotarse.

LA REVOLUCIÓN DEBATIDA

Si bien el Cincuentenario de la Revolución fue un momento oportuno para afirmar su vigencia frente a quienes la habían declarado muerta, el ambiente festivo no logró esconder las voces críticas. Daniel Cosío Villegas reabriría el debate en una conferencia (dictada en el mismo año de 1960 en Estados Unidos), que iniciaba con una frase lapidaria: "Sinceramente, creo que el pueblo mexicano sabe desde hace mucho tiempo que la Revolución mexicana está muerta, aunque no comprenda, o comprenda sólo a medias, por qué se oculta este hecho en vez de difundirse".[34] El problema, añadía Cosío Villegas, era que la Revolución había otorgado a sus dirigentes una ideología y un lenguaje que seguía repitiéndose in-

[33] *Tiempo* (7 mar. 1960), p. 3.

[34] Cosío Villegas, "La Revolución mexicana, entonces y ahora", en Ross, *¿Ha muerto la Revolución mexicana?*, p. 125.

dependientemente de la orientación que se le estaba dando al sistema político. Empero, la verdadera causa de su muerte era haber recaído en el pasado que se intentó destruir.

¿En qué radicaba ese retorno al Porfiriato? Cosío Villegas no negaba las conquistas sociales de la Revolución, pero sí observaba que, en el aspecto político, se sufría un retroceso debido, fundamentalmente, a la falta de una verdadera democracia y a la debilidad de las instituciones estatales. El poder casi ilimitado del presidente de la República, argumentaba Cosío Villegas, había dado al traste con las mejores consignas de la Revolución, lo mismo que la pobre administración de justicia y las políticas económicas que cada vez más beneficiaban a la iniciativa privada y aumentaban la dependencia económica de México respecto a Estados Unidos de América.

Críticas como éstas ya habían sido anunciadas por Cosío Villegas en su afamado artículo de 1947, "La crisis de México", con una diferencia sustancial en sus conclusiones. En 1960, Cosío Villegas ya no confiaba en que era posible reorientar el camino mediante una nueva afirmación de los principios revolucionarios, se limitaba ahora a proponer algo mucho más modesto: determinar si la cúspide de la pirámide social debía seguir creciendo al mismo ritmo acelerado, o bien a uno mucho más lento, pero que amparara a las clases populares.

En ese mismo año de celebraciones y festejos, la Universidad Nacional Autónoma de México realizó un seminario de reflexión en torno a la ideología revolucionaria. Allí el historiador Moisés González Navarro señaló que, en efecto, la Revolución mexicana había carecido de una ideología estructurada que le diera sentido a la lucha armada (ésta se había ido construyendo sobre la marcha bajo la inclusión de demandas populares específicas), pero ello no autorizaba a esgrimir la permanencia de la Revolución. De hecho, González Navarro equiparó la etapa vigente de la Revolución con un verdadero Termidor, en el que la utopía revolucionaria había cedido ante la reiteración vacía de los lemas revolucionarios:

> Ciertamente, la bandera política de Madero dista mucho de haberse cumplido. Se ha pasado del jacobinismo democrático, tal vez un poco ingenuo, pero sincero, al despotismo ilustrado que recuerda a los científicos porfiristas. La preferencia que en los últimos años ha recibido la pequeña propiedad, favorecida con las obras de irrigación, de no haberse obtenido con frecuencia por medios ilícitos, pudiera pensarse que satisfaría al pensamiento agrario

> de gentes como Molina Enríquez, Cabrera, Pastor Rouaix, etc. El énfasis en la necesidad de paz social revela claramente el predominio burgués sobre los intereses proletarios. El pensamiento revolucionario es cada vez más un producto urbano y académico, en contraposición a los años iniciales en que fue agrario y espontáneo. [...]; la "utopía" revolucionaria se ha convertido en una verdadera "ideología": los lemas revolucionarios se repiten ya casi como meros *slogans*.[35]

No carecía totalmente de razón González Navarro al afirmar que el pensamiento revolucionario sobrevivía en los recintos universitarios. A las voces de Cosío Villegas y González Navarro se sumaba la de una nueva izquierda, constituida originalmente por politólogos y escritores, de filiación urbana y clasemediera, que sin duda se había visto favorecida por la expansión de la Universidad Nacional, la multiplicación de foros y espacios culturales y académicos, así como por el desarrollo económico experimentado en los últimos años (aquél que la memoria oficial ha bautizado como el "milagro mexicano" o "desarrollo estabilizador").[36]

Esta izquierda estaba mucho menos formada por la Rusia soviética y el pensamiento maoísta y más influida por la Revolución cubana, aunque también era cercana a la tradición de la izquierda cardenista. Como lo menciona Luis Medina, esta generación de intelectuales fue procubana, prodemocrática, antipriísta, antiimperialista, cosmopolita y universitaria. Algunos de sus miembros fueron Víctor Flores Olea, Enrique González Pedrero, Carlos Fuentes, Francisco López Cámara, Luis Villoro, Manuel Marcué Pardiñas, Pablo González Casanova y Carlos Monsiváis, entre otros. Se agruparon en torno a las revistas *El Espectador* (1959) y *Política* (1960), aunque también escribían para *Siempre!* (revista fundada en 1953), se unieron al Movimiento de Liberación Nacional (1961) y ocuparon cátedras en la Universidad.[37]

[35] González Navarro, "La ideología de la Revolución mexicana", p. 177. Este ensayo fue publicado originalmente en *Historia Mexicana*, x:4 (40) (abr.-jun. 1961), pp. 628-636.

[36] Basado en una tasa de crecimiento anual de 7%, en la estabilidad de los precios, en el tipo de cambio fijo del peso respecto al dólar, en el fomento a la producción agrícola, entre otras cuestiones. Medina Peña, *Hacia el nuevo Estado*, pp. 128, 138-145.

[37] Medina Peña, *Hacia el nuevo Estado*, pp. 203-204. Habría que considerar también la nueva literatura mexicana dentro del espectro de voces que se distanciaban del discurso oficial de la Revolución, la afilada crítica política de un José Revueltas (ajeno a la posición que hacía del cardenismo la única posibilidad de oposición política), lo mismo que a

Todos ellos coincidían en que México se encontraba en una fase "contrarrevolucionaria". En las páginas de *Política*[38] se daban cita artículos de opinión que asociaban el fallecimiento de la Revolución al abandono de la directriz marcada por la administración de Lázaro Cárdenas (obviando que Cárdenas era en buena medida responsable del corporativismo de Estado y el control de la clase obrera). Se insistía en que las políticas de "rectificación" emprendidas por Ávila Camacho, aunado a la consigna de industrializar al país a toda costa, habían logrado que los programas de apoyo y protección a los sectores populares quedaran subordinados a los intereses de los grandes inversionistas. La distancia entre las clases trabajadoras y los grupos dirigentes era cada vez mayor, como recientemente lo había demostrado la política represiva del Estado contra los movimientos obreros.

El balance era aterrador. A decir de Carlos Fuentes, las fuerzas reaccionarias de la historia de México se ocultaban tras la silla presidencial:

> Muchos mexicanos recuerdan que hace 150 años don Miguel Hidalgo fue encarcelado como agitador y hereje, y piensan que hoy Demetrio Vallejo está acusado como agitador e infamado con la herejía consagrada por los grandes inquisidores de nuestro siglo: el comunismo. Muchos mexicanos recuerdan que en 1910, ocupaba una celda de Belén el periodista Filomeno Mata y su hijo, entonces un joven de 20 años. Su delito: defender por escrito las causas

una nueva generación de jóvenes que mostraban su hartazgo a ritmo de *Rock & Roll*. En el primer caso pueden citarse las novelas de Carlos Fuentes, *La región más transparente* (1958) y *La muerte de Artemio Cruz* (1962); Luis Spota, *Casi el paraíso* (1956), y Jorge Ibargüengoitia, *Los relámpagos de agosto* (1964). De Revueltas, el interesante análisis *México: democracia bárbara* (1958). Por otra parte, el estudio de Zolov, *Rebeldes con causa*, resulta de suma utilidad para acercarse a la historia cultural y a los desafíos que jóvenes urbanos y de clase media dirigieron al estado monopartidista a fines de los años cincuenta.

[38] Publicación quincenal a cargo de Manuel Marcué Pardiñas y Jorge Carrión, cuya vida transcurrió entre mayo de 1960 y enero de 1967. Además de los nombres ya señalados, la revista tuvo entre su plantilla de redactores y colaboradores a Abel Quezada, Alonso Aguilar, Antonio Rodríguez, David Alfaro Siqueiros, Eduardo del Río (Rius), Eli de Gortari, Emilio Uranga, Enrique Cabrera, Fernando Benítez, Fernando Carmona, Gerardo Unzueta, Germán List Arzubide, José de la Colina, Pita Amor, Renato Leduc, Rosa Castro, Salvador Novo, Vicente Lombardo Toledano y Víctor Rico Galán, entre otros. Como puede apreciarse en esta lista, distintas generaciones y posiciones políticas se mezclaban en la revista (desde un nacionalismo de corte popular y democrático hasta un marxismo más cercano a la ortodoxia), razón por la cual prefiero evitar etiquetar a estos intelectuales con el epíteto de "Generación de medio siglo".

> del pueblo. Hoy, cincuenta años después, Filomeno Mata Alatorre, aquel muchacho que compartió con su padre la prisión porfiriana, vuelve a ocupar una mazmorra. Hoy ese hombre tiene 74 años, pero su delito es el mismo: defender en un periódico las causas populares. Hace cincuenta años, los campesinos mexicanos empezaron a ocupar tierras que les había arrebatado un reducido grupo de terratenientes ausentistas amparados por la legislación porfiriana de colonización y tierras baldías. Hoy, los campesinos mexicanos, como siempre carentes de crédito, protección y simpatía empiezan a ocupar las tierras que les ha arrebatado un reducido grupo de caciques y neolatifundistas "revolucionarios" amparados por la reforma alemanista del Artículo 27.[39]

El régimen actual, afirmaban los articulistas de *Política,* se valía de la retórica vacía de la Revolución para burlarse de la Constitución, cubrir la represión policiaca y ocultar la injusticia económica; alentaba el charrismo sindical como método de control que sustituía a los capataces del Porfiriato; en lugar de cargas de caballería y trabajos forzosos lanzaba gases, culetazos y granaderos; mantenía las cárceles repletas de estudiantes, líderes comprometidos, periodistas y hasta un reconocido pintor; disfrazaba la Reforma Agraria entregando pedregales a los campesinos; falseaba la representación popular; fomentaba la corrupción administrativa; cooptaba a los medios de comunicación y se aliaba con la burguesía terrateniente e industrial, los grandes banqueros y los inversionistas extranjeros. La Constitución de 1917 había fracasado, la soberanía popular era mera ilusión, mientras que la violación sistemática de las leyes y derechos consagrados en la Carta Magna constituía la realidad cotidiana a la que debían enfrentarse los mexicanos.[40]

El cuestionamiento de los "logros" de la Revolución mexicana adquirió un nuevo sesgo ante el triunfo de la Revolución cubana. Cuba fue el espejo en el que se miraron estos intelectuales para constatar que la mexicana se había convertido en una revolución de papel y piedra. Cuba les ofrecía el modelo de salvación, el ejemplo que México debía seguir para restituir su proceso revolucionario.[41] En este sentido, las críticas de

[39] "Feliz aniversario", en *Política* (1° sept. 1960), p. 39.

[40] Véase, por ejemplo, los artículos de Alonso Aguilar, "A 150 años de nuestra Independencia", en *Política* (15 sep. 1960); Enrique González Pedrero, "La Revolución de entonces y la de ahora", Francisco López Cámara, "¿Ha muerto la Revolución mexicana?", y Fernando Carmona, "El balance de 50 años", en *Política* (15 nov. 1960).

[41] La compleja relación que sostuvo el gobierno mexicano con el cubano, así como la

Política al régimen priísta no se despegaban del ideario contenido en el discurso nacionalista revolucionario. Allí convergían tanto las demandas de dar cabal cumplimiento al proyecto social de la Revolución, sostenido bajo los principios de democracia, justicia social, reparto agrario, educación popular y respeto al movimiento obrero, junto con la versión más "radical" del mismo discurso: sometimiento de la burguesía a los intereses nacionales y rechazo del imperialismo estadounidense. Lo que estaba en pugna para esta izquierda no era, pues, la memoria de la Revolución, sino el uso ilegítimo que le daba el gobierno. La crítica no iba mucho más lejos.

Como se dijo antes, el régimen veía con preocupación el ambiente crítico y de movilización social que se ha comentado en estas páginas. Cual padre que se apresta a corregir a sus hijos, López Mateos señaló, en su segundo informe presidencial, que el problema con las nuevas generaciones es que desconocían los esfuerzos que había realizado el pueblo para alcanzar "la realidad actual de la nación".[42] Los jóvenes, que no vivieron los cañonazos, decía el presidente, habían arribado a un país ya transformado por el conjunto de conquistas sociales, culturales, políticas y económicas que desde hacía cincuenta años venían realizándose.

López Mateos minimizaba los cuestionamientos que se hacían a su gobierno al afirmar que esta actitud retadora era propia de la adolescencia y la juventud, una edad inquieta que empuja a querer participar en la orientación de la vida nacional. Eso no estaba mal, añadía, la cuestión era que esas inquietudes estaban "erróneamente dirigidas contra la obra revolucionaria, o impulsadas por ejemplos de luchas de pueblos lejanos y distintos al nuestro, que por su misma lejanía y diferencia motivan atracción para los años mozos". Esos jóvenes debían enterarse de que el pueblo mexicano había alcanzado ya, siempre en el marco de nuestro peculiar modo de ser, los objetivos por los que luchaban otros pueblos del mundo: "pocos o ninguno quizá mejor que nosotros han realizado sus propósitos, al amparo de un movimiento social, que afirma y garantiza la dignidad de la persona humana". Ir en contra de la Revolución era traicionar al pueblo mismo, su historia, identidad y dignidad.

diversidad de opiniones que mereció la Revolución cubana en México, es abordada por Reynaga Mejía, *La Revolución cubana en México.*

[42] Ésta y las siguientes citas corresponden al *Diario de los debates de la Cámara de Diputados*, XLIV Legislatura, t. I, 1° de septiembre de 1960.

Para concluir el regaño, López Mateos lanzaba una amenaza —innecesaria dadas las últimas muestras de autoritarismo del gobierno: "el orden revolucionario tiene que ser defendido, tanto contra los que quieren abatirlo para regresar al antiguo, como contra los que creen que en México la Revolución consiste en atentar constantemente contra las leyes de nuestra convivencia". Así, el discurso de la *revolución permanente y constructiva* cancelaba cualquier posibilidad de oposición política, fuera o no violenta, al identificarla con la ilegalidad. Aunque suene gracioso, la única revolución permitida era la institucional.

El mismo tono de alerta, el mismo miedo a una posible subversión, se presentó en las celebraciones del Cincuentenario. El secretario de Gobernación, Gustavo Díaz Ordaz, en clara alusión al ímpetu que había cobrado la Revolución cubana, se refirió a la "nacionalidad" como una patria formada por hombres conscientes de su tiempo que no estaban sujetos a modas transitorias, concluyendo que el único camino a seguir era el trazado por la Revolución mexicana, es decir, por el partido oficial.[43]

De acuerdo con lo anterior, el problema fundamental era que los jóvenes desconocían su propia historia y, por ello, enarbolaban una actitud altiva y falta de toda sensibilidad y agradecimiento hacia sus padres. Y donde dice padres debe leerse PRI. Para remediar esta situación, el gobierno, en el contexto del Cincuentenario, editará obras que hagan del conocimiento general los logros alcanzados por el régimen revolucionario.

En 1960, el Fondo de Cultura Económica comenzó a publicar la colección *México, 50 años de Revolución*,[44] en la que se reunió una serie de ensayos escritos por funcionarios gubernamentales, destacados académicos e intelectuales más o menos ligados al régimen. El propósito que los guiaba era evaluar las "conquistas alcanzadas" por la sociedad posrevolucionaria en todos los ramos de la vida pública, así como perfilar las rutas a seguir en el futuro. Excepto en contados casos,[45] el tono general de la

[43] *Tiempo* (28 nov. 1960), p. 4.

[44] *México: Cincuenta años de Revolución*. En esta colección se incluyeron artículos de Emilio Portes Gil, Raúl Ortiz Mena, Adolfo Orive Alba, Mario de la Cueva, Alfonso Corona del Rosal, Jesús Reyes Heroles, Jaime Torres Bodet, Jorge Castañeda, Raúl Carrancá, Edmundo O'Gorman, Emilio Uranga, Francisco Larroyo, Pablo González Casanova, José Luis Martínez, entre otros. El primer tomo se dedicó a la economía, el segundo a la vida social, el tercero a la política, y el último a la cultura y la ciencia.

[45] Pablo González Casanova fue el único que se distanció del oficialismo de la obra. Habló de la desigualdad económica y la marginación que padecían amplios sectores po-

publicación fue de optimismo ante la tendencia económica desarrollista y de negación de los conflictos a los que se enfrentaba el régimen. Los movimientos obrero y campesino, que se habían desarrollado en los últimos años, brillaban por su ausencia y, en cambio, se aplaudían las políticas gubernamentales en materia agraria y obrera (incluso las conquistas históricas de estos sectores pasaban por concesiones hechas desde arriba); el "movimiento juvenil" no era otro que el de los revolucionarios de 1910 y el más actual del Instituto Nacional de la Juventud Mexicana; asimismo, los partidos de oposición eran minimizados y despreciados (el PAN, por inscribirse en el seno de las clases pudientes, el PCM y el PP, por carecer de influencia política, y el PARM, por tener una vida vegetativa e incolora).[46]

En el prólogo a esta colección, López Mateos continuó su advertencia anterior señalando que las nuevas generaciones se apartaban peligrosamente de la realidad nacional, situándose en espacios ajenos a las necesidades de su pueblo, lo que hacía indispensable la difusión de los avances sociales conseguidos por la Revolución.

Se trataba de que todos los mexicanos se sintieran agradecidos con su Revolución (vanguardia de todas las luchas sociales latinoamericanas) y con el Estado promotor de sus principios. Al final del prólogo, el presidente recurría al consabido discurso de la *revolución permanente:* "No podemos afirmar que la Revolución haya conquistado todas sus metas; consideramos que el logro de cada una de éstas representa un punto de partida hacia realizaciones superiores, que la misma dinámica de la Revolución nos impone".[47]

blacionales, del paternalismo y el autoritarismo del gobierno para tratar los problemas políticos, de la retórica hueca de la Revolución mexicana y de la "desorientación" de la opinión pública mediante la injerencia estatal, a fin de mantener el control social. Para remediar esta situación, González Casanova recomendaba el retorno "a los actos revolucionarios, las medidas de tipo popular y nacional, en que se acorta la distancia entre el dicho, el derecho y el hecho". González Casanova, "La opinión pública", p. 349.

[46] Hernández y Hernández, "El movimiento campesino"; Rivera Marín, "El movimiento obrero"; Arriaga Rivera, "El movimiento juvenil", y Fuentes Díaz, "Partidos y corrientes políticas".

[47] *México: Cincuenta años de Revolución*, p. X. Al año siguiente, en 1961, López Mateos publicó un opúsculo en el que concentró su "pensamiento y programa". Allí sostuvo que el PRI anhelaba el cumplimiento de los ideales de la Revolución contenidos en la Constitución; que la "filosofía de la Revolución" postulaba el concepto de "unidad nacional" y heredaba los ideales de los insurgentes de 1810 y los constituyentes de 1857; que la Revolución defendía las garantías individuales por medio de la Constitución y del régi-

Pero, a pesar de los esfuerzos gubernamentales por "reeducar" a sus contumaces ciudadanos, el discurso de la Revolución mexicana, como principio de unión social trascendental, así como fuerza legitimadora de un supuesto proyecto colectivo que orientaba los destinos de la nación bajo la dirección de una única opción política, llegaba a su crisis.

Cierto es que los discursos sobre la permanencia, crisis y muerte de la Revolución podrían considerarse una cara de la misma moneda. En ese sentido, ambas posiciones, la de quienes defendían que la Revolución seguía su marcha bajo el cobijo de sus instituciones y la de aquellos que aseguraban que ésta sólo permanecía como discurso ideológico, hicieron eco de una compleja mística revolucionaria que daba sustento a las prácticas sociales y que logró presentarse como una realidad trascendental, de orden superior e incuestionable. Así, ninguna postura en el debate logró sustraerse a esa mística y revisar críticamente los elementos simbólicos y el conjunto de conceptos que la constituían, o bien, proponer su sustitución por otros valores que rigieran la organización social.

Sin embargo, esta perspectiva resultará un tanto simplista y nos impedirá ver que en este debate lo que se jugaba eran proyectos de nación distintos, de modo tal que el conjunto de conceptos e ideales que dieron forma al discurso revolucionario nacionalista no eran entendidos de igual modo por las partes en disputa. No es casual tampoco que la discusión tuviera lugar justo en un momento coyuntural, aquél en que el Estado se enfrentaba quizá a su primera gran crisis, originada en las masivas movilizaciones de descontento en el campo y en la ciudad, y enfatizada por la ocasión del Cincuentenario. Así, aunque la mayoría de los intelectuales disidentes seguían apelando a los esquemas de la Revolución como fuente de su crítica moral, también puede observarse que habían dejado de reconocerse en el pacto de reconciliación y dominación sobre el que se fundaron las instituciones de la Revolución mexicana.

Los discursos oficiales del Cincuentenario serían refutados uno a uno en la prensa crítica, burlándose incluso del desconocimiento que tenían de la historia los representantes del Estado.[48] La Revolución, sentenciaba

men revolucionario, haciendo extensiva su tolerancia incluso ante quienes la injuriaban; y que cada gobierno había hecho suyo el programa de la Revolución y había cumplido con sus tareas. Así, el gobierno que él representaba se proponía seguir esa tradición. López Mateos, "Pensamiento y programa del Partido Revolucionario", en Ross, *¿Ha muerto la Revolución mexicana?*, pp. 165-168.

[48] Díaz Ordaz había afirmado en el homenaje a Madero, que en 1910 el pueblo no

José Alvarado, estaba muerta y su festejo era en realidad un acto luctuoso: "Esta pobre Revolución cincuentona y reumática, ayer novia de los guerrilleros y hoy "querida" de los millonarios, traicionada, envilecida, ¿quien podrá salvarla? Haya quizá necesidad de otra".[49]

Como bien sabemos esa otra revolución no llegó, pero de alguna manera se auguraba una nueva crisis, no del discurso de la Revolución mexicana (pues este seguiría enunciándose por lo menos hasta el fin del Estado proteccionista y la asunción del Estado neoliberal), sino del régimen emanado de ella. El 68 estaba a la vuelta de la esquina y con él una constelación de múltiples problemáticas que abriría nuevos imaginarios de posibilidades sociales, al igual que nuevos mitos.

estaba preparado para la democracia sino para la Revolución. *Tiempo* (28 nov. 1960). A ello *Política* responderá que el alzamiento armado de Madero había sido provocado por la falta de democracia y por tanto, democracia y revolución eran una misma cosa. *Política* (1º dic. 1960).

[49] El artículo de José Alvarado lleva por título "Millonaria y gotosa" y se publicó en *Siempre*! (23 nov. 1960), pp. 22-23.

HACIENDO PATRIA. CONMEMORACIÓN, MEMORIA E HISTORIA OFICIAL

Verónica Zárate Toscano
Instituto de Investigaciones Dr. José María Luis Mora

2010 fue un año esperado con enorme expectativa porque se conjuntaban dos magnas celebraciones: los 200 años del inicio de la lucha por la Independencia y los 100 años del estallido de la Revolución mexicana. Era una oportunidad única para enfocar los esfuerzos y recursos en organizar unas fiestas memorables que, al mismo tiempo que sirvieran de solaz para la población, se aprovecharan para difundir los avances de nuestra historia, aunque fuera la historia oficial, auspiciada por el régimen en turno. Era la coyuntura óptima para enseñar historia a un número muy elevado de personas y, paralelamente, reforzar el proyecto nacional.

Han terminado de brillar los fuegos artificiales y, una vez despejado el humo de la pólvora, queda una sensación de insatisfacción ante un fracaso conmemorativo lleno de actos vacíos de sentido. Los encargados de la organización, con todas las variantes, incongruencias y deficiencias, estuvieron lejos de cumplir las expectativas que habían generado y de difundir una versión sólida de la historia. Sin embargo, su coordinador general se ha mostrado muy satisfecho con los resultados y en una entrevista argumenta que "el Estado no impuso sus puntos de vista", sino que quiso proyectar "un tiempo nuevo, de pluralidad, tolerancia, libertad de creación, de pensamiento y de crítica".[1] Pero una cosa es el deseo de los organizadores y otra la percepción de legos y de especialistas.

No podemos pasar por alto la idea de que conmemorar es evocar públicamente a un personaje o un acontecimiento, rememorar, traer la

[1] Silvia Isabel Gámez, "Muestra Villalpando exitoso Bicentenario", *Reforma* (18 ene. 2011).

memoria histórica al momento actual. A lo largo del tiempo, los grupos en el poder se han valido de diversos mecanismos para materializar la historia, para imprimirle rigor en el presente. Y también se ha aprovechado el mecanismo conmemorativo como un elemento de interacción social, ya que la memoria evocativa del pasado por lo general se manifiesta en actos colectivos.[2]

Las conmemoraciones bien pueden considerarse parte de lo que se ha llamado "memoria hábito", que implica la fijación de contenidos sociales —y en este caso históricos— mediante la realización de ceremonias y rituales que se repiten en un ciclo temporal explícito, por lo general ligado anualmente a determinados aniversarios o fiestas cívicas. La reiteración y la recurrencia se utilizan para evitar el olvido, estableciendo un ciclo anual en el que se rememoran momentos de un pasado colectivo. Estas ceremonias pueden tener una dimensión "performativa" que delimita sus contenidos, pero a la vez los liga a ciertas prácticas como cantos, oraciones e incluso una interacción ceremonial.[3]

A todo lo anterior podríamos agregar la dimensión iconográfica que también se utiliza para la fijación de la historia. Así pues, podríamos considerar que se construye una versión única u oficial de la historia, pero para hacerla accesible a la población, se busca la manera de representarla plásticamente. A la pregunta de cómo vincular a los habitantes de una comunidad con su pasado, la respuesta oficial es comunicar los hechos a través de monumentos, esculturas, pinturas, grabados, billetes, timbres, música, periódicos murales, cuadros vivientes, libros de texto y ceremonias cívicas conmemorativas, aunque no se puedan evitar los rumores, chismes y sobre todo los mitos.

Esta práctica está indisolublemente asociada a la intención de contribuir a la formación de un sentimiento nacionalista,[4] de una comunidad imaginaria,[5] de una tradición inventada,[6] de un lugar de la memoria.[7] Todos estos conceptos, definidos por sus respectivos autores en una amplia gama de escritos, nos aportan elementos valiosos para analizar el problema que nos hemos propuesto: cómo se representa al pasado para

[2] Halbwachs, *Mémoire collective*.

[3] Connerton, *How Societies*, pp. 40-42.

[4] Vázquez, *Nacionalismo y educación*.

[5] Anderson, *Comunidades imaginadas*.

[6] Hobsbawm y Ranger, *The Invention of Tradition*.

[7] Nora, *Lieux de mémoire*.

fomentar el imaginario oficial. Es evidente que se apela a los intereses de cada grupo en cada momento y se aprovechan los mecanismos que se espera tengan mayor eficacia empleando una amplia gama de materiales. Su abundancia impide abordarlos detalladamente en su totalidad, por lo que sólo presentaré algunos ejemplos que demostrarán los usos que el Estado en turno hace de la historia. La atención se centrará en algunas de las imágenes que contribuyen a la formación del imaginario nacional, algunas de las cuales se han difundido a través de las conmemoraciones.

CAPTURAR LA HISTORIA

Los sucesos históricos se transmiten de generación en generación a través de distintos canales desde el relato oral, la descripción escrita hasta el registro visual. En vista de que resulta complicado atrapar materialmente la transmisión de saberes mediante la palabra expresada de manera verbal, se recurre a otros medios para lograrlo. Para que tengan mayor alcance entre la sociedad y contribuyan a la pedagogía de afán nacionalista, las historias se difunden, entre otros medios, a través de la palabra impresa en periódicos, revistas, libros. Pero dadas las características de un país como el nuestro, con un alto índice de analfabetismo, la utilización de imágenes garantiza mayor alcance, difusión, tal vez una abundancia de posibilidades de comprensión o lecturas. Los soportes materiales en que se plasman condicionan así el número de receptores del mensaje.

En este escenario, uno de los problemas que se plantea es qué representar. Aparentemente, la solución más sencilla es recurrir a los héroes, personalizando en ellos un suceso por la intervención real que tuvieron en él o a través de la suposición de que participaron en el mismo. Dentro de este afán personificador podríamos mencionar al "Pípila",[8] a los "Niños Héroes"[9] y a otros controvertidos personajes que entraron en nuestra historia para cautivar la atención de un público infantil o en proceso formativo. Pero, aunque los héroes no son incuestionables y su inclusión en los panteones nacionales ha sido bastante controvertida, parecen aportar más elementos para plasmarse plásticamente que los "hechos". Y por ello,

[8] Carlos María de Bustamante, en su *Cuadro histórico*, vol. 1, p. 39, refiere la "heroica" acción del Pípila, y de ahí se ha venido repitiendo hasta la fecha.

[9] Sobre este tema véase Plascencia, "Conmemoración de la hazaña".

estadísticamente, las imágenes de estos personajes ocupan un porcentaje mucho más elevado que la representación de sucesos históricos o incluso de fiestas y conmemoraciones. Siguiendo la vieja tradición religiosa de la hagiografía, estos hombres extraordinarios se convierten en los santos civiles susceptibles de ser objeto de culto.

Existe una abundante bibliografía centrada en la producción de pintura de historia y la utilización de las imágenes como documentos históricos,[10] y de ella solo retomamos la propuesta de entenderla como partícipe en la edificación del imaginario. Sin embargo, quisiéramos ir más allá al considerar la posibilidad de reconocer en ella la materialización de la historia y la conformación de los lugares de la memoria.

En este sentido, estudiaremos una serie de imágenes cuidadosamente seleccionadas que fueron hechas para recordar algunos de los sucesos históricos que algunos regímenes han considerado vitales. Lo que interesa destacar es que, además de haber sido elaboradas para ser exhibidas en un recinto cerrado, lograron trascender las barreras físicas que limitaban el acceso a ellas y, con el tiempo, se han encontrado otras maneras de difundirlas ante una población más numerosa.

LOS BILLETES

En esta gama de soportes materiales, tendríamos que mencionar en primer lugar los billetes bancarios, considerados como documentos históricos porque, al entrar en circulación, producen una serie de relaciones sociales y contribuyen a la formación de un imaginario nacional,[11] mediante la utilización de representaciones pictóricas que aportan a la construcción de los símbolos nacionales. A partir del último tercio del siglo XIX, cuando se fundaron los bancos de emisión, los distintos grupos en el poder reconocieron que el papel moneda podía ser un medio muy efectivo de comunicación para difundir mensajes, como a la vez propagar y popularizar los símbolos que mejor apoyaran su discurso.[12]

[10] Widdifield, *The Embodiment of the Nation*; Reyero, *La pintura de historia*; Burke, *Visto y no visto*; Florescano, *Imágenes de la patria*; Ramírez, "La 'Restauración' fallida"; Pérez Vejo, "Pintura de historia".

[11] Durand, *Las estructuras antropológicas*, p. 21.

[12] Estas ideas se han expresado con mayor detalle en Eduardo Flores Clair y Verónica Zárate Toscano, "Billetes y memoria: el imaginario nacional en México a fines del siglo XIX

Como parte de ese programa iconográfico se hizo una búsqueda en el pasado, pero las condiciones de la población indígena a fines del siglo XIX hicieron que la balanza se inclinara en el lejano pasado prehispánico.[13] Como muestra de la política vale la pena resaltar el rescate de la imagen de su organización democrática, como en el caso de la obra de Rodrigo Gutiérrez, titulada *El Senado de Tlaxcala*.[14] Fruto del encargo de un político liberal en 1875, el cuadro fue adquirido por el Estado, reproducido en grabados y enviado a diversas exposiciones universales. Esta imagen fue impresa en los billetes de uno y dos pesos del gobierno provisional de México,[15] emitidos en mayo de 1916, en un momento que preludiaba el pacto nacional de la Constitución de 1917 que hasta ahora nos rige.

El episodio de la Conquista fue igualmente plasmado en los billetes a partir de la pintura de Félix Parra, elaborada en 1876, y titulada *Fray Bartolomé de las Casas*, en la que se representó el hecho como un acto atroz y sanguinario[16] (imágenes 1 a y b). Fueron los billetes impresos por la American Bank Note Company, emitidos por el Banco de Londres y México en 1913, cuando esta institución financiera se vio obligada a hacer préstamos a Victoriano Huerta.[17] El ambiente lastimero de la escena de los indios masacrados por la conquista y la mirada implorante del fraile, dotan a los instrumentos financieros de un sentido incisivo e incluso irónico al surgir bajo un régimen dictatorial como el de Huerta.

y principios del siglo XX", en *Congreso Internacional AHILA. Europa y América, paralelismos en la distancia* (septiembre 2005). Véase también *El billete mexicano*.

[13] Pérez Vejo, "Los hijos de Cuauhtémoc".

[14] Rodrigo Gutiérrez, "El Senado de Tlaxcala", en Fernández, *Arte moderno*, t. I, pp. 64 y 97.

[15] "Conforme se consolidaba el dominio de la facción carrancista, ésta emprendió varios intentos para solucionar el problema monetario del país: el único papel moneda válido sería el emitido por los carrancistas y para protegerse de las falsificaciones, se ordenó la fabricación de billetes mucho más sofisticados a la American Bank Note Company de Nueva York. Estos billetes se pusieron en circulación en mayo de 1916, en tanto se iniciaba el retiro paulatino de las emisiones anteriores. A estos billetes se les conoce como "infalsificables", pero su destino no fue muy distinto al de las emisiones revolucionarias anteriores, ya que sufrieron una devaluación fulminante y para fines de ese mismo año ya eran inutilizables". *Breve historia del billete mexicano*, http://mgossart.free.fr/spanish/breve_historia.htm

[16] Florescano, *Imágenes de la patria*, p. 182.

[17] El Banco de Londres y México se fundó en 1864 y durante mucho tiempo fue el único en México hasta que a partir de 1880 proliferaron los bancos de emisión. *El billete mexicano*.

Ambos billetes se emitieron durante los álgidos años del movimiento revolucionario, pero retomaron interpretaciones de la historia de México surgidas al calor del entusiasmo por las exposiciones de pintura de la Academia de San Carlos,[18] y la posibilidad de enviar las obras de los artistas mexicanos a difundir una imagen nacional en el extranjero.

Lo más común en este tipo de documentos era apoyar las imágenes de los héroes con viñetas y alegorías más que en la representación concreta de hechos acontecidos en el pasado. Sin embargo, cabe señalar que esta práctica de difundir imágenes de sucesos históricos no es privativa de México, ya que se ha detectado en otros países del continente americano, en particular en billetes de El Salvador, Guatemala y Venezuela.

Como podría esperarse, para la conmemoración de 2010, el gobierno decretó la impresión de 50 000 000 de billetes: de 200 pesos para recordar el Bicentenario y de 100 para el Centenario. El presidente Calderón declaró en la presentación: "Estoy seguro que con estos billetes conmemorativos los mexicanos vamos a estar más cerca de nuestra historia".[19] El de 200 resultó atrevido e incluso con un diseño osado por tener un formato vertical e incluir la imagen de la Virgen de Guadalupe junto al cura Hidalgo,[20] en una acción que podría calificarse de congruencia con el régimen de derecha en turno. Pero la polémica se suscitó porque al de 100, que muestra la imagen de una locomotora portando un grupo de revolucionarios, se le encontró una "errata". Ni las mejores explicaciones, ni los comunicados emitidos por el Banco de México,[21] fueron suficientes para detener la feroz crítica que vio en esta equivocación una muestra de la ineptitud oficial para organizar las conmemoraciones.

[18] Fernández, *Arte moderno*.

[19] "Calderón presenta billetes del Centenario y Bicentenario", *El Universal* (23 sep. 2009).

[20] Arturo Rivero, "Emite Banxico billetes conmemorativos", *Reforma* (23 sep. 2009). La "imagen procede de la obra de Jesús Enrique Emilio de la Helguera Espinoza titulada "Don Miguel Hidalgo", la cual representa el inicio de la guerra de Independencia". El de 100 pesos ostenta "la imagen de una locomotora que transporta tropas revolucionarias, la cual representa el movimiento armado que comenzó en 1910, e incluye una de las imágenes más emblemáticas de la Revolución mexicana: la soldadera o Adelita".

[21] Laura Carrillo, "Admiten errata en billete de $100", *Reforma* (29 oct. 2009).

MONUMENTOS

Otro acercamiento para hacer visible y palpable la historia es analizar los monumentos, los cuales por lo general son inaugurados en fechas conmemorativas. He dedicado ya varios textos a este tipo de materialización del pasado, por lo que aquí solo me refiero a dos aspectos.[22] Por un lado, destaca la escasa presencia de grupos escultóricos escenificando algún suceso; si acaso éstos se representan en paneles, en los basamentos a través de relieves. Como ejemplo podría mencionar la representación del martirio del último emperador azteca, Cuauhtémoc, en el monumento en su honor, sobre el Paseo de la Reforma en la ciudad de México. Más bien, cuando se apela a grupos escultóricos es para resaltar al héroe, como sucede con las alegorías que rodean a Miguel Hidalgo, en el Monumento a la Independencia mejor conocido como "El ángel". Se trata de dos esculturas femeninas que representan a la Historia, a la derecha, y a la Patria que le ofrece un laurel, a la izquierda (imagen 2).

Pero hay monumentos que adquieren pronto el estatus de símbolos y se aprovecha su sentido icónico para plasmarlos en otro tipo de soporte. Tal sería la característica del monumento a Cristóbal Colón del Paseo de la Reforma que aparece en el ya mencionado billete del gobierno provisional de 1916, o incluso en el anverso del billete de 20 pesos emitido por el Banco Nacional de México en 1913. De igual manera, en pleno gobierno constitucionalista se incluyó la imagen del monumento a Cuauhtémoc en los billetes de cinco pesos. Y esta práctica también se realizó en otras ciudades del país. En Toluca se erigió un monumento a Miguel Hidalgo y su imagen fue incluida en los billetes de un peso emitidos en 1915, por el Estado Libre y Soberano de México. Un año antes, los billetes del Banco de Hidalgo también portaban la representación del monumento al padre de la patria, erigido en la capital del estado que lleva su nombre.

En esta doble vertiente de imágenes en mármol o bronce y en tinta y papel, se reiteraba la iconografía aceptada por las élites en el poder en los distintos niveles y ámbitos de su injerencia, fuera gobiernos locales, estatales o nacionales.

[22] Zárate Toscano, "El papel de la escultura" y "El Paseo de la Reforma".

UN HECHO, VARIAS REPRESENTACIONES

El destino de las imágenes encaminadas a la formación de la memoria histórica y el imaginario también incluye otras variantes. Existen sucesos que se han representado en varios momentos y con calidades muy distintas. Aunque en esencia todos encarnan una escena en particular, las variantes introducidas resultan sintomáticas de los intereses de quienes solicitaron su realización o de lo que sus autores querían resaltar.

Como ejemplo podríamos tomar la entrada del Ejército Trigarante a la ciudad de México efectuada el 27 de septiembre de 1821. Este hecho histórico se ha plasmado en imágenes prácticamente desde el momento en que sucedió. Así pues, el propio año de la consumación, el ayuntamiento de la ciudad de México encargó la elaboración de un cuadro que instaló entre la casa del conde del Valle de Orizaba y el convento de san Francisco, en el que se observa a Agustín de Iturbide después de traspasar el arco triunfal.[23] Se conocen otras tres imágenes similares sobre el ingreso de las tropas a la capital del recientemente desaparecido virreinato, captadas frente al Palacio, en la Plaza Mayor,[24] o en la garita de Belén junto al acueducto.[25]

Este mismo escenario fue aprovechado durante el segundo Imperio en una imagen realizada por Ramón Sagredo. La obra fue elaborada para adornar el Salón Iturbide del Palacio Imperial, en cuyo centro aparece, sin sombrero y destacando su cabello rubio rojizo, el personaje que había antecedido a Maximiliano en el trono[26] (imágenes 3 a y b). Así pues, la historia oficial era llevada de la pluma, al pincel o la piedra gracias a los intereses de un gobierno imperial, y por ello se enfatizaba la presencia de Iturbide, pero en su calidad de consumador de la Independencia a través del acuerdo que había culminado la lucha de once años. Y también se

[23] "Solemne y pacífica entrada del Ejército de las Tres Garantías en la capital de México el día 27 de septiembre del memorable año de 1821", en Jiménez Codinach, *Proyectos*, p. 42.

[24] "Entrada del Generalísimo Dn. Agustín de Yturbide a México el día 27 de sbre. de 1821", en Jiménez Codinach, *Proyectos*, pp. 22-23.

[25] "Entrada triunfante de Iturbide en México con el Ejército Trigarante el día 27 de septiembre de 1821", en Báez, "Pintura militar", pp. 50-51.

[26] Litografía coloreada de Francisco Bastin y Julio Michaud, "Agustín de Iturbide y los generales del ejército mexicano", en Jiménez Codinach, *Proyectos*, pp. 44-45, y Fernández, *Arte moderno*, p. 25.

le rescataba como parte de una continuidad imperial ya que Maximiliano había nombrado a Agustín Iturbide y Green, nieto del consumador, como sucesor al trono.[27]

Existen algunos espacios en la ciudad de México donde el recuerdo de Iturbide se mantiene vivo aún en nuestros días y que podrían insertarse en lo que Pierre Nora llama "lugares de la memoria", es decir, aquellos donde se cristaliza o se enraiza la memoria colectiva.[28] Uno es la capilla de San Felipe de Jesús en la catedral donde se conservan sus restos, otro el Palacio de Iturbide y uno más es el pasaje Iturbide. En la parte superior de la entrada de este último, sobre la calle de Gante, en el centro de la ciudad, se han colocado unas mantas espectaculares, a manera de murales efímeros, que retratan tres importantes momentos de Iturbide: su entrada en la ciudad de México con el Ejército Trigarante, su fusilamiento en 1824, y el traslado de sus cenizas a la catedral de la ciudad de México en 1838. La primera imagen se copió de la ya mencionada pintura de Sagredo convertida en una litografía coloreada debida a Francisco Bastin y Julio Michaud, y prácticamente se ha reproducido sin modificaciones.[29] Aunque la mayoría de las personas que circulan por ahí no se molestan en levantar la vista, uno que otro transeúnte sí se sorprenden con las imágenes, mientras que los vecinos están habituados a compartir el espacio con el consumador y emperador.

Además de esta muestra de la pervivencia de algunos sucesos y personajes controvertidos en el México del siglo XXI, rescatados por facciones conservadoras a pesar de los embates liberales por borrarlos, encontramos otras muestras de una historia que se nos presentaba como incluyente al momento de organizar los festejos de este fastuoso año de 2010. En el Festival Infantil Bicentenario, efectuado el 25 de abril de 2010 sobre el Paseo de la Reforma, se representaron cuadros vivos de historia, a semejanza de los exhibidos en el famoso desfile histórico que formó parte de los festejos del Centenario de la Independencia, en septiembre de 1910.[30] Podría parecer que con este evento se estaba consolidando una

[27] Ratz, *Tras las huellas*.

[28] Nora, *Lieux de mémoire*.

[29] Para mayores detalles sobre este tema, véase Zárate Toscano, "Las pervivencias de Iturbide".

[30] El desfile se efectuó el 25 de abril de 2010 sobre El Paseo de la Reforma, entre la puerta de los leones en Chapultepec y el cruce con el Paseo de Bucareli. Su antecedente, el llamado "Desfile histórico", tuvo lugar el 15 de septiembre de 1910 entre la entonces

tradición vigente hace un centenar de años, o que el comité organizador de los actuales festejos, entre los problemas que enfrentó se encontró con la carencia de imaginación e iniciativas novedosas. Sobre todo destaca el hecho de que se haya aprovechado la conmemoración del "Día del Niño" para hacer desfilar la historia por las calles de la capital del país, con un énfasis mayor al evento que se efectuaría el 15 de septiembre, aniversario del inicio de la gesta independiente.

El caso es que uno de los cuadros fue precisamente la llegada del Ejército Trigarante con los flamantes militares sobre briosos corceles que recorrían el Paseo de la Reforma (imágenes 4 a, b y c). En un doble protagonismo también se hizo desfilar a Iturbide a pie representado con un muñeco rubio de tamaño natural, aunque "cabezón". Sin embargo, el otro protagonista de la consumación, Vicente Guerrero, resultó "favorecido" al mostrarse a través de cuatro figuras, la más llamativa en un globo de helio de dimensiones gigantescas. Igualmente, Guerrero se hizo presente con Iturbide en la representación del abrazo de Acatempan. La imagen histórica original en la que se inspiró el acto fue la litografía de Santiago Hernández y Hesiquio Iriarte, así como en la pintura de 1875 de Ramón Sagredo.[31] Sin embargo, el hecho se presentó ahora de forma casi caricaturizada, con muñecos que pretendían ser "atractivos" para el público infantil. En total hubo cuatro imágenes de Guerrero y tres de Iturbide.

A través del mismo tipo de muñeco desfiló Hernán Cortés, acompañado de un barco con militares y religiosos (imágenes 5 a y b), representación que contrasta mucho con la de los conquistadores que tomaron parte en el desfile de 1910, todos ellos de carne y hueso, con unos atuendos tomados del vestuario teatral.

Finalmente, lo que importa destacar es que la selección de los cuadros vivientes de los momentos claves de la historia oficial fue tan selectiva hace un siglo como lo fue en abril de 2010, y en ambas ocasiones fue vista por miles de personas, a las cuales se les intentó ayudar para que reconocieran los hechos y a hombres con letreros no siempre fáciles de visualizar. Y era inevitable que en ese, así como en casi cualquier acto que implique la reconstrucción del pasado, constatar el grado de conoci-

llamada Plaza Reforma, al pie de la estatua de Carlos IV, y el Palacio Nacional.

[31] Existen al menos dos representaciones gráficas del abrazo de Acatempan. La primera es una litografía de Santiago Hernández y Hesiquio Iriarte. Báez, *La pintura militar*, p. 49. La otra es de Ramón Sagredo, en *Artes de México*, 1971.

miento sobre nuestra historia. Es en esas ocasiones cuando la sociedad se examina: se escucha con sorpresa e incluso indignación a los que confunden a Juárez con Madero, o a los que, cuando los hijos piden ayuda para reconocer al personaje o al suceso, los padres responden que lo busquen en sus libros de la escuela o en la computadora.

Recordemos la propuesta de Francis Haskell, quien se ocupó del "impacto de la imagen en la imaginación histórica" y enfatizó que pinturas, estatuas, estampas, permiten a la posteridad compartir las experiencias y los conocimientos no verbales de las culturas del pasado.[32] ¿Será que la pedagogía cívica no ha cumplido su cometido de machacarnos la historia para familiarizarnos con nuestro pasado, o que los representados no reunían las características iconográficas necesarias para ser reconocidos? ¿O acaso somos unos analfabetos visuales e históricos?[33]

IMÁGENES POR ENCARGO

Estos cuadros vivientes se inspiraron en conocidas pinturas, grabados y fotografías sobre momentos importantes de la historia oficial. Cabría preguntarse cómo se originaron, y en gran parte de los casos, la respuesta sería que fueron hechos por orden de las autoridades. Las obras realizadas por encargo del gobierno necesariamente tienen una carga ideológica, por el hecho de que forman parte de una campaña de exaltación de héroes o sucesos históricos. El encargo lleva implícito un determinismo temático o el objetivo de cumplir programas iconográficos concretos, así como la difusión de ciertos valores. Incluso los concursos convocados por la Academia de San Carlos estaban encaminados a la factura de obras artísticas de temática histórica. Las obras encargadas por el gobierno buscaban una proyección pública a nivel interno y externo, ya que las piezas en cuestión no sólo lucían en las exposiciones nacionales, sino que llevaban la imagen de México —y de su historia— más allá de las fronteras, con lo que contribuían a la consolidación del imaginario al interior y al exterior.

Cuando hablamos de autoridades, podemos reconocer directamente la mano de algún presidente, la de los miembros de su gabinete, o de un "círculo de amigos" en la búsqueda eterna de la exaltación hacia quien se

[32] Haskell, *History and Its Images.*

[33] Samuel, "The Eye of History".

encuentra en la cima del poder o de la execración de quienes han caído de la gracia oficial. Así, Antonio López de Santa Anna, con el privilegio de dejar testimonio de sus propias hazañas al sentarse en la silla presidencial, aprovechó los servicios de diversos artistas,[34] y en 1832 comisionó al barcelonés Carlos Paris para que hiciera un cuadro conmemorativo de la acción de Tampico, es decir, la rendición de la expedición de reconquista encabezada por Isidro Barradas, el 11 de septiembre de 1829 (imagen 6). El lienzo de pequeñas dimensiones fue regalado en 1835 a la Cámara de Diputados por intermediación de José María Tornel, quien enfatizó la intención de Santa Anna de "que no se perdiera la memoria de la defensa de la Independencia a manos de mexicanos valerosos".[35] Actualmente se encuentra en el Castillo de Chapultepec.

La pintura al óleo en realidad no representa un momento activo de la batalla, sino que la luz se centra en el vencedor, en su campamento, donde muestra las huellas del combate, con sus heridos y bajas, pero victorioso.[36] Esa escena recuerda el precio de la libertad que puede costar vidas humanas, pero que se logra con las acciones de un ejército bien ordenado y dispuesto a obedecer. Todos estos elementos son tan reales como las condiciones climáticas adversas que tan importante papel tuvieron en la "derrota" del invasor.[37]

La pintura de historia del siglo XIX, en cuanto a su tamaño y alcance, dista mucho de la época dorada de los murales que tanto florecieron después de la Revolución como parte del programa educativo ideado por José Vasconcelos. Tampoco podemos afirmar que fueran tan comunes las pinturas de gran formato que abundaban en Francia y España. Sin embargo, sí existen algunos ejemplos de gigantismo, fomentados por el protagonista de algún suceso histórico. Me refiero a la pintura sobre la batalla del 2 de abril que mide 5 x 8.30 m debida al pincel de Francisco de P. Mendoza[38] (imágenes 7 a y b). Elaborada en 1905 por encargo oficial, ha sido insertada en la llamada pintura militar,[39] aunque en realidad muestra

[34] Acevedo, "De la Reconquista a la intervención", p. 192.

[35] Vázquez Mantecón, *La palabra del poder*, p. 101.

[36] Acevedo, "Entre la tradición alegórica", p. 129.

[37] He tratado el tema en Zárate Toscano, "Héroes y fiestas".

[38] Agradezco a Salvador Rueda Smithers, director del Museo, la información y las imágenes. Inauguración de la pintura de Mendoza en el Castillo de Chapultepec cuando era Colegio Militar.

[39] Báez, *La pintura militar.*

ya el momento triunfal en el que Porfirio Díaz, después de la batalla, entra al centro de la ciudad de Puebla. Existen registros fotográficos que muestran el momento en que fue develada en el muro de la escalera interior del Castillo de Chapultepec, entonces Colegio Militar. Sin embargo, la pintura fue posteriormente retirada y actualmente se encuentra enrollada en la bodega del Museo Nacional de Historia.

Cabe anotar que no ha faltado quien critique el hecho de que no se eligiera un momento de tensión para la anterior representación.[40] Tomás Pérez Vejo ha tratado el tema de la preferencia de representar a los héroes en vez de los hechos y las dificultades que así se sobreponen.[41] En los cuadros donde sí se hace, se da más preferencia a la estrategia militar sobre el paisaje, en todo caso, al momento más significativo. Baste recordar que en esa época no era factible capturar en vivo un suceso histórico, lo que se hizo posible con el surgimiento de la fotografía, el cine o la televisión, que recientemente nos ha permitido, por ejemplo, seguir en vivo, vía satélite, las últimas guerras en cualquier parte del mundo.

No podemos quitarnos de la cabeza los enormes —por su formato, maestría y significado— cuadros de "La rendición de Breda" de Velázquez; "La coronación de Napoleón" de David; "Napoleón en el campo de Eylau" de Gros, o el "2 de Mayo" de Goya, cargados de personajes que atraen las miradas del espectador sobre un instante de elevado reconocimiento histórico con sus protagonistas de carne y hueso. Frente a esta visión contrasta el cuadro de Primitivo Miranda sobre el 5 de mayo (imagen 8) con su perspectiva aérea, su topografía detallada, el protagonismo del aguacero, factores todos que rodearon la más célebre —y celebrada— victoria de Ignacio Zaragoza y sus tropas contra el que se consideraba "el ejército más poderoso del mundo", el 5 de mayo de 1862.

La existencia de las imágenes analizadas anteriormente no implica que no se hayan realizado manifestaciones de contramemoria, de crítica, de rechazo y, sobre todo, de fragmentación de la historia oficial. Porque no todas las pinturas surgieron del encargo oficial. Algunas salieron de la mirada de visitantes extranjeros, como la clásica "Entrada del general Scott a la ciudad de México", de Carl Nebel, que forma parte de una serie de cuadros sobre la invasión estadounidense. Y, finalmente, habría que mencionar algunas pinturas cuyos autores han permanecido en el

[40] Báez, *La pintura militar*, pp. 133-134.

[41] Pérez Vejo, "Los problemas".

anonimato y tienen un carácter más *naif*, lo que las llena de candor y originalidad, pero que no le restan la intención de difundir un mensaje didáctico, como es el caso de la mencionada representación de la batalla del 5 de mayo (imagen 9).

CEREMONIAL CENTENARIO Y BICENTENARIO

La historia oficial se difundió de manera muy peculiar en una ceremonia luctuosa el domingo 30 de mayo de 2010, por cierto natalicio de Miguel Hidalgo. Los restos de los héroes "que nos dieron patria" fueron sustraídos de su sepulcral encierro al pie de la Columna de la Independencia para ser trasladados al Museo Nacional de Historia en el Castillo de Chapultepec. El objetivo de tal acción había sido tan variable como tantas otras decisiones relacionadas con los actos conmemorativos. De la intención original de identificar cuáles eran los "huesos" que realmente estaban depositados en las urnas, se cambió a la necesidad de "darles mantenimiento" y prepararlos para exhibirlos en la exposición *México 200 años. La patria en construcción*, en Palacio Nacional.[42]

La polémica que generó tal acción merece un análisis más detallado, pero baste decir que se generaron todo tipo de reacciones entre la población que asistió al traslado de los "restos". Sentimientos encontrados llevaban a la gente a comentar, "¿por qué los sacan?" "¡Respeten a los héroes!" "¿A dónde los llevan?" "¡Es un sacrilegio!" "¡Déjenlos descansar en paz!" Y al mismo tiempo que miraban azorados la ceremonia militar, arrojaban claveles blancos proporcionados por los organizadores como parte de un funeral de estado (imagen 10).

Independientemente de que el recuento de las nueve urnas haya arrojado un total de 12 personas separadas en vida, pero mezcladas en el homenaje de la historia, lo que sí quedaba muy claro era la ausencia de Agustín de Iturbide en este panteón cívico. El consumador de la Independencia, rescatado por las facciones conservadores a lo largo de la historia, reposa en la capilla de San Felipe de Jesús en la catedral metropolitana.[43] En esta memorable ocasión, la Iglesia no se quedó atrás en el

[42] Se puede seguir la polémica en las notas aparecidas en la prensa del momento, así como en la página oficial http://www.bicentenario.gob.mx/

[43] Zárate Toscano, "Agustín de Iturbide".

torbellino conmemorativo y puso su grano de arena para las conmemoraciones: los restos de Iturbide fueron exhibidos en su capilla durante el mes patrio (imagen 11).

Dejaremos también para otra ocasión el análisis de lo que podrían ser los actos centrales de la conmemoración. Sólo anotaremos que el 15 de septiembre se realizaron una serie de actos con pretensiones apoteósicas. El desfile conmemorativo combinó la exaltación de la identidad mexicana con una visión muy selectiva de la historia. Para tratar de asegurar la comprensión del mensaje, se anunció en los medios de comunicación que:

> a las 18:30 horas comenzará el magno desfile en Paseo de la Reforma. Estará conformado por 27 carros alegóricos que correrán desde la intersección de la calle de Dublín con Paseo de la Reforma hasta el primer cuadro de la ciudad. Cada uno de éstos tendrá una temática diferente: la Independencia, la gran nación mexicana, prehispánico, cha cha chá, héroes y mitos, Colonia y Barroco; Día de Muertos, y cultura popular, entre otros.[44]

Sin embargo, las explicaciones fueron insuficientemente difundidas y se generó una confusión entre los asistentes que no tenían claro si veían flotar a Kukulkán en un globo de helio o al dragón del año nuevo chino. Incluso, el público se llevó la impresión de que al día siguiente de que Hidalgo había dado el "grito", la noticia se había publicado en la prensa capitalina, pues así parecía insinuarlo el carro alegórico que mostraba al *Diario de México* del 16 de septiembre de 1810 (imágenes 12 a y b). Valiéndose de todos los medios para atraer a la población, los organizadores se tomaron la "licencia" de tergiversar la historia, pues es bien sabido que la noticia del levantamiento de Hidalgo tardó 12 días en difundirse —y de una manera condenatoria— en los periódicos de la ciudad de México.[45]

En términos mediáticos, podría considerarse que la ceremonia nocturna del 15 de septiembre fue espectacular en el pleno sentido del término (imagen 13) y que generó toda clase de emociones, sensaciones visuales y auditivas. Fue un espectáculo mediático en el que se quisieron

[44] "Presentan programa para el 15 de septiembre: desfile alegórico, conciertos magnos, esculturas-espectáculo, proyecciones multimedia", en *Crónica* (jueves 5 de agosto), 2010.

[45] Se publicó un bando del virrey Venegas condenando la acción en la *Gazeta del Gobierno de México*, t. I, núm. 110 (28 sep. 1810), pp. 796-797.

imponer visiones y hasta canciones que no fueron bien recibidas. Ante la profundidad del "sha la la" de la canción "El futuro es milenario", de Aleks Syntek y Jaime López, los asistentes al Zócalo espontáneamente cantaban "cielito lindo" o incluso el himno nacional.[46]

Los espectáculos alrededor del aniversario del Centenario de la Revolución mexicana el 20 de noviembre y días cercanos, no deslucieron en esplendor. Incluyeron una serie de escenografías relacionadas con algunos momentos de la historia, desde el prehispánico hasta el presente, con imágenes que arrancaban los gritos de admiración de los asistentes a todas las funciones. Las fachadas de la catedral, el Palacio Nacional y de los edificios del gobierno de la ciudad se prestaron para ser usadas como pantallas gigantescas. Todo culminó con la exaltación de los símbolos nacionales (imagen 14). Se percibió una sensación de haber tenido un repaso demasiado veloz y confuso de la historia de México, desde una voz femenina que imploraba que no la llamaran Malinche, hasta la solidaridad por el sismo de 1985, pasando por la minería, sor Juana y las procesiones religiosas en la época colonial; el grito de Dolores y —una vez más— la entrada del Trigarante, un juego de voceros que con titulares de periódicos querían contar el convulso siglo XIX, para culminar con la esperanza del progreso, sólo rota por la Revolución mexicana. Era un recuento no por ello poco tendencioso y apegado a la ideología del régimen en turno.

REFLEXIONES FINALES

En estas páginas han desfilado algunos protagonistas de la historia de México que no siempre han gozado de buena imagen y, sin embargo, por iniciativa propia o de sus seguidores y propagandistas, han permanecido en el imaginario del país como la contraparte del bien, aquéllos que hay que extirpar o que es necesario que existan para que los buenos reluzcan. Y también se ha puesto en evidencia la necesidad de plasmar algunos momentos claves de la historia, los cuales han sido cuidadosamente seleccionados y dirigidos a un fin por los regímenes en turno para ser recordados y conmemorados.

[46] Silvia Isabel Gómez y Yanireth Israde "Especialistas señalan que el festejo fue caricaturesco, además faltó claridad e identificación con el mensaje propio de una celebración nacional", en *Reforma* (17 sep. 2010).

Pierre Nora dice que sin la "vigilancia conmemorativa", la historia borraría los lugares de la memoria.[47] Precisamente, esos acontecimientos fundadores se vuelven "sucesos espectáculo" y de esta manera se asegura su permanencia en el imaginario colectivo. Revistas ilustradas, calendarios, litografías, hasta partituras se hacen eco de la historia oficial, de un imaginario como producción de creencias e imágenes colectivas. De esta manera, se extiende el imaginario oficial al traspasar los muros del museo e ingresar a los libros de texto.

Cuando hablamos de crear un imaginario y de difundir la versión oficial de la historia a partir de las conmemoraciones de fechas históricas, no podemos pasar por alto la música escrita ex profeso para las fiestas y las que adquirieron una connotación histórica como la "Marcha Zaragoza",[48] de Aniceto Ortega, que los prusianos tocaban a los franceses para recordarles que eran vulnerables y habían sido vencidos en México en 1862.[49]

Los héroes y las fiestas que se rememoran en ceremonias cívicas y en periódicos murales, son parte de una historia oficial materializada que apela a la capacidad evocadora de las imágenes. Sin embargo, esto no impide la existencia de una amnesia histórica oficial nutrida de un olvido selectivo. La pintura histórica puede verse, entonces, como un espejo de la identidad nacional.

El sentimiento nacionalista adquiere importancia como cemento que cohesiona a los individuos, pero se vale de un discurso unilineal que va encadenando triunfos y borrando fracasos, que no permite la fragmentación y exalta una serie de hechos únicos e irrepetibles. En el proceso de edificación de identidad, el Estado selecciona qué valores desea transmitir o rechazar y así construye la historia oficial. Es un proceso muy pensado, en el que la historia-propaganda establece clichés y pone al héroe en mármol como un icono inmaculado e inalcanzable, como inmortal.

Los lugares donde se fijó la historia están dispersos por todo el territorio nacional y sería recomendable hacer estudios locales o regionales similares a los elaborados para la capital del país. Aunque los ejemplos analizados corresponden principalmente a la ciudad de México, los organizadores pensaban que su alcance fuera a nivel nacional mediante la imitación de normas y costumbres conmemorativas establecidas desde el centro.

[47] Nora, "Entre mémoire et histoire", p. 29.

[48] Partitura de *Marcha Zaragoza*, de Aniceto Ortega, octubre de 1867.

[49] Zárate Toscano, "La música conmemorativa".

Con ese lenguaje que se ha querido simplificar para hacerlo comprensible para toda la población, se continúa adoctrinando a las masas para evitar que tengan una posición crítica con el gobierno. Con ello, no hay posibilidad de equivocación e interpretación del mensaje. Finalmente, recordemos que el pasado es importante porque ayuda a construir el presente y fincar el futuro, por lo que todo aquello que resulte incómodo o inútil es borrado de la memoria y sobre todo de la historia oficial.

Cuando se apela a la memoria conmemorativa se está considerando que la sociedad puede repetir una serie de eventos cívicos en los que se recuerdan actos protagonizados por sus antecesores, aunque no se comprendan del todo qué hicieron ni las consecuencias que tuvieron sus acciones. La memoria enlaza a los vivos con los muertos y un vehículo para establecer esa conexión es la imagen. Reiteradamente se ofrecen pinturas, grabados, estatuas de los antepasados y de aquellos sucesos históricos en los que participaron para tratar de explicarlos y rememorarlos. Sin embargo, como se ha visto, los grupos en el poder ejercen cierto dominio sobre las imágenes del pasado que se privilegian, sobre los personajes que se eligen y que ingresan al panteón de los héroes, y sobre la manera en que se difunden. De esta manera, podemos descartar la idea de un discurso de una continuidad absoluta y una hegemonía en el mensaje que se transmite. Los diferentes intereses de cada régimen se plasman en una "historia oficial" con poca tolerancia hacia lo que difiera de ella.

Las explicaciones dadas por los involucrados en las conmemoraciones reiteran que acudieron a equipos con mucha experiencia, pero, a nuestros ojos, la tenían más en lo espectacular y contaban con un limitado conocimiento de la historia y menos de la manera de enseñarla. Los cabezones que desfilaron por Reforma o el personaje de talla colosal erigido temporalmente en el zócalo capitalino no fueron reconocidos por la mayoría de la población y no porque no exista la cultura y conocimientos iconográficos para ello, sino tal vez porque se quiso dar un mensaje ambiguo, amorfo, con protagonistas que igual podían haber participado en una gesta heroica o en la otra. "Fue algo impresionante, nunca había visto algo así aquí en el Zócalo. Lo malo es que no sé qué persona representa", opinó un asistente a la celebración.[50]

La ambigüedad de la figura generó una polémica en la prensa y una abundancia de notas y explicaciones, de suposiciones y especulaciones

[50] Julieta Riveroll, "Quita el aliento el Coloso", *Reforma* (16 sep. 2010).

sobre el significado de tan controvertido personaje. Pero lo que zanjó la discusión fue una aclaración emitida precisamente por el organismo encargado de la instrucción de los mexicanos: la secretaría de Educación Pública. En un comunicado hecho público se anunció: "*El Coloso* no retrata ningún personaje en particular".[51] Y entonces, nos preguntamos, ¿qué estábamos conmemorando o a quién estábamos rememorando?

No olvidemos la resistencia de Porfirio Díaz a dejar el poder, porque ello implicaba dejar de ser protagonista de las fiestas del Centenario en 1910 (imágenes 15 a, b y c). La imagen del presidente se plasmó al lado de los héroes en la "parafernalia" que abundó entonces. En esta ocasión, Felipe Calderón también buscó ser retratado junto a los héroes, pero cabe preguntarse si su intención tendrá el mismo significado y, sobre todo, su alcance histórico (imagen 16).

[51] "*El Coloso* no retrata ningún personaje en particular: SEP", *La Jornada* (lunes 20 sep. 2010), p. 15.

Imagen 1a. Utilización en billete del Banco de Londres y México, 1913

Imagen 1b. Félix Parra, *Fray Bartolomé de las Casas*, en Florescano, *Imágenes de la patria*, p. 186.

Imagen 2. Grupo escultórico que acompaña a Hidalgo. Foto VZT

Imagen 3a. Litografía coloreada de Francisco Bastin y Julio Michaud, *Agustín de Iturbide y los generales del ejército Mexicano*, en Jiménez Codinach, *Los proyectos de una nación*, México, Banamex, 2001, pp. 44-45.

Imagen 3b. Manta con reproducción de la litografía *Agustín de Iturbide y los generales del ejército mexicano*, en el Pasaje de Iturbide, fotografía de VZT

Imagen 4a. Trigarante desfilando en el Festival Infantil Bicentenario, Paseo de la Reforma, 25 de abril de 2010. Foto VZT

Imagen 4b. Iturbide cabezón desfilando en Festival Infantil Bicentenario, Paseo de la Reforma, 25 de abril de 2010. Foto VZT

Imagen 4c. Guerrero gigante en globo desfilando en Festival Infantil Bicentenario, Paseo de la Reforma, 25 de abril de 2010. Foto VZT

Imagen 5a. Abrazo de Acatempan en Festival Infantil Bicentenario, Paseo de la Reforma, 25 de abril de 2010. Foto VZT.

Imagen 5b. Conquistadores en Festival Infantil Bicentenario, Paseo de la Reforma, 25 de abril de 2010. Foto VZT.

Imagen 5c. Conquistadores en desfile histórico, 15 de septiembre de 1910.

Imagen 6. Carlos Paris, *Acción militar en Pueblo Viejo*, septiembre de 1829, o *Batalla de Tampico*, 11 septiembre 1829, óleo sobre tela 39 x 58. INAH, Museo Nacional de Historia, en *Los pinceles de la historia*, p. 192.

Imagen 7a. Francisco de P. Mendoza, *Episodio de la Batalla de Puebla del 2 de abril de 1867*, siglo XIX, Museo Nacional de Historia, INAH, en Eduardo Báez, *La pintura militar de México en el siglo XIX*, México, SDN, 1992, p. 161.

Imagen 7b. Inauguración de la pintura de Mendoza en el Castillo de Chapultepec cuando era Colegio Militar. Gentileza de Salvador Rueda Smithers.

Imagen 8. Primitivo Miranda, *Batalla del 5 de mayo*, 310 x 670, en Báez, *op.cit.*, pp. 104-105.

Imagen 9. Anónimo, *Ignacio Zaragoza y la batalla del 5 de mayo*, en *ibidem*, p. 118.

Imagen 10. Paso de los restos desde los ojos del pueblo. Foto VZT.

Imagen 11. Exhibición de los restos de Iturbide, capilla de San Felipe de Jesús, catedral de México, septiembre de 2010. Foto VZT.

Imagen 12a. Diario de México en http://www.flickr.com/photos/53924008@N06/4994944586/in/set-72157624965872870/#/ y VZT.

Imagen 12b. Diario de México en http://www.flickr.com/photos/53924008@N06/4994944586/in/set-72157624965872870/#/ y VZT.

Imagen 13. El Coloso en el Zócalo. Fotografía de Adam Wiseman.

Imagen 14. Espectáculo "Yo México", Zócalo, del 11 al 24 de noviembre de 2010. Foto VZT.

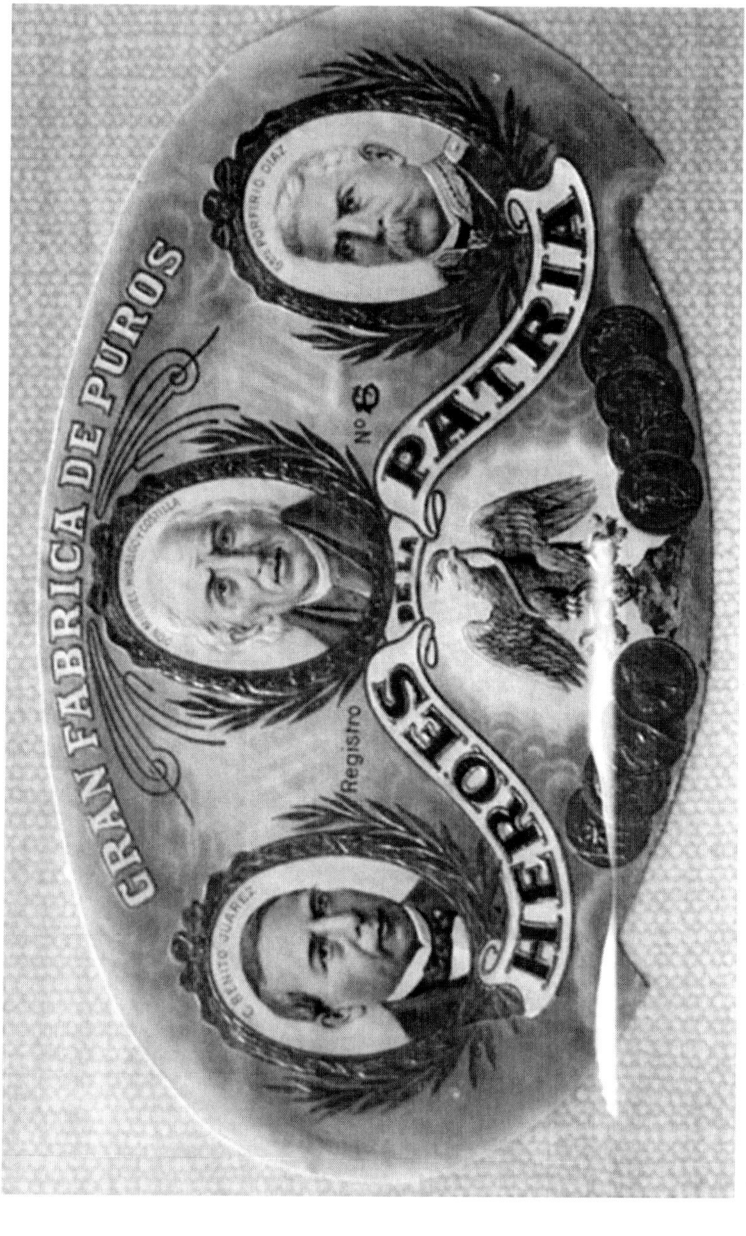

Imagen 15a. Parafernalia del Centenario. Don Porfirio al lado de los héroes patrios formando la trilogía con Hidalgo y Juárez.

Imagen 15b.

Recuerdo del Centenario
1810
1910
Columna de la Independencia

Imagen 15c.

Imagen 16. Frente al mural de Orozco en el Castillo de Chapultepec, la urna que contiene los restos de algunos héroes de la Independencia ante la mirada del presidente Felipe Calderón.
http://www.presidencia.gob.mx/galeriafotos/ben_listar_foto.php?id=4653095785

Héroes y villanos

LA ESTELA DE CARLYLE

Enrique Krauze
El Colegio Nacional

En mi libro *Siglo de caudillos* recuerdo haber sostenido que "México era el país Carlyleano por excelencia". ¡Que la temible sombra de Thomas Carlyle me perdone! No sabía lo que decía. En la historia de México abundan los hombres del poder, estadistas y presidentes, caciques y caudillos, libertadores y dictadores, pero México no merece —por fortuna— el título que entonces me apresuré a conferirle. Entender por qué, es una buena forma de abordar el culto a los héroes en nuestro país. Aquí hemos practicado hasta la saciedad la Historia de Bronce, pero advierto en ella —con todo y sus tediosos rituales, sus mitos tenaces y sus hermosas mentiras— cierto decoro que la aparta de la ciega veneración que Carlyle predicaba por los hombres poderosos, implacables o mesiánicos, los *führer* del pasado y del presente. Mi tesis es sencilla: el culto carlyleano del héroe fue (y en algunos casos sigue siendo) un rasgo propio de varios países de América Latina con vieja tradición militarista. Pero en México el culto fue siempre más modesto, cívico y popular; no es un culto que se lleve bien con los ideales germánicos de raza, fuerza, sangre y poder, sino con los piadosos arquetipos de la cultura judeo-cristiana y católica de donde proviene.

* * *

La obra más conocida de Carlyle, *De los héroes y el culto de los héroes* (*On Heroes and Hero Worship*, 1841), profetizó y legitimó el poder carismático en el siglo xx. Los hombres —pensaba Carlyle— necesitan del héroe, un héroe sin dudas ni miramientos, un héroe para darle nuevo sentido a la vida colectiva:

> El culto de los héroes es un hecho inapreciable, el más consolador que ofrece el mundo de hoy [...]. La incredulidad sobre los grandes hombres es la prueba más triste de pequeñez que puede dar un ser humano.
> Los héroes [...] son los visibles templos de Dios.
> Los grandes hombres son los inspirados textos de este divino *Libro de las revelaciones* del cual cada época completa un capítulo y que algunos llaman historia; de aquellos inspirados textos, los numerosos hombres de talento y los innumerables hombres sin talento, son los mejores y peores comentaristas exegéticos.

El escocés Carlyle fue un escritor deslumbrante y un biógrafo perceptivo que leyeron con avidez autores como Poe, Whitman, Nietszche, Marx, Engels, Plejanov, Thomas Mann, y, desde luego, Emerson, quien se consideró su discípulo. Su pluma dejó retratos inolvidables de profetas, poetas, literatos y reyes. Su galería heroica incluyó divinidades, profetas, poetas, sacerdotes, literatos y líderes políticos (Odín, Mahoma, Dante, Shakespeare, Lutero, el doctor Johnson, Rousseau, entre otros). Pero en su elenco, curiosamente, sólo hubo un personaje del siglo XIX; era el único que a su juicio merecía la categoría de "héroe". Fue el doctor José Gaspar Rodríguez de Francia y Velasco, dictador vitalicio del Paraguay.

Lo llamó "el Cromwell de Sudamérica", el "hombre enviado por el cielo", "el fiero cóndor"; elogió su mando firme, su severidad, su desprecio por las formas intelectuales y las instituciones políticas heredadas del racionalismo. Estudioso y devoto de la cultura alemana y sus mitos telúricos, Carlyle detestaba la democracia ("es el caos provisto de urnas electorales") y el parlamentarismo; por eso se deslumbró ante el personaje: "Suave, firme, pálido, inexorable Doctor Francia —escribió— impone un embargo a todo aquello (urnas electorales, cortes judiciales, burbujas de elocuencia parlamentaria) y le dice a la libertad constitucional, en la más tiránica manera, ¡no más lejos, hasta aquí llegaste!" Ponderó el carácter autárquico de su régimen, su crueldad, su empeño en "reprimir la superstición" y en rehacer su sociedad en todas sus fases —"administración, legislación, enseñanza, predicación, oración, publicación de periódicos"— para volverla pura y homogénea y no "una sociedad de graznidos, inhabitable, impresentable". Pero sobre todo encomió su deseo de perpetuarse: "Mi contrato de renta sobre el Paraguay es por toda la vida", había dicho Francia. Un dictador sudamericano le había devuelto a Carlyle la fe en la posibilidad contemporánea de los héroes. "A través de Francia —escribió Carlyle— Cromwell, muerto hace doscientos años, comienza a hablar".

El revolucionario puritano Oliver Cromwell (1599-1658) era el personaje político más admirado por Carlyle, no sólo de la historia inglesa sino de la historia universal. Carlyle, que lo colocaba muy por encima de Napoleón, escribió su biografía y editó sus cartas y discursos. Entre los famosos pasajes de su vida resaltaba uno ocurrido en 1653. Tras la decapitación del rey Carlos I, Cromwell había perdido la paciencia con el Parlamento compuesto de "pequeños pedantes legalistas", con todo y sus "caducas fórmulas constitucionales" y su "derecho de elección" y, como consecuencia de ello, lo había disuelto para volverse el Lord Protector de Inglaterra. Tal vez "la gran mayoría numérica de Inglaterra sigue siendo indiferente a la causa" —decía Cromwell, recreado por Carlyle—, pero no tardaría en "someterse a ella": "¡Si somos mayoría es por el peso y por la fuerza, no por el recuento del número de cabezas!" Lo había ganado con "nuestras espadas" y con "el Poder de Dios".

Carlyle ha sido criticado por dos escuelas de pensamiento: la revolucionaria y la democrática-liberal. El principal exponente de la primera fue Karl Marx, quien admiraba el libro de Carlyle sobre la Revolución francesa, le reconocía haber sido el introductor de la literatura alemana en Inglaterra, disfrutaba su estilo torrencial y compartía su odio por las clases burguesas, pero en una crítica publicada en abril de 1850 a la obra de Carlyle, *Latter-Day Pamphlets*, lamentaba su óptica heroica de la historia: "Cuando reconoce a la revolución, o cuando de hecho la glorifica, lo que hace es concentrarla en un solo individuo, ya sea Cromwell o Danton. Les rinde el mismo culto a los héroes que predicó en sus *Heroes and Heroe-Worship* y los ve como el único refugio que queda a la desesperanzada época presente, la única religión".

Los exponentes de la crítica liberal y democrática a Carlyle son legiones, desde Whitman hasta Bertrand Rusell. "Ese tipo terrible —ese terrible pulpo— vociferando siempre que todo marchaba mal en América, con todos esos demócratas, todos esos radicales: todos persiguiendo un error, todos persiguiendo una absurda ilusión". En 1936, Russell deparó a Carlyle un lugar de honor en su *Ancestry of Fascism*.

El mejor crítico de Carlyle en América Latina fue Jorge Luis Borges. El gran escritor lo admiró en su juventud al grado de haber decidido aprender alemán llevado por la lectura de Carlyle. "Carlyle —escribió

Borges— defiende con razones de dictador sudamericano la disolución del parlamento inglés por los mosqueteros de Cromwell". En las biografías paralelas de Cromwell y Francia (profecías de muchos líderes carismáticos del siglo XX), Borges advirtió el legado de Carlyle: una teoría política que llevaba a los hombres a postrarse ante esos "intoxicados de Dios". Y bajo el supuesto determinista de que el héroe no es un protagonista más ni una consecuencia de la historia, sino su causa, extrajo el corolario natural: "Una vez postulada la misión divina del héroe, es inevitable que lo juzguemos (y que él se juzgue) libre de obligaciones humanas [...]. Es inevitable también que todo aventurero político se crea héroe y que razone que sus desmanes son prueba fehaciente de que lo es".

La fecha y la circunstancia del texto de Borges sobre Carlyle (prólogo a la traducción de *De los héroes*, que apareció en Argentina) es significativa: 1949. Borges vivía en carne propia el acoso del régimen de Juan Domingo Perón, personaje que, acompañado por la iluminada Evita e inspirado por Mussolini, pretendía encarnar una misión divina. Borges lo veía como un "aventurero político", detestaba la veneración que se le rendía, y concluía que toda dictadura personal desembocaba en "el servilismo, el temor, la brutalidad, la indigencia mental y la delación".

En 1917, las ideas heroicas de Carlyle le habían parecido inspiradoras; quizá despertaban en Borges el recuerdo de sus propios antepasados, y sus luchas heroicas. Pero en 1949, a cuatro años de concluida la segunda Guerra Mundial, la teoría de Carlyle le reveló su significación última, no sólo frente al peronismo: "Los contemporáneos no la entendieron, pero ahora cabe en una sola y muy divulgada palabra: nazismo". Y no sólo Alemania, también Rusia e Italia habían "apurado hasta las heces" esa "universal panacea", la "entrega incondicional del poder a hombres fuertes y silenciosos".

* * *

Thomas Carlyle fue referencia obligada de muchos autores finiseculares en nuestra América. En el ensayo "Bolívar", capítulo culminante de *El mirador de Próspero* (1913), José Enrique Rodó no necesita citar a Carlyle porque su inspiración es evidente: "Bolívar es *héroe*; San Martín no es *héroe*. San Martín es grande hombre, gran soldado, gran capitán, ilustre y hermosísima figura. Pero no es *héroe*". Un año antes de la publicación de *El mirador de Próspero*, el peruano Francisco García Calderón publicó en París *Les démocraties latines d'Amérique*, un tratado de historia política latinoamericana basado en la convergencia de las teorías evolucionistas de moda y la reducción de la historia a biografía, propia de Carlyle. García Calderón se apartaba del republicanismo clásico para comprender y justificar la política autoritaria del continente; con esa vara juzgó a todos los presidentes fuertes y constructores (no a los meramente tiránicos) de América hispana: al argentino Rosas (síntesis, a su juicio, de republicanismo y caudillismo), al peruano Ramón Castilla ("dictador necesario de una república inestable"), al boliviano Santa Cruz (heredero del proyecto unificador de Bolívar), al conservador republicano Diego Portales (junto con Andrés Bello, constructor político de Chile), y al mexicano Porfirio Díaz, férreo y patriarcal. Ellos eran los héroes carlyleanos de las democracias latinas, democracias superiores, democracias del espíritu, no democracias de la medianía mecánica, de la vulgaridad electoral.

Este culto del hombre fuerte, del héroe por encima de los hombres, no podía pasar inadvertido a los historiadores positivistas de Venezuela que muy avanzado el siglo XX (cuando el positivismo había pasado de moda), lo utilizaron para legitimar el dominio del último dictador decimonónico y primer "Tirano Banderas" del siglo XX, personaje que dejó el poder (de muerte natural, claro) en el año de 1935: el general Juan Vicente Gómez. El famoso historiador Manuel Gil Fortoul lo llamó "hombre fuerte y bueno", "hombre de Carlyle"; y el sociólogo Laureano Vallenilla Lanz escribió, en ese mismo tenor, el libro *Cesarismo democrático* (1919), donde retomaba algunas ideas del último Bolívar para elogiar al "gendarme necesario".

La excepción a la regla en Sudamérica fue, si no me equivoco, Colombia, la democrática Colombia. No faltaron caudillos en su historia, pero nunca de la dimensión de su vecina Venezuela. Y por eso el gran escritor y periodista liberal Eduardo Santos —admirado nada menos que por Albert Camus— polemizó con Vallenilla Lanz anteponiendo la grandeza anónima del ciudadano informado que vota a la pretendida superioridad del gobernante iluminado que vota por todos.

Como lectura vigente en Sudamérica, Carlyle pasó al olvido, pero su estela atravesó las décadas y de pronto estalló, no por casualidad y con enorme fuerza, en Venezuela. Hoy el culto al héroe tiene un nuevo sacerdote, que es a un tiempo venerador y venerado; es el presidente Hugo Chávez. El "divino Bolívar" sigue presente como mito y como símbolo, pero de una manera suave y casi imperceptible, Chávez comenzó hace tiempo a compartir créditos con él y a transferir poco a poco el capital mítico del héroe a su propia cuenta personal; es el albacea de Bolívar, su intérprete, su mago, su taumaturgo, su ventrílocuo, su médium, su exégeta, su jefe de Estado Mayor, su supremo sacerdote, el Constantino de su credo. El perfil de este personaje, cuyos rasgos, prácticas y excesos coinciden puntualmente (en su propia imagen y en la imaginación de sus devotos) con muchos de los pasajes de Carlyle que he venido citando, cree que es un líder socialista y aun marxista, pero su filiación y su obsesión «heroica» es más bien fascista. Le he dedicado un libro titulado *El poder y el delirio*.

El tema del "gran hombre", del "hombre fuerte" pasó de la sociología a la literatura. A partir de *Nostromo* y *Tirano Banderas*, y con el remoto antecedente del *Facundo* de Sarmiento, una sucesión de novelas extraordinarias recrearía el fenómeno del caudillismo y la dictadura en nuestros países. A diferencia de los sociólogos positivistas, la mayoría de los escritores (la lista incluye a Miguel Ángel Asturias, Augusto Roa Bastos, Arturo Uslar Petri, Juan Rulfo, Carlos Fuentes, Mario Vargas Llosa) adoptaría, con los más diversos matices, un punto de vista crítico respecto a sus terribles personajes (*El otoño del patriarca*, magistral literariamente, pero indulgente con el dictador, es una excepción). Para todos ellos, la lección del siglo XX había quedado clara: no existe un "buen dictador". Pero el arquetipo del padre firme y providente, padre que ordena y salva, no ha muerto. Carlyle vive en Cuba, en Venezuela, en Bolivia y Ecuador. Y su sombra ronda en otros países.

* * *

Quizá porque el militarismo no arraigó en México o porque el ejército mexicano nacido de la Revolución no fue aristocrático sino popular, los héroes de nuestro panteón no son "hombres fuertes y silenciosos". Tienen más bien un carácter predominantemente civil y el aura casi siempre martirológica de sus héroes.

En el panteón histórico de México hay prohombres antiguos y modernos; Cuauhtémoc, curiosamente, quedó fijo no tanto en su estatua del Paseo de la Reforma (donde lo colocó Díaz, que lo veneraba, en 1887) sino en la imagen de López Velarde: "único héroe a la altura del arte": El arte de morir por la patria.

No hubo un Bolívar, ni siquiera un San Martín en nuestra historia. Hidalgo, un sacerdote, no Allende, un militar, y menos Iturbide, un ex-militar realista, es el héroe epónimo. Y aunque el "Guerrero inmortal de Zempoala" (Santa Anna) hizo lo posible por alcanzar ese rango (aludiendo a sí mismo en el himno) la gente desprecia su memoria y olvidó la estrofa.

Los liberales están representados en bronce en el Paseo de la Reforma: algunos son hombres de pluma, otros de espada, pero sobre todos reina —sentado en el trono de su Hemiciclo— un abogado que detestaba la "odiosa banderola del militarismo": Benito Juárez. El único personaje militar que aspiró al sitial de héroe carlyleano (Porfirio Díaz) se convirtió en el villano de la historia moderna.

De los personajes de la etapa armada de la Revolución, sólo Zapata alcanzó el carácter de mito. Villa se conformó con ser leyenda, Madero con ser mártir y Carranza con ser patriarca. Álvaro Obregón, que admiraba a Díaz, lo intentó también; fracasó no sólo por los disparos de José de León Toral sino porque en México el poder no es pasaporte válido a la inmortalidad.

Con la muerte de Obregón, Calles anunció el fin de la era de los caudillos y el comienzo de la era de las instituciones. Se refería, claro, a la institución política por excelencia, al Partido Nacional Revolucionario (PNR). En su larga historia, el pri tendría muchos aspectos criticables, pero es significativo que en su concepción de la Historia de Bronce, con todo lo fantasiosa y maniquea que llegó a ser, no hubo propiamente un culto al héroe como el que hoy desvela las noches y atormenta los días del sufrido pueblo venezolano. No tanto gracias al "Sufragio efectivo", pero sí a la "No reelección", México no pudo ni quiso instituir el culto a los hombres fuertes y acotó a seis años (en un marco institucional) el poder carismático. El carisma estaba en la silla, no en la persona, y si (como Carlyle hubiera prescrito) la persona soñaba en imponer su carisma, la no reelección se interponía.

En toda la era del PRI hubo un solo carisma transexenal: Lázaro Cárdenas. Pero su investidura militar se transfiguró en otra cosa: un aura que integra la sacralidad de "Tata Lázaro" y con el recuerdo del presidente nacionalista. Si no me engaño, Cárdenas es para el XX —y me estoy refiriendo, sobra decir, a su imagen, no a la verdad histórica— una figura similar a la de Juárez en el XIX. Se trata, sí, de dos hombres de poder, de dos estadistas, pero Carlyle nunca los hubiera elegido para su elenco. Demasiado humanos, demasiado sacerdotales (cada uno a su manera), demasiado populares, demasiado civiles.

México, en suma, no es "el país carlyleano por excelencia"; aquí no rendimos incienso a los hombres poderosos y carismáticos; nuestros héroes no son "templos de Dios" ni "textos inspirados"; tampoco habitan el Olimpo; son estrellas del cielo insurgente, liberal, revolucionario; son populares y en algunos casos entrañables. Pero en 2010 tenemos la oportunidad de hacerlos aún más entrañables. La receta es sencilla: hay que discutir sobre ellos y con ellos; hay que sentarlos cerca, tomarnos con ellos un café o un trago, preguntarles por sus correrías, indagar sus tormentos, sus dudas, sus errores, sus aciertos, sus excesos, hacer con ellos justamente lo contrario de lo que proponía Carlyle: no venerarlos, simplemente, conocerlos.

LA CONSTRUCCIÓN SOCIAL DE LOS PRIMEROS HÉROES Y VILLANOS DE LA HISTORIA PATRIA MEXICANA

Juan Ortiz Escamilla
UNIVERSIDAD VERACRUZANA

En cada periodo de su historia las sociedades demandan una explicación de su pasado, pues aunque los hechos históricos no cambian, su interpretación se modifica con el paso del tiempo. Así como en el siglo XIX fue necesaria la construcción de una historia que diera sentido de pertenencia a los miembros del naciente Estado mexicano, ahora se hace imprescindible deconstruirla para armarla de nuevo a partir de nuevas categorías de análisis y con nuevos significados que respondan a las necesidades del saber y de las expectativas de las generaciones del siglo XXI.

A 200 años del inicio de la primera guerra civil, pareciera que los partidarios de la insurgencia todavía no pueden descansar en paz, así en el cielo (porque no sabemos si fueron excomulgados y a lo mejor están en el infierno) como en la tierra (por el ir y venir de sus restos a tal punto que no sabemos con certeza a cuál de ellos pertenecen). Menos afortunada me parece la exhibición pública que se ha hecho de sus huesos como pieza de museo, para satisfacción de los fanáticos de la necrofilia. Mientras tanto, los calificados como villanos o antihéroes han pasado a la historia del olvido y no conocemos con precisión a partir de qué criterios se han definido sus villanías, pues de su vida sólo conocemos algunas acciones negativas o reprobables por algunos sectores de la sociedad. En una publicación reciente, Ariel Rodríguez Kuri señala que la "revolución política moderna no es el fardo muerto del pasado sino sueño y pesadilla de los vivos",[1] y una de esas pesadillas ha sido precisa-

[1] Rodríguez Kuri, *Historia del desasosiego*, p. 14.

mente el lugar que deben ocupar los considerados "héroes" y "villanos" en la historia patria mexicana.

La celebración/conmemoración del bicentenario de la primer gran revolución social y una de las más importantes de México, nos obliga a realizar un análisis, no mítico, sino crítico y con una relectura más rigurosa de los documentos, testimonio de ese acontecimiento. La reconstrucción de la guerra debe realizarse a partir de criterios universalmente reconocidos por la academia, con nuevos enfoques teóricos, metodológicos y cortes cronológicos más adecuados a los temas de estudio. Ya no es posible estudiar el periodo y enseñar la historia sólo a partir de episodios selectivos de los líderes rebeldes y de la clase política gobernante posterior a la Independencia de México. Por otro lado, hasta hace poco tiempo la periodización o cortes cronológicos utilizados por la historiografía mexicanista (1808-1810, 1810-1821, 1821-1823, 1823-1824, 1824-1835, 1836-1843, 1844-1855, entre otros), en fragmentos, en retazos históricos, como si no tuvieran nada que ver el uno con el otro, también limitó la posibilidad de tender una mirada más a largo plazo y a explicar las rupturas, los cambios y las continuidades en las estructuras sociales, políticas, económicas y culturales del siglo XIX. Las generaciones de nuestro tiempo reclaman una explicación que les permita entender su presente. La historiografía del siglo XXI está en condiciones, y tiene la obligación, de explicar los niveles de complejidad de una sociedad que se destruyó a sí misma; darle voz y ubicar, en su justa dimensión, a los miles de actores que de una u otra manera participaron en el conflicto.

A lo largo de estos doscientos años, las bibliotecas de México se han saturado de libros biográficos acerca de las virtudes de los mártires laicos o héroes mexicanos, de unas cuantas heroínas y de episodios particulares. Hasta hace poco tiempo, todavía resultaba complicado escribir una historia más o menos objetiva de la guerra desde una perspectiva militar, social, política y cultural. Y no se había podido construir esta historia porque pervivía la visión criolla, la de la clase dominante, sin la presencia, en el mismo nivel de importancia, de los considerados antihéroes o villanos y de las clases populares donde destacan los indígenas y los mestizos.

A pesar de la resistencia que se percibe en buena parte de la historiografía mexicanista, parece inminente la destrucción de la visión histórica construida desde el "patriotismo criollo", el que empezó a forjarse con la conquista española y continuó a lo largo del siglo XIX, como atinadamente ha sido explicado por el profesor David Brading. La necesidad de crear una historiografía desde la perspectiva de la clase dominante llegó al extremo de "criollizar" a algunos personajes que eran mestizos o castas, por ejemplo, a Josefa Ortiz de Domínguez, a Gertrudis Bocanegra y a Porfirio Díaz. Pero ahora se vive un proceso de desacralización de los mitos fundadores del nacionalismo decimonónico mexicano. Los héroes identificados, así como los anónimos, ahora comienzan a ser de carne y hueso, humanos.

¿Qué sentido tiene profundizar en los nuevos estudios y libros de texto en la vida y obra de los villanos como Félix María Calleja y su heredero Agustín de Iturbide? Al hacerlo, como ellos fueron dos de los hombres más influyentes durante la guerra, también estudiamos el engranaje de las estructuras del poder político, económico y administrativo de la Nueva España, y a sus beneficiarios. Es obvio que durante la guerra la mayoría de las personas perdieron familiares, propiedades y tranquilidad, pero también hubo otros que hicieron grandes negocios durante el conflicto armado, y uno de ellos fue Calleja junto con sus cómplices, mejor conocidos como los "callejistas" y, unos años después, Iturbide.[2] Al formular la pregunta inicial, además, queda implícita otra: ¿Para qué estudiar la guerra de 1810? Al respecto, habremos de responder que hoy, más que nunca, las nuevas generaciones deben tener conciencia del horror, de la destrucción y de la tragedia que implica una guerra. No importa su posición ideológica, económica ni de valores morales. Además, 1810 debe estudiarse y explicarse como lo que fue, no como mito, sino como una guerra civil, la que luego mutó a una guerra por la Independencia de México, la que no terminó en 1821 sino cuatro años después con la rendición del último reducto español acantonado en San Juan de Ulúa, frente al puerto de Veracruz.

¿Cómo se dio el proceso de construcción social de la imagen que aún se tiene de la guerra de 1810 y de los actores que participaron en ella? En los últimos doscientos años podemos identificar tres momentos: el de su explicación moral, el de su construcción como mito, y el actual empeñado en deconstruirla. En este último todo es importante, tiene varias interpretaciones de los hechos, y cada una de ellas acorde con el pensar y sentir de grupos políticos e ideológicamente definidos.

[2] Véase Guedea, *En busca de un gobierno alterno;* Anna, *El imperio de Iturbide;* Arenal Fenochio, *Un modo de ser libres.*

En los testimonios de las primeras décadas posteriores a la consumación de la Independencia, se percibe una necesidad de los autores por entender y explicar el origen y desarrollo de la guerra en términos morales. ¿Por qué la guerra? ¿Por qué el odio contra los peninsulares y entre los propios novohispanos? ¿Por qué la destrucción, el terror y la muerte? Independientemente de su simpatía por alguno de los contendientes, los escritores de este periodo llamaban por su nombre a los actores involucrados: insurgentes, realistas, bandoleros, autonomistas e independentistas, o bien, Hidalgo, Morelos, Allende, Bravo, Guerrero, Victoria, Calleja, Apodaca, Hevia e Iturbide, por señalar a algunos, bien fuera para enaltecer sus virtudes, justificar sus acciones o destacar actos reprobables.[3] En estos relatos, unos más, otros menos, ninguno de lo líderes quedó exento de acusaciones por abusos de poder y crueldad cometidos contra sus adversarios o con los simples vecinos de las poblaciones ocupadas por las tropas. En cambio, los escritores de finales del siglo XIX y los del siglo XX, es decir, los que no vivieron ni sufrieron la tragedia, más preocupados por el futuro de la nación que intentaban construir, se olvidaron de la reflexión moral y centraron su atención en la construcción mítica como un hecho más en la historia patria. Así, la guerra ya no se desarrolló entre insurgentes y realistas, sino entre mexicanos y los invasores españoles que dominaron los territorios del Anáhuac durante trescientos años.

Así como a los líderes insurgentes Hidalgo y Morelos se le adjudicaron todas las virtudes humanas, Calleja cargó, además de las propias, con las responsabilidades de todos los jefes y oficiales realistas peninsulares, no menos sanguinarios y corruptos que él. Me refiero a Joaquín de Arredondo, acantonado en las Provincias Internas con sede en Monterrey; a José de la Cruz, que desde Guadalajara reprimió a los pueblos del Occidente; a José Dávila, que hizo de las suyas en Veracruz; a José de la Concha y Ciriaco de Llano, que asolaron los pueblos de los valles de México y de Puebla, o al último virrey de antiguo régimen, Juan Ruiz de Apodaca. Junto a ellos habría que considerar a los más de 14 000 soldados que llegaron de la Península para reprimir y saquear propiedades de familias calificadas como insurgentes, y de los cuales sólo algunos destacaron por sus virtudes y valores morales, es decir, no fueron sanguinarios y no sa-

[3] Entre estos autores cabe destacar las obras de Mariano Otero, José María Luis Mora, Lucas Alamán, José María Tornel, Tadeo Ortiz de Ayala, Carlos María de Bustamante y Mariano Torrente, entre otros.

quearon pueblos. También hubo realistas que se pasaron al bando insurgente ante las barbaridades que cometían sus correligionarios o porque simpatizaban con el liberalismo.

La contrainsurgencia también contó con la adhesión de más de 20 000 soldados americanos y de 44 000 milicianos de los pueblos, villas y ciudades, mejor conocidos con el nombre de "patriotas defensores de Fernando VII". También ellos aportaron lo suyo en los actos de represión contra los rebeldes. Entre los más destacados figuran Agustín de Iturbide, Anastasio Bustamante, Manuel Gómez Pedraza, Gabriel de Armijo, Miguel Barragán, Luis Quintanar, Luis de Cortázar, José Joaquín de Herrera y Esteban Moctezuma, por citar a algunos. El peor de todos fue sin lugar a dudas Iturbide. De hecho, en 1816 fue destituido de la comandancia general de Guanajuato y Michoacán, ante la ola de protestas en su contra por sanguinario, abusivo y corrupto.

En las nuevas interpretaciones se estudia a los actores en toda su complejidad, bien sean los principales líderes, los grupos intermedios o el grueso de las clases populares. También han proliferado infinidad de estudios locales y regionales. En la mayoría de ellos domina la visión tradicional sin que se explique, por ejemplo, cuáles fueron los motivos que obligaron a la mayoría de los partidarios de la insurgencia a indultarse para después incorporarse a los planes contrainsurgentes. La respuesta es muy sencilla y a la vez difícil de digerir en los textos de historia patria: en el contexto de la guerra, los realistas otorgaban a los pobladores mayores (o menos peores) garantías de supervivencia. De cualquier manera, en la nueva historia se están dejando de lado las visiones míticas y de "buenos" y "malos" para dar lugar a otra menos rígida y lineal, más rica en contenido y más orientada a rescatar a los actores y sus estrategias para sobrevivir al conflicto armado.

¿En qué condiciones se ha construido la historia patria de México? Con base en la teoría de la utilidad,[4] es decir, la historiografía y los historiadores sólo elegían acontecimientos del pasado dignos de recordar por ser "buenos", como la virtuosa vida de los héroes y, al mismo tiempo, sólo destacar las villanías de los "malos". Con ello lo que se buscaba era justificar las acciones de los héroes y mártires, dejando en el olvido los sucesos incómodos como las derrotas o aquello en lo que los mexicanos no hicieron lo que se espera de un "patriota". Los relatos de héroes y

[4] Nietzsche, *Contribución a la genealogía de la moral*, pp. 36-37.

villanos —nos dice Michael Walzer— son resultado de una "larga historia de construcción social", que implica también una "legislación moral", llena de significados normativos sobre la conducta que deben adoptar las personas.[5] Pero como estas construcciones se nutren a partir de elementos subjetivos, porque en ellas participan agentes humanos que tienen su particular marco de referencias morales, existe la posibilidad de que la propuesta sea rechazada por quienes no comparten dichos valores. Esto no invalida la intención de quienes ostentan el poder para fomentar los valores cívicos y morales, cuya trasmisión, al público en general y a los niños en particular, consideran de suma importancia.

El debate ideológico sobre la vida y obra de los elegidos para adornar el panteón de los héroes patrios también quedó plasmado en las arengas cívicas y discursos patrióticos durante las conmemoraciones del 15 y 16 de septiembre en las ciudades, villas y pueblos de México durante los siglos XIX y XX, así como en los libros de texto y de divulgación. No fue fácil este largo proceso de construcción social para la definición de los referentes históricos que legitimaran a quienes ostentaban el poder del Estado. Primero fue en las arengas y discursos cívicos donde quedó implícito el debate político e ideológico del momento, ya que los oradores eran los portadores de las ideas de la facción en el poder. De igual manera, en ellos se perciben los conflictos sociales, políticos y militares más sensibles para la población.

LA CONSTRUCCIÓN DE LOS REFERENTES DE LA HISTORIA PATRIA

Como se señaló con anterioridad, los referentes históricos utilizados para la construcción del nacionalismo mexicano del siglo XIX fueron resultado de la selección de episodios aislados, de retazos históricos, desde una perspectiva criolla (realista e insurgente), la de los hombres que después de la guerra sustituyeron a los españoles en los espacios de poder político y económico. La selección comenzó a los pocos años de iniciada la guerra en 1810 y fue enriqueciéndose a lo largo del siglo XIX y buena parte del XX.

Como atinadamente señala Fernando Escalante, la "lucha por el sentido de los acontecimientos históricos es, a lo largo del siglo [XIX] el principal espacio de debate ideológico. Se escribía para servir a la patria y no

[5] Walzer, *Pensar políticamente*, p. 79.

había espacio para la neutralidad". Obviamente, uno de los elementos de la base del debate político en México se nutrió del antihispanismo, cuyo fundamento partía de la negativa de la Corona a reconocer la Independencia mexicana, las intrigas para desestabilizar a sus gobiernos y los proyectos e intentos de reconquista. En estas condiciones, los letrados decimonónicos "necesitaban imaginar otro país, entre otras cosas porque no les gustaba el que veían. Pero era necesario hacer algo con esa realidad incómoda, intratable de la barbarie; y lo menos difícil, lo más rentable, lo más obvio era apuntarla en la cuenta de la Colonia. De modo que el antihispanismo se convirtió en una de las claves del discurso político mexicano".[6]

Desde el inicio de la Revolución hubo personas como Abad y Queipo que la definieron como una guerra civil,[7] es decir, un conflicto que involucró a todos los habitantes de la Nueva España. Uno de los bandos defendía el orden establecido y otro intentaba destruirlo, y como no podían aniquilarse fácilmente, se dedicaban a vejar, a extorsionar y a saquear a la indefensa población civil.[8] Para él, dicho movimiento era "uno de esos fenómenos extraordinarios que se producen de cuando en cuando en los siglos, sin prototipo ni analogía en la historia de los sucesos precedentes. Reúne todos los caracteres de la iniquidad, de la perfidia y de la infamia. Es esencialmente anárquica, destructiva de los fines que se propone y de todos los lazos sociales".[9]

[6] Prólogo de Fernando Escalante a la obra de Ortiz de Ayala, *México considerado como nación independiente y libre*, pp. 13 y 20.

[7] Michael Walzer hace hincapié en que las guerras civiles no son un hecho cualquiera, pues está de por medio la propia vida de miles de personas. En tales circunstancias, "la naturaleza humana se ve reducida a sus formas más elementales, en donde prevalece el interés propio y la necesidad. En un mundo semejante, los hombres y las mujeres no tienen más remedio que hacer lo que hacen para salvarse a sí mismos y a la comunidad a la que pertenecen, de modo que la moral y la ley están fuera de lugar". Walzer, *Guerras justas e injustas*, p. 29.

[8] Meter Waldmann, "Guerra civil: aproximación de un concepto difícil de formular", pp. 28-30.

[9] Ortiz Escamilla, "Cuando las armas hablan, callan las leyes", p. 97.

Al comienzo del conflicto armado comenzaron a construirse los referentes de las dos visiones sobre la guerra. La insurgente-federalista-liberal y la realista-centralista-conservadora. Por lo que se refiere al primer caso, desde 1815 el general insurgente Ignacio López Rayón hizo la primera selección de los episodios históricos que debían formar parte del calendario de festividades tanto religiosas como civiles, una vez alcanzada la Independencia mexicana. Algunos de ellos todavía son recordados con gran festividad entre los mexicanos.

Calendario de festividades insurgentes de 1815

La fundación del imperio mexicano, 488 años
La "usurpación por los gachupines", 294 años
La aparición de la Virgen de Guadalupe, 284 años
La instalación del Supremo Congreso Mexicano, 5 años
La publicación de la "Constitución provisional", año 2
La Independencia mexicana, año 6
La encarnación del Divino Verbo, 1815 años.

Días de Corte
31 de julio, natalicio de Ignacio Allende
21 de agosto, instalación del Supremo Congreso Mexicano
16 de septiembre, día en que se "dio la voz de Independencia"
29 de septiembre, en memoria del cura don Miguel Hidalgo y Costilla
22 de octubre, Jura de la Constitución de Apatzingán
12 de diciembre, día de "N. Señora de Guadalupe, Patrona de la América Mexicana"

Fuente: AGN, *Operaciones de Guerra*, t. 923, "Calendario Manual para el año del Señor de 1815. Imprenta Nacional".

Mientras que el insurgente Rayón publicaba su calendario de festividades, el realista Agustín de Iturbide tuvo la ocurrencia de utilizar a su tropa para hacer una representación en Puente de Calderón, en el mismo sitio de la batalla más importante librada entre los insurgentes comandados por el generalísimo Miguel Hidalgo y los realistas del general Félix María Calleja. Sin pudor alguno Iturbide representó y usó la investidura del jefe realista vencedor.[10] Por acciones como ésta, a Iturbide se le definió como el heredero directo de la cultura represiva y monárquica de Calleja. A partir de 1816, con la distribución de las tropas expedicionarias en el centro de la Nueva España, los realistas fueron aniquilando la mayor parte de los bastiones de resistencia insurgente, y de manera simultánea los oficiales criollos se fueron posesionando de los cargos tanto militares como políticos de las provincias.

Para 1820, el discurso que había justificado su proceder, es decir, la defensa del rey y la permanencia del vínculo con la corona española, ya no convencía a la mayor parte de la población, pues ya había perdido su carácter legitimador. Fue en la coyuntura del restablecimiento de la Constitución liberal de 1812 cuando se dio la fractura entre las tropas expedicionarias y la burocracia defensora de la monarquía con las oligarquías representadas en las milicias provinciales, con Iturbide a la cabeza. Con el triunfo del Plan de Iguala y consumada la Independencia en la mayor parte del antiguo territorio novohispano, entre los mexicanos inició la disputa por definir al "padre de la patria", la cual, como señalamos al principio de esta exposición, hoy en día todavía es motivo de un acalorado debate: Hidalgo o Iturbide.

En 1823, el primer ministro de Guerra del gobierno federal, José Joaquín de Herrera, aseguraba que la historia nacional no comenzaba en Dolores, sino con la creación del ejército mexicano, el formado a partir del "grito que resonó en Iguala", aquél donde ya no hubo cabida para las pasiones y donde "el ejército durante toda la campaña conservó el orden de un día de parada; me atreveré a asegurar que no se violó una ley, no se faltó a un ciudadano: los hogares fueron respetados y el peligroso asalto que diera todo un pueblo, apenas hizo conmover la tierra".[11] Para Herrera, el Plan de Iguala y los Tratados de Córdoba habían sido una "estrategia política" con la finalidad de desviar la atención de la "conducta terca y mezquina de España", con lo que aligeraba la responsabilidad del ejército en los acontecimientos posteriores al triunfo del Plan de Iguala y, sobre todo, de la coronación del emperador Agustín I.

Además de responsabilizar al gabinete de Madrid de los desastres de la nación, Herrera arremetió contra un sector de los mexicanos por la "gratitud mal entendida al libertador", que le entregaron el país por el

[10] Véase Vázquez Mantecón, *Puente de Calderón*.

[11] Informe presentado al Congreso Nacional por el ministro de Guerra y Marina, José Joaquín de Herrera, México, 7 de noviembre de 1823.

simple hecho de haber encabezado la insurrección, y que la coronación de Iturbide había sido obra del populacho de la ciudad de México y no del ejército, lo que en parte era cierto. Según él, "la ignorancia del pueblo" había permitido su manipulación al considerar que el sistema republicano era nocivo al bien común y no la monarquía. Éstas y otras "causas de igual fuerza y actividad, extraviaron la opinión en términos, que una parte del ejército sucumbiera a los designios de la tiranía". Vistas así las cosas, la responsabilidad sobre los sucesos no recaía sobre todos los militares, sólo en un grupo. En cambio, los que habían permanecido fieles a sus principios debieron "lanzar un grito pavoroso de libertad", adhiriéndose al Plan de Casamata con el que daba inicio la "segunda época de gloria y honor inmarcesible para el ejército mexicano".[12]

De manera simultánea al desmoronamiento del imperio de Iturbide en 1823, continuó el proceso de recuperación de los sitios históricos, de las acciones y de los restos de los líderes insurgentes. Por ejemplo, el Congreso Constituyente y la Diputación provincial de México declararon "beneméritos de la patria en grado heroico" a Leonardo Bravo y a José María Morelos, y se ordenó erigir unas "pirámides", con sus respectivas inscripciones, en los sitios donde fueron fusilados: el primero en la calzada El ejido (fuera de la ciudad de México), y el segundo en San Cristóbal Ecatepec. Igualmente, debía elevarse otra en la villa de Cuautla, donde el realista Calleja no pudo derrotar a las tropas del insurgente Morelos. Por su parte, en agosto de 1823, la Diputación provincial de Guanajuato con gran pompa exhumó los cadáveres de los caudillos insurgentes Miguel Hidalgo, Ignacio Allende, Juan Aldama, Mariano Jiménez, Xavier Mina y Pedro Moreno, para luego enviarlos a la ciudad de México. Así comenzaba su largo peregrinar que aún hoy en día no termina. Finalmente, se solicitó a las diputaciones provinciales hacer una relación de las personas que habían destacado por sus méritos en favor de la Independencia y que podrían ser acreedoras a una distinción por parte del gobierno.[13] Obviamente, en iniciativas como ésta, estaba implícita la voluntad política de la facción liberal para recuperar la visión popular de la guerra y no sólo de la élite gobernante.

[12] Informe presentado al Congreso Nacional por el ministro de Guerra y Marina, José Joaquín de Herrera, México, 7 de noviembre de 1823.

[13] *La Diputación provincial de México,* pp. 595, 608, 624, 630 y 650.

La negativa de la Corona española y del Vaticano a reconocer la soberanía del nuevo Estado mexicano, así como la permanente amenaza de la reconquista, fueron algunos de los argumentos utilizados por el gobierno para "mover y reanimar el amor patrio de los mexicanos" y para defender su Independencia y soberanía. Se aseguraba que los monarcas europeos habían firmado acuerdos para el restablecimiento de gobiernos absolutos y para la "destrucción de los sistemas liberales representativos, esclavizando a los pueblos".[14] Con el mismo propósito, durante el gobierno republicano del presidente Guadalupe Victoria se continuó con la pedagogía insurgente y liberal. El 4 de diciembre de 1824, Victoria decretó fiestas nacionales religiosas sólo los días jueves y viernes santo, el jueves de Corpus y el 12 de diciembre, dedicado a la fiesta de la Virgen de Guadalupe. En cambio, las cívicas se reducían a dos: el 16 de septiembre y el 4 de octubre. La primera en recuerdo del primer grito de Independencia y la segunda por la jura de la Constitución.[15] Hacia el final de su gobierno se hizo otro intento por incorporar nuevos episodios históricos, los que debían figurar en el calendario de festividades mexicanas. Obviamente en ellos sólo aparecían los hechos más gloriosos de los insurgentes, se omitían todas sus derrotas y también se hacía alusión al Plan de Iguala encabezado por Iturbide. Esta propuesta en principio tampoco prosperó porque al poco tiempo iniciaron, de nueva cuenta, las guerras civiles entre los partidarios del federalismo y los centralistas.

"La relación histórica de doce de los principales sucesos de la guerra de Independencia de la nación Mexicana". 1827

Grito de Independencia pronunciado en el pueblo de Dolores
Batalla del monte de las Cruces
Junta de Zitácuaro
Sitio de Cuautla
Sitio y toma de Acapulco
Batalla de El Palmar
Sitio de Cóporo
Grito de Iguala por el coronel Iturbide

[14] *La Diputación provincial de México*, p. 648.
[15] Ramírez y Sesma, *Colección de decretos*, pp. 181-182.

Entrada del Ejército Trigarante en México
Grito de libertad en Veracruz por el general Santa Anna
Jura y publicación de la Constitución de la Nación
Toma del castillo de San Juan de Ulúa

Fuente: Este documento fue extraído de manera ilegal de la Secretaría de gobierno mexicano por un espía del monarca Fernando VII, y el original se encuentra en el Archivo Real de Palacio de Madrid, caja 20.

CALLEJA, HIDALGO E ITURBIDE: EL JUICIO DE LA HISTORIA

Si en las primeras décadas posteriores a la Independencia se pensó que Calleja representaba toda la parte negativa de los represores españoles de los movimientos anticoloniales, para finales del siglo XIX y todo el XX su figura pasó a un segundo plano ante el debate ideológico e historiográfico centrado en las figuras de Hidalgo e Iturbide, que buscaba demostrar e imponer a uno de ellos como el padre de la patria y, al mismo tiempo, justificar porqué uno de ellos no merecía tal distinción. Pareciera que a Iturbide se le hizo realidad el haber suplantado el papel del general Calleja en la representación que hizo de la batalla de Calderón al heredar, para los partidarios del liberalismo, el papel del más villano de los antihéroes de México. Sin embargo, hoy en día Iturbide también cuenta con un considerable número de simpatizantes vinculados al clero y a los grupos más conservadores de México. De esta manera, tanto la visión popular-insurgente-federalista-liberal como la criolla-realista-centralista-conservadora-monárquica, aún están representadas en los debates tanto en los ámbitos políticos e ideológicos como en los académicos.

Entre las publicaciones relacionadas con la guerra de la primera mitad del siglo XIX cabe destacar las de 1813, de 1828, de 1830 y de 1832. La leyenda negra sobre los actos de Calleja comenzó desde el primer momento que entró en acción, casi dos mes después del "grito de Dolores". La primera de ellas obviamente fue de fray Servando Teresa de Mier: "Destruir para poder dominar, es lenguaje de tiranos [...]. El corazón sanguinario de Calleja sigue esta máxima: y no contento con tal carnicería, consultaba al virrey si haría más horrores". Mier minimizó los triunfos militares del realista y decía, por ejemplo, que la batalla de Aculco la ganó Calleja no porque fuera un gran general, sino porque se enfrentó a unos "miserables indios seducidos, que al fin delante de Dios son los verdaderos dueños del país".[16] A ella le siguió la obra de Carlos María de Bustamante, *Campañas del general Calleja, comandante en jefe del ejército real de operaciones, llamado del Centro;*[17] la de Mariano Torrente, *Historia de la revolución hispanoamericana,*[18] y la de Tadeo Ortiz de Ayala, *México considerado como nación independiente y libre.*[19] Mientras que Bustamante y Ortiz de Ayala mantuvieron el discurso promovido por Mier, al denunciar los abusos cometidos por Calleja y sus correligionarios, el español Torrente destacaba sus virtudes y omitía los aspectos negativos de su gestión en calidad de comandante en jefe y como virrey.

Quizá uno de los relatos más conmovedores sobre la guerra sea el de Mariano Otero, a propósito de la batalla de Puente de Calderón. Para él este lugar era "un nombre de indefinibles emociones, un recuerdo doloroso y de gloria a la vez". Puente de Calderón se había convertido en su obsesión y se puso a recopilar la información existente sobre el tema, claro está, "con las penas y dificultades que por la incuria de los contemporáneos cuesta ya aclarar los hechos históricos más importantes y más recientes".[20] Su generación quería olvidar los episodios tan dolorosos como éste. Sin embargo, Otero no dejó de reconocer que los habitantes de Guadalajara fueron víctimas de las tropas de ocupación tanto de insurgentes como de realistas. Hidalgo y Allende por un lado, así como Calleja y Flon por el otro, cubrieron de sangre las calles de la ciudad. Para él, sólo el general insurgente José Antonio Torres había destacado por sus virtudes y heroísmo al ocupar Guadalajara. "Torres, al mismo tiempo que Calleja entraba a degüello a Guanajuato y que Flon inundaba de sangre Granaditas, dio libertad a todos sus prisioneros, y garantías a todos sus enemigos, en la misma ciudad, en la que poco después se le paseó por vilipendio en una carreta".[21] En el discurso cívico pronunciado por José María Roa Bárcena, en Xalapa, el 16 de septiembre de 1848, recordó el carácter sanguinario de Calleja en comparación con su sucesor, el virrey Juan Ruiz de Apodaca.[22]

[16] Mier, *Historia de la revolución de Nueva España,* t. I, pp. 340 y 352.

[17] Bustamante, *Campañas del general Calleja.*

[18] Torrente, *Historia de la revolución hispanoamericana.*

[19] Ortiz de Ayala, *México considerado como nación independiente y libre.*

[20] Otero, "Recuerdo de un día en Puente de Calderón", t. 34, p. 500.

[21] Otero, "Recuerdo de un día en Puente de Calderón", p. 511.

[22] *Discurso cívico pronunciado en Jalapa, el 16 de septiembre de 1848 por José María Roa Bárcena,* Jalapa, Imprenta de S. Aburto, 1848. Citado en Corzo Ramírez y Mota, *Arengas*

¿Cuál fue el legado que dejó Calleja una vez que abandonara la Nueva España? Muy sencillo, Calleja adecuó las estructuras militares coloniales a las condiciones de la guerra civil, y dichas estructuras fueron la base de las fuerzas armadas del México independiente, mismas que al final fueron destruidas durante la guerra con Estados Unidos en 1847.[23] Calleja bien podría ser el padre del ejército mexicano y, al mismo tiempo, el padre de la institucionalización de la violencia decimonónica desde el momento que ordenó la militarización de la población civil para su autodefensa.

¿Cómo se transmitió la leyenda negra de Calleja a las generaciones del siglo XIX? Citaré algunos ejemplos. Justo Sierra, en su libro *Segundo año de historia patria. Elementos para los alumnos de cuarto año primario obligatorio, ajustado al programa de la ley vigente,* publicado en 1894, reconoció que Calleja había sido el mejor oficial español; sin embargo, para demostrar sus crueldades se refirió a la orden que dio de fusilar a todos los prisioneros de guerra, el haber dispuesto la decapitación de los principales caudillos de la Revolución y el dejar que sus cabezas permanecieran colgadas en la alhóndiga de Guanajuato por diez años.[24] En otro caso, sobre el sitio de Cuautla, Guillermo Prieto destacó en un poema el valor de un niño llamado Narciso Mendoza y mostró el lado cruel de Calleja. Se trata de un relato que por generaciones los niños de México han aprendido en la escuela:

> En trueno, en llamas, en bronce
> sobre el pueblo se descuelga
> y es aguacero de rayos
> la cólera de Calleja,
> que, seguro de su triunfo,
> ruge, cual ruge la fiera
> al empaparse de sangre,
> cuando destroza a su presa.

Guillermo Prieto, "El niño artillero", en Carmen Norma, *Lengua nacional. Mi libro de cuarto año,* México, Secretaría de Educación Pública, 1960, p. 20.

cívicas veracruzanas, pp. 127-129.

[23] Véase Ortiz Escamilla, "La nacionalización de las fuerzas armadas en México".

[24] Sierra, *Segundo año de historia patria.*

En el *Catecismo de historia oficial de México escrito para las escuelas elementales de la República mexicana,* publicado en el pueblo de Coatepec, en 1881, los relatos históricos se contaban a través de preguntas:

> "¿Qué providencias tomaron los españoles para sofocar la rebelión?
> Organizar tropas en San Luis Potosí, al mando de don Félix María Calleja, hacer salir para Querétaro a la guarnición de México, al mando de D. Manuel de Flon, y desplegar mucha actividad y energía".
> "¿Qué resultado tuvo ésta (la batalla de Calderón)? El más desastroso para los mexicanos, pues fueron derrotados por Calleja completamente, no obstante su temeridad, después de reñir de una manera desesperada".[25]

En contrapartida, la historiografía española, hasta hace poco tiempo, tampoco tenía mucho interés en estudiar a los que sirvieron a la causa del rey en América. Sin embargo, desde la década de los noventa del siglo pasado, el profesor sevillano Juan Marchena ha formado ya a varias generaciones de estudiosos del ejército español en América. Así, a Calleja se le empieza a rescatar como personaje histórico en las poblaciones donde reinvirtió el capital acumulado en México, cuyo valor rebasaba los 16 000 000 de reales de vellón, es decir, cerca de 1 000 000 de pesos duros. Aun cuando las criptas de él y de su familia están totalmente abandonadas, sus palacios fueron adquiridos por los ayuntamientos de Valencia, de La Elíana y de Burjasot para convertirlos en casas de la cultura.

> Epitafio de Calleja
> D. O. M.
> A la memoria del Exmo. Sr. d. Félix María Calleja,
> Conde Calderón, Teniente General de los Reales Ejércitos.
> Órdenes de San Fernando, San Hermenegildo e Isabel la Católica.
> Que vencedor de Aculco, Guanajuato y Calderón salvó a la Nueva España y la conservó como virrey con su pericia, valor y lealtad que tanto brillaron en México y le siguieron hasta el sepulcro.
> Murió en Valencia a los 74 años, seis meses y 11 días, el 24 de julio de 1828.
> Cementerio Municipal de Valencia.

[25] Ramón Lainé, *Catecismo de historia oficial de México,* p. 32.

EL DISCURSO PATRIÓTICO EN VERACRUZ DURANTE EL SIGLO XIX

Los debates político-ideológicos anteriormente señalados, no sólo se dieron en los escenarios de la ciudad de México, identificados, erróneamente, como los depositarios únicos del debate nacional. A nivel de los estados y en las ciudades los enfrentamientos verbales también fueron comunes, sobre todo a partir de la crisis de 1829, provocada por el golpe de Estado dado al gobierno del presidente Vicente Guerrero. Para analizar la evolución de los referentes históricos en los discursos patrióticos provinciales tomaremos como ejemplo los pronunciados en el estado de Veracruz a partir de 1831. En ellos quedó plasmada la posición ideológica de los oradores, comisionados para el caso por la facción en el poder.

El 16 de septiembre de este año, en Xalapa, el orador federalista Manuel María Quiroz de alguna manera retomó los referentes históricos elaborados por Rayón y por Victoria para destacar las virtudes de los héroes insurgentes —sobre todo las acciones relacionadas con la formación de sus juntas de gobierno— y justificó sus derrotas. En cambio, sobre Iturbide, aunque se le reconocía haber consumado la Independencia de México, se decía que los "encantos del poder y la ilusión de sus consejeros" lo condujeron a cometer todo tipo de arbitrariedades como ocupar propiedades, suprimir la libertad de opinión, disolver el congreso y quebrantar el orden, lo que le provocó su propia ruina. Contrario a la voluntad de Iturbide, Quiroz aseguraba que el pueblo mexicano había alzado la voz exigiendo el establecimiento de la república y que por ello se había proclamado el sistema federal.[26]

El cambio de modelo de Estado federal por el central también implicó un cambio en el contenido de los discursos de la celebración del 16 de septiembre. En un trabajo reciente, Marta Terán señala que fue en esta época cuando se "alabó ruidosamente a Iturbide", lo cual es cierto, y que se modificó la fecha de la celebración al 27 de septiembre.[27] Curiosamente, en Veracruz sólo una vez hubo cambio en el aniversario del grito de Dolores; lo que sí cambió fue la interpretación de los hechos.

[26] *Arenga cívica que para celebrar el aniversario del glorioso grito de Independencia, y por encargo de la Junta Patriótica pronunció el Ciudadano Manuel María Quiroz, H. Veracruz, Imprenta de Mendarte, 1831.* Citado en Corzo Ramírez y Mota, *Arengas cívicas veracruzanas,* pp. 54-55.

[27] Marta Terán, "Hidalgo, la mirada de todos", en *Proceso BI-CENTENARIO,* 15 (jun. 2010), p. 30.

En 1838, el centralista José Ignacio Esteva, en su discurso del 16 de septiembre en el puerto de Veracruz, aseguraba que su intención no tenía otro propósito "que el presentaros una lección que os dé a conocer lo perecedero de las grandezas humanas, la inconstancia de los hombres, y las consecuencias funestas de las disensiones civiles". Aun cuando Esteva destacó las virtudes de los principales caudillos de la primera época (por ejemplo de Allende, que recibió en sus brazos a su hijo moribundo; de Hidalgo, que había sido odiado por los incautos y alucinados por la excomuniones que contra él fulminaba el fanatismo inquisitorial; de Morelos, por ser el primer genio entre los guerreros mexicanos; de Bravo, en cuya conciencia la venganza significaba un acto indigno, o de Guerrero, porque mantuvo vivo "el destello último del fuego santo"), el verdadero héroe de la Independencia era Iturbide. "El muy ilustre, el muy invicto y muy esclarecido Agustín de Iturbide, que tantas veces había derramado su sangre en defensa de los opresores de su país, se presenta en Iguala, y hace resonar los aires con esforzada voz de *LIBERTAD E INDEPENDENCIA*.[28] Curiosamente, ignoró por completo a su antiguo jefe, el expresidente de México, Guadalupe Victoria, y aun cuando reconoció el lado oscuro de Iturbide, lo eximió desde el supuesto diálogo con los "padres de la patria":

> 'Todo lo debemos a Iturbide', exclaman los mártires de la libertad desde la mansión en que descansan; crueles, ¿por qué lo asesinasteis? ... *No, padres de la patria, no os irritéis contra nosotros: nunca la nación cometiera tan horrendo crimen: un puñado de malvados, ingratos, desnaturalizados fueron los que cebaran su venganza empapándose en su ilustre sangre...* No debería amargar nuestro contento, ciudadanos, recordando un suceso tan desgraciado como el de Padilla...[29]

[28] *Discurso pronunciado en la H. ciudad de Veracruz, el 16 de septiembre de 1838, aniversario de la Independencia Nacional, por el Ciudadano José Ignacio Esteva, comisionado por la Junta Patriótica*, Veracruz, Imprenta de F. Mendarte, 1838. Citado en Corzo Ramírez y Mota, *Arengas cívicas veracruzanas*, pp. 81-84.

[29] *Discurso pronunciado en la H. ciudad de Veracruz, el 16 de septiembre de 1838, aniversario de la Independencia Nacional, por el Ciudadano José Ignacio Esteva, comisionado por la Junta Patriótica*, Veracruz, Imprenta de F. Mendarte, 1838. Citado en Corzo Ramírez y Mota, *Arengas cívicas veracruzanas*, pp. 81-84.

Con el restablecimiento del sistema federal, en 1846, los referentes históricos se habían modificado completamente. Para el federalista José María Esteva, Hidalgo, sacerdote de un "humilde pueblecillo", había pronunciado por primera vez la voz de libertad: "ayudado de dos oscuros soldados del ejército y de algunos pobres indígenas, sin más esperanzas que su patriotismo, sin más armas que su valor, dan el grito salvador de *Libertad o muerte* y se lanzan a combatir a las huestes numerosas de los conquistadores". De esta manera, Hidalgo daba voz a las clases populares, a las víctimas del yugo español. En cambio, Agustín de Iturbide, si bien había sido el genio salvador de México, el "héroe de Iguala se acordó del soldado de Calleja y trocar quiso el laurel de los pueblos por la púrpura de los reyes. El genio descendió hasta hombre, el hombre quiso descender hasta rey, y tropezó en un patíbulo".[30]

En su discurso del 16 de septiembre de 1852, el liberal Francisco de Landero y Cos se refirió en primer lugar a los problemas de México, como las secuelas de la guerra con Estados Unidos y el deficiente funcionamiento de las instituciones de gobierno, e hizo una serie de propuestas para un mejor entendimiento entre los mexicanos y para garantizar la defensa de la soberanía nacional. En su pedagógico discurso, Landero reconoció que la nueva generación de mexicanos estaba consciente de los males que habían causado al país las "ideas demagógicas y los principios exagerados, pero no por eso quiere lanzarse en la vía del retroceso, que daría por resultado perder nuestra dignidad nacional, y ponernos bajo la tutela de naciones de Europa decrépitas y gastadas, y cuyo estado social es tan malo como el nuestro".[31]

Para Landero y Cos, la Independencia de México había sido una consecuencia del "desarrollo del espíritu público, ilustrado por las grandes ideas que vertió la Revolución francesa del siglo pasado: se consumó por el patriotismo de Hidalgo, la energía de Morelos y el genio de Iturbide". Para él, cada uno de ellos representaba una época del proceso inde

[30] *Discurso pronunciado por el Ciudadano José María Esteva el 16 de septiembre de 1846*, Jalapa, Imprenta de Florencio Aburto, 1846. Citado en Corzo Ramírez y Mota, *Arengas cívicas veracruzanas*, pp. 112-114.

[31] *Discurso pronunciado en la H. ciudad de Veracruz, el 16 de septiembre de 1852, aniversario del grito de Dolores, por el Ciudadano Francisco de Landero y Cos, comisionado para el efecto por la Junta Patriótica*, Veracruz, Imprenta del Comercio, 1852. Citado en Corzo Ramírez y Mota, *Arengas cívicas veracruzanas*, pp. 221-233.

pendentista. Hidalgo, "al frente de masas indisciplinadas y en desorden eran la expresión de su época, en que tan sólo las clases inferiores de la sociedad amaban y presentían la libertad, sin comprender bien todas sus consecuencias". A Morelos correspondió el periodo de una insurgencia con tropas mejor organizadas y disciplinadas, por lo que había logrado que a su movimiento se le sumaran miembros de las clases altas de la sociedad. De tal suerte que, cuando Iturbide hizo su aparición en 1821, la voluntad general ya estaba a favor de "ser libre. A este esclarecido caudillo tocole en suerte recoger los frutos de los trabajos de Hidalgo y Morelos."[32] O sea, que el proceder de Iturbide no había sido tan meritorio como el de los dos primeros.

Un año después, el discurso patriótico fue totalmente distinto y el sistema de gobierno también. Se trataba de la época más autoritaria sufrida hasta entonces después de la Independencia de México. Durante el gobierno dictatorial de Santa Anna, en el puerto de Veracruz no se rindieron honores a los insurgentes, sino a Iturbide, y el acto cívico no se realizó el 16 de septiembre como había ocurrido en otros años, sino el 27 de septiembre. El orador oficial fue el Consejero de Estado, el antes centralista y ahora conservador José Ignacio Esteva. De entrada, se preguntó: "¿Qué celebramos hoy? El 27 de septiembre de 1821, aquél día apacible y glorioso, en el cual, bajo el sol radiante, entraba triunfante en la capital de la Nueva España el ejército que había consumado la Independencia".[33] El 16 de septiembre ya no se trataba del alzamiento del cura virtuoso y de los patriotas indígenas, sino de un cura, unos soldados y unos indios:

> todos de humilde condición, pobres y desvalidos: eran los plebeyos del clero, del ejército y del pueblo, de las tres clases en que estaba dividida la Colonia desde que se formó [...]; esos plebeyos gritaban también muerte a los gachupines, es decir, a los conquistadores y fundadores de la Colonia, y además padres y abuelos de los que formaban la clase más fuerte y más influ-

[32] *Discurso pronunciado en la H. ciudad de Veracruz el 16 de septiembre de 1852, aniversario del grito de Dolores, por el Ciudadano Francisco de Landero y Cos, comisionado para el efecto por la Junta Patriótica*, Veracruz, Imprenta del Comercio, 1852. Citado en Corzo Ramírez y Mota, *Arengas cívicas veracruzanas*, pp. 221-233.

[33] *Discurso pronunciado en la plaza principal de la H. ciudad de Veracruz el día 27 de septiembre de 1853, por el ciudadano Consejero de estado José Ignacio Esteva, comisionado al efecto*, Veracruz, Imprenta del Eco del Comercio, 1853. Citado en Corzo Ramírez y Mota, *Arengas cívicas veracruzanas*, pp. 237-262.

> yente de la población nativa: este grito era el germen de muerte de aquellos plebeyos; en vez de matar a los gachupines, los había de matar a ellos y había de matar su revolución.

Para Esteva, así había terminado la primera época de la insurgencia. En cambio, en la segunda, en la encabezada por Iturbide se "invocó la unión y la fraternidad entre españoles europeos, los españoles americanos, los indios asiáticos [*sic*] y los africanos: quiso que todos fuesen hermanos e iguales en la nueva sociedad". Como toda dictadura militar, mostró su animadversión a la democracia y acusó a los primeros caudillos de la insurgencia de haber sido sus principales promotores y que por eso habían fracasado. Para el Consejero de Estado, tales prácticas eran contrarias a las costumbres, a las tradiciones, a las creencias y a la antigua organización social de México.[34]

En 1854, todavía en plena dictadura santannista, la celebración de la Independencia de México volvió a su fecha habitual del 16 de septiembre. En esta ocasión, el orador oficial fue el teniente coronel José Sánchez Facio para quien el enemigo de la patria era el "socialismo democrático", el que supuestamente ya había hecho su aparición en México.

> Hoy es tanto más indispensable que la cordura, el buen sentido y los sanos principios normen la conducta de los pueblos, cuanto que hace pocos años comenzaban ya a formarse, en provecho de una anarquía destructora, las peligrosas y repugnantes doctrinas del socialismo democrático, que si por fortuna no alcanzaron a nuestro país bajo su forma más pronunciada, algo contribuyeron, sin embargo, a sostener ese malhadado espíritu de revolución, escéptico y fanático a la vez, y que ni es capaz de crear nada provechoso, ni de consentir en que otros produzcan el bien.[35]

[34] *Discurso pronunciado en la plaza principal de la H. ciudad de Veracruz el día 27 de septiembre de 1853, por el ciudadano Consejero de estado José Ignacio Esteva, comisionado al efecto*, Veracruz, Imprenta del Eco del Comercio, 1853. Citado en Corzo Ramírez y Mota, *Arengas cívicas veracruzanas*, pp. 237-262.

[35] *Oración cívica pronunciada en la plaza de armas de la heroica ciudad de Veracruz por el teniente coronel del 9º batallón de línea José Sánchez Facio, el 16 de septiembre de 1854, aniversario del Grito de Dolores*, Veracruz, Imprenta del Eco del Comercio, 1854. Citado en Corzo Ramírez y Mota, *Arengas cívicas veracruzanas*, pp. 269-301.

Para Sánchez Facio, la conquista española había sido de lo más benéfica para Nueva España, pues había convertido al cristianismo a "millares de idólatras" y les había abierto las "puertas de la civilización". Sin embargo, las responsables del descontento social habían sido las ideas de la Revolución francesa. Ellas habían influido en la mente del "anciano cura, bien lo sabéis, señores, quien haciéndose el primer sacerdote de la libertad y enarbolando una santa imagen por pendón dio la señal del combate, en el pueblo de Dolores, la noche del 15 de septiembre de 1810". Para Sánchez Facio fue el "populacho" el responsable de su fracaso por sus excesos, los que "mancharon la historia de nuestra gloriosa emancipación". En su discurso hizo referencia a Cortés, a Hidalgo, a Allende, a Morelos, a Aldama, a Abasolo, a Rayón, a Terán, a Mina, a Victoria, a Guerrero, a Bravo y, por supuesto, a Santa Anna.[36] En cambio, se olvidó de Iturbide, enemigo del presidente en turno, Antonio López de Santa Anna.

Con la jura de la Constitución de 1857, los discursos fueron más radicales y descalificadores entre liberales y conservadores, entre los que pensaban que la conquista española y la Colonia habían sido muy negativas para la población mexicana, y de los que aseguraban todo lo contrario. A continuación presentamos algunos ejemplos. En la conmemoración del 15 de septiembre de 1857, el orador oficial fue Esteban Morales. Desde su inicio arremetió contra los conquistadores, pues ya no se sentía descendiente de ellos: "la bella y joven América con su corona virginal de flores, estaba desde el siglo XV en poder de los europeos que explotaban sus inmensas riquezas en beneficio del antiguo mundo, sin atender cual debieran al bienestar de la rica joya que perdieron por su propia ambición". El gran héroe de la Independencia era, por supuesto, Hidalgo, el "elegido por Dios" para liberar a su pueblo. Si bien México se había separado de España, todavía había "quedado esclava de sí misma". Pero con la ilustración del pueblo se había cortado otro de los eslabones de la cadena que todavía ligaban sus brazos. Para él, con la jura de la Constitución de 1857 se había roto el último de ellos. "Hoy ha llegado otro

[36] *Oración cívica pronunciada en la plaza de armas de la heroica ciudad de Veracruz por el teniente coronel del 9º Batallón de línea José Sánchez Facio, el 16 de septiembre de 1854, aniversario del Grito de Dolores,* Veracruz, Imprenta del Eco del Comercio, 1854. Citado en Corzo Ramírez y Mota, *Arengas cívicas veracruzanas,* pp. 269-301.

15 de septiembre tan grande, si no más que el de 1810". Si en este año "se declaró la Independencia de México, en 1857 se declaró la Independencia de los mexicanos".[37]

En la celebración del 16 de septiembre de 1863, en Orizaba, los referentes históricos y el mensaje a la población fueron totalmente opuestos al pronunciado en Veracruz, en 1857. El orador Ramón María de Seoane fue ante todo antirrepublicano y enemigo declarado de la Constitución. En él se reivindicaba la importancia de la conquista española: "Tres siglos habían transcurrido desde que México vio penetrar por sus playas un puñado de héroes que venían de Oriente y que venciendo toda clase de oposición y de obstáculos, llegó a plantar en su seno el estandarte de la civilización y de la cruz". Se aseguraba que en la época colonial la población gozaba de cierto bienestar, pero creyendo ésta que podrían mejorar, "se lanzaron a la voz del anciano cura de Dolores a proclamar la independencia de ella". Con este hecho comenzó una epopeya sangrienta entre "agresores y agredidos", y no entre insurgentes y realistas; "hubo sacrificios cruentos; heroicidades dignas de los tiempos antiguos; horrores monstruosos que deplorar; virtudes que forman aun la admiración de todos y, en donde quiera, cadalsos y víctimas". Ante esta situación que duró once años, fue Iturbide el que hizo que "renaciese la tranquilidad y el orden público".[38]

Para Seoane, la república sólo había generado todo tipo de desórdenes, incitados por el egoísmo y el interés, la ambición y la codicia. También había "supeditado toda virtud y todo sentimiento honrado y noble; en que no hemos aprendido más que a invertir los nombres y las cosas; en que la propiedad ha reputado un robo y el robo y el pillaje se han santificado en nombre de la patria". Para él, era la monarquía la que podría salvar a los pueblos de su desaparición de entre las naciones ya que defendía la religión y la moral; "que por todas partes por donde su pabellón ha tremolado ha llevado la civilización, mejorando en todos

[37] *Discurso pronunciado en el teatro de Veracruz la noche del 15 de septiembre de 1857 por don Esteban Morales,* Veracruz, Imprenta de la R. de Zayas, 1857. Citado en Corzo Ramírez y Mota, *Arengas cívicas veracruzanas,* pp. 305-312.

[38] *Oración cívica que en el aniversario del 16 de septiembre de 1863 pronunció en la ciudad de Orizaba el señor licenciado don Ramón María Seoane, presidente del I. Ayuntamiento,* Orizaba, Imprenta de J. B. Aburto, 1863. Citado en Corzo Ramírez y Mota, *Arengas cívicas veracruzanas,* pp. 315-328.

sentidos las condiciones de los pueblos," y remataba pronosticando el futuro promisorio para México con el gobierno monárquico encabezado por Maximiliano de Habsburgo.[39]

Con el triunfo militar de los liberales sobre los conservadores y el imperio de Maximiliano, la conmemoración de la Independencia se realizó en la plaza pública de Veracruz los días 15 y el 16 de septiembre. Desde entonces se impuso la visión liberal de la historia. Hubo dos oradores, uno para cada día. El primero fue Regino Aguirre y de entrada hizo una comparación entre el pasado y su presente, de cuando el pueblo era dominado por el catolicismo y se le obligaba a ingresar en las naves de los templos para escuchar la voz de los sacerdotes, y el presente en el que el "ángel del porvenir" había demostrado que los hombres no solamente se debían a Dios, sino también a la patria, a sí mismos y a sus semejantes.

Como todo pueblo libre, el mexicano debía honrar a su primer mártir de la democracia y a todos aquellos que siguieron su ejemplo. Ellos habían sido los redentores de las generaciones presentes y futuras. "Los redentores de las generaciones se llaman héroes, su calvario es la opinión pública, su tumba el olvido, su lápida la historia; pero el tiempo que vela como guardián de la tumba de los héroes, levanta de año en año esa lápida y dice a las olvidadizas generaciones: he aquí a vuestros redentores, que a semejanza de aquel que dio el ejemplo, resucitan en su día, gloriosos entre los muertos." Si bien Aguirre recordaba a los héroes, aseguraba que el pueblo, con su lucha, había logrado reconquistar su independencia, "usurpada por el extranjero, cuando todo debía temerlo de sus enemigos, cuando nada podía esperar de sus gobernantes, puesto que él solo lo había conseguido, las armas de la República debían aniquilar la cabeza del cesarismo, utilizando el cadalso de Querétaro." Finalmente, Aguirre hacía énfasis en que los triunfos de los mexicanos contra el gobierno español y el ejército francés eran ejemplos que patentizaban la voluntad de los pueblos "cuando no quieren permanecer en pupilaje."[40] En su discurso los méritos de Iturbide ya no estaban presentes, ya no tenían significado alguno.

[39] *Oración cívica que en el aniversario del 16 de septiembre de 1863 pronunció en la ciudad de Orizaba el señor licenciado don Ramón María Seoane, presidente del I. Ayuntamiento*, Orizaba, Imprenta de J. B. Aburto, 1863. Citado en Corzo Ramírez y Mota, *Arengas cívicas veracruzanas*, pp. 315-328.

[40] *Discurso pronunciado en la plaza de la Constitución de Veracruz, en la noche del 15 de septiembre de 1869, por el ciudadano Regino Aguirre*, Veracruz, Imprenta del Progreso, 1869. Citado en Corzo Ramírez y Mota, *Arengas cívicas veracruzanas*, pp. 332-338.

En la ceremonia del día siguiente, del día 16, José A. Gamboa hizo un recuento de los actos por los que había que recordar a los héroes: En primer lugar aparecía Hidalgo, por ser el padre de la patria; a José María Morelos, por ser "uno de los más valientes y diestros generales que tuvimos"; a Manuel Mier y Terán, por "honrado e instruido"; a Nicolás Bravo, por "valiente y generoso", y a Vicente Guerrero y a Guadalupe Victoria, por "constantes en la lucha". En cambio, si bien le reconoció algunos méritos a Iturbide, como el de haber borrados a los reyes de España de la vista de los mexicanos, no había logrado la Independencia ni había independizado a México. "Entre Hidalgo y la actualidad, Iturbide no puede aparecer sino como una transacción, una de esas combinaciones que alivian el mal sin curarlo." Su discurso finalizaba afirmando que la verdadera Independencia de México la habían consumado Benito Juárez, Porfirio Díaz, Manuel Doblado, Ignacio Zaragoza y todos los mexicanos que les siguieron. "No gritemos vivas a ellos, que tal vez aparecería adulación por ser contemporáneos, gritemos sí con entusiasmo: ¡viva la República mexicana libre e independiente!".[41] De esta manera se consolidaban los referentes históricos de la ideología liberal.

Como se ha podido observar, el proceso de construcción social de los referentes de la historia patria mexicana no fue lineal ni homogéneo. Sí debemos reconocer que los liberales contaron con todos los elementos discursivos nacionalistas que legitimaban su permanencia en el poder y, como ha señalado Josefina Zoraida Vázquez, lograron modelar la conciencia colectiva de los mexicanos, y al mismo tiempo garantizar la lealtad de sus habitantes hacia el Estado-nación.[42] Este ejercicio fue muy exitoso, pues hasta hace poco tiempo aún coexiste con las identidades regionales y locales, lo que representaba un problema menos de la agenda política actual. Todavía en 1967, los libros de texto oficial eran los mismos que se empleaban en todas las escuelas de México, y en ellos se fomentaba el amor a los héroes y a la patria.

> Los niños de México deben conocer y recordar a sus **héroes**, porque éstos dieron su vida para legar a todos los mexicanos una **patria libre**. Tú, que formas parte de México, estás obligado a estimar el sacrificio de estos grandes

[41] *Discurso pronunciado en la plaza de la constitución de Veracruz, en la tarde del 16 de septiembre de 1869, por el ciudadano José A. Gamboa*. Veracruz, Imprenta del Progreso, 1968. Citado en Corzo Ramírez y Mota, *Arengas cívicas veracruzanas*, pp. 339-347.

[42] Véase Vázquez, *Nacionalismo y educación en México*.

hombres, a cuyo heroísmo debes las libertades, los derechos y la seguridad de que hoy gozas. Su **conducta** es el modelo que ha de impulsarte a cumplir con tu deber, el cual, por ahora, consiste en **estudiar y trabajar**, en la escuela y en tu casa.

Ama el aire de México, su sol, sus ríos, sus montañas, su tierra. Ama y cuida esa tierra, que, además de **generosa**, es tuya. Los héroes patrios la obtuvieron para ti al precio de su sangre, y ella será siempre **dulce** y **maternal** si con tu esfuerzo la cultivas, y si, como los héroes que te la dieron, mantienes vivo en ti el amor por la **patria**, por la **ley** y por la **justicia**.[43]

Sin embargo, con la descentralización educativa por la que el gobierno federal delegó en los gobiernos estatales parte de la responsabilidad de revisar y de aprobar el contenido de los libros de texto, se ha perdido la orientación cívica precisa y de un rigor académico que en el pasado fueron muy vigilados por el gobierno federal. La ideología partidista de quienes ostentan el poder en cada entidad de México, sin ningún pudor ha modificado los libros de texto, de tal suerte que se ha descuartizado a la historia oficial y ahora tenemos muchas "historias oficiales". De alguna manera dichas historias son un reflejo de los conflictos políticos e ideológicos que se dirimen en la vida pública de México. Si comparamos los eruditos escritos de Justo Sierra, Guillermo Prieto y Mariano Riva Palacio, por citar algunos, con los actuales veremos que se pasó a la vulgarización de la enseñanza de la historia, carente de valores cívicos. Pareciera que hoy en día vivimos en una especie de orfandad patriótica.

¿Qué hacer ante esta situación? En primer lugar, otorgar plena autonomía a la Comisión Nacional de los Libros de Texto, la que debe estar conformada por académicos e intelectuales de todas las disciplinas y de las instituciones más representativas de México. En segundo lugar, pugnar por que los libros sean los mismos que se utilicen en las escuelas de educación básica, independientemente de que éstas sean públicas o privadas. Por último, el contenido de los mismos debe apegarse a los criterios universales definidos en los acuerdos internacionales firmados por el gobierno mexicano, y no a partir de las ideologías de los partidos políticos o de grupos religiosos.

[43] Barrón de Morán, *Historia y civismo. Mi libro de cuarto año*, p. 58.

DOS PADRES PARA UNA NACIÓN: HIDALGO E ITURBIDE EN EL ARTE OFICIAL MEXICANO DEL PRIMER SIGLO DE VIDA INDEPENDIENTE

Tomás Pérez Vejo
Escuela Nacional de Antropología e Historia
Consejo Superior de Investigación Científica

EL PROBLEMA DE LOS HÉROES EN LAS GUERRAS CIVILES

A finales de 1849, todavía en la estela de la crisis generada por la invasión estadounidense de 1846-1847, se podía leer en *El Universal*, a propósito de las conmemoraciones de la Independencia, que no se podía "celebrar el 16 de septiembre a los fusilados, y el 27 del mismo mes a los fusiladores".[1] Era necesario elegir y para el periódico conservador no había duda posible, tal como se decía en un editorial publicado justo el día anterior, considerar a Hidalgo padre de la Independencia era una "mentira convencional, creada por el interés personal de algunos, tolerada por la pusilanimidad de muchos, y vista con indiferencia por la ignorante e imprevista multitud", pero también, sobre todo, una ofensa para los que, léase Iturbide y sus seguidores, habían combatido la barbarie de Hidalgo salvando "el honor de un pueblo culto y humano".[2]

Estas afirmaciones de *El Universal*, elegidas entre otras muchas del mismo tono de los medios conservadores en torno a esos años, reflejan

[1] "Sobre el discurso del sr. director del Colegio de Minería D. José María Tornel, en la distribución de premios de sus alumnos", *El Universal* (24 nov. 1849).

[2] "Editorial. Grito de Dolores. Vindicación de la historia y de la Independencia de México", *El Universal* (23 nov. 1849).

las dificultades del decimonónico Estado mexicano para construir una memoria colectiva sobre la ocurrido entre 1810 y 1821. Nada diferentes, por supuesto, a las que tiene que enfrentar todo proceso de construcción de memoria después de no importa qué guerra civil, más todavía si su resultado es la fundación de un nuevo Estado y no sólo un cambio de sistema político o forma de gobierno.

Los Estados-nación fundados[3] sobre las cenizas de una guerra civil se imaginan a sí mismos como representantes del conjunto de la comunidad política, pero son herederos, parece innecesario tener que decirlo, sólo de una de las partes en conflicto; las memorias personales y familiares, por el contrario, lo son indistintamente de unas y de otras.

En el caso concreto de México, el problema de la memoria sobre el conflicto bélico de la segunda década del siglo XIX se complicó, además, por la presencia de dos posibles padres de la Independencia, Hidalgo como iniciador e Iturbide como consumador. Hasta aquí parecía no existir problema alguno; sin embargo, tales personajes habían militado en campos distintos, los fusilados y los fusiladores que mentaba *El Universal,* con lo cual el debate político decimonónico tradujo esta diferencia en dos proyectos de Estado y de nación alternativos y antagónicos. Aquí el conflicto se volvía prácticamente irresoluble, ya que la conversión de uno en héroe conllevaba la del otro en villano. Héroes o villanos, no en función de sus cualidades políticas y morales sino en la de la perspectiva ideológica desde la que se les juzgara.

Lo que se expone a continuación es el proceso de construcción de la imagen de Hidalgo e Iturbide durante el primer siglo de vida independiente, los problemas que planteó y las variaciones de unos momentos históricos a otros. No se trata, obviamente, de discutir el ahistórico e irrelevante problema de quién tiene derecho a ser considerado padre de la patria; menos todavía haremos un juicio moral sobre héroes y villanos, más ahistórico e irrelevante aún. Escasos son los padres de la patria (de no importa qué patria), y es mínima la posibilidad de que esos pocos salgan airosos de un juicio de este tipo; la mayoría de ellos serían declarados

[3] Se hace necesario precisar Estados-nación porque es un problema que no se plantea, o se plantea de manera diferente, en Estados de legitimidad no nacional, aquéllos en los que la identidad colectiva, el sentimiento de pertenencia a un grupo humano unido por lazos de fraternidad no es el fundamento de la vida política, caso por ejemplo de las monarquías de Antiguo Régimen, en éstas la memoria que importa es la de la dinastía, no la de la comunidad.

criminales de guerra más que benefactores de la humanidad. Se trata, por el contrario, de explicar. Tal como afirmaba Edmundo O'Gorman, la función de los historiadores no es juzgar sino explicar, decir cómo se fue construyendo la imagen de uno y del otro en función de lo que significan, de su representación de dos proyectos de nación diferenciados y alternativos. Dos proyectos, cada uno con su propio relato sobre lo que México era, hija de la Conquista/heredera del mundo prehispánico; su propia interpretación de la Independencia, el hijo que llegado a la edad adulta se emancipa de la tutela paterna/la venganza por lo ocurrido trescientos años antes; su propio padre de la patria, Hidalgo/Iturbide; y su propia fecha de celebración de la independencia, grito de Dolores/entrada del Ejercito Trigarante en la ciudad de México.[4] Hidalgo e Iturbide como símbolos visibles de dos proyectos político-ideológico-identitarios, emblemas de partido más que personajes reales. Al margen, por supuesto, de lo que uno y otro hayan realmente sido y significado.

Para esta explicación me serviré de un tipo de documento, el arte oficial,[5] muy poco utilizado por la historia política, pero que, como ya he expuesto en otras ocasiones,[6] tiene la virtud de mostrarnos la versión oficial de la historia, la forma como el Estado creó y difundió un imaginario sobre el pasado. Reflejo del imaginario oficial, pero también uno de los agentes, y no el menor, de su invención y difusión pública.

La construcción de una memoria colectiva es un proceso complejo en el que, al menos en las sociedades modernas, el Estado tiene un papel hegemónico, pero en el que participan también otros muchos actores individuales y colectivos. Puede ser estudiado, como consecuencia, en todos aquellos medios de expresión y comunicación relacionados con la recreación y rememoración del pasado[7] (historia, pintura, literatura, cere-

[4] Sobre la presencia de dos proyectos de nación alternativos en el México del siglo XIX y las características más relevantes de cada uno de ellos, véase Pérez Vejo, *España en el debate público mexicano.*

[5] Se entiende aquí por arte oficial el promovido, financiado o patrocinado por el Estado fuera mediante encargos directos, exposición en las Nacionales de Bellas Artes y posterior compra para su exhibición en museos y edificios públicos.

[6] Véanse, entre otros, Pérez Vejo, "Nacionalismo e imperialismo", "Historia política, imágenes e imaginarios colectivos", "La pintura de historia y la invención de una memoria nacional", y "Pintura de historia e imaginario nacional".

[7] La memoria sobre el pasado no es una realidad natural o espontánea, es una invención social.

monias cívicas, relatos orales, prensa, enseñanza, etcétera). La ventaja del arte oficial, en el caso del siglo XIX casi de manera exclusiva pintura de historia y monumentos públicos, es que se trata de formas de construcción de memoria, cuyo proceso de producción y consumo estuvo controlado por el Estado de forma mucho más clara que cualquiera de las demás formas de expresión y comunicación social.

La pintura de historia tuvo en el Estado a su principal y casi único cliente.[8] Un Estado que por medio de sus encargos, compras y exhibición en museos y edificios públicos pudo determinar las imágenes de memoria que pasaron a formar parte del imaginario colectivo de la comunidad nacional.[9] Los monumentos públicos, por su parte, fueron promovidos y ejecutados también por el Estado, quien de manera general financió todo o parte de la construcción y, finalmente, autorizó el uso de los espacios urbanos en los que habían de mostrarse, una forma de control de producción de imágenes sobre el pasado incluso más estricta que la que se dio en la pintura de historia.

Para decirlo de forma menos abstracta, la novela histórica, el libro de historia, el monumento público y la pintura de historia son, todos, parte de los materiales con los que una determinada comunidad construye y elabora un imaginario del pasado o, si se prefiere, los elementos con los que se inventa una nación.[10] La diferencia fundamental, sin embargo, desde la perspectiva del historiador, es que los dos primeros pueden producirse y difundirse sin apenas la intervención del Estado, mientras que los dos últimos, de manera casi absoluta, no. Novelas históricas y libros de historia pueden ser parte del relato de nación del Estado, pero también de relatos diferentes e incluso alternativos; monumentos públicos y

[8] Único cliente, entre otras cosas, porque se trata, en general, de obras de gran formato que sólo tienen cabida en museos y edificios públicos. Sobre el control por parte del Estado mexicano de la pintura de historia durante el siglo XIX, véase Pérez Vejo, "Les expositions de l'Academie de San Carlos".

[9] Se excluyen aquellas obras de patrocinio particular que no fueron posteriormente avaladas por el Estado, por compra o exhibición pública en alguna de las exposiciones nacionales de Bellas Artes, museos o edificios públicos. Hay otras muchas imágenes sobre la guerra de carácter no oficial, generalmente de pequeño formato, que no van a ser analizadas aquí. Contribuyeron también, sin duda, a la construcción de una memoria colectiva sobre la guerra, a veces dentro del relato oficial y a veces no, pero no son parte del relato del Estado.

[10] Sobre el lugar de la historia en los procesos de invención nacional, véase Pérez Vejo, *Nación, identidad nacional y otros mitos nacionalistas*.

pinturas de historia, por el contrario, son sólo "el relato" del Estado, cambiante, por supuesto, en función de las variaciones político-ideológicas de cada momento histórico concreto.

El arte oficial del primer siglo de vida independiente se convierte, desde esta perspectiva, en un vestigio sumamente preciso de la forma en la que el Estado mexicano resolvió el espinoso proceso de construcción de una memoria colectiva homogénea en torno a la guerra civil. Como ocurre en otros muchos países, esta invención se encuentra en el origen del nacimiento de la modernidad política de México. Ésta es la expresión más oficial de la historia oficial.

Y aquí se hace necesaria una precisión cronológica. El recuento del primer siglo de vida independiente es metafórico, ya que en realidad el problema de un imaginario unificado sobre la guerra sólo comienza a ser visible en torno a mediados de siglo, finales de la década de los cuarenta para ponerle una fecha más precisa. La crisis generada por la invasión estadounidense lleva al primer plano de la agenda política el problema de la nación y, como consecuencia, el de la presencia de dos proyectos alternativos de construcción nacional. Hasta ese momento, la existencia de estos dos proyectos fue mucho menos nítida, por lo que Hidalgo e Iturbide pudieron convivir, sin excesivos problemas, en la cúspide del santoral laico de la nación. Representaban, si acaso, dos proyectos alternativos de Estado, pero no de nación.

Una *Alegoría de la Independencia* de 1834 (véase la imagen 1), por ejemplo,[11] los representa uno a cada lado de la imagen de la patria, el primero colocando sobre su cabeza una corona de laurel y el segundo llevando en sus manos las cadenas rotas que la habían atado a España. Puede haber una cierta crítica implícita a Iturbide en el gorro frigio republicano que la matrona tocada con los colores de Iguala parece mostrarle, la dicotomía monarquía/república. Sin embargo, ambos son representados al mismo nivel, como los padres de la Independencia. Y es que en esos primeros años de vida independiente el problema fue básicamente el de la afirmación de la soberanía política, no el de la definición nacional,

[11] No estamos en sentido estricto ante una pintura oficial. Desconocemos si fue un encargo del Estado, cuyo aparato artístico-propagandístico funcionó de manera bastante precaria en las dos primeras décadas de vida independiente, aunque tanto el formato como el tema, no la técnica, la acercan mucho a este tipo de pintura. Puede, en todo caso, considerarse representativa del imaginario de ese momento.

y como consecuencia la oposición Hidalgo-Iturbide se movió en un tono todavía menor. Representaban, si acaso, dos alternativas de forma de Estado (república/monarquía), pero no dos proyectos de nación diferentes. Había, sin duda, un conflicto ideológico de fondo, Hidalgo simbolizaba la república y el liberalismo e Iturbide la monarquía y la reacción, agravado porque en la visión de los liberales hispanoamericanos se impuso desde muy pronto, y a pesar del ejemplo de Inglaterra y, posteriormente, de otras monarquías constitucionales, la idea de que monarquía y absolutismo eran sinónimos. Pero, tal como he argumentado en otras ocasiones,[12] los debates ideológicos son siempre de más fácil gestión que los identitarios.

Todo cambia, sin embargo, a partir de esos años decisivos de finales de la década de los cuarenta cuando son convertidos en símbolo de dos proyectos de nación alternativos e incompatibles, y la Independencia deja de ser obra de Hidalgo *e* Iturbide para serlo de Hidalgo *o* Iturbide. Éste será el momento en el que las imágenes propiciadas por el Estado no se limiten a reflejar ese cambio de imaginario, sino que serán parte importante de su construcción.

UNOS HÉROES SIN HAZAÑAS

Lo primero que llama la atención en la construcción de Hidalgo e Iturbide como héroes o villanos en el imaginario del arte oficial mexicano del siglo XIX es la ausencia de los hechos, heroicos o viles, que los habrían hecho acreedores de uno u otro juicio. Son héroes o villanos porque aparece o desaparece su retrato, no por la representación de hechos históricos que reflejen sus buenas o malas cualidades. Se podría incluso afirmar que tanto Hidalgo como Iturbide son, en realidad, los grandes ausentes de la pintura de historia oficial del siglo XIX mexicano. Son varios los retratos oficiales que proclaman su condición de próceres de la nación, muy escasas, sin embargo, las representaciones de los hechos que los llevaron a ser considerados padres de la patria.

Esta sorprendente ausencia de Hidalgo e Iturbide en la pintura oficial del siglo XIX tiene que ver con el problema de la memoria en las guerras civiles a la que se hacía referencia anteriormente. La construcción de una

[12] Véase, en particular, Pérez Vejo, *España en el debate público mexicano*.

memoria nacional conlleva siempre un fuerte componente de genocidio de memorias, de desplazamiento y exterminio de memorias locales y familiares por una memoria oficial al servicio del Estado o, si se prefiere, de apropiación por éste de las distintas historias para construir una historia única y normalizada. Para la memoria construida por el Estado, Hidalgo era el padre de la independencia, el héroe inmaculado iniciador del proceso que permitió a la nación recuperar la libertad perdida; para las memorias familiares de muchos mexicanos, por el contrario, el prócer era el responsable directo de episodios como la toma de Guanajuato, de desastrosas consecuencias económicas y personales.[13] Para ese mismo Estado, Iturbide era el héroe de Iguala, el consumador de la Independencia; para muchas familias, para seguir con el ejemplo del Bajío, fue el militar realista que había diezmado, en sentido literal, a las poblaciones acusadas de apoyar a los insurgentes. Dos memorias contradictorias e incompatibles que hacían más fácil exaltar a un Hidalgo o un Iturbide intemporales, esterilizados en la quietud de sus retratos, que hacerlo en hechos históricos concretos, todavía cercanos en el tiempo y con un consenso social relativamente frágil. No era lo mismo imaginar a Iturbide como autor del Plan de Iguala y consumador de la independencia que hacerlo al frente del ejército realista en los sangrientos años de la guerra en el Bajío; tampoco representar a Hidalgo junto a una imagen de la Virgen de Guadalupe, que al frente de sus tropas en alguno de los sangrientos episodios bélicos protagonizados por éstas en algunos de los pueblos y ciudades del norte de la ciudad de México. La integración de ambos en la memoria nacional resultaba mucho más fácil como héroes abstractos que como protagonistas de sucesos históricos concretos.

Hay un solo cuadro de pintura de historia oficial en el que Hidalgo[14] aparece representado como actor de episodios relacionados con la guerra, *Hidalgo en el monte de las Cruces arengando a sus tropas momentos antes de la batalla*, expuesto por Luis Coto en la Nacional de Bellas Artes, en 1879[15]

[13] Véase como ejemplo lo escrito por Lucas Alamán, tanto en su *Historia de Méjico* (*Alamán, Historia de México*) como en sus artículos periodísticos, en particular los publicados en la década de los cuarenta y principios de los cincuenta cuando, como ya se ha dicho, el problema de la memoria sobre lo ocurrido veinte años antes parece haberse reactivado de manera dramática.

[14] Sobre la presencia de Hidalgo en la pintura mexicana, véase Garrido, "Evolución y manejo de la imagen de Miguel Hidalgo".

[15] *Catálogo de las obras presentadas en la XIX Exposición.*

(véase la imagen 2). Incluso en este único caso, además ya muy tardío, cuando la derrota de Maximiliano y del proyecto de nación conservador había dejado al cura de Dolores como padre único e indiscutido de la patria, la estrategia utilizada por el pintor revela una clara voluntad de obviar todo aquello que pudiera resultar conflictivo, tanto en la elección del tema como en la forma de representarlo.

En la elección del tema, porque el Hidalgo del monte de las Cruces apenas planteaba problemas desde el punto de vista de la memoria colectiva. Podría ser controvertida su actitud desde una perspectiva militar, pero no desde la de sus consecuencias sobre la población. Nada que ver, por ejemplo, con la sangrienta toma de la Alhóndiga de Granaditas, suceso también de gran relevancia histórica, pero de mucha más difícil inclusión en una memoria colectiva sobre la guerra. No hay, de hecho, ningún cuadro sobre este último episodio en toda la pintura de la historia oficial mexicana del siglo XIX.[16]

En la forma de representarlo, porque Coto opta por un tipo de imagen que, en contra de algunas de las convenciones más arraigadas de la pintura de historia decimonónica, evita cualquier implicación emocional del espectador. Los cuadros de historia eran concebidos, de manera general, como escenas de teatro. Un primer plano con unas pocas figuras principales, mostradas en el momento culminante de una acción de fuerte contenido emotivo, acompañadas, no siempre, de personajes secundarios al fondo. Una representación que busca la implicación del espectador, la toma de partido. La imagen pintada por Coto, por el contrario, carece de este primer plano dramático. Los personajes han sido empujados al fondo del cuadro, tanto los principales como los secundarios, minúsculas figuras perdidas en el paisaje y carentes de cualquier tensión emocional. No se trata en realidad de una pintura de historia sino de un paisaje de tema histórico, un género distinto y con lógicas artísticas y comunicativas diferentes, entre ellas, para lo que aquí nos interesa, que no busca la implicación emocional del espectador. El hecho representado se convierte así en algo lejano que no forma parte de la memoria afectiva y sentimental del espectador.

[16] Si algunos de carácter privado, como *El combate de la Alhóndiga de Granaditas en Guanajuato el 28 de septiembre de 1810* de José Díaz del Castillo, muy tardío, 1910, y que como consecuencia incluye ya, sin ningún problema, todos los elementos de la leyenda áurea de la conquista del pósito de la ciudad, desde un belicoso Hidalgo a caballo dirigiendo el asalto hasta el Pípila cargando su gran losa de piedra.

El cuadro de Coto, en todo caso, pasó casi desapercibido y apenas contribuyó a la configuración de un imaginario sobre la guerra. Los pocos críticos que se hicieron eco de la incursión de este pintor de paisaje en el género histórico fueron, en general, bastante displicentes: un escueto "El que representa al cura Hidalgo, nos parece menos bueno de composición",[17] es una de las pocas referencias al cuadro que se puede encontrar en la prensa de la época.[18]

Al margen de este único cuadro de historia oficial hubo dos bocetos, expuestos en las escuelas nacionales de Bellas Artes, y dos encargos hechos por el Estado para la casa de Hidalgo en Dolores, pero que no fueron ni concluidos, en el primer caso, ni realizados, en el segundo. Tanto por lo que se refiere a estos cuatro proyectos como a otro encargo-boceto relacionado con Iturbide, del que se hablará más adelante, lo relevante es precisamente el que nunca llegarán a pintarse, prueba de hasta qué punto no fueron considerados prioritarios por el Estado. Aunque el hecho de que los bocetos fueran aceptados en una exposición nacional, promovidos por el Estado, los convierte en suficientemente significativos como para ser analizados aquí.

Alberto Zaffira presentó en la exposición de la Academia de 1881 el boceto de un cuadro titulado *Atotonilco, 16 de septiembre de 1810,*[19] hoy desaparecido. Pocos hechos muestran mejor que este episodio, central en la gesta del cura de Dolores, las dificultades para la construcción de un imaginario sobre la Independencia. El momento en el que Hidalgo había enarbolado por primera vez la imagen de la Virgen de Guadalupe como estandarte de la insurgencia, tenía algo de acto fundacional y reunía todos los elementos para haberse convertido en una de las imágenes arquetípicas de la historia de la nación.[20] Más si tenemos en cuenta que

[17] "Décima novena Exposición Nacional de obras de Bellas Artes", *El Siglo XIX* (21 ene. 1880). El "menos bueno" se refiere a su comparación con *El origen de la fundación de México,* expuesto también por Coto en esta misma exposición y que, como todos los cuadros de historia de este pintor, es más pintura de género, menos valorada, que pintura de historia propiamente dicha, la reina de los géneros en la teoría artística decimonónica.

[18] La atención prestada por la crítica contemporánea no es un asunto menor. Fue la prensa con sus minuciosas y pormenorizadas explicaciones de los temas desarrollados en los lienzos y de su significado para la historia nacional la que hizo posible la presencia pública de los cuadros de historia más allá del estrecho círculo de los entendidos y de los asistentes a los salones de las exposiciones.

[19] *Catálogo de las obras presentadas en la XX Exposición.*

[20] Por supuesto que esto no tiene nada que ver con el hecho de que Hidalgo enarbo-

en estos años la identificación México-Virgen de Guadalupe, devoción popular-nacionalismo, se estaba imponiendo ya de manera definitiva en el imaginario mexicano.[21] A pesar de todo esto, el boceto de Zaffira apenas despertó interés y nunca fue terminado.

Algo más que un boceto, pero también sin terminar, es el *Morelos e Hidalgo,* expuesto por Juan Ortega en la Exposición Nacional de 1886. Representa la incorporación de Morelos a la insurgencia, el título exacto es *Morelos e Hidalgo. Morelos se presenta a Hidalgo para ofrecerle sus servicios en el pueblo de Charo, cuando el general se dirigía sobre la capital del virreinato.*[22] Estamos ante un episodio también central en la memoria sobre la Independencia, en un momento en el que Hidalgo había desplazado ya por completo a Iturbide como héroe nacional y en el que Morelos se configuraba como poco menos que su heredero y continuador; Iturbide sería el enemigo contra el que se había combatido. El cuadro, sin embargo, pasó también completamente desapercibido y el hecho histórico no encontró la plasmación iconográfica que la nueva lectura sobre la Independencia estaba propiciando.

Más interesante es el caso de los dos cuadros encargados por Maximiliano a Joaquín Ramírez, para la casa de Hidalgo en Dolores. Uno representaría "la cena de Hidalgo en el que se juraron los héroes la noche del 15 de septiembre conquistar la independencia o perecer"; y el otro, "la salida de Hidalgo, seguido de cuatro mil y tantos dolorenses, la mañana del 16 de septiembre".[23]

El encargo de Maximiliano, también no realizado, en este caso posiblemente no tanto por falta de interés como por lo efímero de su gobierno, resulta interesante porque muestra de manera muy clara la voluntad integradora del proyecto de construcción nacional del Imperio. Frente a la exclusión de Hidalgo, propugnada tradicionalmente por los conservadores, el encargo de Maximiliano pone, de manera inequívoca, en el

lara o no la imagen de la Virgen como estandarte en Atotonilco, un episodio de veracidad bastante dudosa, lo que nos interesa aquí es el mito historiográfico no la veracidad de lo narrado.

[21] La vinculación Hidalgo-Virgen de Guadalupe es de hecho, como se verá más adelante, una constante en los retratos que de éste se hacen durante todo el siglo XIX. Para un análisis de la de la construcción iconográfica de Hidalgo, véase Ramírez, "Hidalgo en su estudio", pp. 189-209.

[22] *Catálogo General de las obras presentadas en la XXI Exposición.*

[23] Citado en Acevedo, "Los comienzos de una historia laica en imágenes", p. 45.

origen de la independencia los hechos protagonizados por el cura de Dolores. Voluntad presente no sólo en esta decisión de construir imágenes de memoria sobre los sucesos del 15 y 16 de septiembre de 1810, sino también en el que durante todos los años de existencia del Imperio la Independencia se celebró el 16 de septiembre, no el 27. El primer año incluso, con el desplazamiento de Maximiliano a Dolores, una forma de enfatizar el papel de Hidalgo como padre de la Independencia que sumió en la perplejidad a la prensa conservadora. Una de sus banderas, la de que Iturbide era el padre de la Independencia y no Hidalgo, era rechazada, sin matices, por el régimen que habían contribuido a instalar.

En el caso de Iturbide, no hay un solo cuadro oficial en el que aparezca como protagonista de sucesos ocurridos durante la guerra.[24] Sí un encargo, nunca concluido, sobre el abrazo de Acatempan, interesante por el tema y, en el caso de que un boceto conservado en el Museo Regional de Guerrero corresponda, tal como sugiere Fausto Ramírez, a este encargo, por la forma en la que está tratado.

Como el caso de otras muchas pinturas de historia, el origen de este boceto fue la voluntad del Estado de construir imágenes históricas sobre hechos del pasado considerados particularmente relevantes. A comienzos de 1875, el periódico *El Siglo XIX* informaba que el gobierno había pedido a la Academia de Bellas Artes "algunos cuadros relativos a la Independencia de México para que sean remitidos a la exposición de Filadelfia", entre ellos uno sobre "el abrazo de Acatempan" que se había encargado

[24] Sí hay, por el contrario, varias pinturas y grabados sobre episodios históricos protagonizados por Iturbide, en particular representaciones de su entrada en la ciudad de México al frente del Ejército Trigarante, pero que carecen de este carácter de pintura oficial. Lo relevante en este caso es que la pintura oficial decimonónica y el Estado que la patrocinaba no consideraran ninguno de estos episodios, incluido el emblemático de su entrada en la ciudad de México, digno de ser representado en una pintura de historia oficial. La explicación resulta relativamente sencilla, el funcionamiento de la Academia, el centro neurálgico de la producción de pintura de historia en todos los países del mundo durante el siglo XIX, fue durante las primeras décadas del México independiente extremadamente precaria; con posterioridad a su refundación por Santa Anna, década de los cuarenta, su producción, por una serie de factores que no vienen aquí al caso, fue sobre todo de pintura de historia religiosa; el efímero periodo imperial, por motivos obvios, apenas produjo pintura de historia; y, finalmente, la derrota de Maximiliano fue también, en gran medida, la derrota del proyecto de nación que había hecho de Iturbide el protagonista de la Independencia.

a Petronilo Monroy.[25] Parece que no llegó a pintarse o, en todo caso, no figura entre las pinturas enviadas finalmente por México a la exposición de Filadelfia. Pero en el Museo Regional de Guerrero se conserva un boceto del abrazo entre Iturbide y Guerrero, atribuido a Ramón Sagredo, que según Fausto Ramírez pudiera ser la respuesta, no concluida, de Monroy al encargo.[26] Suponiendo que Fausto Ramírez tenga razón, lo que parece probable, tanto por sus argumentos como por ser uno de los mejores conocedores de la pintura de ese periodo, estaríamos ante un interesante ejemplo de la complicada manera que la República Restaurada tuvo para intentar resolver el problema de la inclusión de Iturbide en la memoria nacional, en un momento en el que había sido ya claramente desplazado por Hidalgo como padre de la patria. Desplazado porque tanto Hidalgo como Iturbide se habían acabado convirtiendo en símbolo de dos proyectos alternativos de nación y Estado, Hidalgo del liberal e Iturbide del conservador, y la derrota de Maximiliano marcó la deslegitimación absoluta de este último proyecto, como consecuencia, también la de Iturbide.

Se elige un episodio de concordia en el que la guerra fratricida se resuelve mediante el abrazo entre el caudillo realista y el insurgente que daría paso a la Independencia de México. Un hecho ambiguo, era tanto la prueba de la unión de todos los mexicanos como del carácter de guerra civil de la contienda, pero que aquí se representa claramente en clave de fraternidad nacional. Si Iturbide representaba al realista arrepentido y la extraña paradoja que la Independencia hubiera sido finalmente obra de los que se habían opuesto a ella; Guerrero era la continuidad con Hidalgo y el grito de Dolores. Algo así como la confluencia de dos caminos distintos en un solo fin verdadero. La hegemonía de la retórica de la conciliación es clara. Frente al enfrentamiento entre realistas e insurgentes la unión fraternal de todos los mexicanos, simbolizada en el abrazo de dos encarnizados y antiguos enemigos.

El boceto conservado, sea obra o no de Monroy, parece reflejar, sin embargo, cierta prevención hacia Iturbide. El futuro emperador es representado como una especie de Napoleón chiquito, de gesto taimado, que contrasta con el Guerrero de brazos abiertos de par en par que le recibe en el centro de la imagen, una especie de Jesucristo dispuesto a sacrificarse

[25] "Pinturas", *El Siglo XIX* (9 ene. 1875).

[26] La afirmación exacta de Fausto Ramírez es que "resulta más lógico asignárselo a Petronilo Monroy". Ramírez, "El proyecto artístico de la restauración", p. 63.

por la salvación de la patria. Finalmente, había sido el caudillo suriano el que había dejado de lado su prestigio y autoridad para someterse a un Iturbide de trayectoria bastante menos transparente que la suya. Un acto de generosidad patriótica al que la imagen hace evidente justicia. Refleja ya la perspectiva, hegemónica hasta nuestros días, de un Iturbide más traidor que padre de la patria. La Independencia como obra de Hidalgo y sus seguidores, y no de los "tránsfugas" realistas.

En todo caso, lo mismo que ocurre con los bocetos y encargos no realizados de episodios protagonizados por Hidalgo, lo interesante es sobre todo el hecho de que el cuadro nunca llegará a pintarse, lo que mostraría el poco empeño del Estado por crear imágenes de memoria en torno a un hecho, se le dieran las vueltas que se le dieran, de complicado encaje en la memoria colectiva de la nación.

LOS HÉROES INMACULADOS

Frente a esta ausencia de representaciones de episodios históricos se optó, como ya se ha dicho, tanto en el caso de Iturbide como en el de Hidalgo, por su representación en retratos individuales.[27]

En el caso de Iturbide, están en primer lugar sus retratos del periodo 1821-1823, con los atributos imperiales,[28] cuya función no es tanto construir la imagen de un héroe como la de proclamar su legitimidad imperial, carentes como consecuencia de cualquier interés desde la perspectiva que aquí se está analizando.

El primer retrato oficial de Iturbide como padre de la nación es *El héroe de Iguala* (véase la imagen 3) expuesto por Primitivo Miranda en la Exposición Nacional de Bellas Artes de 1851.[29] Uno de los ejemplos más acabados de retrato de Estado en el México del siglo XIX y, sin duda, la expresión del momento en que Iturbide más cerca estuvo de ser, iconográficamente, el padre de la nación. Representado de pie, rodeado de todos los símbolos del poder habituales en este tipo de imágenes (colum-

[27] Sobre la evolución del retrato oficial en el México del siglo XIX, véanse Gamino Ochoa, *Imágenes de arte mexicano;* Pérez Vejo y Quezada (coords.), *De novohispanos a mexicanos;* y Rodríguez Moya, *El retrato en México.*

[28] Véase como ejemplo el pintado por José María Uriarte en 1823: *Agustín de Iturbide.* Óleo/tela, 200 x 110 cm, catedral de Guadalajara.

[29] *Catálogo de los objetos de Bellas Artes presentados en la Tercera Exposición.*

nas, cortinas, etcétera), pero sin referencias a su título imperial, pecado cuidadosamente oculto, tiene a su lado una mesa en la que se muestran, de manera ostensible (luminosidad, mano de Iturbide, título,[30] etcétera), el Plan de Iguala y el Acta de Independencia. El volcán Popocatépetl al fondo, símbolo de México, redondea el significado de un retrato que podríamos definir como histórico-alegórico. La imagen del hombre que había hecho la Independencia, el gran héroe victorioso en el que la nación en esos momentos todavía se reconocía. Tal como afirma un periódico, a propósito de la estatua de Iturbide expuesta por Vilar en esta misma exposición, el héroe de Iguala despertaba.

> Aun en los menos inteligentes, [...] un entusiasmo y un sentimiento de orgullo bien fáciles de comprender. En medio de tantos desastres, de tanta humillación y ruina, el corazón agobiado halla un consuelo en la evocación de aquellos días de purísima gloria, y en el recuerdo del héroe magnánimo que escribió la única página de oro que se encuentra en nuestra triste historia.[31]

A partir de ese momento, la estrella iconográfica de Iturbide palideció rápidamente, y el imperio mantuvo respecto a él una actitud bastante ambigua. Una de las primeras medidas de Maximiliano, como ya se ha dicho, fue declarar como día de la Independencia la conmemoración del grito de Dolores, en contra de lo que había sido la tradición conservadora, e Iturbide no aparece como héroe indiscutido en ninguno de los proyectos artísticos propiciados por el Estado durante este periodo.

Mientras que en los sucesivos proyectos de monumentos a la Independencia barajados hasta ese momento, Iturbide había ocupado casi siempre el lugar central,[32] todavía en un oficio del ministro de Fomento

[30] El título exacto con el que fue presentado en la exposición fue *El héroe de Iguala. D. Agustín Iturbide, en pie y del tamaño natural, muestra encima de la mesa el Acta de la Independencia y el Plan de Iguala; en el fondo se ve el volcán Popocatépelt.* La voluntad de mostrar el auténtico significado histórico-alegórico de la imagen parece clara.

[31] Rafael, "Tercera Exposición de la Academia Nacional de San Carlos de México", *El Espectador de México,* 1851, t. I, p. 42

[32] Las excepciones son aquellos casos en los que no se especifica quiénes debían de figurar, por ejemplo en el concurso convocado por la Academia en 1843, en el que el ganador, Lorenzo de la Hidalga, precisa que dejaba "a las historia y a los hombres sabios que componen el supremo gobierno designar [...] los que deben figurar, ya en estatuas, ya en inscripciones". Citado en Fernández, *El arte del siglo XIX,* p. 212; y aquéllos en los que por motivos obvios no podía aparecer, por ejemplo en el proyecto de monumento "a los pri-

de 14 de enero de 1854 a la Academia de San Carlos, sobre el Monumento a la Independencia que se pretendía erigir en la ciudad de México, se afirma que "en la inteligencia de que la estatua principal debe de ser la ecuestre del Libertador Iturbide",[33] Maximiliano se inclina, desde el primer momento, porque sea sólo uno más de los héroes de la Independencia y, para lo que aquí nos interesa, al mismo nivel que Hidalgo. Ya en una carta al ministro de Estado Joaquín Velázquez de León, fechada el 14 de junio de 1864,[34] propone que el que había sido primer emperador de México aparezca junto a Hidalgo, Morelos y un cuarto héroe del que no se da el nombre, pero que un decreto posterior determinaría que debía de ser Vicente Guerrero; los cuatro del mismo tamaño y ubicados uno en cada esquina. En el monumento que tenía la voluntad de ser el primer lugar de memoria sobre la Independencia del Imperio, Iturbide no era ya el héroe indiscutido sino uno más junto a Hidalgo, Morelos y Guerrero. No el padre de la Independencia sino sólo uno de los padres de una especie de tetrarquía colegiada.

Un discurso iconográfico muy semejante al que muestra la colección de retratos de próceres de la independencia encargada por Maximiliano para el Palacio Imperial, ésta sí realizada, donde Iturbide es también sólo uno más de una colección que incluye a Hidalgo, Morelos, Matamoros, Guerrero y Allende, todos del mismo tamaño y formato.[35] Esta representación de todos los héroes defendidos por los distintos sectores políticos

meros héroes de la Independencia", en realidad a los fusilados en Chihuahua, promovido por la presidencia de la República en 1856. "Expediente sobre el proyecto de monumento a los héroes de la Independencia muertos en Chihuahua", AAASCM, doc. núm. 6136.

[33] "Oficio del ministro de Fomento a Bernardo Couto, presidente de la Junta de la Academia de San Carlos sobre el monumento nacional para la plaza principal", AAASCM, doc. nº 5592. El oficio acompaña un proyecto de "Monumento Nacional", obra del arquitecto Vicente Manero, sobre el que se pide la opinión de la Academia. Se precisa, además de que Iturbide debe ocupar el lugar principal, que se deberá dar también a Santa Anna "el lugar que dignamente corresponde". Es uno más de los muchos proyectos desechados hasta llegar al finalmente construido. Las polémicas en torno de estos diferentes proyectos, y a los personajes que debían figurar en ellos, son un buen reflejo de las dificultades para imaginar un relato de consenso sobre lo que la Independencia había sido y significado.

[34] Citada en Acevedo, "El legado artístico de un imperio efímero", p. 115.

[35] Los autores fueron Joaquín Ramírez (*Miguel Hidalgo*), Petronilo Monroy (*Agustín de Iturbide*), José Obregón (*Mariano Matamoros*), Ramón Sagredo (*Vicente Guerrero*) y Ramón Pérez (*Salvador Allende*). Sobre esta colección, véanse Acevedo, "Los comienzos de una historia laica en imágenes", y Ramírez, "Entre la alegoría y la crónica visual".

e ideológicos es una de las mejores expresiones de la estrategia de sustitución de hechos por personajes a la que se hacía referencia anteriormente; también de una imagen benévola de la guerra en la que los protagonistas de la Independencia son mostrados al margen de cualquier episodio que pudiera oscurecer su imagen de héroes inmaculados. Visión integradora de la Independencia que Maximiliano redondeó con el encargo, también con el mismo formato y tamaño, de los retratos de sus antepasados Habsburgo, reyes de la Nueva España: Carlos V, Felipe II, Felipe III, Felipe IV y Carlos II.[36] Se plasmaba así en imágenes una especie de doble legitimidad, la conquistada con la Independencia y la dinástico-familiar, que puede ser considerada como la expresión plástica de la forma como muchas monarquías contemporáneas estaban resolviendo el complicado problema de la transición de la soberanía monárquica a la nacional: la soberanía residía, a la vez, en el rey y en la nación.

El retrato de Itubide (véase la imagen 4), obra de Petronilo Monroy, apenas introduce modificaciones respecto al modelo de Miranda. La imagen del militar victorioso artífice de la Independencia (apoya su mano izquierda en el sable y con la derecha señala el Plan de Iguala sobre la mesa). La única variación relevante es la presencia de los símbolos imperiales (manto de armiño ribeteado de águilas mexicanas y corona imperial sobre la mesa). Haberse proclamado emperador no era obviamente un desdoro en el contexto del segundo imperio mexicano.

La restauración de la República no sólo acabará con los ropajes imperiales de Iturbide sino con su representación como héroe de la patria. El triunfo de los liberales es también el de un proyecto de nación en el que el antiguo oficial realista no tiene ya cabida. Convertirse en villano es, en la retratística oficial, sólo desaparecer.

Si en el caso de Iturbide el problema fue sobre todo el episodio de su coronación como emperador y su pasado de militar realista, en el de Hidalgo lo fue su actuación al frente del ejército insurgente, en el contexto de una guerra especialmente cruenta y sanguinaria. Los retratos oficiales[37] muestran una clara voluntad de obviar su imagen de militar a favor de la de reflexivo teólogo, devoto de la Virgen de Guadalupe, siempre en su

[36] Por supuesto que los "usurpadores" Borbones son cuidadosamente excluidos de este discurso de legitimidad.

[37] Esto no ocurre en la pintura no oficial, donde, por ejemplo en las litografías de Linati, la imagen de un Hidalgo belicoso es relativamente frecuente.

estudio, rodeado de libros y con un cuadro de la guadalupana en lugar destacado. La imagen de un venerable anciano, dedicado al estudio y dispuesto a sacrificar la tranquilidad de sus últimos días por la salvación de la patria, resultaba bastante menos controvertida que la del belicoso caudillo del ejército que había entrado, a sangre y fuego, en algunas de las más importantes y pobladas ciudades del virreinato.

Ya en el muy temprano retrato de 1831, obra de Antonio Serrano[38] (véase la imagen 5), es representado como un plácido anciano, teniendo de un lado un mueble con libros y una mesa con objetos de escritura y del otro una estampa de la Virgen de Guadalupe. La visibilidad de ésta última, a pesar de su pequeño tamaño, es grande, tanto por su situación, pegada a una columna que ocupa toda la parte derecha del cuadro, como por su color claro, que la hace resaltar sobre el fondo oscuro del cuadro.[39] La imagen de un padre de la patria más reflexivo que hombre de acción, y especialmente devoto de la Virgen de Guadalupe. Se obvian así aquellos aspectos de su biografía que podían resultar más conflictivos, los que tenían que ver con una guerra especialmente cruenta y sanguinaria, a la vez que se le asocia con una devoción mariana ampliamente compartida por los mexicanos. Asociar a Hidalgo con la Virgen de Guadalupe tiene un fuerte componente de legitimación de un héroe que para algunos sectores no lo era tanto o no lo era en absoluto.[40]

[38] El carácter de pintura oficial del cuadro de Serrano es discutible. Desconocemos el contexto en el que fue pintado y pasó a las colecciones del Estado en fechas ya muy posteriores. Estuvo incluso durante bastante tiempo fuera de México, en el Museo Etnográfico de Berlín. Lo analizo aquí porque aparecen ya en él las características de lo que va a ser la imagen de Hidalgo durante todo el siglo XIX.

[39] Sobre las primeras representaciones de Hidalgo, véase Acevedo, "Entre la tradición alegórica y la narrativa".

[40] Un aspecto interesante de esta asociación Hidalgo/Virgen de Guadalupe es que no sólo se dio en la pintura oficial patrocinada por el gobierno de la nación sino también, con la misma intensidad o incluso mayor, en la patrocinada por los poderes locales, en particular la producida al amparo de las exposiciones organizadas en Guadalajara por la Sociedad Jalisciense de Bellas Artes, con cuadros como los dos de Felipe Castro, *La tumba de Hidalgo* (1859) y *Miguel Hidalgo* (1868), el primero una curiosa alegoría que incluye un estandarte de la Virgen de Guadalupe en primer plano, el segundo un retrato del cura del Dolores estrictamente dentro del canon iconográfico aquí estudiado. Para las obras expuestas en los certámenes jaliscienses, véase Camacho Becerra, *Catálogos de las exposiciones de la Sociedad Jalisciense;* para un análisis detallado de *La tumba de Hidalgo,* véase Ramírez, "La historia disputada de los orígenes de la nación".

En el que pinta Joaquín Ramírez en 1865, dentro de la colección encargada por Maximiliano a la que se ha hecho referencia más arriba, la idea es la misma, pero el cuadro de la Virgen al fondo se ha hecho mucho mayor, hasta el punto que la figura de Hidalgo queda prácticamente enmarcada en él. Se logra así una clara identificación entre Hidalgo y la Virgen de Guadalupe y se fija la imagen del cura de Dolores como padre benévolo de la nación. Nada recuerda en la imagen creada por Ramírez al belicoso militar de los inicios de la guerra. No sólo eso sino que, según la sugerente interpretación de Fausto Ramírez,[41] tanto Hidalgo como Iturbide y Morelos, representados en interiores y al lado de mesas con papeles, simbolizarían héroes "civiles", dignos de recuerdo por sus virtudes legislativas y jurídicas; Allende, Matamoros y Guerrero, por el contrario, representados al aire libre y al lado de símbolos militares, simbolizarían a los héroes guerreros, dignos de recuerdo por sus virtudes bélicas.[42] Así, Hidalgo pasaba a formar parte de los héroes civilizadores mientras que su participación en el conflicto bélico, lo mismo que ocurría con Iturbide, pasaba a un segundo plano o directamente desaparecía (véase la imagen 6).

El cuadro de Ramírez fue muy bien acogido por la crítica, que vio en él la representación de la "verdad histórica", la imagen verdadera de lo que Hidalgo había sido y representaba:

> todo en el cuadro, es una histórica verdad; Hidalgo se levanta de un sillón en los momentos de la revolución suprema: su actitud no es guerrera ni lo que se llama ideal; es la actitud firme de un anciano vigoro, en cuyo semblante se revela un pensamiento gigantesco, una abnegación tranquila, una bondad habitual.[43]

Se dio así, paradójicamente con el Imperio, uno de los pasos decisivos en la configuración del canon iconográfico de Hidalgo como padre de la patria, más acorde con las expectativas de los liberales que con las de los conservadores en ese momento en el poder. La imagen creada por Ramírez

[41] Ramírez, "Hidalgo en su estudio".

[42] Sobre este cuadro, además del ya citado trabajo de Fausto Ramírez, véanse Acevedo, "Los comienzos de una historia laica en imágenes"; y Álvarez, *El pintor Joaquín Ramírez*.

[43] "Una pintura", *El Cronista de México* (29 nov. 1865).

va a ser, de hecho, profusamente reproducida en lo que quedaba de siglo, incluida una excelente copia de Tiburcio Sánchez de la Barquera de 1875, actualmente en el ayuntamiento de la ciudad de México, en mucho mejor estado de conservación que el original de Ramírez. Al margen de la exclusión de Iturbide, el ciclo ideado por Maximiliano va a tener una larga vida en el imaginario sobre la Independencia, prolongándose durante la República Restaurada y el Porfiriato.

En el último gran retrato oficial encargado por el Estado mexicano, con anterioridad a la Revolución, el pintado por Antonio Fabrés en 1904, *El cura Hidalgo victorioso después de la batalla del monte de las Cruces* (véase la imagen 7), hay, sin embargo, cambios importantes respecto a esta iconografía tradicional. El plácido estudioso, encerrado en su estudio, es sustituido por el belicoso general que celebra la victoria en el campo de batalla. Nada recuerda, ni en los gestos ni en el asunto representado, la que había sido la forma tradicional de pintar al héroe en los cuadros anteriores. El recogido interior es sustituido por una escena al aire libre, y el gesto mesurado y reflexivo por otro de celebración exaltada. Pasado ya casi un siglo de los hechos históricos no había ningún problema en representar al general que celebra la derrota de sus enemigos que son ahora, sin duda posible, los de la nación mexicana. La guerra civil construida como guerra de Independencia. Lo único que permanece de la iconografía tradicional es la asociación Hidalgo/Virgen de Guadalupe, prueba de hasta qué punto se había convertido en parte del discurso de la nación. El, en esos momentos, ya sin discusión, padre de la patria enarbola, en su mano un estandarte con la imagen de la Virgen, con el nombre de Guadalupe, por si acaso quedaba alguna duda, bien visible, escrito en grandes letras sobre él.

LA APOTEOSIS DE HIDALGO: EL MONUMENTO DE LA INDEPENDENCIA

En México, como en todos los demás países latinoamericanos, la conmemoración de los primeros 100 años de vida independiente sirvió, entre otras cosas, para fijar una especie de relato canónico sobre lo que las guerras de independencia habían sido y sobre sus héroes y villanos. Relato que en la mayoría de los casos, México incluido, se plasmó en piedra y bronce en la sucesión de monumentos a la independencia inaugurados en las primeras décadas del siglo XX, a lo largo y ancho del continente.

A partir de la derrota de Maximiliano, los proyectos de monumentos a la Independencia se centraron ya de manera exclusiva en la figura de Hidalgo.[44] En la convocatoria de la presidencia de la República de 1886 para erigir en el Paseo de la Reforma de la capital del país un monumento de esa temática, se especifica que en "lugar culminante del monumento se colocará la estatua del inmortal Hidalgo, o bien un grupo de los héroes principales, descollando entre ellos el Generalísimo D. Miguel Hidalgo".[45] Recomendaciones a las que dará cumplida respuesta el monumento inaugurado en septiembre de 1910, una auténtica apoteosis de Hidalgo. "Apoteosis del Hidalgo" son de hecho las palabras utilizadas por toda la prensa de la época para describir al Zócalo de la columna donde aparece su estatua. El héroe de Dolores es representado junto a Guerrero, Morelos, Bravo y Mina,[46] pero a mayor tamaño, en situación más elevada y marcando el eje del monumento. Enarbola una bandera mientras que a sus pies la Patria le ofrece una corona de laurel y la Historia consigna en un libro los hechos por él protagonizados (véase la imagen 8). No hay ninguna duda de que es él el héroe de la Independencia con los demás en un papel de meros acompañantes.

En perfecta simetría con lo anterior, la exclusión del "traidor" Iturbide en el Monumento a la Independencia es casi absoluta. Su estatua no aparece entre los héroes que nos dieron patria, y hay que tener en cuenta que entre los que tienen derecho a estatua figuran personajes tan pintorescos

[44] Al margen de que fueron también muchos los proyectos promovidos por los ayuntamientos de distintas ciudades o por el gobierno de la República para erigir en ellas monumentos a Hidalgo (Dolores, Hidalgo; San Luis Potosí, Pachuca, México, D. F., Mineral del Monte, Mazatlán, etc.), unos construidos y otros no, no los analizados aquí aunque tuvieron también un importante papel en la configuración de Hidalgo como héroe principal de la Independencia. En algunos, incluso, caso del proyectado por Ramón Rodríguez Arangoity en 1872 para la ciudad de Toluca, Hidalgo es incluido en una especie de trilogía intemporal de héroes de la Independencia, junto con Guatimozín (Cuauhtémoc) y Juárez, como símbolo y representación de la guerra de 1810-1821.

[45] "Impreso con la convocatoria de un concurso para erigir un monumento a Hidalgo", AAASCM, doc. núm. 7584. La convocatoria tiene fecha de 20 de enero de 1886. Pocas dudas caben a partir de estas afirmaciones, de la voluntad de entronización de Hidalgo como padre de la Independencia.

[46] Resulta interesante reseñar las diferencias respecto al proyecto de Maximiliano al que anteriormente se hizo referencia: los héroes representados son cinco en lugar de cuatro, lo que convierte la igualitaria tetrarquía del Imperio en un héroe principal y cuatro secundarios, y desaparecen Allende y Matamoros, sustituidos por Bravo y Mina.

como el irlandés Guillén de Lampart, o con un papel tan secundario en el desarrollo de la guerra como el español Xavier Mina, y su nombre es relegado a uno de los anillos de la columna, invisible para cualquiera que no sepa que está ahí e incluso para quien lo sepa si no tiene muy buena vista. Comparte gloria y honor con Allende, Aldama, Rayón, Galeana, Matamoros, Victoria y Mier y Terán. Gloria y honor en todo caso relativos si tenemos en cuenta que el número total de nombres de héroes de la Independencia grabados en el monumento es de 31 y de 8 si se consideran únicamente los que figuran en el fuste.

Se cerraba así el ciclo de los diferentes proyectos de Monumento a la Independencia: primero, Iturbide como héroe principal; después, Iturbide compartiendo protagonismo con otros héroes; y, finalmente, Hidalgo sustituyendo a Iturbide como padre de la patria y protagonista indiscutible de la Independencia.

CONCLUSIÓN

La entronización de Hidalgo que no lo fue tanto

La conclusión, tanto desde la perspectiva de la pintura de historia como de la del Monumento a la Independencia parece obvia: en 1910 Hidalgo había sido convertido en el padre indiscutible de la nación, e Iturbide, si no en su villano, en algo bastante parecido. Sin embargo, las conclusiones en historia tienden siempre a ser menos obvias de lo que parecen. La polémica originada por los sectores conservadores a propósito de la exclusión de Iturbide del Monumento a la Independencia, con el argumento de que la condición de héroe y benemérito de la patria no era una decisión arbitraria sino que había sido fijada por un decreto del Congreso de julio de 1823, muestra que el tema seguía siendo sensible. La polémica originada por la publicación de Francisco de Bulnes de un libro que es una defensa en toda regla de Iturbide,[47] que todavía había sectores dispuestos

[47] El libro de Francisco Bulnes, *La guerra de Independencia*, se presentó como una defensa tanto de Iturbide como de Hidalgo. Sin embargo, todo el mundo entendió, a pesar de que se dedica menos espacio al primero que al segundo, que era una defensa de Itur-

a defender su memoria y su lugar en el panteón de la patria, fue un claro ejemplo. Sin embargo, el calificativo de "el Libertador de México" con el que Miguel Macedo se refirió a Iturbide en el discurso de inauguración del monumento, y, sobre todo, la gran cabalgata histórica que tuvo lugar con motivo de las celebraciones de septiembre de 1910, donde los grandes protagonistas fueron Iturbide y el Ejército Trigarante, mostraron que la exclusión del héroe de Iguala no era tan absoluta como en un primer momento pudiera parecer.

Este último aspecto merece una explicación un poco más detenida. El arte oficial no son sólo los monumentos en piedra y bronce o las pinturas de historia. Están también las imágenes efímeras fabricadas por el Estado para su exhibición pública, cuyo impacto visual, a pesar de consumirse en el momento, tienen también gran importancia en la construcción de un imaginario colectivo sobre el pasado.

La gran cabalgata histórica que recorrió las calles de la ciudad de México con motivo de la conmemoración del Centenario entra plenamente dentro de este apartado de arte efímero oficial,[48] y lo representado en ella si no fue la negación de lo que decía el Monumento a la Independencia se le pareció bastante. No sólo por el hecho de que Agustín de Iturbide y el Ejército Trigarante fueran sus grandes protagonistas, en detrimento de Hidalgo, sino también, y quizás sobre todo, porque el conjunto de la recreación de la historia de la nación que se hizo en la cabalgata fue finalmente bastante próxima al imaginario conservador.

La cabalgata histórica fue una rememoración de toda la historia de la nación, no sólo de su independencia. Recordemos que el problema de Hidalgo e Iturbide no es sólo el de quién es el héroe y quién el villano sino el de algo mucho más complejo que tiene que ver con proyectos alternativos de Estado y de nación y, como consecuencia, con toda una interpretación de la historia de México, que afecta a la Independencia, pero también al lugar del mundo prehispánico y del periodo virreinal en esta historia.

Abrían el desfile Moctezuma y Hernán Cortés con sus respectivos séquitos, 839 figurantes, que terminaban el recorrido con la escenificación,

bide, entre otras cosas porque en esos momentos a Hidalgo ya nadie lo atacaba.

[48] Las cabalgatas históricas fueron profusamente utilizadas por los Estados-nación durante el siglo XIX y primeras décadas del XX como forma de rememoración histórica y de construcción de un imaginario sobre el pasado. Fueron numerosos los países en los que se festejaron este tipo de actos con motivo de la celebración de episodios históricos considerados relevantes para la historia de la nación.

frente a Palacio Nacional, del encuentro de 1519. Es decir, se afirmaba que el origen de la nación mexicana estaba en la conquista y su fusión de dos pueblos, y se negaba que estuviera en el mundo prehispánico, afirmación tradicional del proyecto de nación liberal que había tomado a Hidalgo como estandarte.

Seguía una representación de la sociedad virreinal, con toda la complejidad de sus órdenes y estamentos (regidores, miembros del Consejo de su majestad, oidores de la audiencia, indios principales de las parcialidades de Santiago y Tlatelolco, etcétera), 288 figurantes que escenificaron la principal fiesta cívica de la época virreinal, el paseo del Pendón: recogida por el Alférez real del pendón de los reyes de Castilla en el balcón del ayuntamiento, recorrido por varias calles del centro histórico, entrega del pendón al virrey en la Plaza de Armas, alzamiento del pendón por el virrey y depósito del mismo en el Salón de Cabildos del ayuntamiento. Es decir, se asumía el periodo virreinal como parte de pleno derecho de la historia de la nación, cosa que el discurso que hacía de Hidalgo el padre de la patria, por oposición a Iturbide, había negado durante la mayor parte del siglo XIX.

Y, por último, a pesar de los carros alegóricos dedicados a Hidalgo y Morelos,[49] los grandes protagonistas de la independencia eran Iturbide y el Ejército Trigarante, cuya entrada a la ciudad de México fue escenificado en todos sus detalles históricos. Nada que ver con el Monumento a la Independencia, en el que Iturbide había sido relegado a uno de los anillos superiores de la columna. Aunque lo que se celebraba era el Centenario del grito de Dolores, el inicio de la independencia, no el de la entrada del Ejército Trigarante en la ciudad de México, su consumación, los que asistieron a la gran cabalgata vieron a Iturbide desfilar al frente del ejercito realista al pleno: granaderos imperiales, regimiento de la Corona, fieles de Potosí, regimiento de Fernando VII, dragones del Rey, etcétera. Es decir, se le daba a Iturbide el protagonismo que se le había quitado en el monumento del Paseo de la Reforma.

[49] Participaron además otros dos carros alegóricos sin ninguna relación con la Independencia, uno dedicado a la defensa de Chapultepec por los alumnos del Colegio Militar y otro al estado de Tabasco. Los carros alegóricos fueron patrocinados por distintas entidades federativas: el de Hidalgo por el gobierno del estado de Hidalgo, el de Morelos por el gobierno del estado de Michoacán, el de la defensa de Chapultepec por el gobierno del estado de Veracruz, y el de Tabasco por el gobierno del estado de Tabasco.

El primer siglo de vida independiente se cerraba, para el arte oficial, con el triunfo de Hidalgo como padre de la patria, pero con un Iturbide que, a pesar de todo, se negaba a desaparecer. Fue el estallido de la revolución, ese mismo año de 1910, con su radicalización del proyecto de nación liberal lo que llevó a la desaparición de Iturbide del santoral laico de la patria, aparentemente de una manera definitiva. Hidalgo era, por fin, para la historia oficial, el padre único e indiscutido de la Independencia y de la nación.

Imagen 1. Anónimo. *Alegoría de la Independencia*, 1834. Óleo/tela, 169 x 196 cm. Museo Casa de Hidalgo, Dolores Hidalgo.

Imagen 2. Luis Coto Maldonado, *Hidalgo en el Monte de las Cruces arengando a sus tropas*, 1879. Óleo/tela, 158 x 151 cm. Museo de Bellas Artes de Toluca, Toluca.

Imagen 3. Primitivo Miranda, *El héroe de Iguala*, 1851. Óleo/tela, 246 x 162 cm. Museo Nacional de Historia, México, D.F.

Imagen 4. Petronilo Monroy, *Agustín de Iturbide*, 1865. Óleo/tela, 287 x 205 cm. Palacio Nacional, México, D.F.

Imagen 5. Antonio Serrano, *Don Miguel Hidalgo y Costilla*, 1831. Óleo/tela, 124 x 110 cm. Museo Nacional de Historia, México, D.F.

Imagen 6. Tiburcio Sánchez de la Barquera, *General Miguel Hidalgo y Costilla*, 1875 (copia del original de Joaquín Ramírez de 1865). Óleo/tela, 243 x 157 cm. Ayuntamiento de la ciudad de México, México, D.F.

Imagen 7. Antonio Fabrés, *El cura Hidalgo victorioso después de la batalla del Monte de las Cruces*, 1904. Óleo/tela 297 x 190, Palacio Nacional, México, D.F.

Imagen 8. Enrique Alciati, *Apoteosis de la Patria* en el Monumento de la Independencia, 1910. Mármol, México, D.F.

ALGUNAS VERSIONES POPULARES DE LA HISTORIA OFICIAL DURANTE LA POSREVOLUCIÓN 1920-1940

Ricardo Pérez Montfort
Centro de Investigación y Estudios Superiores en Antropología Social

Reverencia al anciano valiente
que de México el yugo rompió,
levantad, compatriotas, la frente
ante el héroe que patria nos dio.

Cuarteta inicial de una décima anónima
de pie forzado de San Luis Potosí

I

La inmensa carga popular que trajo consigo el movimiento revolucionario mexicano de 1910-1920 replanteó el papel que "el pueblo" desempeñaría en los proyectos de nación surgidos durante la contienda y en los años subsiguientes. El discurso político lo identificó como el protagonista esencial de la Revolución y destinatario de los principales beneficios de dicho movimiento. Los revolucionarios reconocieron que ese "pueblo" mexicano estaba formado por todo aquel nacido en territorio nacional, pero sobre todo por quienes se ubicaban entre los sectores mayoritarios y marginados, y entre las clases medias bajas. El "pueblo" se concibió entonces como el territorio de "los humildes", de "los pobres" y de las mayorías, mucho más ligadas a los espacios rurales que a los urbanos, mucho más capaces de crear que destruir. Justo es decir que ese pueblo era ante todo representado por lo campesino, lo mestizo y lo indígena. Sus expresiones artísticas y sus tradiciones entraron a partir de entonces en un proceso de reevaluación y resignificación que marcaría de manera indeleble el nacionalismo cultural surgido de ese mismo proceso revolucionario.

Poco a poco la cultura popular fue adquiriendo el rango de cultura nacional, no sólo en sus ámbitos creativos sino también en sus cotidianidades. Las expresiones culturales del pueblo mexicano, manifiestas en sus atuendos, sus artesanías, sus músicas y bailes, sus gastronomías, sus ritos, sus fiestas y, en general, las sabidurías populares se convirtieron paulatinamente en elementos definitorios de la cultura que identificaría a partir de entonces a México.

Durante los regímenes de Álvaro Obregón, Plutarco Elías Calles, Emilio Portes Gil, Pascual Ortiz Rubio, Abelardo L. Rodríguez, y Lázaro Cárdenas, los proyectos educativos oficiales, establecidos y comandados en un principio por José Vasconcelos, después por figuras como Manuel Puig Casauranc, Moisés Sáenz, Ezequiel Padilla, Narciso Bassols y Gonzalo Vázquez Vela promovieron este nacionalismo cultural y las desde entonces llamadas "mexicanerías", que consistían, como ya se dijo, principalmente en una amplia promoción de las artesanías, las músicas, las líricas, los bailes y las fiestas populares. Estas expresiones fueron temas por demás recurrentes en los programas educativos posrevolucionarios hasta muy avanzado el propio siglo XX. Definir al país y a su "pueblo" —en particular el campesino e indígena—; estudiar, explicar y describir sus diversas manifestaciones culturales; interpretar y reformular las formas y los contenidos de dichas expresiones, fueron tareas que pretendieron unir a los artistas e intelectuales de las élites con las mayorías.[1] La identificación de tres elementos: lo mexicano, lo popular y lo nacional, quedó establecida en las expresiones culturales de esta élite centralista, que mantenía estrechos vínculos con el poder económico y político del país y, por lo tanto, era capaz de orientar los proyectos y quehaceres educativos y culturales durante aquellos años posrevolucionarios. Los principales temas que aparecieron en sus obras artísticas y literarias fueron las tradiciones y las manifestaciones culturales populares mexicanas que se expresaron a través de una interpretación muy particular de lo que era o debía ser ese mismo pueblo mexicano. Así, aquellas élites se fueron nutriendo no sólo de sus propias interpretaciones particulares, sino también

[1] Vázquez Valle, *La cultura popular*, pp. 1-7.

de muchas expresiones surgidas realmente de los ámbitos populares, generando una especie de capilaridad en la que versiones culteranas y versiones populares se traslapaban, influían y complementaban.[2]

El nacionalismo cultural que caracterizó esta primera relación entre élites y sectores populares —en particular indígenas— fue cabalmente descrito por Pedro Henríquez Ureña en 1925, al hacer un primer balance de los aportes culturales de la Revolución mexicana. "Existe hoy el deseo de preferir los materiales nativos y los temas nacionales en las artes y en las ciencias", dijo; y puso varios ejemplos: "el dibujo mexicano que desde las altas creaciones del genio indígena en su civilización antigua ha seguido viviendo hasta nuestros días a través de las preciosas artes del pueblo" ha quedado representado en los murales de Diego Rivera y compañía; "los cantos populares [que] todo el mundo canta, así como se deleita con la alfarería y los tejidos populares" han sido utilizados por Manuel M. Ponce y Carlos Chávez Ramírez, y los dramas sintéticos con asunto rural de Eduardo Villaseñor y de Rafael Saavedra, quienes habían "realizado la innovación de escribir para indios y hacerlos actores,[3] pretendían revivir las tradiciones literarias de aquel "pueblo mexicano", haciendo referencia específica al mundo indígena como un elemento definitorio de la "mexicanidad" y de lo popular.

Así, las expresiones culturales de estas élites abrevaron orgullosamente en las vertientes populares campesinas e indígenas mexicanas, sin excluir del todo a los sectores urbanos y obreros, afirmando su condición nacionalista y sentando las bases para realizar un intento de repensar las historias y las culturas nacionales. Este reconocimiento, sin embargo, quedó ligado de manera prácticamente implícita a los proyectos de unificación y justificación de los grupos en el poder, cuyos modelos oscilaron entre los afanes modernizadores e industrializadores del país y las reivindicaciones de la justicia social y el beneficio popular. En el fondo, esta identificación positiva de la cultura popular trajo consigo también la necesidad de referirse constantemente al sujeto —el pueblo— como legitimación discursiva en los programas de gobierno, y a su vez como protagonista imprescindible de la historia del país.

Desdeñada durante los años prerrevolucionarios por las academias porfirianas, la cultura popular adquirió de esa manera una fuerza inusita-

[2] Pérez Montfort, *Avatares*, pp. 35-67.

[3] Henríquez Ureña, "La Revolución y la cultura en México", p. 35.

da en los derroteros del arte y la literatura mexicanos. Claros ejemplos de ello fueron los estudios de Gerardo Murillo (Dr. Átl), Rubén M. Campos, Frances Toor, Jorge Enciso o Gerónimo Baqueiro Foster, en materia de artesanías, folklore o música popular. En literatura baste recordar las clásicas polémicas sobre lo revolucionario, lo artístico, lo nacional y lo universal de 1924-1925 y 1930-1932, en las que participaron, entre otros: Francisco Monterde, Salvador Novo, Antonio Caso, Genaro Fernández McGregor, Julio Jiménez Rueda, Eduardo Villaseñor, Nemesio García Naranjo, José Rubén Romero y Jorge Cuesta, tan sólo para mencionar algunos.[4] En la plástica, en la música y en la danza los temas populares invadieron la obra de casi toda la generación posrevolucionaria, desde Diego Rivera hasta las hermanas Campobello, pasando por las canciones de Ignacio Fernández Esperón, "Tata Nacho" o la música sinfónica de Silvestre Revueltas y Carlos Chávez.[5] Lo popular estuvo en el centro de la vanguardia cultural como objeto de estudio y evocación, así como por sus aportes en cuestiones técnicas y recursos prácticos.

Y ese mismo afán de reivindicación popular se sintió en el primer cine mexicano, entre autores como Carlos Noriega Hope o Gustavo Sáenz de Sicilia, para después entrar con fuerza en diversos ejemplos de la industria cinematográfica incipiente y sonora de Fernando de Fuentes, Chano Urueta y Juan Bustillo Oro, misma que eventualmente llegaría a la llamada época de oro del cine nacional con el Indio Fernández o Ismael Rodríguez.[6]

El poeta y periodista guanajuatense Jesús Soto, en su pequeño ensayo *Aspectos de la nueva ideología mexicana,* publicado en 1929, se refería a este proceso de la siguiente manera:

> En la radical transformación que ha estado sufriendo la mentalidad mexicana de veinte años a esta parte, de la que son muestra muchas cosas como a primera vista por ejemplo la pintura, la música, la poesía, o las ideas políticas y sociales, es necesario reconocer que ha sido violenta; pero de profunda solidez, aún cuando todavía no se haya llegado a definirla con claridad, elucidando cuáles son sus métodos y cuáles sus verdaderas tendencias. La

[4] Díaz Arciniega, *Querella,* y Sheridan, "Entre la casa y la calle", pp. 384-415.

[5] Pérez Montfort, "Indigenismo, hispanismo y panamericanismo", pp. 343-383.

[6] García Riera, *Historia del cine mexicano,* pp. 123-155.

> obra de los revolucionarios ha sido superior por su tendencia, no dedicada a mejorar ni dirigir exclusivamente a los universitarios o a los grupos mínimos seleccionados sino ante todo a las masas.[7]

Y claro, justo es decir que con esa intención de reinterpretar, de rehacer y de inventar, las expresiones culturales populares fueron utilizadas muchas veces para satisfacer algunos intereses más ligados a los grupos políticos o pragmáticos del momento que a los del conocimiento, el arte o la reflexión. Si bien en un principio la cultura popular sirvió para identificar elementos que construirían una cultura nacional, poco a poco muchos de esos recursos se limitarían a aparecer como claros estereotipos culturales, mayormente vinculados a la explotación política y al turismo, manipulados por los medios de comunicación masiva y los intereses comerciales.[8]

La historia mexicana escrita, analizada e impartida desde los ámbitos oficiales también trató de vincularse a este afán reivindicativo del pueblo y sus expresiones culturales. Sin embargo, más que fomentar la capilaridad, es decir, más que entrar en el juego del ir y venir de valores culturales y conocimientos, la narración de la historia patria mostró que sus ideas y aconteceres se dirigían preferente en una sola dirección: del ámbito del intelecto y el poder pasaba al espacio de la educación y de ahí a su sedimento popular. Rara vez regresaba y si lo hacía era vista con relativo desdén y condescendencia.

Tomando solo algunos aspectos de este proceso y centrándonos en las diversas presentaciones de un momento histórico, el de la Independencia de México y los protagonismos del cura de Dolores, este ensayo intenta mostrar fragmentos de ese camino recorrido desde las elites hasta el mundo popular. Concentrándonos en los años posrevolucionarios, en particular significativos en la construcción de un discurso identitario nacionalista muy en boga, se puede constatar cómo hubo una reinterpretación formal, con muy pocos cambios, mismos que quedaron concentrados en el lenguaje, el medio de transmisión o el tono de presentación de la historia oficial. Ésta no sufrió transformaciones medulares a lo largo de aquellos años. Su tono patriotero y solemne varió poco, lo que sí cambió un tanto fue quién la interpretó y lo que se hizo con dicha interpretación.

[7] Soto, *Aspectos de la nueva ideología mexicana*, pp. 5-22.

[8] Pérez Montfort, *Expresiones populares*, pp. 9-15.

II

Varios estilos, métodos y formas de hacer y enseñar historia patria se ensayaron durante los años posrevolucionarios. La mayoría siguió un sendero que parecía ir de lo complejo a lo simple y de la narrativa histórica con visos de objetividad a la escenificación escolar y a la versión popular.

Una historia heroica y ejemplarizante se perfilaba como la historia oficial que desde el mundo de la enseñanza y el poder político se trataba de implantar. En contraposición a la historia de otro poder —el de la Iglesia—, que por razones de espacio quedará fuera de este trabajo, pero que sin duda reclamó en los años veinte y treinta un lugar en las conciencias nacionales, la historia impartida desde las instancias gubernamentales, es decir, la historia oficial, ésta se fue armando poco a poco, recurriendo a la herencia que en gran medida provenía de las vertientes liberales decimonónicas. Esta consistía *grosso modo* en un largo proceso que empezaba con los primeros pobladores de América, la organización de las tribus y civilizaciones prehispánicas, la conquista como parteaguas, la era colonial como periodo negro plagado de explotaciones y tributos a la metrópoli española, y una carrera triunfante a partir la Independencia. La historia continuaba con algunos tropiezos como la guerra con Estados Unidos y la intervención francesa, y finalmente llegaba a la tiranía de Porfirio Díaz, que, por cierto, todavía no se satanizaba tan contundentemente como se haría a partir de los años treinta y cuarenta.

La historia triunfante, iniciada a partir del grito de Dolores, ahora culminaba con un caudal de justificaciones revolucionarias, lógicamente establecido por quienes se encontraban en el poder. En esta visión se exaltaba el patriotismo y se veneraba a los héroes con toda solemnidad. La descripción de personajes y acontecimientos se hacía con una buena dosis de adjetivos que claramente derivaba en una historia exaltada y reivindicativa de las grandes figuras. El doctor Nicolás León, en su *Historia general de México* (imagen 1), reeditada en varias ocasiones a partir de 1919 y que bien podía ser un puente entre la historia liberal decimonónica y la nueva historia revolucionaria, explicaba los inicios de la Independencia así:

> Empezaba la luz a esclarecer el horizonte, cuando a las cinco de la mañana del día 16 se dirigió Hidalgo al frente de su hueste al atrio de la iglesia parroquial; se llamó luego a misa por ser domingo, y con los fieles que a ella acu-

> dieron se engrosaron las filas, armándose todos con lanzas, hondas y palos. Les dirigió la palabra el anciano cura, pintándoles los males que sobre ellos pesaban, las iniquidades del gobierno y las ventajas de la Independencia; su aspecto venerable, su voz majestuosa y su atrayente palabra, conquistaron al punto a sus oyentes, y de aquella compacta muchedumbre salieron robustos y vibrantes los gritos de *¡Viva la Independencia! ¡Viva América! ¡Muera el mal gobierno!*"[9] (imágenes 2 y 3).

Además de esta narración ejemplarizante y adjetivada, un discurso nacionalista con fuertes tintes antiestadounidenses también se fue incorporando a los libros de primera enseñanza de la historia patria. El nacionalismo que antaño había encontrado en el imperio español su enemigo histórico, reorientaba sus animadversiones hacia el norte. Advirtiendo las propias tensiones que se vivieron en los primeros años veinte entre Estados Unidos y México, y que siguieron vivas hasta entrados los años treinta, algunas nuevas versiones de la historia patria no sólo la tomaban contra la Corona española, como ya era una especie de tradición, sino que además advertían sobre los peligros que ahora acechaban al país si éste no ponía atención a los vecinos norteños. Longinos Cadena, en sus *Elementos de historia general y patria,* publicado en 1923, cerraba su penúltimo capítulo con el siguiente pensamiento:

> mas si como ahora parece que sucede, por la vecindad con la gran república del norte, el pueblo mexicano pretende asimilarse las costumbres y maneras de ser de aquel pueblo, olvidando su propio carácter y personalidad, perderá su fisonomía especial y por ende su misión en la historia, torciendo los destinos de la patria y quedando como raza hibrida, estéril como todo lo híbrido.[10]

En estos espacios de educación revolucionaria, la historia mexicana seguía siendo una historia de luchas que iban avanzando con claros atisbos positivistas desde circunstancias precivilizatorias hacia una actualidad moderna y establecida. Se pensaba que el México que emergía de la Revolución ya era un ente con suficiente carga histórica para ser considerado como un prospecto acabado, digno de estar a la par de otras naciones. Se

[9] León, *Historia general de México,* p. 343.
[10] Cadena, *Elementos de historia general y patria,* p. 176.

enfatizaba una historia llena de heroísmos en un escenario de combates y conflictos que tenían como fin la conquista de la libertad (imagen 4). En el *Curso elemental de Historia nacional de México,* publicado en 1923, Abel Gámiz explicaba hacia el final de su recuento histórico, plagado de gestas militares y conflictos políticos, que:

> Nuestra patria está, sin embargo, constituida. Ha sufrido mucho; ha sostenido guerras; en cada una de estas, engañados o no, hombres mexicanos han luchado con gran denuedo, ya en contra de otros mexicanos que perseguían fines opuestos a los suyos, ya en contra de invasores.
>
> Y en aras de una esperanza de mejoramiento, y en defensa de algo que se ha creído ser bueno, han muerto muchos mexicanos que han querido lograr para ellos y para los que habríamos de venir detrás de ellos en el tiempo un estado más avanzado en progreso, una situación política menos desventajosa y una vida menos onerosa, una civilización más avanzada, leyes más benéficas, gobiernos menos tiránicos y más respetuosos de la vida y de las prerrogativas de los ciudadanos. Todos estos ideales han movido a los mexicanos y han armado su brazo para defenderlos; a veces convertidos en horrendos caínes, a veces constituidos en necesarios vengadores y libertadores.[11]

Conforme avanzaron los proyectos educativos posrevolucionarios la conciencia sobre los educandos fue cambiando en la medida en que las elites se iban enterando de cuál era la condición de ese pueblo al que tanto pretendían educar. La idea de que un pueblo humilde, analfabeta y en cierta medida "niño", debía tener una noción un tanto más sencilla de la historia, más pedagógica y más ejemplarizante, se fue plasmando poco a poco en los libros de educación elemental. Además de la constante adjetivación positiva, de los invariables mensajes nacionalistas y de la idea de que la historia mexicana era una perseverante lucha por la libertad, también se incluyó el afán didáctico y la escenificación de los acontecimientos en la narrativa histórica (imagen 5).

En 1927, en el libro escrito para el primer ciclo de *La patria mexicana. Elementos de historia nacional,* el pedagogo y cuentista Gregorio Torres Quintero describía un primer encuentro entre Hidalgo, Allende y Aldama, bajo el titulo de "Conspiración y alegría", de la siguiente manera:

[11] Gámiz, *Historia nacional de México,* p. 164.

> Corría ya el año de 1809. El cura de Dolores se hallaba en el cuarto de estudio de su curato cuando oyó ruido de caballos que entraban por el pasillo del zaguán, y casi al mismo instante llegó hasta él una voz que lo saludaba alegremente diciéndole:
> —¡Ya estamos por aquí, señor cura!
> —¡Hola, queridos amigos!— exclamó el cura saliendo al pasillo. ¡Cuánto gusto de verlos!
> Los recién llegados eran dos gallardos militares que portaban el uniforme de capitanes. Desmontaron en el patio, se quitaron el sombrero apuntado y estrecharon la mano del cura con respetuoso cariño…
> —¡Querido capitán Allende, cuánto gusto! Mi querido capitán Aldama ¡cuánto placer! Pasen ustedes a la sala (imagen 6).

Después de discutir la situación de "las cosas que tanto a mexicanos como a españoles traían las cabezas calientes por aquella época", a saber la invasión francesa a España y el sometimiento de los monarcas españoles, se suscitaba el siguiente diálogo:

> La salvación de la patria —decía Allende— estriba en que los criollos asuman el mando de la Colonia y la conserven intacta para entregarla a Fernando VII cuando adquiera la libertad.
> —Todo quiere decir que es necesario hacer la independencia de Nueva España a toda costa, expresaba el cura. Creo que todos los criollos piensan lo mismo.
> —¡Hay que levantar al criollismo!—, exclamaba Allende. Todo esto es muy fácil, puesto que españoles y criollos no nos podemos ver. Los españoles creen que los criollos somos unos degenerados, unos imbéciles e incapaces de todo. Pero no los dejaremos llevar a cabo su villanía, si es que la intentan.
> —Veo muy alegre la reunión, dijo el cura, y esto me complace mucho. Vamos a almorzar y luego organizamos un jaripeo, ¿no les parece?[12]

III

Durante el complicado tránsito de los años veinte a los años treinta la preocupación porque los mensajes patrióticos y nacionalistas llegaran a toda la población hizo que se pensara en algunos métodos alternativos en

[12] Torres Quintero, *La patria mexicana*, pp. 131-133.

los espacios escolares. A raíz de la crisis económica de 1929 las "semanas nacionalistas" se instrumentaron desde las instancias gubernamentales con un claro afán de proteger la producción y el mercado nacionales. A lo largo de estas semanas se impulsaron diversas actividades sociales como desfiles, proyecciones de cine, kermeses, publicaciones y mensajes propagandísticos, que insistían en la responsabilidad de los sectores artísticos, intelectuales y políticos de promover un vínculo más estrecho con el pueblo mediante sus conocimientos, su expresión artística y su acción política (imagen 7).[13] El Departamento del Distrito Federal acudió a ese llamado imprimiendo una primera edición de un *Calendario cívico mexicano*, cuya primera página explicaba:

> Su propósito es elevar el nivel moral e intelectual de nuestra sociedad, en cada uno de sus elementos, de preferencia en los menos afortunados, se confunde con la tarea del educador y con la del reformador; es la obra civilizadora que tanto echamos de menos en nuestro pueblo y que tanto admiramos en otros, pensando que es privilegio de la raza lo que no es sino voluntad firme de vivir y progresar. El México de hoy requiere que se le instruya en la ideología de aquellos de sus pensadores que en forma sentenciosa y, a veces feliz, pudieron expresar anhelos de dignificación, gritos de concordia, ideas punzantes que llegan a traspasar el porvenir; requiere también que en el reloj de los días se le marquen las vidas que en algún mensaje han traído para el alma de la Nación...algunos de sus más altos valores artísticos [que] se pongan a contribución para ilustrar, en forma gráfica, elementos de nuestra vida y de nuestras historias que merezcan estar siempre ante los ojos.[14]

El *Calendario* iniciaba con la letra completa del himno nacional y cada semana mostraba una ilustración y un pensamiento considerado útil para la ciudadanía. Se tocaban los siguientes temas: el mundo indígena o campesino, las canciones populares, el trabajo, los héroes, las fiestas, las fechas históricas, los símbolos nacionales, etcétera. Ideas y notas de Artemio del Valle Arizpe, el Dr. Átl, Antonio Caso, Federico Méndez Silva, Gregorio López y Fuentes, Pedro de Gante, y muchos más, acompañaban las ilustraciones de los jóvenes artistas Leopoldo Méndez, Alfredo Salce, Fermín Revueltas y Carlos Mérida, y de los no tan muchachos Diego Rivera y José

[13] Sánchez Lira, *Iluminación nacionalista*, pp. 21-30.

[14] *Calendario cívico mexicano*.

Clemente Orozco. No era de sorprenderse que el día 14 de septiembre apareciera con trazos magistrales un dibujo del cura Hidalgo con unas cadenas rotas y unas vides, pintado por Diego Rivera y acompañado por un octeto de Guillermo Prieto que decía:

> ¿Queréis saber más del hombre
> que entre las vides pasea?
> Es el pastor de las almas,
> es el cura de esta tierra,
> Miguel Hidalgo y Costilla,
> del pueblo escudo y defensa,
> y a quien llamará la Fama
> Padre de la Independencia... (imagen 8).

Un evidente reconocimiento al héroe que corría a cargo del gran pensador liberal decimonónico y el pintor mexicanista por excelencia, se combinaban en aquella página para presentar un ícono fundamental de la historia nacional: el padre de la patria (imagen 9).

Siguiendo algunos postulados de la historia ejemplarizante y tratando de incorporar ciertas ideas raciales en boga, algunos autores se dirigieron a los educandos, hacia mediados de los años treinta, de manera particularmente sencilla, pero muy cargada de códigos morales rudimentarios, tal vez inspirados en su propia educación elemental. Por ejemplo, en el *Libro nacional de lectura para uso de los alumnos de cuarto año de la escuela primaria,* Francisco Cuervo Martínez explicaba la personalidad del cura de Dolores y el surgimiento del pueblo mexicano así:

> Desde niño fue el cura Hidalgo de la raza buena, de los que quieren saber. Los que no quieren saber son de la raza mala [...]; se le veía lucir mucho de cuando en cuando sus ojos verdes. Todos decían que hablaba muy bien, que sabía mucho nuevo y que daba muchas limosnas el señor cura de Dolores. Decían que iba a la ciudad de Querétaro una que otra vez, a hablar con unos cuantos valientes y con el marido de una buena señora. Una traidor le dijo a un comandante español que los amigos de Querétaro trataban de hacer libre a México.
>
> El cura montó a caballo, con todo su pueblo que lo quería como a su corazón; se le fueron juntando los caporales y los sirvientes de las haciendas, que eran la caballería; los indios iban a pie, con palos y flechas y con

> hondas y lanzas... Entró triunfante en Celaya, con músicas y vivas. Al otro día juntó el ayuntamiento, lo hicieron general, y empezó a nacer un pueblo[15] (imagen 10).

Ya avanzados los años treinta, una síntesis de planteamientos éticos, raciales, económicos, políticos, pedagógicos y pretendidamente literarios se incorporaron a la evocación del padre de la patria y su gesta, no sin olvidar lo que sería un recurso recurrente en las historias oficiales para párvulos: el enunciado de frases célebres. El polígrafo colimote Manuel Velásquez Andrade fue el encargado de escribir *México nuevo, Libro quinto de lectura,* el cual presentaba al cura de Dolores de la siguiente manera:

> Hidalgo fue hijo de padres criollos. Estudiante de talento y de inteligencia despierta [...]. Espíritu abierto a todas las ideas liberales. Cura del pueblo; empleaba su tiempo en enseñar a los indios cosas buenas y útiles. Sembró viñedos que mandaron arrasar las autoridades españolas para que no hicieran competencia a los vinos que traían de España [...]. Hidalgo abolió la esclavitud, por primera vez en la América y el tributo de los indios al reino de España. Fundó el *Despertador Americano*, primer periódico de la Revolución. Cuando recibió el ofrecimiento de indulto de los españoles, contestó: "El indulto es para los criminales, no para los defensores de la patria".[16]

Al inicio de los años cuarenta una nueva estrategia de enseñanza de la historia nacional, mucho menos preocupada por las masas indígenas y pobres, aunque todavía muy mediada por el discurso que se llenaba la boca con referencias populares, empezó a cuajar. La alianza entre iniciativas privadas y proyectos institucionales dio lugar a la aparición de un producto de pretendido consumo masivo, popular e infantil, que fue llamado el "Caramelo Patria" (imagen 11). Envolvía el caramelo una estampita que era coleccionada en un álbum que, una vez completadas todas las ilustraciones, recorría por medio de múltiples cuadritos la historia mexicana; desde "El hombre primitivo" hasta la "Revolución mexicana", concluyendo con la declaración de la segunda Guerra Mundial y la llegada al poder del general Manuel Ávila Camacho. En la contraportada podía leerse un mensaje a la juventud mexicana que decía:

[15] Cuervo Martínez, "México" *Libro nacional de lectura,* p. 203.

[16] Velásquez Andrade, *México Nuevo, Libro quinto de lectura,* p. 205.

> La "Historia de México" es la historia de un pueblo celoso de su independencia; de un pueblo altivo, con la altivez serena de sus volcanes Ixtaccíhuatl y Popocatépetl; de un pueblo generoso, como su naturaleza pródiga y exuberante. ¡Estúdiala con cariño! ¡Siéntete orgulloso de ser mexicano![17]

La página que se dedicaba al grito de Independencia empezaba con una imagen de Hidalgo parado a un lado de una silla y una mesa, y concluía con una estampa que mostraba su fusilamiento. Los cuadros superiores se referían a los héroes Allende, Aldama y la Corregidora, representados de manera individual, y los inferiores a las luchas iniciales del grito de Dolores, la quema de la puerta de la Alhóndiga de Granaditas, la batalla del monte de las Cruces y el fusilamiento de Hidalgo. El texto que aparecía al pie de las ocho estampas era descuidado y un tanto farragoso. Comenzaba con algunos datos biográficos de Hidalgo, mencionaba el descubrimiento de su conspiración, el grito de Dolores, la llegada a Guanajuato y la hazaña del Pípila, para concluir con una escueta nota sobre su fusilamiento. Tal vez lo único que quedaba de las explicaciones de antaño era la frase que lo describía como "docto, conocedor del francés y lector apasionado, concibió la idea de la liberación e independencia de su patria" (imagen 12).

A este álbum de estampitas siguió otro sobre la Constitución mexicana que también incluyó una página sobre la Independencia, pero que enfatizaba a los héroes y dejaba una sola estampa al levantamiento popular. El texto impreso en esta colección era mucho más rico. Después de mencionar las desigualdades sociales que privaban en la Nueva España afirmaba:

> Por eso, cuando el glorioso Padre de la Patria, D. Miguel Hidalgo y Costilla lanza el 16 de septiembre el grito de la Independencia en el pueblo de Dolores (Gto.) únense a él hombres de la Nueva España procedentes de todas las antiguas clases; en todo el grito es común: ¡Abajo los gachupines! —infinitamente expresivo de un estado espiritual largamente contenido[18] (imagen 13).

[17] Álbum del *Caramelo Patria*.

[18] B.C.B., *Álbum de la Constitución Mexicana*.

A la par de estos álbumes y estas laminitas de cartón, empezaron a circular las que serían la clásicas y muy populares estampas de papelería, que más tarde se convertirían en una industria muy lucrativa; sobre la que descansó mucha de la historia oficial que se enseñó en la educación pública y privada mexicanas del siglo XX y lo que va del XXI (imagen 14). La estampa número 156 del grito de la Independencia, que fue impresa durante los primeros años de los cuarenta, incorporó detrás de una borrosa imagen del grito de Dolores en blanco y negro un texto con cierto tono telegráfico, cuya autoría parecía ser de Federico Díaz Almeida, que entre otras muchas cosas decía:

> La madrugada del 15 de septiembre de 1810 doña Josefa Ortiz de Domínguez, por medio del alcaide Pérez, comunicó a Allende que la conjura de Querétaro había sido descubierta y que ya se habían librado órdenes de aprehensión de todos los conjurados. I. Allende lo puso en conocimiento de M. Hidalgo quien resolvió hacer frente a la situación exclamando "¡Caballeros; somos perdidos!... No hay más remedio que ir a coger gachupines!" Lo que secundaron entusiasmados los presentes.[19]

Con el ejemplo de los álbumes y las estampitas bien se podría cerrar esta primera revisión de elementos con los cuales se fue transitando de una historia oficial confeccionada por las elites y sectores medios, a una mayormente consumida por los espacios populares a través de la enseñanza y algunos recursos aledaños.

Si bien sólo se han visto algunos ejemplos un tanto entresacados de manera artificiosa, es posible atisbar ciertas ideas que permearon las representaciones históricas de aquellos momentos. La historia con fuertes cargas ejemplarizantes, con clara reivindicación de los héroes y luchas, así como la valoración puntual de la libertad y cierto mexicanismo fue el fundamento de aquel discurso, que osciló entre la sencillez, la teatralización y los afanes pedagógicos. No es ilógico pensar que a través de esta clase de textos y viñetas la historia oficial se fue difundiendo entre niños, jóvenes y adultos que accedían a la instrucción primaria instrumentada por el Estado mexicano en plena reconstrucción posrevolucionaria. Con esta historia se pretendía apuntalar una identidad mexicana que se supiera de

[19] Díaz Almeida, *El grito de Independencia,* Estampa 156, Colección Medial Apt. 19333 Méx. 40 [*sic*].

alguna forma antigua y moderna, liberal y libertaria, patriótica y popular. Los indios y las civilizaciones prehispánicas daban la nota de antigüedad, las explicaciones económicas orientaban hacia la modernidad, el liberalismo reivindicaba a los héroes individuales y al peso de las ideas; las luchas por la libertad y la abolición de la esclavitud pertenecían a esa misma vertiente ideológica, y todo ello confluía en un ente que daba razón de ser a toda la evolución histórica narrada en aquellos libros: la construcción y defensa de la patria por parte del pueblo mismo.

Sin embargo, a este último había que guiarlo paso por paso ya que todavía era joven y falto de educación; era un pueblo "niño" al cual había que enseñarle a ser patriota, y para ello había todavía muchas trancas qué saltar. La escuela y ciertos apoyos de la iniciativa privada fueron sólo algunos de los medios que se utilizaron, pues hubo muchos más que sirvieron a ese propósito, no sin tropiezos y estancamientos.

IV

A pesar de los reiterados reconocimientos por parte de las elites de múltiples valores y aportaciones populares a la cultura mexicana, también hubo ciertas resistencias en diversos sectores populares a la imposición de esas reinterpretaciones de sus propias expresiones culturales. Algunos representantes de estos sectores, por medio de una especie de reescritura o nueva propuesta, que también a veces rayaba en la simplificación, la negación, la burla o la ironía, mostraban su inconformidad con las versiones históricas que las clases medias o pudientes pretendían imponer. Mientras estas versiones se insertaban poco a poco en el mundo del poder y la educación, las que surgían entre los ámbitos populares podían, o bien repetirlas sin ton ni son, o hacer mofa de ellas y de paso criticar su situación contemporánea, recurriendo a las analogías o a la libre asociación. Como las versiones históricas que surgieron originalmente de estas elites no fueron formalmente siempre las mismas, los procesos de adaptación popular también tuvieron sus vaivenes interpretativos, aun cuando los hechos relatados y el tono en que se presentaron no variaron tanto. En el cine, en la música y en el teatro populares las reinterpretaciones de la historia oficial siguieron derroteros semejantes aunque en cada expresión se manifestara alguna variante propia del medio.

Tal parece que, durante estos 20 años posrevolucionarios, la única película que trató explícitamente el tema de la Independencia fue *¡Viva México! (El grito de Dolores)* (1934), de Miguel Contreras Torres (imagen 15). Si bien tal grito ya había sido tema de por lo menos una reconstrucción cinematográfica previa, en 1916 y a cargo del director Carlos Martínez Arredondo en Yucatán,[20] en medio del cine de charros en boga, de los melodramas urbanos y familiares, y del propio cine de tema revolucionario, este filme de Contreras Torres resultó un tanto primitivo y esquemático, al decir de los especialistas y los críticos. Uno de estos últimos, citado por García Riera, se quejó de los anacronismos que hacían que Hidalgo apareciera como el autor del himno nacional y doña Josefa Ortiz de Domínguez como una venerable anciana.

Según el crítico Gustavo Saénz de Sicilia, quien también era un malogrado productor cinematográfico, la Corregidora histórica "era una hermosa y frondosa mujer, de ninguna manera una vieja gruñona, con rostro de característica, como surge en la película" de Contreras Torres[21] (imagen 16). Al parecer, esta cinta tuvo un relativo éxito de pantalla, ya que se estrenó el 15 de septiembre de 1934, presentando a los clásicos héroes estereotipados con una apostura solemne y un lenguaje dirigido condescendientemente al público humilde. Cuenta García Riera que en un momento de la película, Hidalgo, interpretado por el actor español Paco Martínez, dice a sus feligreses con claro acento engolado y ceceante: "Yo bien sé que sois pobres, pero eso no obsta para que aprendáis a leer y a defenderos de la ignorancia y la esclavitud, que son los más grandes males que nos puede enviar el Señor".

En un sentido semejante, entre pedagógico y estereotípico, la folclorista y activista política Concha Michel compuso un corrido a Hidalgo como parte de sus *Cantos históricos*, que tenían como fin presentarse en las escuelas para infundir el amor patrio en los estudiantes durante la segunda mitad de los años treinta. Recurriendo al género popular, doña Concha elaboró los siguientes versos:

> En mil ochocientos diez fue el grito de Independencia
> pronunciado por Hidalgo ante toda la Insurgencia;
> el siguiente diez y seis fue la determinación
> de lanzarse a las armas, levantar la insurrección.

[20] García Riera, *Historia documental del cine mexicano*, p. 137.
[21] García Riera, *Historia documental del cine mexicano*, p. 138.

Se fueron a Guanajuato y la Alhóndiga tomaron
y de víveres y armas allí se aprovisionaron
y se fueron para el norte perseguidos por soldados,
los soldados gachupines que sus filas reforzaron.
En la ciudad de Parral, Hidalgo fue asesinado
y todos los insurgentes que hasta allí lo acompañaron.
Ya con esta me despido, ¡ay!, señores, qué dolor,
acabaron con Hidalgo, se acabó la insurrección.[22]

La rima pretendía ayudar a la memorización y el lenguaje sencillo emulaba el tono vernáculo de los corridos ¿Qué tanto se difundió este corrido en las escuelas populares? Eso es algo que requeriría de una investigación aparte. Lo que queda claro es la intención de utilizar este recurso literario popular para impulsar el mensaje de veneración a los héroes y señalar la relevancia del hecho histórico en la formación de la patria.

Unos años antes, el folclorista y escritor Rubén M. Campos había recopilado algunos corridos y canciones relativas a la Independencia que oscilarían entre esta visión solemne y exaltada, y otra un tanto más festiva.[23] Otro estudioso del folclor literario, Higinio Vázquez Santa Ana, había secundado tales investigaciones y publicado algunas de aquellas piezas antiguas que tomaban el asunto de la Independencia con un tono relativamente más juguetón. Como ejemplo de esto último estaría la clásica pieza "Rema, nanita, rema" que al parecer fue cantada durante aquella contienda, y cuyos versos y estribillo decían:

Rema, nanita, rema,
rema y vamos remando
ya los gachupines vienen
y los vamos avanzando.

Por un cabo doy dos reales,
por un sargento un tostón,
por mi general Morelos
doy todo mi corazón.[24]

[22] Michel, *México en sus cantares,* p. 150.
[23] Campos, *El folklore y la música mexicana,* pp. 55-57.
[24] Vázquez Santa Ana, *Cantares mexicanos,* pp. 16-17.

Entre las piezas exaltadas estaba otro par, que después don Vicente T. Mendoza también incluyó en sus antologías de corrido y canciones mexicanas.[25] Se trataba del "Corrido de Valerio Trujano" que muy probablemente se compuso ya bien avanzado el siglo XIX y la marcha llamada "El mártir de Ecatepec" que perfilaba tanto el estilo esdrújulo como los llamados nacionalistas, también ubicados en aquel tiempo. Lo interesante es que tanto Campos como Mendoza los situaron como músicas populares de la Independencia justo en aquellos años posrevolucionarios. El "Corrido de Valerio Trujano" narraba la historia del enfrentamiento entre el hacendado Manuel Gonduláin y el propio Valerio. En sus versos se decía:

> ...De esta fecha para acá
> reinaban los gachupines
> cuando marchaban las tropas
> al compás de los violines
>
> Yo de esa gente malvada
> no me quisiera acordar
> porque sacaban al hombre
> por la fuerza a trabajar.
>
> ¡Viva Valerio Trujano!
> Señores tengan conciencia
> Viva nuestro cura Hidalgo
> que nos dio la Independencia [...]
>
> Ya se acabó el padecer
> ya se acabaron la penas
> y rompimos esos lazos
> y rompimos las cadenas [...][26]

[25] Mendoza, *El corrido mexicano,* p. 3.
[26] Mendoza, *Lírica narrativa de México, El corrido,* p. 51.

El tono sencillo de este corrido acusaba cierto origen popular, aunque es probable que para los años veinte y treinta esta pieza ya estuviera sepultada en la memoria antigua de algunos pueblos y difícilmente aflorara en momento de reivindicación revolucionaria.

La marcha del "Mártir de Ecatepec", usando giros lingüísticos culteranos, proponía otro tipo de estímulo a la memoria. Apelaba al nacionalismo exaltado diciendo:

> Oíd, hijo de México
> la historia triste y mísera
> de aquel generalísimo
> Mártir de Ecatepec [...]
>
> Soy mexicano y pertenezco
> por mi nacionalidad
> al pueblo ilustre donde Hidalgo
> la Independencia proclamó
>
> A mi me importa la grandeza
> de este gran Libertador
> que ha desterrado la fiereza
> del ibero y del traidor [...][27]

Si bien durante el periodo posrevolucionario los corridos por lo general se refirieron a las hazañas y a los personajes de la propia Revolución que acababa de pasar, en algunos rumbos del país todavía se cantaba en honor a la Independencia a la hora de reivindicar el amor al terruño y a las múltiples luchas que suscitara entre campesinos y terratenientes. Tal fue el caso de las comarcas en las que pervivió la lucha zapatista. Dado que buena parte de los hacendados en contra de los cuales se había encauzado dicha lucha eran de origen español, varias referencias al cura Miguel Hidalgo y sus capitanes se mantenían vivas en sus bolas y *mañanas* hasta bien avanzada las décadas de los años veinte y treinta. La estudiosa Catalina Heau de Jiménez recogió versos como los siguientes, que al parecer se seguían cantando mucho después de la revolución zapatista. El autor anónimo de estos versos se dirigía a la patria mexicana y le decía:

[27] Mendoza, *La canción mexicana*, pp. 268-269.

Tú ya no eres república indiana
hoy colonia te vas a nombrar
vas a ser sojuzgada de España
y tus hijos esclavos serán.

Cura Hidalgo si resucitaras
qué dijeras en esta ocasión
al mirar la república indiana
gobernada por un español.

Es muy cierto, por eso lo digo
que a hombre rico la ley lo resguarda
aunque sea salteador y asesino
su dinero le cubre la falta [...].[28]

El afán por cantar opinando o haciendo referencia a la situación en la que vivía quien cantaba podía presentar una interpretación muy particular del hecho histórico para denunciar injusticias, corrupciones o desigualdades. Esto parecía ser una característica de la expresión popular, una vez que ésta asimilaba los mensajes patrioteros u oficialistas de las versiones transmitidas por la escuela o el discurso estatal, como se puede percibir también en algunos ejemplos del teatro vernáculo.

En los medios escénicos, sobre todo en el teatro escolar, en el patrocinado por el gobierno posrevolucionario y en el llamado teatro de género chico, la historia oficial también sirvió de inspiración. Aunque se podía percibir en muchas de las representaciones cierto tono solemne y acartonado fue en el escenario en donde algunas nuevas interpretaciones del grito de Dolores tuvieron mayor soltura, tratando de hacer uso de un lenguaje un tanto más ligado a los giros populares y coloquiales. Fue bastante común que se representaran los festejos y aniversarios celebrados durante el mes de septiembre en diversas circunstancias juguetonas y jocosas, para mostrar cierta divergencia de interpretación en los ámbitos populares de aquel momento histórico.

[28] Heau de Jiménez, *Así cantaban la Revolución*, p. 106.

El crítico teatral y comediógrafo Aurelio González Carrasco estrenó en el Teatro Principal el 15 de septiembre de 1923 una pieza corta llamada *La campana de Dolores*, en la que presentaba un diálogo entre "un chiquillo de clase indígena" y un "hombre de edad avanzada también de la clase indígena" que asistían a los festejos nocturnos del grito en la ciudad de México. Al abrirse el telón estos dos personajes aparecían en escena justo debajo de un Palacio Nacional de cartón y una catedral metropolitana del mismo material. Al centro de aquel Palacio brillaba una gran campana de la cual colgaba un largo cordel. El hombre se dirigía al chiquillo abriendo con el siguiente parlamento:

¡Ven acá, chamaco! No te desapartes
ni andes a las carreras,
que hay hartísima gente en la calle,
y onde te me pierdas,
o te encuentra un cuico y te da tus cates,
o te agarra una bruja y te lleva [...]
Mira cuántas luces hay en los balcones
¡y cuántas banderas!
¡Nomás mira las torres qué chulas
y qué coquetas![...]

¡Mira, mira nomás qué gentío
viene a ver la fiesta!
¿Y no sabes porque ora las gentes
están tan contentas?
¿Ves allí Palacio?
¿Ves lo que hay encima de la puerta aquella?
Pos es la campana que ya te he contado,
la campana mesma
qui hace más de cien años dio el grito
de l'Independencia.

Agárrate un poco
y al ratito verás cómo suena
igual que es noche en que el cura Hidalgo
Dios le dio licencia

pa decirle a la gente sufrida:
"Es tuya esta tierra:
es pa ti, porque en ella nacites;
es pa ti, porque Dios te l'integra
pa que en ella trabajes y vivas
y salgas de probe, porque es cosa güena".

El chiquillo se admiraba de todo lo que veía e interrumpía de vez en cuando al hombre solicitándole le dejara tocar la campana. El hombre reaccionaba diciéndole:

¿Pa tocar la campana[...]? ¡Tas loco!
¿Di onde vas saliendo con esas tonteras?
Ya no te lo dije qu'esa es la campana
con que el cura Hidalgo jue la noche aquella
a tocarla a la ilesia de Dolores
pa llamar a la indiada a la guerra?
Con esa campana nos dijo a los indios:
"Ya'stan libres; ya'stan en su tierra".

A lo cual el niño volvía pedir que su padre le dejara tocar la campana para declamar unos versos que había aprendido en la escuela. Finalmente, el niño recitaba un poema cambiando el tono de "hablar indígena" por uno mucho más formal y patriotero que empezaba evocando:

Oh raza firme como un árbol
que no se agobia al huracán
que no se queja bajo el hacha
y que se impone al pedregal".

El niño continuaba con una perorata nacionalista para concluir con una obligada referencia la lucha por la libertad. Lograba así que el hombre se emocionara y culminara la escena justo cuando estaban sonando las campanadas. Decía:

Ya me puedo morir satisfecho,
porque dejo un hijo que es mi vida entera
vida de mi raza
guardián de mi herencia.

Después de dar el grito el comediógrafo anotaba entre paréntesis:

> Por el fondo se oye sonar la campana de la Independencia y aparece una hermosa mujer que simboliza la patria, envuelta en el pabellón nacional y seguida por personajes de todas las clases sociales. Adelanta en el escenario y, acompañada por la orquesta, canta secundada por los presentes el himno nacional.[29]

La pieza de González Carrasco, por más que tuviera ese giro literario de "indito" estereotípico y algunas formas juguetonas, hacía gala de una asimilación profunda de patrioterismo, y enfatizaba la veneración a los héroes y a los símbolos nacionales, que finalmente quedaba en el sedimento de aquellas interpretaciones de lo popular que pretendían hacer los intelectuales y artistas posrevolucionarios.

Con un tono bastante menos oficialista y patriotero, el poeta del arrabal, Carlos Rivas Larrauri también se inventó un diálogo que sucedía durante los festejos del 15 de septiembre y que publicó en 1931. Ahora se trataba de un intercambio entre "una gata simpática" y un "pelado sabroso". Los dos se encontraban en la Plaza de Armas "en calidad de comparsas entre algunas miles de gentes que gritan, pero no hablan. Todos apretados como sardinas en latas".

Ella comenzaba:

—¡Caray, no sia'ste tan lépero!
¡Le voy con la guantadas
si me sigue malcriando!

[29] González Carrasco, *Diálogos en cazuela*, pp. 95-99.

—¿Pos qué quere que li haga?
No ve usté que mi arrempujan

—Güeno, pero ¡qué carambas
siquiera no me pellizque!

—¡Esas son las puras ganas!

—¡Las ganas![...] ¿Pos qué no sento?
¡Quite su mano carambas!

—Si es que con tanta apretura
no puedo ya ni sacarla".

El diálogo continuaba en ese mismo tenor hasta que él le sugería a ella, como si nada, que después de que tocaran las campanas se fueran por ahí "de vacilada". Ella se negaba insistentemente hasta que él la interrumpía:

Pero, [...]¡ay chirrión son las once!
¡Orita póngase changa,
porque el señor Presidente
ya va a tocar la campana!

—¿Pos cuál es de todos esos?

—El de la cabeza calva.

(El reloj de la catedral
da las once campanadas;
el presidente repica
en la histórica campana
y es hora que empiezan
a funcionar las comparsas;)
¡Viva México! ¡Que viva!
—¡Viva nuestra amada patria!

Después del jolgorio, el lépero le seguía insistiendo a la gata simpática sus amores hasta que ella cedía un poquito y le proponía:

—Pos vamos a las fritangas.
—¿Quere usté su guajolote?
—Y un güen plato d'enchiladas.

—Pos ¡zas ya l'estamos dando!
Ya le dije qui usté manda
Y yo nomás la obedezco;
Pero [...] dígame usté mi alma,
¿y [...] dimpués [...]?
—Pos [...] y no sé;
Dimpués]...] usté es el que manda.

—Antonces ¡pa luego es tarde!
¡Viva Dios que no se atasca!
Orita pa onda usté quera;
Aluego usté también manda
y dimpués [...] ¡Qué viva México!
Y [...] ¡méngache con chu papá![30]

Esta versión popular del festejo del grito de Independencia le debía mucho al teatro de carpas y de género chico, sobre todo al de la ciudad de México, el cual también aprovechaba los días de fiesta nacional para recordar a los héroes, y de forma juguetona y a veces hasta alburera, le rendía su homenaje particular a la patria.

Durante aquellos años posrevolucionarios dos figuras destacaron en aquel ambiente, a la par de muchos actores y muchas actrices de clara raigambre vernácula: Roberto Soto y Leopoldo Beristáin. El mejor conocido como el "Panzón" Soto fue el fundador de una estirpe carpera que transitaría a la radio y al cine con gran aceptación por parte del público urbano y masivo (imagen 17). Rara vez desaprovechaba las fiestas de septiembre para poner en escena un discurso que emulaba las peroratas de los políticos provincianos en pleno jolgorio independentista. Después de algunos

[30] Rivas Larrauri, *Del arrabal*, pp. 127-135.

acordes del himno nacional llenaba el escenario con su enorme figura provocadora y la emprendía con su tropezado discurso, invariablemente interrumpido por el público participante:

> Ábranla que lleva bala. Ora voy yo. Ora a mí me toca
> y no porque me vean vestido de lana piensen que sea yo borrego y me vayan a pelar.
> —¡Que te pelen en Belén!
> —¡Cállate, sinvergüenza!
> —Estás marihuano.
> Fantasiosos, desilustriados y relamidos siñores cuidaidores y deidores.
>
> [...]
>
> ¡Sosiégate dolor de estógamo!
> Con todo el aquello que me empreista mi enrecortado entendimiento [...]
>
> —¡Compadre!—
> [...] mi padre no era gallo [...]. Vengo a vociferamentarles y a digerirles la palabra, agora que estoy trepado y elevado en esta trifulca.
> —¡Esa es tu madrina!
> [...] que se case Carolina. Les suplico a todos que si me quieren palmetiar, se aguanten las ganas un ratón hasta que acabe de batiarme en este reluciente y bello contorno
>
> [...]
>
> ¡Échale armonía mano!
>
> ¡Mexicanos! Era la noche de la mañana, de la tarde y de al medio día del año de mil quinientos veintiocho mil seiscientos cuarenta y cuatro pesos, cuando el venerable anciano, don Dolores de las Costillas, no podía dormir porque había munchas pulgas, chinches y pinacates en el petate donde estaba echado. Pero contrario, se levantó y fue al campo donde pasiaban los demás gerenales: don Mortero, don Ablasolo, don Matacristianos, Ondonojú, Mirabalas, Miramonos y les dijo: alevántense de sus hoyos hijos de su ...

—¡Bravo, bravo jajaja!
no se avergollen, ni se hagan menos entre la crema y flor de la calabaza. Y agora que estamos todos riunidos y que ha llegado el momento de meterle del resto al excremento de la Revolución y de la revolufia, gritemos con todas las fuerzas de nuestros pulmones ¡qué viva la Independencia!
—¡Qué viva!
—¡Viva Hidalgo!
—¡Viva!
—¡Viva México!
—¡Viva![31]

La otra figura fundamental de la farándula carpera mexicana de aquellos tiempos fue Leopoldo Beristáin, el "Cuatezón" (imagen 18). Su compañía teatral se caracterizó por hacer un tipo de revista con fuerte carga de crítica a los políticos en turno, sobre todo durante los primeros años veinte y treinta. El también se ocupó de las fiestas de la Independencia y utilizó la ridiculización del discurso clásico de los demagogos nacionales, haciendo gala de una interpretación menos alburera, pero igualmente juguetona que la de Soto. Las referencias a la corrupción y a la incapacidad de los políticos estaban a la orden del día y en un septiembre de aquellos años treinta repitió de manera improvisada el siguiente discurso:

> ¡Oh, heróicos vecinos de Indaparapeo! Designado por la junta de festejos de esta loable localidá, para digerir astedes la palabra desde lo más alto de esta incumbrada trifulca, no puedo menos que en sentirme embarazao y atorcantao en esta ocasión.
>
> Era la noche del 15 de septiembre. La conspiración ya estaba descubierta pero he aquí que don Aldaba, don Allende y don Ablasolo se presentan de repente en el cuarto del cura de Dolores. El cura era probe y por lo mesmo el cuarto de Hidalgo no valía nada, lo mesmo que el actual que hasta hay que saquearle entre las bolsas.
> Apre [...] apre [...] apremiao por las cercunstancias y después de cambiar algunas palabras, salieron en medio de las sombras de la noche los tres jefes

[31] Monólogo tomado de una grabación realizada probablemente durante los últimos años treinta, incorporada a la serie de programas "Cantos y escenas de la Revolución" producido en Radio UNAM por Carlos Illescas, José González Márquez y Flor Alfonso, *c.* 1985.

antes citados precedidos por el señor cura Hidalgo y señora.
Algunos autores han dado in dicir: "Hidalgo y Costilla". Pero yo comprendiendo que es una falta de respeito al padre de la patria, por eso digo: "Señor cura Hidalgo y señora". Pero ¿a qué seguir paso a paso aquella gloriosa jornada?, ¿a qué recordar la epópeya de la Albóndiga de Granaditas?, ¿a qué enumerar los hechos en que tomó la causa nacional tan considerable excremento? Hagamos extraición de aquellos mesmorables días y tránsemos, aunque sea de paso, la diferencia de aquellos tiempos a estos.

¡Oh heróicos hijos de Indaparapeo, qué tiempos tan distintos éstos de aquellos!

Cuenta la historia que entonces se fundían las armas para salvar al pueblo, mientras que ahora se nos quería fundir a nosotros para poder armarte. Antes nuestros libertadores se levantaban en armas sin más interés que el bien público, mientras que ahora se levantaron con los fondos públicos. ¿Cuánta repreisión nos requiere la célebre campana de la Independencia?, aquella campana histórica que afundió la libertad, mientras que a nosotros nos querían fundir nuestros libertadores.

¡Oh heróicos hijos de Indaparapeo, qué diferencia entre el pasado y el presente!
Cuentan que entonces pensaban apoderarse del botín y no como ahora que sólo pensaban en ponerse las botas. Y para concluir, los de antes sabían de ataques y de sitios, mientras que ahora sólo pensaban en hacerse dueños de sitios, pero de sitios de coches y de automóviles. Antes se contentaban para su alimento con el humilde rancho, pero ahora el rancho no les alcanza para nada. Nada más piensan en las haciendas.
La patria se hunde, nuestras esperanzas se hunden. El tiatro nacional ya se hundió.
Recordad que nuestra historia comienza con la raza azteca y nuestra nacionalidad descansa sobre Hidalgo. No permitan que os dejen sin Hidalgo y que el azteca no os deje sin aztecas. He dicho.[32] (imagen 19)

[32] Este monólogo también puede escucharse en las grabaciones realizadas probablemente durante los últimos años treinta, incorporadas a la serie de programas "Cantos y escenas de la Revolución" producido en Radio UNAM por Carlos Illescas, José González Márquez y Flor Alfonso, *c.* 1985.

Habría que concluir que después de la constante insistencia en la historia ejemplar, plagada de adjetivos solemnizadores y de reivindicación legendaria de héroes y acontecimientos, cierto aire fresco y ligero pudo soplar desde los veneros vernáculos para tal vez hacer más llevadero el peso de la cotidianidad, que igual que hoy, avasalló al mundo popular con sus desigualdades socioeconómicas, la corrupción de su clase política y su interminable injusticia social. Estas expresiones populares ayudaron así a ir sobrellevando, aunque fuera sólo en el discurso y la crítica visceral, la poco amable realidad que circundó a ese mundo y que a su vez probó que, aun en medio de la animadversión, sabía hacer uso de su creatividad y su ingenio para demostrar su contundente existencia. Más que faltar al respeto o convocar al sinsentido del relajo, las imágenes de los héroes y las hazañas independentistas evocadas por estos artistas populares pretendían burlarse de la historia ejemplar y acartonada, y de paso golpear y criticar la ineficiencia y la corrupción de políticos y representantes oficiales (imagen 20). Las diferencias entre la historia oficial y las interpretaciones populares mostraban así las resistencias, entre inocentes e irónicas, que los ambientes vernáculos se permitían frente a quienes aparecían como los responsables de su propio malestar.

Imagen 1. Portada del Libro *Historia General de México* de Nicolás León, 1919.

Imagen 2. El estilo decimonónico todavía podía percibirse en las hojas divisorias del libro de Nicolás León.

Imagen 3. La imagen siempre recurrente del "venerable anciano" Miguel Hidalgo.

murieron estos hombres a los que hemos considerado *como* precursores de nuestra independencia. De los actos realizados para reprimir los deseos de hacer que la colonia se manejara por sí misma, que tuvieron lugar la noche del día 15 de septiembre de

D. Miguel Hidalgo.—Iniciador de la Independencia de México y mártir de esa causa.

1808, aprendiéndose al virrey y demás personas, hemos tomado la costumbre de celebrar el "grito de independencia" la noche del día 15 de septiembre, y no la madrugada del día diez y seis, en la que realmente se inició el movimiento de insurrección, dos años más tarde.

105

Imagen 4. La estampa del libertador Hidalgo que aparece en el libro de Abel Gámiz

Imagen 5. La iglesia de Dolores y el águila liberada abren el capítulo independentista en el libro de Torres Quintero.

ELEMENTOS DE HISTORIA NACIONAL 131

46. CONSPIRACION Y ALEGRIA

Corría ya el año de 1809.

El cura de Dolores se hallaba en el cuarto de estudio de su curato, cuando oyó ruido de caballos que entraban por el pasillo del zaguán, y casi en el mismo instante llegó hasta él una voz que

¡Hola, queridos amigos!, exclamó el cura.

lo saludaba alegremente diciéndole: "—¡Ya estamos por aquí, señor cura!"

—¡Hola, queridos amigos! exclamó el cura, saliendo al pasillo. ¡Cuánto gusto de verlos!

Los recién llegados eran dos gallardos militares que portaban el uniforme de capitanes. Desmontaron en el patio, se quitaron el sombrero **apuntado**, y estrecharon la mano del cura con respetuoso cariño.

Imagen 6. La teatralización como recurso pedagógico.

Imagen 7. Calendario cívico mexicano de 1930.

DOMINGO 14 SEPTIEMBRE

EL CURA HIDALGO — DIEGO RIVERA

D. Rivera.

¿Queréis saber más del hombre
que entre las vides pasea?
Es el pastor de las almas,
es el Cura de esta tierra,
Miguel Hidalgo y Costilla,
del pueblo escudo y defensa,
y a quien llamará la Fama
Padre de la Independencia.

GUILLERMO PRIETO (Fidel).

Imagen 8. Diego Rivera también contribuyó
a la iconografía educativa del momento.

HIDALGO

México tenía mujeres y hombres valerosos, que no eran muchos, pero valían por muchos; media docena de hombres y una mujer preparaban el modo de hacer libre a su país. Eran unos cuantos jóvenes valientes, el esposo de una mujer liberal, y un cura de pueblo que quería mucho a los indios, un cura de sesenta años.

— 202 —

Imagen 9. Hidalgo en el libro de 4° año, de Francisco Cuervo Martínez.

Hidalgo fue hijo de padres criollos.

Estudiante de talento y do inteligencia despierta.

Se ordenó de sacerdote, ocupando cargos señalados en el Colegio de San Nicolás, de Morelia.

Espíritu abierto a todas las ideas liberales.

Cura del pueblo de Dolores; empleaba su tiempo en enseñar a los indios cosas buenas y útiles. Sembró viñedos que mandaron arrasar las autoridades españolas para que no hicieran competencia a los vinos que se traían de España.

205

Imagen 10. La misma célebre imagen de Hidalgo encuadrada de manera "mexicanista" y popular.

Imagen 11. Álbum del caramelo "Patria".

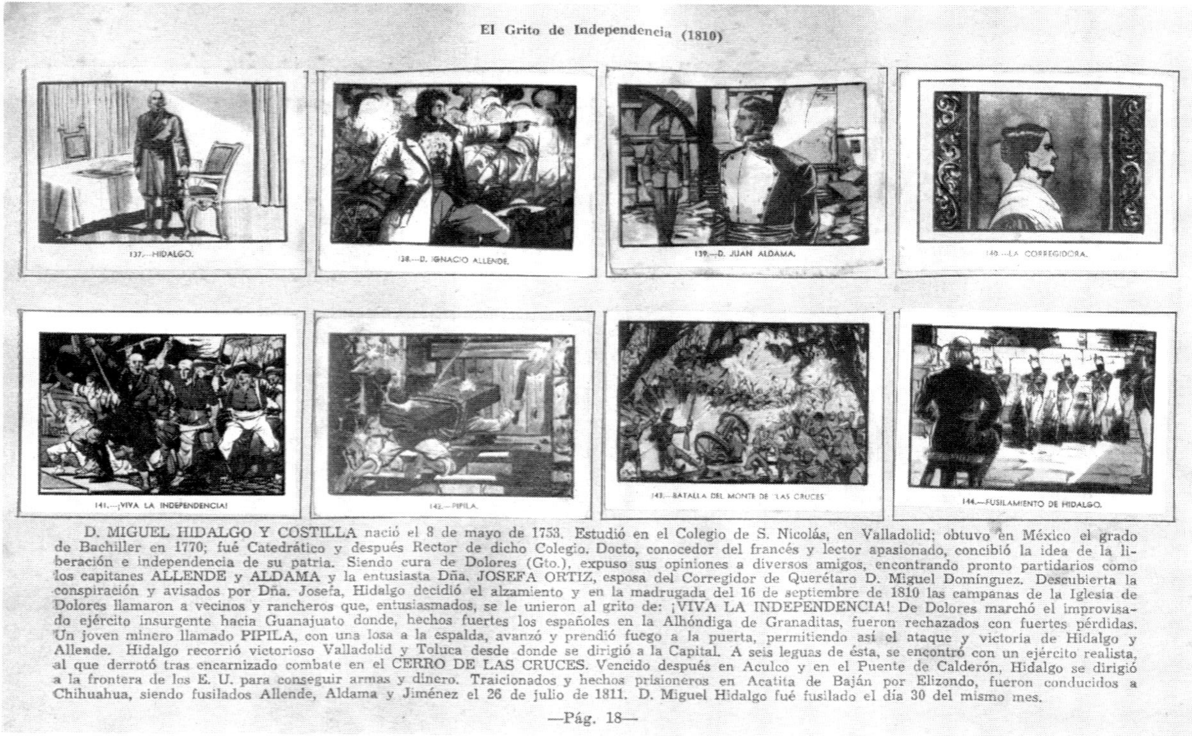
El Grito de Independencia (1810)

137.—HIDALGO.

138.—D. IGNACIO ALLENDE.

139.—D. JUAN ALDAMA.

140.—LA CORREGIDORA.

141.—¡VIVA LA INDEPENDENCIA!

142.—PIPILA.

143.—BATALLA DEL MONTE DE "LAS CRUCES"

144.—FUSILAMIENTO DE HIDALGO.

D. MIGUEL HIDALGO Y COSTILLA nació el 8 de mayo de 1753. Estudió en el Colegio de S. Nicolás, en Valladolid; obtuvo en México el grado de Bachiller en 1770; fué Catedrático y después Rector de dicho Colegio. Docto, conocedor del francés y lector apasionado, concibió la idea de la liberación e independencia de su patria. Siendo cura de Dolores (Gto.), expuso sus opiniones a diversos amigos, encontrando pronto partidarios como los capitanes ALLENDE y ALDAMA y la entusiasta Dña. JOSEFA ORTIZ, esposa del Corregidor de Querétaro D. Miguel Domínguez. Descubierta la conspiración y avisados por Dña. Josefa, Hidalgo decidió el alzamiento y en la madrugada del 16 de septiembre de 1810 las campanas de la Iglesia de Dolores llamaron a vecinos y rancheros que, entusiasmados, se le unieron al grito de: ¡VIVA LA INDEPENDENCIA! De Dolores marchó el improvisado ejército insurgente hacia Guanajuato donde, hechos fuertes los españoles en la Alhóndiga de Granaditas, fueron rechazados con fuertes pérdidas. Un joven minero llamado PIPILA, con una losa a la espalda, avanzó y prendió fuego a la puerta, permitiendo así el ataque y victoria de Hidalgo y Allende. Hidalgo recorrió victorioso Valladolid y Toluca desde donde se dirigió a la Capital. A seis leguas de ésta, se encontró con un ejército realista, al que derrotó tras encarnizado combate en el CERRO DE LAS CRUCES. Vencido después en Aculco y en el Puente de Calderón, Hidalgo se dirigió a la frontera de los E. U. para conseguir armas y dinero. Traicionados y hechos prisioneros en Acatita de Baján por Elizondo, fueron conducidos a Chihuahua, siendo fusilados Allende, Aldama y Jiménez el 26 de julio de 1811. D. Miguel Hidalgo fué fusilado el día 30 del mismo mes.

—Pág. 18—

Imagen 12. La Independencia en ocho estampas emblemáticas.

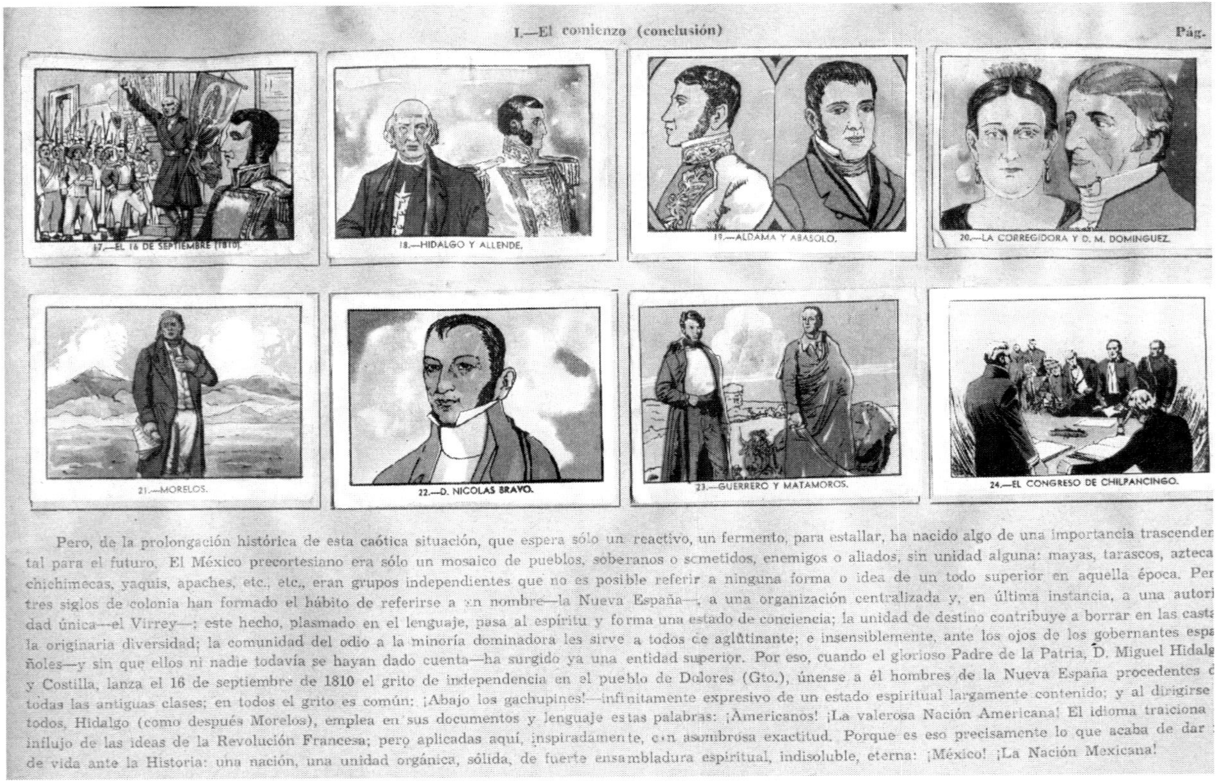

Imagen 13. En el álbum sobre la Constitución mexicana, las viñetas se simplificaron notoriamente .

Imagen 14. La escenificación del grito de Dolores
en una estampita popular de los años cuarenta.

Imagen 15. Escena de la cinta *¡Viva México!* (El grito de Dolores) (1934), de Miguel Contreras Torres.

Imagen 16. La Corregidora tal como aparecía en una postal de los años 30.

Imagen 17. Roberto "el Panzón" Soto y Delia Magaña.

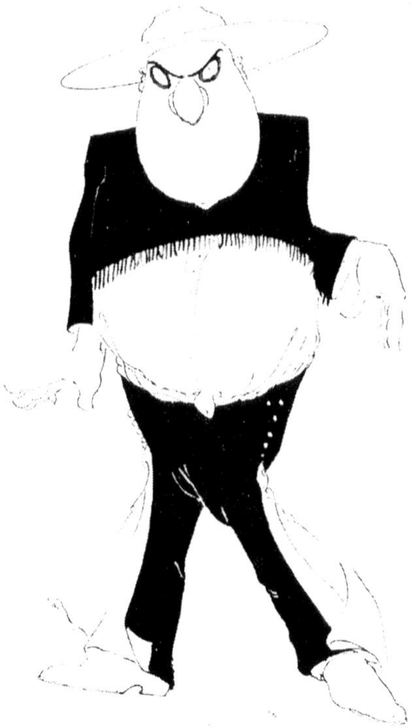

Imagen 18. Caricatura de Leopoldo Beristáin.

Imagen 19. Beristáin y una de sus compañías de teatro popular.

Imagen 20. El "Cuatezón" tal como
lo vio Miguel Covarrubias.

Enseñar y difundir historia

LOS LIBROS DE HISTORIA Y LA FORMACIÓN DE CIUDADANOS: DISCURSOS SOBRE LA LECTURA INFANTIL EN LA RESTAURACIÓN REPUBLICANA Y EL PORFIRIATO

Beatriz Alcubierre Moya
Universidad Autónoma del Estado de Morelos

> En todas las sociedades en las que se utiliza la escritura aprender a leer tiene algo de iniciación, de rito que permite al niño superar su estado de dependencia y de comunicación rudimentaria. Al niño o a la niña que aprenden a leer se les hace partícipes de la memoria comunitaria por medio de los libros, y de ese modo se familiarizan con un pasado común que renuevan, en mayor o menor grado, con cada lectura.
>
> Alberto Manguel

Durante las últimas tres décadas del siglo XIX la historia nacional, así como su difusión y enseñanza, se vincularon de manera profunda con una cultura escrita que miraba al futuro como una promesa infalible. La nación mexicana era representada al mismo tiempo como una inminente realidad y como un proyecto inacabado: una visión de proceso permeó una nueva manera de concebir el tiempo histórico. Utilizando la expresión de François Hartog, puede decirse que por esos años se inauguraba en México un nuevo "régimen de historicidad moderno",[1] que observaba a la historia desde una perspectiva futurista, como un cambio hacia adelante.

[1] Según lo define el propio Hartog, un "régimen de historicidad" es una manera de engranar pasado, presente y futuro o de componer una mixtura de tres categorías, donde uno de los tres componentes es el dominante. En este sentido, el "régimen de historicidad moderno" es aquel que pone el acento en el futuro, convirtiéndolo en el tiempo que organiza la percepción del presente, y distanciándose así del "régimen antiguo", anclado en el tiempo pasado. Hartog, *Regímenes de historicidad*, p. 15.

Dicho régimen de historicidad definiría la tarea del historiador como una misión orientada a la construcción de un ideal de nación, que aglutinara a una población dispersa por medio de un pasado, un presente y un futuro comunes, convertidos a la vez en memoria y destino.

El discurso desarrollado en torno de dicha representación de nación era a la vez un esquema pedagógico y un programa político, basados ambos en el proyecto liberal. En este contexto se creó una nueva historiografía ocupada en comprender ese momento fundacional, para inscribirlo y darle sentido en la larga duración de la historia de México, tanto en un sentido retrospectivo que incluyera al pasado prehispánico, como en uno prospectivo que celebrara el progreso social, económico y cultural, anunciando con ello la inserción del país en el conjunto de las naciones civilizadas.

El discurso de la República Restaurada, y más tarde el del Porfiriato, estuvieron acompañados por una cada vez más acentuada inquietud nacionalista que concedió una importancia creciente a la enseñanza de la historia patria con una visión totalizadora de la experiencia temporal, así como a la búsqueda de rasgos culturales que pudieran considerarse propiamente mexicanos. Este discurso encontró su vehículo primordial en una cultura impresa que a lo largo de esa centuria adquirió un desarrollo trascendental.

Por lo que respecta a las publicaciones destinadas al consumo del público infantil, el proceso hasta aquí descrito resulta por demás visible. Entre 1840 y 1860 editores y libreros mexicanos se limitaron a importar, traducir y adaptar de manera más o menos sistemática cierta variedad de publicaciones extranjeras para niños y jóvenes. Pero, para finales de la década de 1860 se hizo cada vez más necesario estimular la producción nacional de este tipo de materiales de lectura. Esto último, pensando ya no solamente en el objetivo anterior de generar un público lector infantil (ampliando con ello el mercado editorial), sino también en el de producir materiales de lectura ideados y diseñados específicamente para el consumo de los pequeños "lectores mexicanos". Este proceso se vinculó a una reinvención de la "mexicanidad" en la que la noción de la niñez, entendida como una comunidad de lectores, habría de desempeñar un papel fundamental.

En las siguientes páginas se ofrece una visión panorámica de los discursos y contenidos presentes en los libros para niños que surgieron de la pluma de autores mexicanos y que fueron puestos en circulación durante las últimas tres décadas del siglo XIX. Se hace especial hincapié en la importancia del tema histórico dentro de los mismos como eje en torno al cual se definió en buena medida la identidad del "niño mexicano", que precisamente a lo largo de ese periodo habría de convertirse en una parte central del discurso oficial. Esto tiene implicaciones que trascienden el terreno de las letras, e incluso el de las historia de la educación, pues nos sitúa de lleno en una reflexión en torno del problema de la infancia como un concepto históricamente construido, cuyo desarrollo corre paralelo al de estos materiales destinados a la lectura infantil, tanto como al de la propia idea de nación.

DE LA PRÁCTICA DE LECTURA COMO ELEMENTO DE TRANSICIÓN

En las escuelas novohispanas del siglo XVIII y principios del XIX, así como en algunas casas particulares, la alfabetización respondió a una demanda de instrucción por parte de las familias pertenecientes a ciertos sectores acomodados, tanto como a una voluntad de la Iglesia católica. En ambos casos, el interés fundamental de esta instrucción mínima radicaba en el propósito de inculcar la búsqueda de la salvación mediante la escolarización y el uso del catecismo. El acto de leer se asociaba entonces con el de memorizar y las técnicas pedagógicas empleadas contribuyeron de manera contundente a esta identificación entre ambos ejercicios. Como parte esencial de su formación, los alumnos leían repetidamente su texto en voz alta hasta poder demostrar su capacidad de recitarlo todo de un tirón. Así, la lectura era considerada más como una práctica mecánica que como un ejercicio de introspección. Esta conexión esencial entre memorizar y leer constituye de hecho la clave para entender que la práctica de la lectura se difundió en principio como un apoyo para la memoria, y no precisamente como una herramienta para escribir nuevos textos.

Ejemplo de lo anterior son algunos de los impresos compilados por José Toribio Medina, que dan cuenta de los actos escolares organizados en torno a este tipo de exámenes en la ciudad de Puebla a principio del siglo XIX:

> Escuela primera de Ortología, Caligrafía y Aritmética del cargo de D. Mariano Encinas, Maestro examinado y aprobado por S. M. y Juez Veedor de esta Nobilísima Arte.

> D. Joseph María de Bustamante será examinado en el Catecismo manual, en los ramos de leer, escribir y sumar quebrados: e igualmente en un cuaderno manuscrito de 39 fojas en cuarto de Explicaciones Dogmáticas.
> D. Francisco Barros, Joseph Vicente Pérez, y Rafael Antonio Salazar en el Catecismo, y del de el Abad de Fleuri todos los diálogos: leerán, escribirán, y Pérez multiplicará quebrados.
> D. Joseph Ignacio Carpio y Joseph Mariano Brillan sobre lo común recitarán los diálogos de la primera parte de Feuri, y éste último añadirá un fragmento histórico del castigo de Nabucodonosor y hará ejercicio de las cinco reglas gramaticales de la Aritmética.
> [...]
> Instruido en su casa por sus padres: Joseph Gumersindo Rosas de edad de siete años y meses, toda la doctrina cristiana, y los diálogos de su explicación por el Padre D. Gerónimo Pastor Theatino hasta el folio 66, y el modo de ayudar en la Santa misa. De las Reglas de Buena Crianza la idea General, los cinco primeros capítulos, el octavo el nono, y la conclusión por documentos que el Espíritu Santo da a la Juventud. Y luego desde la página 72 hasta la 82, en que se comprende el ejercicio cotidiano para la mañana y la noche.[2]

La transición fundamental en el viraje hacia una alfabetización "moderna" se encuentra en la transformación paulatina de la relación entre leer y entender. Este proceso se llevó a cabo en México hacia las últimas décadas del siglo XIX, justo en el momento en que las instituciones nacionales entraron en una fase de cambios que terminarían por convertir a las escuelas en espacios destinados a la transmisión de valores cívicos.

Es bien sabido que a lo largo de la segunda mitad del siglo XIX en México, se produjo un fenómeno de secularización a partir del cual las instituciones educativas fueron desligándose de la Iglesia y vinculándose cada vez más al Estado liberal en formación. Como resultado de este proceso el Estado dispondría poco a poco de la alfabetización (la de los niños en particular) para utilizar los medios escritos como una suerte de propaganda política. Para finales del siglo, la escuela había sido empujada hacia la modernización, con lo que se procuró contribuir al desarrollo de una ciudadanía ideal.

Así pues, la voluntad política iba más allá de la vieja demanda de instrucción mínima de las familias y apuntaba a una educación fuertemente

[2] Medina, *Adiciones a la imprenta*, pp. 336-337.

ideologizante de la cual la lectura iría convirtiéndose en eje. A partir de entonces el objetivo primordial no consistiría más en hacer aprender los textos religiosos de memoria. Antes bien, los intelectuales del liberalismo procuraron propagar la ilustración con la intención de alejar el espectro rural de las masas supersticiosas. El aprendizaje de la lectura debía permitir, desde la escuela, la lectura de "buenos textos", capaces de contribuir a la educación moral y hasta al adoctrinamiento político del pueblo. Asimismo, los debates en materia pedagógica pasaron de una primera fase preocupada por las prácticas de lectura a una segunda marcada por la problemática de los contenidos.

DE LA LECTURA DIALOGAL A LA LECTURA CORRIENTE

Si durante tres siglos el catecismo religioso había constituido el único tipo de lectura al que la mayoría de la población novohispana tuvo acceso, la transición hacia el periodo independiente (y hacia nuevas formas de concebir la lectura infantil) no había supuesto su desaparición. Antes bien —amén de su uso tradicional—, el método catequístico, que se hallaba orientado en buena medida a la memorización, se tomó como modelo para la enseñanza de disciplinas de diversa índole a lo largo de toda la centuria. En términos generales, los catecismos seculares fueron lo más cercano a libros infantiles escritos por autores locales a lo largo de la primera mitad del siglo XIX; y lo siguieron siendo, aunque en menor medida, durante el resto de la centuria.

La mayoría de los autores locales de libros escolares, daban cuenta de las ventajas del método catequístico, entre las cuales destacaba siempre la posibilidad de compendiar la supuesta "totalidad" del conocimiento sobre una materia específica en un espacio reducido. No obstante, a partir de la década de 1870 aquélla no sería ya la única opinión al respecto que podría encontrarse en los libros dedicados a la enseñanza que se publicaron en México, puesto que algunos autores comenzarían a defender un tipo de lectura menos esquemático y más atractivo incluso en términos que podrían juzgarse como propiamente literarios.

Así pues, poco a poco se fue acentuando una tendencia en procurar abreviar el primer aprendizaje para llegar más pronto a la lectura corrida y lograr finalmente que la comprensión de los textos leídos se convirtiera en la finalidad explícita de la enseñanza de la lectura.

Hubo varios autores franceses que ejercieron su influencia en la bibliografía escolar mexicana del siglo XIX y desempeñaron un papel determinante en este viraje hacia la lectura corrida. Ya desde la década de 1830 habían empezado a circular en México los libros de lecciones históricas de Jules Raymond Lamé-Fleury,[3] quien criticó severamente el método de preguntas y respuestas, abogando por una exposición narrativa de los hechos, que pudiera capturar la atención del niño lector sin agobiarlo inútilmente con datos a memorizar.

Esta crítica se refiere directamente a la enseñanza de la historia. En esencia, pone en tela de juicio la efectividad real del catecismo como método didáctico, estableciendo una brecha insalvable entre el verdadero aprendizaje, en el que el alumno se involucra de algún modo con lo que aprende, y la memorización mecánica, en la que el alumno recita información sin llegar a comprenderla del todo. De esta manera, en el prólogo a su *Historia romana*, Lamé-Fleury señalaba contundentemente que

> sustituir con relaciones exactas completas a insípidas nomenclaturas de fechas y de nombres propios, a las que los niños no pueden dar interés sin el conocimiento previo de los hechos: reemplazar con una exposición sencilla y clara del drama de la historia los sumarios, los resúmenes, los compendios, tras de los cuales estaba atrincherada la rutina desde hacía tantos años; declarar una guerra racional a los métodos de enseñanza histórica fundados únicamente en el trabajo de la memoria; poner la historia al alcance de los niños, para hacerles gustar de sus encantos, hablándoles el lenguaje sencillo que les conviene, tal es el objeto a que no hemos dejado de dirigirnos con confianza, secundados por la tendencia general de las buenas inteligencias hacia un sistema mejor de educación clásica.[4]

Aunque no siempre en una forma tan explícita, varios autores mexicanos compartieron esta idea. De modo que, al lado de los catecismos, aparecieron diversos tipos de libros para niños de contenido didáctico que partían de una percepción cada vez más definida del niño como lector, mostrándose más preocupados por conseguir el sincero interés del mis-

[3] Obras en francés de Jules Raymond Lamé Fleury (1797-1878): *L'Histoire de France racontée à la jeunesse; L'Histoire ancienne; L'Histoire de France; L'Histoire moderne; L'Histoire du moyen-âge; L'Histoire du Nouveau Testament, racontée aux enfants; L'Histoire romaine.*

[4] Lamé Fleury, *La historia romana*, 1874, p. V.

mo. De la evolución de los llamados "libros de lectura", que no fueron en un principio más que simples cartillas y vocabularios acompañados por textos breves, surgieron diversas fórmulas editoriales, algunas de las cuales terminaron por abandonar la calidad de libros escolares, adquiriendo características propiamente literarias.

Así como el método de preguntas y respuestas era considerado como el primer acercamiento del alumno a una materia específica, el "libro de lectura" constituyó en principio una herramienta de reforzamiento de los conocimientos adquiridos. Se trataba del vehículo sobre el cual el alumno habría de dar el siguiente paso una vez lograda la alfabetización: un espacio para ejercitar la lectura de corrido mediante una serie de lecciones sobre diversas materias. El libro de lectura no se creó, pues, con el propósito de sustituir a los catecismos, pero sí se abrió eventualmente un espacio propio que le permitió ir absorbiendo de manera muy gradual algunas de las funciones que habían sido exclusivas de aquéllos.

Fue así como entre los años sesenta y setenta se escribieron y publicaron en México una buena cantidad de libros de lectura infantil, con la finalidad primordial de constituir un espacio de ejercitación de la recién adquirida habilidad lectora. Los contenidos de unos y otros fueron variados, pero coincidieron por lo general en la búsqueda de temas que fueran a la vez novedosos, atractivos y sobre todo útiles para la infancia. En algunos de ellos se observa cierta evolución en las técnicas narrativas, que apuntaba ya hacia el desarrollo de una literatura infantil visiblemente cargada de referencias nacionalistas y de estereotipos sociales, pero también influenciada por elementos fantásticos y legendarios recogidos de la tradición oral, o bien tomados de los textos infantiles provenientes del extranjero.

SOBRE LOS LIBROS DE LECTURA

No es en absoluto casual el hecho de que una serie de publicaciones "estrictamente mexicanas", particularmente preocupadas por la transmisión de nociones de historia patria a los lectores infantiles, comenzara a aparecer justamente a partir de la década de 1870, o un poco antes. Está muy claro que constituye una evidente consecuencia del triunfo liberal de 1867 y de las disposiciones que en materia educativa habría de adoptar el nuevo régimen.

Dos de las reformas incluidas en la Ley Orgánica de Instrucción Pública del Distrito Federal de 1867 resultaron en particular determinantes en el desarrollo de estos materiales de lectura: en primer lugar, aquélla que ordenaba la desaparición de la enseñanza de la religión en todos los niveles de educación pública, lo cual supuestamente pondría fuera de la escena escolar (aunque esto sólo sucedió de manera muy relativa y durante breves lapsos de radicalismo anticlerical) a la mayoría de los libros de contenido religioso que habían sido tradicionalmente utilizados para el ejercicio de la lectura; y en segundo lugar, la reforma que implantaba la enseñanza de la historia nacional en la primaria: currículo de primaria para niños y para niñas, rudimentos de historia y geografía principalmente de México.[5]

El sitio que a partir de entonces ocupó dicha disciplina en la formación escolar de la infancia mexicana motivó no solamente la producción de libros de texto de historia, sino también el paulatino protagonismo de temas históricos en las misceláneas y novelas escolares dedicadas al ejercicio de la lectura infantil, los cuales requerían de la aprobación estatal para ser utilizados en las escuelas. Hay que tomar en cuenta, sin embargo, que en las obras correspondientes a esta primera etapa, la exaltación patriótica no constituye aún una parte central del discurso, sino apenas un recurso poético que acompaña de manera discreta a una moralidad anclada fuertemente en los valores cristianos.

Aparecido en 1868, el *Simón mexicano* fue uno de los primeros libros de lectura infantil que respondieron a dicha preocupación.[6] Detrás de él se publicaron varios títulos de contenido histórico y biográfico, en los que se daba cuenta de las virtudes cívicas de los personajes históricos y se reseñaban sus hazañas, manteniéndose, sin embargo, un tono patriótico moderado.

El prólogo advierte que el libro pretende servir de lectura a los niños de las escuelas primarias, instruyéndolos en la sana moral y enseñándolos a practicar la virtud, fines que se conseguían con la lectura del *Simón de Nantua*, que no era tan apropiado para los niños mexicanos por no ofrecerles los elementos necesarios para arraigar en ellos el amor a la patria. Relata la historia de "Simón del Pez", marinero veracruzano, ocasión para que el autor, en voz del protagonista, elabore sendas descripciones de

[5] Roldán Vera, "Conciencia histórica y enseñanza", p. 21.

[6] *Simón mexicano*, 1868.

distintas ciudades costeras, relate la llegada de los españoles, e introduzca una breve alusión a las intervenciones estadounidense y francesa, al tiempo que proporciona información respecto a la educación de los niños, indispensable para su propia felicidad, por defenderlos del peligro de ser engañados. La obra encierra pensamientos sueltos extraídos de varios libros y su protagonista aparece como individuo sensato, buen marino, patriota, amigo y fiel esposo que pedía al cielo que le concediera hijos de buena índole y buenas inclinaciones.

Sin embargo, el ejemplo clásico de este tipo de literatura lo encontramos en el vasto conjunto de la obra de Rosas Moreno, buena parte de la cual fue escrita en verso, con el propósito de agregar musicalidad a las lecciones contenidas. Existe en esta utilización insistente del recurso poético cierto empeño por la oralización y memorización (bajo la forma declamatoria), aunque éste se ofrece, de hecho, como un método didáctico alternativo al dialogal. Su *Nuevo compendio de historia de México escrito en verso y dedicado a la infancia mexicana* (1877)[7] es un buen ejemplo del género poético didáctico utilizado por este autor para la enseñanza, en este caso, de la historia de México. El prólogo de este libro sirve para ilustrar el objetivo moral que se perseguía con esta clase de lecturas:

> ¿Qué se entiende por historia?
> Es del pasado sincera,
> fiel narración verdadera
> del hombre escarmiento y gloria.
> Gran maestra y buen testigo,
> espejo del alma humana,
> el bien en premiar se afana
> y en dar al crimen castigo...
> ¿Qué debemos deducir?
> Nuestra historia al contemplar
> lecciones para evitar
> los males del porvenir...[8]

[7] Rosas Moreno, *Nuevo compendio de la historia de México.*
[8] Rosas Moreno, *Nuevo compendio de la historia de México,* "prólogo".

Otro ejemplo de estos libros de lectura lo constituye *Un viajero de diez años; relación curiosa e instructiva de una excursión infantil por diversos puntos de la República,*[9] obra de José Rosas Moreno. En ella las descripciones geográficas se entrelazan con los relatos históricos, al mismo tiempo que se narra la historia de Carlos, a quien su padre "había enseñado a leer y a escribir", y que más tarde "bajo la dirección de distinguidos profesores, había estudiado la aritmética, el álgebra, la gramática española y la geografía". No contamos con el dato preciso que nos indique el año en que esta obra apareció por primera vez, pero sabemos, por un anuncio inserto en las páginas de *La edad feliz*, que para 1873 ya se había puesto en circulación.[10] El relato de los viajes que hacen Carlos y su padre alrededor de la República mexicana constituye un pretexto ideal para ofrecer una descripción histórico-geográfica de ésta, la cual, sin embargo, no se halla exenta de cuadros de la vida familiar con un fuerte trasfondo moral.

Pese al discurso nacionalista de la restauración republicana, debemos decir que la moderación, así como la referencia constante a los temas de la historia universal, marcaron el tono general de los libros de texto y de las misceláneas infantiles durante un par de décadas. Con todo, hacia la década de 1890 se nos presenta un viraje interesante en el tono de los libros de lectura, cuyo discurso adquiere un matiz de patriotismo ferviente, claramente identificado con el modelo de comportamiento ideal del "niño mexicano", el cual aparece como una figura retórica con la que se pretende distinguir a un nuevo tipo de lector. Uno de los libros de lectura más representativos de la época porfiriana es *El amigo de los niños mexicanos,* del licenciado Juan de la Torre, obra que fue reeditada una treintena de veces a partir de 1890, y en cuyo prólogo el autor ofrecía una idea bastante completa de la función, tanto formativa como informativa adjudicada a este nuevo tipo de publicaciones de lectura "corriente":

> La lectura —señala De la Torre— nos sirve para adquirir conocimientos de todo género é ilustrar por este medio nuestra inteligencia, sea cual fuere la edad en que nos encontremos. Por lo tanto, los libros de lectura que se pongan en manos de los niños, no deben servirles sólo para ejercitarse en este arte, sino también para formarles por ese medio un tesoro de conocimientos, que bajo algún concepto les serán útiles. Consecuente con estas ideas, he

[9] Rosas Moreno, *Nuevo compendio de la historia de México.*

[10] *La edad feliz,* núm. 9, p. 8, 1873.

> arreglado el presente libro, que ofrezco a la niñez mexicana con el temor natural que inspira lo delicado de la materia. Mi pensamiento dominante al escribirlo, ha sido reunir en él un variado caudal de conocimientos rudimentales, al alcance de la inteligencia de los niños, y propios para iniciarlos en aquéllos que más tarde deben construir su instrucción científica, artística y literaria. Lo forman más de 250 ejercicios de lectura, que contienen: nociones de astronomía, geografía, historia natural, higiene, meteorología, cronología y otras ciencias; artículos diversos sobre telégrafos, ferrocarriles, imprenta, litografía, instrumentos y aparatos científicos, monedas, periodismo, sistema métrico, fabricación del papel y del vidrio, documentos comerciales y manera de extenderlos; artículos morales sobre la honradez, caballerosidad, amor filial, patriotismo, amor al estudio y al trabajo, economía, respeto a la honra ajena, caridad y obediencia; poesías escogidas, pensamientos y fábulas morales, juegos infantiles, etc., etc.; llevando al fin una SECCIÓN DE COMPOSICIONES EN VERSO.[11]

A lo que desde luego se agregaba una clara preocupación de generar en los niños, por medio de estas lecturas, una identidad nacional y un sentimiento de amor por su país, lo cual daría sin duda un sello particular a los libros infantiles escritos y publicados en México a partir de este periodo:

> Con la mira de imprimir a este libro un carácter nacional —continúa De la Torre—, se dio a la parte de México una particular preferencia. Al efecto, se dedican a asuntos mexicanos como CIEN artículos, que contienen: una reseña histórica de México, noticias históricas, geográficas, etc., sobre cada unos de los estados, biografías de mexicanos distinguidos, el acta de la independencia e himno nacional, noticias relativas al escudo de armas, ríos, montañas, lagos, cascadas, grutas y ruinas antiguas; una sección de fechas memorables y todo cuanto de interés tiene nuestra República. Tal es, en conjunto, el plan seguido.[12]

El amigo de los niños mexicanos anuncia una tendencia a la exaltación épica que no tardará en incorporarse a la narrativa histórica infantil del periodo porfiriano y que, de hecho, cobrará mayor fuerza en el tránsito entre el siglo XIX y el XX. Una publicación que ha llamado particularmente nuestra

[11] Torre, *El amigo de los niños,* p. V-VI.
[12] Torre, *El amigo de los niños.*

atención en referencia a esta cuestión es *El lector mexicano: libro tercero de lectura,* publicada por la librería de C. Bouret en 1899 y firmada crípticamente por "el profesor J. R.". Se trata de una colección de lecciones sobre temas diversos al final de los cuales se añaden sendos cuestionarios con el fin de que "el alumno se penetre bien en los términos empleados".[13] De entre los textos incluidos en esta obra nos parece importante rescatar una que apunta en la misma dirección de lo que se convertirá en todo un culto histórico a la heroicidad y el patriotismo infantil. Si bien aún son escasas las referencias a la supuesta proeza de los llamados niños héroes de Chapultepec durante la invasión estadounidense, cuyo mítico recuerdo era aún muy reciente,[14] la hazaña de Narciso Mendoza en el sitio de Cuautla es recordada vehementemente por el autor de *El lector mexicano* en un poema épico titulado "El niño artillero", el cual inicia con una desoladora descripción de la inminente derrota de las tropas de Morelos frente a un despiadado Calleja, y concluye en tono triunfal de la siguiente manera:

> Pero detrás de aquel muro
> y sin que nadie lo advierta,
> quedaba un niño del pueblo,
> audaz, vivo, que se emplea
> en ir sembrando donaires
> donde arde más la pelea;
> ojo negro, tez oscura,
> largo el cuello, carnes recias,
> risueño al par que valiente
> y que a nadie se sujeta.
> este mira a los realistas
> que, decididos, se acercan:
> ya reconocen, ya avanzan,
> ya preparan y ya llegan;

[13] J. R., *El lector mexicano,* p. v.

[14] Tal y como lo explica Enrique Plasencia de la Parra: "el culto a los jóvenes conocidos como niños héroes surge tardíamente, ya que pasaron más de tres décadas antes de que se institucionalizara su celebración: el duelo por la pérdida del territorio fue general y nadie perteneciente a la generación que la vivió tenía ánimos para recordarla. Fue en la República Restaurada (1871) cuando por primera vez se recordó oficialmente la desgracia de 1847, consolidándose este proceso durante la *pax* porfiriana". Plasencia de la Parra, "Conmemoración de la hazaña épica de los niños héroes", p. 242.

y cuando tocan el muro
al asaltar con fiereza
el niño al cañón aplica
resuelto la cuerda-mecha,
y torrente de metralla
la fuerza invasora asuela.
— ¡Que viva el cura Morelos!
Grita el chico, la cabeza
levantando con orgullo
en la triunfante trinchera.
Acuden los de Galeana:
es victoria la sorpresa,
y en los fuertes de patriotas
tocan diana tras trompetas.
— ¿Quién es, preguntó la Fama,
el niño de tal proeza?
Y contestaba orgullosa
la Historia imperecedera:
— Ese es Narciso Mendoza
que no abandona la escuela,
que los catorce no cumple
y entre el fuego se pasea.
Con vítores le saludan
los chicuelos que le cercan,
y recordando la hazaña
se llama la calle entera
calle del *Niño artillero*
como lo dicen sus letras.[15]

Lo que en estos libros de lectura fue apenas la tímida expresión de un patriotismo en ciernes se convertirá, en el ámbito extraescolar, en toda una interpretación maniqueísta, dramática y sobre todo heroica de la historia de México, presentada a los niños en un tono poco académico que de pronto se asemeja al de las novelas de aventuras. Aunque de hecho rebasan el espacio de lo que podemos entender como libros de lectura, escapando al aula escolar, nos referimos aquí a los 85 fascículos que com-

[15] J. R., *El lector mexicano*, pp. 196-201.

pusieron la *Biblioteca del niño mexicano*, escritos por Heriberto Frías entre 1899 y 1901, publicados por la editorial Maucci Hermanos con algunas ilustraciones del célebre José Guadalupe Posada.

El colorido de sus páginas es un claro antecedente de las historietas ilustradas que harán su aparición durante la primera década del siglo XX; pero antes de eso hay que destacar el estilo narrativo de Frías, que entrelaza en sus relatos las anécdotas y los hechos documentados. En el número 75 de estas historias, "El triunfo del coloso y los tratados de paz" encontramos, por ejemplo, una de las primeras menciones directas, en una obra destinada a la lectura infantil, respecto a los niños héroes "que, como leones, se batieron en Chapultepec", sucumbiendo ante "las colosales armas de la fuerza".

La intención de infundir tanto el celo patriótico como la conciencia cívica entre la infancia se traduce en un lenguaje que es al mismo tiempo moral y político, en el cual la religión ocupa también un lugar importante, aun cuando en apariencia ésta ha dejado de constituir el eje central del discurso.

La imagen del niño mártir parece muy distante de la del niño inocente y juguetón del discurso decimonónico, pero en cierto modo apunta en la misma dirección que ésta: la de un ideal místico, semiangelical, en torno de la figura infantil, que se opondrá algunas veces al discurso laico-cívico, pero que también habrá de incorporarse al mismo de manera no necesariamente sutil.

La incorporación de los Niños Héroes (o "Mártires de Chapultepec") al panteón de los próceres nacionales constituye un ejemplo muy claro de esta suerte de sincretismo. La leyenda generada en torno de la temeridad mostrada por el grupo de cadetes del Colegio Militar el 13 de septiembre de 1847, cuando participaron en la defensa del Castillo de Chapultepec, terminó a la vuelta del siglo adjudicando al "heroísmo" de estos jóvenes las proezas de otros actores hoy en día menos reconocidos.

El hecho de que a estos cadetes, de entre 13 y 16 años, se les hubiera ido considerando paulatinamente como "niños" guarda una relación profunda con el simbolismo atribuido a la leyenda a lo largo de los años. Su sangre fresca no había sido derramada inútilmente, puesto que había servido para infundir en todo los mexicanos el amor a la patria. De tal suerte, su infantil martirio cobraba un poder redentor que convertía la ominosa derrota sufrida por el país entero ante el ejército estadounidense en un triunfo para el espíritu del nacionalismo.

El niño que ofrece su vida en nombre de una causa que supera en importancia a su propia existencia (aun cuando esta causa ya no entraña un motivo religioso) mantiene un carácter simbólico que concede a la infancia un halo de espiritualidad y la aparta del resto de los mortales. Este niño idealizado contiene en su humana e impoluta corporeidad la capacidad de transformar el mundo, desde el punto de vista evolutivo, pero también de redimirlo, desde el punto de vista moral.

Por otra parte, esta celebración de la heroicidad infantil, que hasta la fecha constituye una de nuestras principales fechas cívicas, marca una de las características centrales del discurso histórico oficial que los libros para niños permiten entrever: el de su sentido episódico.

SOBRE LOS LIBROS DE TEXTO

La introducción del positivismo como ideología de Estado marcó una visión teleológica de la historia mexicana, expresada con toda claridad en la Historia patria de Justo Sierra, distinguiéndose así de la mucho menos integradora y lineal visión de autores anteriores como Roa Bárcena, Manuel Payno, Guillermo Prieto o Rivera Cambas.

Como ha señalado Lucía Martínez Moctezuma, en los textos de la restauración "la exaltación del sentimiento patrio aparece de manera aislada, donde el concepto de patria surge como un elemento más del discurso pero no como un producto creado para despertar ideas de solidaridad nacional".[16] Se trata de un patriotismo tenue que no hace referencia ni a las hazañas ni a los héroes, pues éstos no constituyen más que un elemento dentro de una historia formada por batallas, fechas y anécdotas.

La manera de enseñar la historia cambiará radicalmente con la *Historia patria* de Justo Sierra. Antes de éste, los libros de texto centraban su atención en periodos desvinculados como la Conquista, la Colonia y la Independencia, como generadores de la nacionalidad. La aproximación de Sierra hace relucir las diferencias de las épocas y se dedica a darles sentido, mostrando las coherencias de conjunto, de las cuales las instituciones son al mismo tiempo la resultante y la expresión: diferencias radicales entre los pueblos antiguos y las sociedades modernas, diferencias entre el México antiguo y el moderno, diferencias que apuntan al desarrollo futuro como un destino ineludible.

[16] Martínez Moctezuma, "Retrato de una élite", p. 127.

Martínez Moctezuma ha señalado también que la obra de Sierra se encuentra abiertamente inspirada en el modelo francés premiado en la Exposición Universal de 1889, que recomendaba el uso de las imágenes y la cartografía en la enseñanza de la historia.[17] Dicho modelo fue desarrollado por el profesor Ernest Lavisse, quien en los 18 volúmenes de su monumental *Histoire de France depuis les origines jusqu'à la Révolution,* publicados a partir de 1901, logró integrar una memoria nacional francesa, partiendo del pasado prerrevolucionario, y legitimándola como ciencia con base en el método positivista.

> Lavisse —dice Pierre Nora— no ha cambiado nada del paisaje nacional tradicional. Pero al agrupar los hechos de los que se extrae un sentido, ha fijado las imágenes fuertes y ha colocado, de modo definitivo, el espejo en el que Francia no ha dejado de reconocerse.[18]

Desde esta perspectiva, en la obra de Lavisse el deber patriótico se convierte en corolario de la libertad republicana, al mismo tiempo que la historia de Francia asume el papel de en un gran repertorio de ejemplos que hilan un inmenso manual de educación cívica.

Así pues, siguiendo un esquema semejante, la *Historia Patria* de Sierra se orientó en un sentido episódico, centrando su discurso en el ejemplo dictado por el héroe (incluyendo asimismo la figura del héroe derrotado). A ello hay que sumar la cuidada redacción de un texto salpicado de imágenes y relatos tan dramáticos como conmovedores. Como la de Lavisse, la obra de Sierra tenía el claro propósito de generar en los alumnos un sentimiento de amor a la patria que los convirtiera en sus más activos defensores y en promotores de la unidad nacional. Este esquema fue seguido por autores como Antonio García Cubas, Andrés Oscoy, Carlos Pereyra y Gregorio Torres Quintero.

> Siguiendo el esquema francés de narración de anécdotas, biografías y explicaciones de imágenes para los cursos elementales —afirma Martínez Moctezuma—, los programas de estudio mexicanos señalaban que los niños debían de introducirse en la historia por medio de la vida de los grandes personajes.[19]

[17] Martínez Moctezuma, "Retrato de una élite", p. 128.

[18] Nora, "La *Historia de Francia* de Lavisse", p. 363.

[19] Martínez Moctezuma, "Retrato de una élite", p. 397.

Los *Elementos de historia patria,* obra publicada en 1894, se componen de dos tomos que corresponden al tercer y cuarto año de educación primaria y abarcan desde los orígenes de la historia de México hasta el triunfo de la República en 1867. El primer tomo lleva una dedicatoria para los hijos de Sierra, con el siguiente texto: "El amor a la patria comprende todos los amores humanos, ese amor se siente primero y se explica luego. Este libro dedicado en vosotros a todos los niños mexicanos contiene esa explicación".[20]

Dicha epígrafe traza desde el comienzo el tono general de la obra en la que, por ejemplo, se describe la retirada de Juárez tras la derrota francesa en 1863 con una metáfora que hace clara referencia a la historia bíblica: "Y el carruaje partió: empezó el *via crucis* de la República, su camino de la cruz, doloroso y marcado por caídas mortales como el de Jesucristo".

Tal como afirma Claude Dumas, la de Sierra, "más que una historia de la patria, es una historia patriótica, lo cual es dar una orientación bien definida a la historiografía".[21] Con la *pax* porfiriana la historia de México había llegado a ser la de una nación consumada. A la luz de este discurso, aunque faltaba aún mucho por hacer, se habían dejado atrás el caos y la incertidumbre y se había tomado el rumbo del progreso. La historia nacional, por lo tanto, no podía más que triunfar y Sierra (junto con los "sierras" que continuaron su obra) se había convertido en su principal emisario.

Sin embargo, si política y pedagógicamente este discurso desempeñó un papel fundamental, hay que decir que historiográficamente resulta por demás inconsistente. Como lo muestra la arriba citada Biblioteca del niño mexicano, más que en la trama histórica en sí misma, se siguió (entonces y hasta la fecha) haciendo un enorme hincapié en las actitudes patrióticas ejemplares como elemento para apuntalar la identidad nacional. El modelo continúa siendo fiel al esquema liberal en que la educación moral, un discreto sentimiento religioso y las normas de urbanidad se encuentran profundamente entremezclados. Del niño lector se espera descubrir en el texto menos una historia y más una lección de vida.

Llama particularmente la atención, al tiempo que refuerza este argumento, una declaración surgida de la pluma del propio Sierra, en defensa de su *Historia patria,* que había sido acremente criticada por el historia-

[20] Sierra, *Historia Patria,* vol 1, p. 1.

[21] Dumas, *Justo Sierra*, vol. 1, p. 340.

dor Fernando Iglesias Calderón desde las páginas del *Diario del hogar* en agosto de 1900. El detractor manifestaba su sorpresa al ver que Sierra señalaba a Santa Anna como patriota por sus acciones ante la invasión de Barradas. En su respuesta, fechada el 30 de agosto de 1900, Sierra planteó su justificación a partir de dos ideas principales. Primero precisa que existen dos clases de patriotismo, un amor instintivo y un amor reflexivo por la patria: el de Santa Anna pertenecía evidentemente al primero, lo que le permitió desempeñarse por momentos de manera heroica. En segundo lugar, aclara que la *Historia patria* era un libro de apaciguamiento y concordia, a lo que añade que su intención no había sido preparar niños para la guerra, sino para la paz civil: "Por eso me he mostrado resuelto a atenuar faltas y errores y a procurar la extinción de odios añejos".[22]

Al día de hoy los programas escolares de educación primaria se estructuran a partir del calendario cívico y no de manera cronológica. Esto señala de manera contundente que la visión de proceso que caracteriza al discurso histórico oficial desde finales del siglo XIX entra en seria contradicción con las prácticas de enseñanza para los niños, que otorgan un sitio central a la narración de acontecimientos aislados entre sí. Con ello se privilegia la formación cívica, ilustrada a partir de referentes supuestamente tomados de la realidad, frente al desarrollo de una noción de la propia historicidad. Así, más que la historiografía para niños como tal, importa señalar aquí el tipo de actitudes y valores que se buscaba fomentar en la infancia lectora con el objetivo de formar a los futuros ciudadanos.

De este modo, el dar forma impresa al discurso oficial, ya fuera a partir de lecciones de historia o de moral y urbanidad, tanto como a partir de cuentos, poesías y juegos, se convirtió en la herramienta más importante para Estado mexicano que a partir de entonces depositaría en el niño sus más caras expectativas en la consecución de un porvenir venturoso.

[22] Dumas, *Justo Sierra*, vol. 2., p. 83.

LA HISTORIA EN LOS LIBROS DE TEXTO GRATUITOS. 50 AÑOS Y CUATRO CONCEPCIONES

Lorenza Villa Lever
UNIVERSIDAD NACIONAL AUTÓNOMA DE MÉXICO

INTRODUCCIÓN

Partamos del hecho de que una reforma educativa es la expresión privilegiada de los proyectos políticos y uno de sus instrumentos más importantes. Las reformas educativas conllevan necesariamente un cambio estructural expresado en el marco legislativo. Es decir, son tentativas orientadas a cambiar la configuración de la educación pública que alteran en grados diversos al sistema educativo, ya sea en su gobierno, en su estructura, su financiamiento, el currículo, las condiciones de prestación del servicio, o la evaluación.

Hay tres características que permiten reconocer una reforma: *1)* son previamente inexistentes o inaccesibles; *2)* suponen una obligación; y *3)* deben estar en vigor durante un plazo suficiente que les permita obtener resultados.[1] De acuerdo a esta definición, en los últimos 50 años en México se han hecho tres reformas educativas, además del ejercicio que está en marcha.

Uno de los artefactos fundamentales en estas reformas han sido los Libros de Texto Gratuitos que durante 50 años han sido los libros en los que estudian todos los escolares de primaria del país. En cada una de ellas estos libros reflejan distintas maneras de concebir la educación

[1] Pedró y Puig, *Las reformas educativas*, p. 47.

de los niños, según las características sociopolíticas de la época en la que fueron hechos y de su idea de infancia, de educación y del saber. También son portadores de ciertas tesis sociales, políticas y culturales, por lo cual para analizarlos y entenderlos, es necesario ubicarlos en su contexto.

El punto central de este trabajo tiene que ver específicamente con el análisis de la evolución de los Libros de Texto Gratuitos de Historia en los últimos 50 años. En él será de particular importancia partir de las condiciones sociales en que se producen: como parte de los libros de texto, los de Historia son diseñados y producidos por el Estado mexicano y distribuidos de manera gratuita a todos los niños que estudian primaria en el país y son además obligatorios, lo que les confiere la característica de ser "libros oficiales".

En este trabajo se intenta indagar en qué medida tales textos se constituyen en una historia oficial. Para ello, se analiza si cumplen con las tres funciones que Wertsch y Rozin[2] le asignan a la historia oficial, es decir: *1)* si proveen un instrumento cognitivo para imaginar la nación, creando y propagando una versión del pasado; *2)* si promueven el aumento de la identidad común; y *3)* si fomentan la lealtad. En otras palabras, interesa saber si los Libros de Texto Gratuitos de Historia han sido, a través de sus 50 años de existencia, un vehículo privilegiado del Estado para transmitir las versiones oficiales del pasado en distintas épocas y contextos sociopolíticos, y cómo han evolucionado en ellos los contenidos de la enseñanza de la historia de México.

Se tomarán para el análisis los libros utilizados en cuatro épocas distintas: los de Historia y Civismo que se usaron en las escuelas desde 1960 hasta 1972; los de Ciencias Sociales con los que estudiaron los niños, desde 1973 hasta 1991; los de Historia vigentes en la educación primaria entre 1992 y 2008; y los de Historia modificados en este gobierno y utilizados a partir de 2009.

El análisis estará fundado en tres ejes:

1. El contexto sociopolítico de cada una de las reformas estudiadas.
2. Los propósitos planteados en los planes y programas de estudio.
3. Los contenidos de los libros de Historia sobre México por grado escolar.

[2] Wertsch y Rozin, "La Revolución rusa", pp. 123-124.

LOS LIBROS DE HISTORIA Y CIVISMO ENTRE 1960 Y 1972

El contexto sociopolítico

Los años cincuenta se caracterizan por un desarrollo estabilizador que propicia el crecimiento económico con concentración del ingreso y diferencias socioeconómicas importantes. En esta década sobresale el movimiento magisterial de 1958, que no sólo pugna por mejorar las condiciones laborales del gremio, que vive un proceso de feminización importante y un deterioro en su estatus hasta el punto de ser considerado una subprofesión,[3] sino que se enmarca en una lucha más amplia con otros movimientos sociales como el de los ferrocarrileros y los médicos. Junto a los conflictos ideológicos y políticos de la época, a más de 30 años del movimiento revolucionario, se percibe una distancia importante entre los objetivos de los gobiernos revolucionarios y la realidad.

En el terreno educativo, el Estado muestra incapacidad para atender la demanda de escolaridad. En 1958, al final del gobierno de Ruiz Cortines, se publicó el Reglamento de la Ley Orgánica de Educación con el que se crea el Consejo Técnico de la Educación, con la finalidad de planear la educación a largo plazo. López Mateos respaldó y acrecentó este esfuerzo planificador y confió la secretaría de Educación Pública a Jaime Torres Bodet, quien elaboró el Plan Nacional para el Desarrollo y el Mejoramiento de la Enseñanza Primaria (Plan de Once Años), cuyo objetivo fue el de garantizar a todos los niños del país la educación primaria, obligatoria y gratuita, desligándola de cualquier fin lucrativo. En este contexto, la educación se ve envuelta en una dinámica de expansión y planeación, cuyos objetivos son la creación de escuelas y la preparación masiva de maestros, con el fin de garantizar la educación primaria obligatoria y gratuita para todos los niños de México. También se reforman los planes y programas de estudio de primaria y se crea por decreto presidencial la Comisión Nacional de Libros de Texto Gratuitos (Conaliteg), que se encargará de diseñar, producir y distribuir de manera gratuita a todos los niños de primaria los Libros de Texto Gratuitos y sus cuadernos de trabajo. A la par, se plasma la idea de que el Estado aproveche la posibilidad de transmitir determinadas normas

[3] Loyo, *El movimiento magisterial de 1958*, p. 18.

y valores orientados a fomentar en los niños la solidaridad humana, a dirigirlos hacia las virtudes cívicas e inculcarles el amor a la patria, a partir del conocimiento de los sucesos históricos más importantes del país.

Los Libros de Texto Gratuitos de este periodo tienen los siguientes propósitos:

> 1° Borrar las desigualdades totalmente; [...] ya que el amor, quiérase o no, es el que ha de unir en un sólo espíritu a todos los mexicanos para formar lo que anhelamos: una nación fuerte.
> 2° La nación es así un mínimo espiritual idéntico para todos los hombres que viven en México. Este mínimo espiritual tiene que [...] perpetuarse por medio de lo que es duradero y perdurable, de lo que es permanente: el hombre, la familia, la nación. Por eso, hemos creído que para integrar una verdadera nacionalidad es indispensable que la educación tome en cuenta en forma básica, estas tres categorías: el mexicano, la familia mexicana, la nación mexicana. Queremos fundir en un sólo núcleo espiritual el alma de todos los mexicanos. La escuela mexicana tiene en los programas de enseñanza, la base sustantiva de su realización y el principio esencial de su tarea, que es en síntesis la de contribuir a integrar la nacionalidad mexicana con sus propios perfiles, con sus notas distintas y peculiares".[4]

Hay dos características de los programas que conviene subrayar:

a) Son nacionales: su objetivo es contribuir a la unificación del sistema educativo de México y, en consecuencia, a la homogeneidad del espíritu nacional.

b) Son para niños mexicanos: se hicieron con vista a su aplicación concreta a los niños de nuestro medio geográfico.[5]

No obstante, los Libros de Texto Gratuitos nacen en un contexto de conflicto entre diversas fuerzas sociales del país, en el que se debate el "derecho legítimo" de definir los contenidos y orientaciones pedagógicas de los libros en los que estudiarán los niños que cursan primaria. La oposición, que congrega principalmente a la Unión Nacional de Padres de Familia, a la Iglesia y a la Sociedad Mexicana de Autores de Libros Escolares A. C., cuestiona el sentido mismo de la producción de los libros y el hecho de que el Estado intervenga cada vez más en la educación.

[4] Salcedo Aquino, "El desarrollo de los Libros de Texto Gratuitos", pp. 5-6.
[5] Salcedo Aquino, "El desarrollo de los Libros de Texto Gratuitos", p. 12.

Los propósitos planteados en los planes y programas de estudio

Los libros de la primera generación se llaman de Historia y Civismo y se acompañan de un cuaderno de trabajo. Su objetivo es "conocer y mejorar la sociedad". Están ubicados en el área de "Comprensión y mejoramiento de la vida social" que se propone ubicar al niño, de acuerdo al grado escolar que cursa, en el hogar, la escuela y la comunidad, hasta tercer año, y a partir de cuarto en relación con la comunidad inmediata y con las distantes, en los medios económico, social y cultural, tanto en el presente como en el pasado.

Tomó ocho años completar la edición de los 36 títulos que abarcan los seis grados de primaria. En el caso de los de Historia y Civismo, los niños de tercero y cuarto años contaron con ellos en 1960; los de quinto grado lo tuvieron en sus manos en 1965; y es hasta 1966 cuando los alumnos de sexto recibieron su libro y su cuaderno de trabajo.

Los contenidos sobre México por grado escolar

Los libros de Historia y Civismo de este periodo, cuyos contenidos[6] se refieren a México son los siguientes:

Mi Libro de Historia y Civismo. Tercer Año, de Jesús Cárabes Pedroza, que habla sobre las culturas prehispánicas, destacando la azteca y del descubrimiento de América y de México. También estudia la conquista de México hasta el nombramiento del primer virrey y la labor de los misioneros, y dedica un apartado a la Revolución mexicana y a algunos de sus personajes: Porfirio Díaz, Justo Sierra, Francisco I. Madero, José María Pino Suárez y Venustiano Carranza. Termina con Lázaro Cárdenas y la expropiación petrolera. En Civismo se incluyen lecciones sobre la organización política de México y su posición en el mundo. Se destacan los valores cívicos, las insignias patrias y las obligaciones para con ella. Se dedican lecciones a los derechos de los obreros y de los campesinos, a Emiliano Zapata y al Artículo 123 de la Constitución. Se alude al progreso de México y a la industrialización del país.

[6] Para ampliar este tema se pueden consultar, Vázquez, "Los Nuevos Libros de Ciencias Sociales", pp. 278-292, y Patiño Arias, "Los libros del área de Cencias Sociales".

Mi Libro de Historia y Civismo. Cuarto Año, de Concepción Barrón de Morán, repasa el México prehispánico y el descubrimiento de América y México. Estudia de manera detallada de la época virreinal en adelante. Se dan nociones sobre la conformación del territorio y del mestizaje y se explican las formas de gobierno y la organización política, económica y social durante la Colonia. Se estudia también, desde el movimiento de independencia hasta la dictadura de Porfirio Díaz. En Civismo se hace énfasis en los valores nacionales y en las virtudes heroicas de nuestros antecesores.[7]

La intención de subrayar el nacionalismo y los valores cívicos en los Libros de Texto Gratuitos se puede apreciar también en las portadas de los libros. Las de los entregados los dos primeros años fueron diseñadas por Anguiano, Chávez Morado, Montenegro y Siqueiros, y en ellas aparecen Miguel Hidalgo, Benito Juárez y Francisco I. Madero, héroes de la Independencia, la República liberal y la Revolución de 1910, respectivamente. A partir de 1962 los libros tuvieron como única portada la obra de González Camarena titulada *La Patria*.

Los Libros de Texto Gratuitos, en general, y los de Historia y Civismo, en particular, siguen con mucha cercanía los programas de estudio y los guiones pedagógicos entregados a los autores como guía para su elaboración. Éstos tienen como base el espíritu nacionalista característico de la época, acorde con el VI Congreso de la Enseñanza de la Historia de 1943 que concluye que la verdad histórica y la creación de un sentimiento de solidaridad nacional debería ser un instrumento de integración patriótica.[8] Los Libros de Texto Gratuitos de Historia de la primera generación sacralizan a la patria,[9] y explícitamente se proponen crear en los niños un sentimiento de "amor por la patria y de unidad nacional", en la que la solidaridad es el instrumento de integración con todos los demás, a partir de las virtudes de sus héroes y de los símbolos nacionales, así como de valores que giran en torno del desarrollo nacional, el progreso técnico y la democracia. La concepción histórica de estos libros "atribuía una importancia preponderante a los personajes, al individuo

[7] Los libros de Historia y Civismo de 5° y 6° grados no se refieren a México.

[8] Vázquez, "Los nuevos libros de Ciencias Sociales", p. 245.

[9] Se puede ver también un análisis de los libros de Lengua Nacional que coinciden con esta idea, en Villa Lever, *Cincuenta años de la Comisión de Libros de Texto Gratuitos*.

como motor de la historia a expensas de las estructuras y los procesos sociales. Esta perspectiva enfatizaba el esfuerzo individual de promoción social como punto de partida del bienestar general".[10]

Se puede decir que a partir de entonces "el país contaba con un precepto legal que permitía exigir que todos los niños mexicanos estuvieran expuestos, durante su educación básica, a una misma versión acerca de México".[11]

LOS LIBROS DE CIENCIAS SOCIALES ENTRE 1972 Y 1992

El contexto sociopolítico

Después de la creación de los Libros de Texto Gratuitos, su primera reforma se realiza en el gobierno del presidente Echeverría, que se esfuerza por desligarse de las reformas educativas pasadas y por mostrar una ruptura ideológica con los regímenes anteriores. La reforma educativa propuesta por ese gobierno fue uno de los resultados de la llamada apertura democrática. Era necesario renovar los ejes ideológicos de la educación: el nacionalismo patriótico, la unidad nacional y la idea de la sociedad mexicana como una sociedad en armonía estaban desgastados y habían perdido su capacidad legitimadora ante las clases populares, por lo que la apertura democrática se tradujo, en el ámbito educativo, en una serie de medidas que principalmente actualizaron al sistema de educación: la Comisión Coordinadora de la Reforma Educativa buscó la renovación pedagógica para la enseñanza primaria, cuyos textos y programas fueron totalmente reformados; se dinamizan y renuevan los métodos pedagógicos y se amplían y flexibilizan las oportunidades educativas. Asimismo, se aprueba una nueva Ley Federal de Educación, con la cual, "sin quitar las prohibiciones legales, no las aplica con rigor y permite a la Iglesia dirigir escuelas privadas. Esto lo hace como mecanismo de compensación que permite establecer un cierto equilibrio de fuerzas entre las dos instancias.

[10] Loaeza, *Clases medias y política en México*, p. 235.
[11] Vázquez, "Los nuevos libros de Ciencias Sociales", p. 292.

El Estado conserva la hegemonía en el control de la educación y la Iglesia conserva una parte de la influencia que necesita para subsistir. Este equilibrio de fuerzas va a permitir también una cierta estabilidad social".[12]

A quince años de establecidos el diseño, la producción y la distribución de los Libros de Texto Gratuitos en manos del Estado, el programa ya era un hecho consumado. Cuando se dan a conocer los libros de la reforma, particularmente los de los últimos grados escolares, hay de nuevo una polémica en torno de ellos. Esta se dirigía contra la forma específica de materializar los Libros de Texto Gratuitos y orientaba los ataques hacia los contenidos de los mismos. La mayoría de las críticas se dirigieron hacia los libros del último año de primaria, principalmente contra los de Ciencias Naturales y de Ciencias Sociales. La primera edición de los libros de Ciencias Sociales no se distribuyó. Algunos intelectuales cercanos al gobierno, algunos integrantes del clero, los grandes empresarios de Monterrey y la Unión Nacional de Padres de Familia, se opusieron a ellos por considerarlos promotores del materialismo histórico, "socializantes y comunizantes". La edición que recibieron los niños tenía algunas modificaciones que pretendían equilibrar la presencia en ellos de líderes de izquierda, incluyendo información sobre algunos de los países capitalistas, como John F. Kennedy.

Los propósitos planteados en los planes y programas de estudio

Según el Plan de estudios y los programas de 1972, las Ciencias Sociales tienen como objetivo que el niño entienda el medio que lo rodea, en lo social, lo político, lo económico y lo artístico; que se familiarice con el método propio de las ciencias sociales en su conjunto; que adquiera un espíritu crítico y una actitud de simpatía, comprensión y tolerancia respecto a valores ajenos; que entienda la importancia de la justicia y la participación social. Los criterios para estructurar los programas fueron: el carácter permanente de la educación; la actitud científica; la conciencia histórica; la relatividad; y el acento en el aprendizaje. Se buscaba que el alumno fuera parte activa de la educación —para dejar atrás al mexicano que aprendía mediante la memorización que lo convertía en un sujeto pasivo—, y que aprendiera a aprender, lo que le permitiría adquirir capacidad de análisis y de crítica para resolver problemas.

[12] Villa Levar: "El conflicto en torno a los Libros de Texto Gratuitos", p. 75.

Los Libros de Texto Gratuitos de esta reforma no fueron escritos por normalistas, como los anteriores, sino por investigadores de instituciones como El Colegio de México, el Instituto Politécnico Nacional, y el Departamento de Investigación Educativa del CINVESTAV. Los libros de Ciencias Sociales no fueron hechos por una sola persona, sino por equipos de especialistas, bajo la coordinación de Josefina Zoraida Vázquez, investigadora de El Colegio de México.

Los niños de 1° y 2° grados recibieron por primera vez sus libros de Ciencias Sociales en el ciclo escolar de 1972-1973, y en el siguiente se repartieron también a los de 3°, 4°, y 5° de primaria. En el ciclo escolar de 1974-1975 se entregaron los libros para sexto año. Cabe señalar que los maestros que enseñaban en los distintos grados también recibieron su "Libro para el maestro", en donde se les daban indicaciones pertinentes para cada asignatura y lección.[13] Se elaboraron 54 títulos distintos: 30 para el educando y 24 auxiliares didácticos, los cuales por primera vez se hicieron de acuerdo con el plan de estudios y con los programas. Estos libros perduraron hasta la siguiente reforma en 1993.

Los contenidos de estos libros, distribuidos en los seis grados de primaria, se presentan con un enfoque interdisciplinario, y tienen como objetivo principal que el niño entienda por qué es mexicano y lo que esto significa. También buscan que los alumnos comprendan la diversidad geográfica y la pluralidad humana de nuestro país.[14]

La nueva colección cambiará su iconografía y cada uno tendrá una portada diferente, pero todos girando en torno al tema de los juguetes y las artesanías mexicanas. El artista, Juan Ramón Arana, utilizó la técnica del *collage* para hacerlas. En 1979 se modifican las portadas de los libros de Ciencias Naturales y Sociales. Para los libros de Ciencias Sociales se recurre a la Escuela Mexicana de Pintura y se retoman de los murales de Orozco, Siqueiros y O'Gorman, las figuras de Hidalgo, Juárez, Madero y Carranza.[15]

[13] En 1978 se reformaron los libros para 1° y 2° grados. Para ampliar, puede verse "El desarrollo de los Libros de Texto Gratuitos", pp. 44-46, y Merino Huerta, "Los libros de Ciencias Sociales", pp. 318-319.

[14] Vázquez, "Los nuevos libros de Ciencias Naturales", p. 50.

[15] Villa Lever, "Los Libros de Texto Gratuitos".

En este periodo se cambia la organización del currículo de asignaturas a la de áreas, por lo cual, la Historia, el Civismo y parte de los contenidos de Geografía se incluyen en un área denominada Ciencias Sociales.

> Esta reordenación académica tiene como finalidad estudiar al hombre como lo que es, un ser eminentemente social. Engloba, por lo tanto, conocimientos de antropología, geografía humana, economía, ciencias políticas, sociología e historia. Se pretende hacer entender al educando el medio que lo rodea y sus complejas interrelaciones y familiarizarlo con el método propio de las ciencias sociales en su conjunto y con las diferencias que existen entre las ciencias sistemáticas del hombre y las ciencias históricas. Al mismo tiempo, se pretende infundir en los alumnos el espíritu crítico, o sea la capacidad de apreciar tanto los aspectos objetivos y constantes, como los subjetivos y cambiantes de cualquier teoría y método de la ciencia y la conducta del hombre, reafirmando así su propia identidad.[16]

Los contenidos sobre México por grado escolar

Los contenidos de los libros de Ciencias Sociales dependen del grado escolar y los que se refieren a México son solamente los de 3° y 4° grados:[17]

El de tercer grado[18] se dedica al estudio de México, sus regiones geográficas, sus diversos grupos étnicos y sus distintos niveles de desarrollo económico y social, para iniciar al niño en el conocimiento sistemático sobre su propio país. Mediante sus cinco unidades didácticas se hace énfasis en la diversidad del país y en los factores históricos y cívicos de la nacionalidad mexicana. Se introducen algunos conceptos básicos de las ciencias sociales que ayuden al niño a comprender mejor el mundo que lo rodea, como la explotación de los recursos, la idea de la industria como transformación de la materia prima y la división del trabajo; se introduce la idea de la existencia de distintas clases sociales y de que el mexicano es producto de la mezcla de varios grupos humanos; se habla

[16] Salcedo Aquino: "El desarrollo de los Libros de Texto Gratuitos", p. 43.

[17] Merino Huerta, "Los libros de Ciencias Sociales", pp. 317-322.

[18] Para conocer a los autores de los libros de Ciencias Sociales se puede consultar el listado completo en Villa Lever, *Cincuenta años de la Comisión de Libros de Texto Gratuitos*, Anexo 7.

de la producción agropecuaria y de la organización del gobierno municipal, de las culturas prehispánicas más importantes y de la historia de la Revolución mexicana.

En el libro de 4º año se propone enseñar al niño a pensar con sentido crítico y con el objetivo de que aprenda a usar la información de manera útil y organizada, así como para que sepa compartirla o socializarla. El libro consta de cinco unidades didácticas, cuyo propósito principal es introducirlo en los problemas nacionales, que entienda por qué es mexicano y lo que ello implica. Pretende que el niño tome conciencia de la pluralidad geográfica y humana de México y se trabaja especialmente sobre el México urbano. El estudio de la historia de México abarca desde la Conquista hasta la Revolución.

Los libros de Ciencias Sociales conciben la educación como un proceso activo de participación, descubrimiento y exploración, así como de asimilación de métodos y lenguajes más que de información. En estos libros subyace una concepción didáctica de la historia que propicia una actitud interpretativa de las grandes transformaciones económicas, sociales, políticas y culturales, en contraposición a los del periodo pasado, caracterizados por el memorismo de nombres y fechas, y la veneración de las virtudes cívicas. En estos libros se concibe la historia como fruto de la acción del hombre, en la que se encuentran respuestas a muchas preguntas sobre el presente y da pie para buscar soluciones a los problemas del país. Se pretende una enseñanza integral, que tiene base en el paradigma de *aprender a aprender.* Se incorporan a estos libros elementos de la teoría de la dependencia y del materialismo histórico, y se enfatiza la importancia de la técnica como motor del desarrollo y como solución a los problemas del país.

LOS LIBROS DE HISTORIA ENTRE 1993 Y 2008

El contexto sociopolítico

El gobierno de Salinas de Gortari se caracterizó por una política de apertura económica que llevó al país a concretar la firma del Tratado de Libre Comercio, su ingreso a la Organización Mundial de Comercio y a la Organización para la Cooperación y el Desarrollo Económicos, con objeto de posicionarlo entre los países del primer mundo, pero también tiene lugar el levantamiento Zapatista de Liberación Nacional, que lo ubica como un país con inequidades profundas y conflictos sociopolíticos importantes, y además pone en la discusión política el tema de la multiculturalidad del país.

En ese contexto, se plantea una nueva reforma a la educación plasmado en el Programa para la Modernización Educativa,[19] que incluye un diagnóstico que enfatiza el rezago educativo y se orienta a la eliminación de las desigualdades regionales y sociales, a la mejora de la calidad de la enseñanza, a la integración de la educación al desarrollo económico, a ampliar las oportunidades educativas por medio de modalidades no escolarizadas, y a reorganizar el sistema educativo. Se propone también la descentralización de la educación básica, lo que no es bien recibido por el SNTE pues considera peligrosa la política de descentralización de la administración educativa propuesta por el primero de los cuatro secretarios de Educación de ese sexenio, Manuel Bartlett, quien deja el puesto el 7 de enero de 1992. Su sucesor, Ernesto Zedillo, logra la firma del Acuerdo Nacional para la Modernización de la Educación Básica, el 18 de mayo de 1992, por parte del SNTE, de la SEP y de los gobernadores de los estados con la presencia del presidente Salinas, lo cual supone el traspaso de la educación preescolar, primaria, secundaria y normal, por parte de la SEP a los gobiernos de los estados, lo que implicaba la "federalización" de la educación, es decir, la devolución a los estados de la autoridad sobre el gasto educativo y la administración de los recursos. La SEP se encargaría de la educación del Distrito Federal, de la transferencia de recursos financieros, de la normatividad, así como de la revisión de los planes, programas y de los materiales educativos.

Los propósitos planteados en los planes y programas de estudio

En el Acuerdo se propone una nueva "reforma integral de los contenidos para los materiales educativos que habrá de traducirse en la renovación total de programas de estudio y libros de texto para el ciclo escolar 1993-1994,[20] y establece la reformulación de los contenidos y el abandono de las áreas para sustituirlas por el estudio de asignaturas.

[19] SEP, *Programa Nacional para la Modernización Educativa.*

[20] SEP, *Acuerdo Nacional para la Modernización de la Educación Básica.*

Con el argumento de que la historia de México había desaparecido de la escuela durante la vigencia de los Libros de Texto Gratuitos de la reforma anterior, lo que no es del todo cierto, el año escolar 1992-1993 es declarado "Año para el estudio de la historia de México", con el objeto de que los niños de los últimos tres años de la educación primaria cursen al menos un año de historia nacional.[21] Con base en el Acuerdo y en la responsabilidad de la SEP, de elaborar los nuevos libros de texto, se decidió iniciar con los libros de Historia. La coordinación fue asignada a Enrique Florescano y a Héctor Aguilar Camín, quienes a su vez contrataron a historiadores de varias instituciones como la UNAM, el INHA, y los colegios de México y Michoacán, entre otros.[22]

Los autores se proponían presentar los hechos históricos dentro de una amplia y actualizada perspectiva histórica y sobre la idea de "no ocultar nada de nuestro pasado histórico por incómodo o doloroso que esto fuera, pues eso permitiría ver con mayor claridad que el México de hoy no es más que producto de la mezcla de diversas culturas y fuerzas sociales que forjaron nuestros antepasados".[23]

Se elaboraron dos libros: el de 4° grado, que debía constar de diecinueve lecciones y el de 5° y 6° —el mismo para ambos grados—, con treinta y nueve lecciones, número determinado por la cantidad de clases previstas para esa asignatura. Además, los libros retoman el nombre de aquéllos de los años sesenta, "Mi libro de Historia de 4°, 5° ó 6° año", repitiendo la portada donde la patria está representada por una mujer de rasgos indígenas envuelta en la bandera nacional.

Los nuevos libros de Historia de México fueron presentados el 4 de agosto de 1992, un poco antes de iniciar el ciclo escolar. Como en el pasado, provocaron una fuerte reacción de las distintas corrientes de opinión, principalmente en los periódicos, pero también mediante una serie de reuniones donde los distintos grupos y sectores analizan y discuten

[21] SEP, *Plan y programas de estudio primaria*, p. 14.

[22] El equipo quedó integrado como sigue: época prehispánica: Johanna Broda, Linda Manzanilla, Luz María Mohar y Concepción Obregón. Época colonial: Solange Alberro, Rodrigo Martínez, Clara García, Gisela von Wobeser, Antonio Rubial y Carlos Herrejón. Siglo XIX: Carlos Herrejón, Álvaro Matute y Jorge González Angulo. Siglo XX: Jean Meyer, Héctor Aguilar Camín y Luis González y González. SEP, *Memoria analítica de los libros de texto de Historia de México*, p. 16. Véase también Villa Lever, "La significación social de los Libros de Texto Gratuitos".

[23] SEP, *Memoria analítica de los libros de texto de Historia de México*, p. 15.

los avances, retrocesos, omisiones y objetivos de los libros. La SEP guardó silencio sobre el proceso de los libros de Historia, pero ante la intensidad del debate que suscitaron fue necesario que explicara quién los hizo, cómo se encargaron y cuánto se les pagó. La polémica también giró en torno de la justificación ideológica que los libros hacían del régimen. Fue muy criticado el hecho de que los libros incluyeran la época actual en sus páginas. En el mismo sentido se criticó la manera de interpretar algunos hechos históricos, en particular el Porfiriato, la ausencia de los "Niños Héroes", o la mínima mención hecha acerca de Emiliano Zapata, entre otros. Por encima de las opiniones vertidas, llama la atención el énfasis que estos libros hacen del nacionalismo, en un momento en el que el país se está preparando para firmar un tratado de libre comercio con América del Norte y en el que el discurso del gobierno insiste en que el país se abra al mundo. Esta fue la primera vez que en los textos de historia quedarían borrados nuestros héroes de la lista negra o blanca, pues se presentarían hombres de carne y hueso, con defectos y cualidades y serían personajes analizados en toda su complejidad. Se pretendía que fueran libros donde no hubiera héroes mitológicos, ni se pretendiera explicar el desarrollo histórico por medio de los individuos providenciales o producto de fuerzas mecánicas, sino como el resultado de una explicación de los procesos colectivos e individuales, libros surgidos como producto de una necesidad de actualizar la historia antigua y revalorar las etapas necesarias en función de los avances científicos de la historia. Hay que señalar que estos libros no llegaron a manos de los niños, pues la SEP decidió retirarlos.[24]

Después de esta fallida experiencia, se elaboraron nuevos Libros de Texto Gratuitos de Historia para cada grado escolar, los cuales se publicaron a partir de 1994, con base en los planes y programas de estudios de 1993. Los libros de cuarto a sexto fueron preparados por la SEP, partiendo de las sugerencias recogidas en el Foro Nacional para la Enseñanza de la Historia de México en la Educación Primaria. "La búsqueda de la armonía con el SNTE hizo que la renovación de contenidos, programación y textos quedara en manos de maestros, lo que los condenará a cierto retraso —escribe Josefina Vázquez—, ya que no se les puede pedir que estén al tanto de los conocimientos mas recientes".[25]

[24] Villa Lever, "La significación social de los Libros de Texto Gratuitos".

[25] Vázquez, "La modernización educativa", p. 941.

Las portadas de los libros de cuarto, quinto y sexto están ilustradas; el primero con Hidalgo, de un fragmento de un mural de José Clemente Orozco; el de quinto, con Juárez, de Antonio González Orozco, y el del último grado con Madero, de Juan O'Gorman.

Los contenidos sobre México por grado escolar

Con las reformas que dieron lugar a los nuevos planes y programas de estudio de primaria que entraron en vigor para el ciclo 1993-1994,[26] se dio prioridad a recuperar el estudio sistemático de la historia, la geografía y la educación cívica, a partir del cuarto grado, buscando el desarrollo de habilidades intelectuales que ayuden a lograr una visión organizada de la historia y la geografía de México.

Los libros que trabajan sobre la historia de México son:

Historia de 4º año, coordinado por Felipe Garrido, que empieza con el poblamiento de América, los primeros pobladores de Mesoamérica, los toltecas y los mexicas, así como la cultura prehispánica y su legado. El descubrimiento de América y la conquista de México; el México virreinal, y de la Independencia a la Reforma; el Porfiriato, la Revolución mexicana y el México contemporáneo.

Historia de 6º grado, coordinado también por Felipe Garrido, repasa la Independencia, la Reforma y el Porfiriato, y pasa al siglo XX con la Revolución mexicana, la cristiada, el Partido Nacional Revolucionario y la consolidación del México contemporáneo.

Los objetivos explícitos de estos dos libros, expresados en sus introducciones, son dar a los niños información sobre el pasado de nuestro país, despertar en ellos el gusto por la historia y el amor a la patria, y hacerlos conscientes de su identidad como mexicanos.

En los libros de historia los temas de estudio se organizan de manera progresiva y se parte de lo más cercano y concreto hacia lo más lejano y general; se estimula el desarrollo de nociones para el ordenamiento y la comprensión del

[26] En dicha reforma se dio prioridad al dominio de la lectura, escritura y expresión oral; dedicación a las matemáticas de un cuarto del tiempo en los seis grados; relacionar los temas de la salud y la protección del medio ambiente; recuperar el estudio sistemático de la historia, la geografía y la educación cívica a partir del cuarto grado; y reservar un espacio importante para la educación artística y física.

conocimiento histórico; se diversifican los objetos de conocimiento histórico; se fortalece la función del estudio de la historia en la formación cívica; y se articula el estudio de la historia con el de la geografía.[27]

En los contenidos temáticos de los libros de historia de los años noventa, se rescatan aspectos como la necesidad de tener una concepción del tiempo y del espacio previa a cada una de las épocas y se considera la construcción de una historia total que tome en cuenta los aspectos económico, político, social y cultural. Además, hay una preocupación por parte de la SEP sobre cuál es el momento más adecuado para introducir qué tipo de contenidos, de acuerdo a las etapas de desarrollo del niño.

LOS LIBROS DE TEXTO GRATUITOS DE ESTE GOBIERNO, DE 2006 A LA FECHA

El contexto sociopolítico

El sexenio actual, con un nuevo gobierno panista y con Felipe Calderón como presidente de la República, ha estado enmarcado por un proceso de globalización que profundiza las diferencias en los terrenos social, económico y cultural, y por un gobierno cuestionado, cuya prioridad ha sido la lucha contra el narcotráfico y la inseguridad.

En el ámbito educativo, la subsecretaría de Educación Pública propuso la transformación educativa como propósito fundamental en el Programa Sectorial de Educación 2007-2012, con objeto de "elevar la calidad de la educación para que los estudiantes mejoren su nivel de logro educativo, cuenten con medios para tener acceso a un mayor bienestar y contribuyan al desarrollo nacional".[28] Para ello se plantea una reforma integral de la educación básica, centrada en la adopción de un modelo educativo basado en competencias, que busca alcanzar mayor articulación entre preescolar, primaria y secundaria. Además, se firma la Alianza por la Calidad de la Educación, en mayo de 2008, entre el gobierno federal y el Sindicato Nacional de Trabajadores de la Educación (SNTE), acuerdo tomado al más alto nivel, que puso en evidencia la estrecha relación que

[27] SEP, *Plan y programas de estudio primaria*, pp. 89-91.

[28] SEP, *Programa Sectorial de Educación 2007-2012*, p. 11.

se ha dado en este sexenio entre el gobierno federal y el SNTE. Con el paso del tiempo se ha hecho evidente que la Alianza fue diseñada sin haberse aprovechado el conocimiento disponible acerca de la dinámica del cambio educativo, y que interrumpe el que se había venido dando de manera paulatina a los nuevos enfoques que se propusieron desde 1993.[29]

En este marco, la subsecretaría de Educación Básica diseñó, entre otras acciones, una nueva propuesta curricular para la educación primaria, y un programa por etapas, para probar los nuevos Libros de Texto Gratuitos redactados conforme a un nuevo plan y programas de estudio. La reforma a la educación primaria se plantea con base en las reformas a la educación preescolar y secundaria, porque "la Reforma Integral de la Educación Básica pretende articular las asignaturas que conforman los tres currículos, de manera que muestren mayor coherencia entre los enfoques y contenidos de las asignaturas, y expliciten las competencias que los estudiantes deberán desarrollar y poner en práctica. Los currículos de los tres niveles están orientados por cuatro campos formativos que se definieron para la educación básica: lenguaje y comunicación, pensamiento matemático, exploración y comprensión del mundo natural y social, y desarrollo personal y para la convivencia. Se proponen, además, cinco competencias que deberán desarrollarse en todas las asignaturas: el aprendizaje permanente, el manejo de la información, el manejo de situaciones, la convivencia, y la vida en sociedad.

De acuerdo a esta reforma, los planes y programas de estudio de preescolar, primaria y secundaria se construyeron de manera articulada, con objeto de que la escolaridad básica se curse de forma coherente y sin traslapes o vacíos en las diversas líneas de estudio. El plan y los programas de estudio de educación primaria se articulan con los planteamientos del plan y los programas de estudios de educación secundaria 2006 en relación con tres elementos sustantivos: *a)* la diversidad y la interculturalidad, *b)* el énfasis en el desarrollo de competencias y *c)* la incorporación de temas que se abordan en más de una asignatura.[30]

En el ciclo escolar 2008-2009 se probaron los Libros de Texto Gratuitos de primero, segundo, quinto y sexto grados en 4 723 escuelas de las distintas modalidades, tipos de servicio y organización. Se inició con ellos por considerar que el primero y tercer ciclos de la educación prima-

[29] *Observatorio Ciudadano de la Educación*, 2009.

[30] SEP, *Programas de estudio 2009 Cuarto grado, educación básica.*

ria permitirían ver la articulación con los niveles anterior y posterior, es decir, preescolar y secundaria.

Como resultado de la "prueba piloto" se distribuyen en agosto de 2009 a los niños de 1° y 6° grados de primaria, los nuevos Libros de Texto Gratuitos, que responden al nuevo plan de estudios. Estos libros ya vivieron su polémica, en la que el punto central fue su falta de calidad.

También, durante ese mismo ciclo escolar se pusieron a prueba los programas para tercero y cuarto grados, y se implementó una segunda fase de prueba en aula para segundo y quinto grados.

Los materiales de prueba acordes a los programas de estudio 2009 de educación primaria, fueron elaborados por el personal académico de la dirección general de Desarrollo Curricular de la subsecretaría de Educación Básica de la SEP. La coordinación general está a cargo de Leopoldo F. Rodríguez Gutiérrez y Noemí García García, y los responsables de la asignatura de Historia son Felipe Bonilla Castillo y Verónica Arista Trejo.

Los propósitos planteados en los planes y programas de estudio

Los libros de Historia están ubicados dentro del campo formativo correspondiente a *exploración y comprensión del mundo natural y social*. Se proponen una enseñanza formativa de la historia, en la que no haya prácticas que privilegien la memorización de nombres y fechas, que promueva la comprensión de acontecimientos y procesos ubicados en el tiempo y en el espacio. La meta —se explica en la introducción de los materiales que están en prueba— es que los alumnos logren relacionar el pasado con su presente; que los maestros les enseñen a comparar diversas fuentes y con ello descubran que existen diferentes puntos de vista sobre un mismo acontecimiento histórico, y que a partir de ello sean capaces de entender que los conocimientos históricos no son una verdad absoluta y única; que estudien una historia global que tome en cuenta las relaciones entre la economía, la política, la sociedad y la cultura en la que intervienen múltiples protagonistas, desde personas del pueblo hasta grandes personajes.

Desde esa perspectiva, la historia contribuirá a que los alumnos valoren su legado histórico, desarrollen y fortalezcan sus valores, y afirmen su identidad nacional. Se pretende que el conocimiento histórico permita a los niños entender y analizar el presente, planear el futuro, que comprendan la realidad y se sientan parte de ella como sujetos históricos.

En los programas de estudio de Historia se considera una estructura organizada para el desarrollo de tres competencias: comprensión del tiempo y espacio históricos, manejo de información histórica y formación de una conciencia histórica para la convivencia; así como cuatro ámbitos de análisis: el económico, el político, el social y el cultural.

Los contenidos sobre México por grado escolar

Los grados en los que se estudiará la historia de México[31] son:

En 4° grado, que es cuando se inicia el aprendizaje de la historia de manera específica e inician con el estudio de la historia de México, desde el poblamiento de América hasta la consumación de la independencia, pasando por las sociedades prehispánicas y virreinales. Trabajan el tiempo histórico con ayuda de una línea del tiempo, así como los procesos históricos de cambio y permanencia en las sociedades, como el paso del nomadismo al sedentarismo, o el de la conquista a la independencia; y aplican las convenciones "antes y después de Cristo (a. C. y d. C.)" para ubicar el contexto temporal de las culturas prehispánicas.[32]

En 5° grado abarca desde el México independiente hasta los albores del siglo XXI. Se estudian los problemas que enfrentó México durante las primeras décadas del siglo XIX; y los procesos históricos para consolidar la República; del Porfiriato hasta la Revolución mexicana; las características económicas, políticas, sociales y culturales que influyeron en el proceso de transformación de 1920 a 1982; y finalmente, se analiza la transformación del país en las décadas recientes. En este grado se pretende que los alumnos y alumnas sean capaces de ubicar temporal y espacialmente los procesos históricos del México independiente hasta nuestros días, de utilizar fuentes para explicar cambios y continuidades del pasado de México, y valorar los principios de identidad, soberanía y participación ciudadana en la vida democrática del país.[33]

[31] Los Libros aún no se publican, por lo que el único material que se conoce es el que está en "etapa de prueba" en la página electrónica de la SEP. SEP, *Programas de estudio 2009 Cuarto grado* y *Programas de estudio 2009 Quinto grado*.

[32] SEP, *Programas de estudio 2009 Cuarto grado*, p. 193.

[33] SEP, *Programas de estudio 2009 Cuarto grado*, pp. 197 y 205.

De acuerdo a los planes y programas de estudio para la asignatura de historia, en primaria se trabaja de manera gradual, pasando del estudio de la historia personal y familiar a la de la comunidad, la entidad federativa, el país y el mundo. Con ella se busca el desarrollo de nociones y habilidades que ayuden a comprender los sucesos y procesos históricos en el nivel local, en el regional a partir de la entidad, en el país y en el mundo; la interrelación entre los seres humanos y su ambiente a través del tiempo; la generación de habilidades para el manejo de información histórica; el fomento de valores y actitudes para el respeto y cuidado del patrimonio cultural y que los alumnos se perciban como protagonistas de la historia; desarrollen su identidad nacional y se formen una conciencia responsable en su participación como miembros de una sociedad.

PARA CONCLUIR

No cabe duda de que los Libros de Texto Gratuitos de las cuatro épocas que se acaban de analizar, cumplen con las funciones de los libros oficiales: enseñan y propagan una versión del pasado, promueven una identidad común y fomentan la lealtad hacia la nación.

Sin embargo, en cada época se hace un énfasis distinto: los Libros de Texto Gratuitos de Historia de la época de López Mateos estuvieron enmarcados en el nacionalismo revolucionario, que ya no respondía a la realidad vivida. Los de Ciencias Sociales, reformados en el sexenio de Luis Echeverría, se orientaron hacia la búsqueda de una reinserción de México en el ámbito mundial que rompió con el nacionalismo de los anteriores, destacando en su lugar una visión universalista con énfasis en lo urbano. Resultado de la reforma salinista, los primeros Libros de Texto Gratuitos de Historia se debaten entre la aceptación de la diversidad y la pluralidad cultural, por un lado, y la homogeneidad que borre las diferencias entre los mexicanos, así como una "unidad nacional" cada vez más desdibujada. Finalmente, los libros que en la actualidad están en prueba se proponen lo que todo libro oficial de historia de México: que la historia contribuya a que los alumnos valoren su legado histórico, desarrollen y fortalezcan sus valores, y afirmen su identidad nacional.

PINCELADAS DE LA HISTORIA

Alicia Azuela de la Cueva
UNIVERSIDAD NACIONAL AUTÓNOMA DE MÉXICO

En el presente texto se hará referencia al caso del muralismo mexicano, movimiento artístico que nació en 1921 y prolongó su presencia dominante hasta finales de la década de los años cincuenta del siglo pasado. Surgió como una forma de arte público, didáctico y patrocinado por el Estado. Tales características lo ligan necesariamente a la materia que nos ocupa: la historia oficial en la era posrevolucionaria, aunque no lo reducen a un mero reproductor o coautor de las diatribas de los gobiernos en curso.

A continuación se presentará una visión general del desarrollo y las variantes en el discurso histórico visual de la producción mural en la etapa posrevolucionaria, derivadas en especial de las tendencias políticas e ideológicas del autor, de las circunstancias históricas del momento y de su relación con el grupo que desde las esferas públicas lo patrocinó. Se pretende por ello hacer referencia a las razones que hacen de este movimiento pictórico un elemento constitutivo del campo artístico de su tiempo, forma de cultura de élite ligada estructuralmente y en juego con el campo del poder político.

Se centrará la atención en tres conjuntos murales representativos de las etapas y facetas de los murales de temática histórica hechas entre 1921 y 1935. El conjunto mural de la Escuela Nacional Preparatoria, antiguo Colegio de san Ildefonso, obra pionera dedicada a representar los orígenes históricos, culturales y raciales de México; *El canto a la tierra*, frescos para la capilla de la exhacienda de Chapingo, consagrada a exaltar el triunfo la

Revolución Agraria, asunto medular para la lucha armada de 1910 y su efectos, así como las pinturas en la escalera del Palacio Nacional: *México ayer, hoy y mañana*, primer compendio visual de la historia de México, del origen prehispánico al cardenismo, encargo directo del presidente Plutarco Elías Calles y en esencia ligado a la historia oficial.

Se intentará mostrar las diversas formas que fue tomando el muralismo mexicano derivadas especialmente de su temática, de las tendencias políticas e ideológicas del autor, de las circunstancias históricas del momento, de su relación con el grupo que desde las esferas oficiales lo patrocinó y del impacto o representatividad que tuvo la obra en el espacio de la relación arte-poder en el ámbito del arte público estatal.

PRIMERA ETAPA: GÉNESIS RACIAL, CULTURAL E HISTÓRICO DEL MÉXICO ACTUAL

José Vasconcelos fue quien como rector de la Universidad de México y secretario de Educación Pública contrató el primer conjunto mural, y tal como lo hizo con el resto de la élite educada, abrió a los pintores el espacio para colaborar desde los ámbitos oficiales en los programas de educación, difusión y creación artística y cultural.

Las mismas metas que Vasconcelos persiguió con su programa educativo alcanzaron a la pintura mural: definió su labor como "civilizadora", dirigida a reconstruir el alma nacional y a "crearle la doctrina" a la Revolución, vocación pública y didáctica que el muralismo conservó siempre y que Vasconcelos concebía en función de una "revolución espiritual" dada desde el terreno de la educación, la cultura y el arte.[1] De acuerdo con el discurso nacionalista, y dentro de la tradición pictórica propia de la Academia de Bellas Artes, debió por consiguiente ocuparse de asuntos relevantes y ejemplares para la ciudadanía, entre los que estaban precisamente los temas referidos a la historia patria y sus hechos y protagonistas de mayor trascendencia. La temática histórica se trató de distintas maneras y enfoques que variaron aceleradamente marcando las etapas del muralismo.

Vasconcelos contrató la primera serie de murales entre 1921 y 1924. Éstos debían versar sobre las raíces históricas, culturales y raciales de México, asuntos que suelen marcar el inicio de las etapas del revisionismo his-

[1] Vasconcelos, *El desastre*, p. 43, y del mismo autor, "Los motivos del escudo", p. 216.

tórico.[2] Esta cuestión recurrente en la pintura mural estuvo en el corazón del discurso histórico oficial como herramienta unificadora de un país polifacético y de legitimación nacionalista de los nuevos grupos en el poder.

En su primer periodo tuvo el tono del humanismo universalista propio del pensamiento ateneísta y de su peculiar hispanoamericanismo nacionalista, incluido el ideal del mestizaje cultural y racial correspondiente, visión de carácter universalista y endocéntrica típica de la historiografía moderna. Ramón Alva de la Canal abordó el tema por primera vez con ese enfoque en el periodo de 1922-1923 en la alegoría histórica *La cruz plantada en tierras nuevas* (imagen 1). La escena presenta las tres carabelas ancladas en tierras indígenas. Un conquistador ata a tierra firme una de ellas; con él desembarca una mujer que ofrenda el globo imperial dorado, símbolo del imperio español; un hombre vestido con armadura que en vez de espada lleva un pendón y una predicadora que recién llegada difunde la nueva verdad. Los depositarios de estas prédicas son los indígenas. La pasividad con que la reciben y la carencia de todo símbolo que aluda a las aportaciones anímicas del mundo indígena dan fe de esta "conquista espiritual", de donde nacieron las raíces "religiosas y culturales" de Hispanoamérica y del mestizaje "unilateral". La fisonomía y la vestimenta clásica de todas las figuras y los cuerpos semidesnudos de los indígenas, igual que el uso de tonalidades claras, afirma la supuesta occidentalización nativa. En este muro, por solicitud de Vasconcelos, se plasmó la representación de "la gran patria", "la que compartimos con nuestros mayores del imperio español", en la que se "hermanan [...] por las heredades del espíritu y los lazos de sangre" con las que se gesta la séptima raza, quintaesencia vasconceliana del mestizaje.[3]

Fue el pintor francés Jean Charlot quien por primera vez representó dentro del muralismo mexicano la versión de la conquista de México dada por el nacionalismo liberal. Esta perspectiva, además de apartarse de la concepción hispanófila y criollista propia del vasconcelismo, dio inicio a una línea de contenido histórico íntimamente ligada al nacionalismo indigenista decimonónico que adquiere nuevos bríos durante la lucha armada revolucionaria. Si la versión crítica de la conquista tiene esa raigambre liberal independentista, el lenguaje formal de esta obra es netamente

[2] Zermeño, *La cultura moderna de la historia*, p. 21.

[3] Azuela, "Los murales de san Ildefonso", p. 122.

europeo. Se conjuntan dos fuentes principales: la renacentista, rescatada por el clasicismo europeo de la posguerra, y el futurismo.

Charlot se inspiró para esta representación épica de la conquista en la serie de batallas del pintor Paolo Uccello (imagen 2). Dan cuenta de esta influencia la estructura compositiva de la obra, el uso de las lanzas para darle dramatismo a la composición y dividirla en dos secciones: la superior dedicada a los conquistadores y la inferior a sus víctimas mexicas, quienes ataviadas con sus trajes ceremoniales padecen los embates de la conquista militar y sufren los daños de la sujeción espiritual. Las grandes armaduras que llevan los guerreros y sus corceles nos refieren también a las representaciones mecanicistas de la velocidad que utilizaron con frecuencia los pintores futuristas. A partir de este momento, los caballos de acero fueron fundamentales en la iconografía del muralismo para representar la superioridad militar de los conquistadores y la faceta destructiva del mecanicismo y la industrialización.

José Clemente Orozco, por su parte, en los muros del primer descanso de la escalera, retoma el tema de la conquista espiritual y el nacimiento del mestizaje mostrando las complejas vetas de la conquista. Tal es el caso de *Franciscano auxiliando a los enfermos* (1924) y *Cortés y la Malinche* (1926) (imagen 3). El fraile franciscano que rescata al indio famélico lo asfixia con su abrazo, y Hernán Cortés, señorial y bien parecido, toma amoroso la mano de la Malinche y con la otra la hace a un lado, mientras que a sus pies un indígena se retuerce de dolor. Igual que en el caso de la caridad franciscana, el suyo es un paternalismo asfixiante. De esta manera y a contracorriente de la visión hispanófila o hispanófoba, que en distintos momentos tiñó la historia oficial con una postura atípica, resalta la complejidad del sincretismo cultural y racial y la destructividad implícita en todo proceso de conquista.

Los artistas que colaboraron en san Ildefonso, con unos cuantos meses de diferencia y con el mismo patrocinador, en el terreno de las representaciones históricas sobre los orígenes fueron del criollismo americanista al nacionalismo indigenista; de una visión hispanófila de la conquista de México a una concepción nacionalista de tono indigenista y en ocasiones hispanófoba predominante en el discurso histórico oficial. Se manifiestan también las dos tendencias que de acuerdo con Álvaro Matute distinguían entonces a la historiografía de nuevo cuño: una comprometida con la realidad revolucionaria —y, por ende, también ocupada en el pasado inmediato— y la otra dedicada a la remembranza de un pasado remoto.[4]

[4] Matute, *Pensamiento historiográfico mexicano del s. XX*, p. 27.

SEGUNDA ETAPA. LA HISTORIA RECIENTE: EXPECTATIVAS Y DESÁNIMOS

De manera vertiginosa y con Vasconcelos todavía al frente de la SEP, el muralismo entró a una segunda fase en medio de un clima de agitación en el ámbito universitario y de serios problemas políticos y sociales en el país. Los graves conflictos en la Preparatoria, provocados entre otras cosas por los enfrentamientos entre Vasconcelos y Vicente Lombardo Toledano, derivaron en la suspensión del primero de la dirección de la Preparatoria, y en la renuncia a la secretaría de Educación por parte del segundo.

Mientras se daban estas disputas, los murales fueron blanco de una serie de agresiones físicas producto de los enfrentamientos entre grupos políticos rivales y un público hipercrítico a la obra mural.[5] Las confrontaciones tuvieron que ver, entre otras cosas, con el rechazo de Vasconcelos a involucrar el espacio universitario y sus programas de estudio con acciones políticas o con grupos ajenos a la universidad; así como con la insistencia de Lombardo Toledano de enlazar de manera directa la vida académica con el acontecer social y las luchas de facciones.

Otro factor que contribuyó a la tensión de ese momento fue la intromisión de grupos políticos en la arena universitaria, ocasionada en parte por las filiaciones a grupos de activistas provenientes tanto de la CNT como del Partido Comunista.

Frente a una situación tan conflictiva, los muralistas optaron por una postura socialmente comprometida que en muchas ocasiones los movió a la militancia y en su producción artística conllevó el registro de la historia reciente. Se trata de relatos y especulaciones ontológicas derivados principalmente de la experiencia revolucionaria reciente y de la confrontación con el desenlace de las pugnas por el poder, el incumplimiento de las promesas de los líderes y la lucha por lo ideales: expectativas puestas precisamente en la etapa de reconstrucción posrevolucionaria.

Dos de los casos más representativos fueron el mural de David Alfaro Siqueiros, *El entierro del obrero sacrificado*, en el cual le rindió un homenaje póstumo al recién asesinado líder socialista Felipe Carrillo Puerto (el 3 de enero de 1924) y de José Clemente Orozco, *Falsedades sociales* (1923-1924). En este ciclo de siete murales, por medio de la caricatura y de la evidencia de vicios más que de virtudes, se continúa el tratamiento de "grandes temas": el hombre y su incidencia en la historia de este caso

[5] Azuela, "Los murales de san Ildefonso", p. 122.

particular. Orozco se ocupó de la desigualdad social en *El banquete de los ricos*, y de la injusticia y de la corrupción en *La ley y la justicia*. En *Los aristócratas* se refiere al fariseísmo, en *La basura social* a las falsas doctrinas y en *El juicio final* a la manipulación de la fe popular por parte la Iglesia. Por último, atacó frontalmente en *La acechanza* al líder obrero Luis Morones.

Orozco puso los elementos plásticos al servicio de la temática, por ello el colorido es turbio, los rostros se desfiguran, las proporciones de las figuras se alteran y el sentido de los símbolos se subvierte: la balanza desequilibrada, las cadenas rotas o el gorro frigio en la mano de una prostituta.

La controversia política suscitada por las obras provocó que finalmente los contratos de los muralistas se rescindieran el 16 de julio de 1924. A la censura política se sumó la posterior reducción del presupuesto dedicado a la cultura y a la educación.

Fue durante el rectorado de Alfonso Pruneda, en 1926, cuando a Orozco le permitieron concluir su ciclo mural en san Ildefonso con los espléndidos frescos dedicados a la Revolución, reflexión ontológica del sinsentido de la violencia. Forman el conjunto: *Mujeres, El sepulturero, Los trabajadores, La bendición, La familia, La despedida,* y *Revolucionarios* (imagen 4).

La primera de las características que distingue esta serie es el sentido dramático y hasta escéptico con que Orozco rememora la lucha revolucionaria. Su postura resulta excepcional si se toma en cuenta que Rivera estaba pintando en Chapingo un gran homenaje al campesino caído durante la lucha armada, y la enorme celebración por los frutos de su sacrificio. La versión de Orozco resulta igualmente impactante al considerar que también entonces, a contracorriente de la memoria pública, surgía la épica de la revolución institucionalizada.

La concepción orozquiana de la Revolución de 1910 es universal y trascendentalista. Habla en sentido genérico del sacrificio implícito en toda lucha armada: la separación y pérdida de los seres queridos y la imposibilidad de cultivar o fertilizar la tierra, la cual puede ser símbolo de la mujer, del campo, o de las propias capacidades creativas. Alude a la duda constante del sentido de ese gigantesco sacrificio.

La visión trascendentalista que tiene Orozco de la historia sitúa a la Revolución mexicana dentro del movimiento circular de involución que conduce hacia el eterno renacer y que implica necesariamente la lucha entre opuestos, la alternancia entre el bien y el mal.

De esta manera, el esquema narrativo y compositivo de la obra está pensado en función de este sentido universal con que Orozco concibe la Revolución. El empleo de una paleta restringida a tonalidades tierra, rosadas, azules, violáceas y grises que se contrastan para crear ambientes dramáticos y dividir el espacio compositivo dan cohesión y unidad a la secuencia narrativa. El manejo de ciertos recursos plásticos evoca el ambiente espectral y desolado de los pueblos de México recreados por Juan Rulfo en Comala. Utiliza formas simples y figuras de corte clásico, finamente delineadas, y echa mano de estructuras arquitectónicas básicas, cúbicas, rectangulares, delimitadas por aristas filosas que chocan entre sí.

Con excepción de Diego Rivera, a lo largo del callismo y buena parte del maximato fue casi nulo el patrocinio para la pintura mural. Es hasta 1932 cuando, por encargo del entonces secretario de Educación Narciso Bassols, el arquitecto Juan O'Gorman, entonces jefe de Edificios de la SEP, comisiona una serie de murales para las escuelas primarias funcionalistas que entonces se construyen.

UN HIMNO A LA REVOLUCIÓN AGRARIA, 1923 1927

A Rivera le fue encomendada la decoración del edificio principal y la excapilla de la Escuela Nacional de Agricultura el año de 1923, mientras pintaba sus murales en la sep. El ingeniero Marte R. Gómez, antiguo zapatista y agrarista militante que era director de esa institución, lo llamó para esta comisión por sugerencia de Ramón P. Denegri. Marte R Gómez fue quien sentó durante los casi dos años de su rectorado, junto con personajes como Gilberto Loyo, Ramón P. Denegri, Jesús Silva Herzog, Luis L. León y Eduardo Villaseñor el ideario y los planes de estudio de dicha institución.[6]

En la escuela de agronomía se pretendía, dentro de una postura cooperativista de corte socialista, "llevar al nivel más alto la categoría académica y técnica del plantel para preparar a las nuevas generaciones de agrónomos responsables de proseguir, de cumplir y culminar la reforma agraria del país y ponerlo a tono con los más avanzados de la tierra".[7]

[6] El análisis más completo de los frescos de Rivera en Chapingo se encuentra en Pliego Quijano, *Los murales de Diego Rivera en Chapingo*.

[7] Fernández, "Chapingo hace cincuenta años", p. 18.

Y de acuerdo con los ideales asentados en el acta inaugural: "Contribuir a terminar con la explotación campesina, iniciar la revolución espiritual y moral por la defensa de la justicia, la verdad y la libertad".[8]

A Rivera le piden que tanto en el edificio principal o rectoría como en la excapilla convertida en salón de actos, trate una temática inspirada en el ideario de la escuela, es decir, que versara sobre el agrarismo. En el primer conjunto se ocupó de la historia reciente en la serie de frescos: *El mal gobierno, el reparto de tierras y la alianza de obreros y campesinos*. Para la sala de actos hizo una alegoría histórica de la lucha campesina revolucionaria.

De los dos edificios, la excapilla es el más notable (imagen 5). Precisamente aquí, Diego Rivera en el ciclo *Canto a la Tierra* representó el gran catecismo de la Revolución Agraria otorgándole al templo una nueva advocación dedicada ahora a los mártires revolucionarios.

De acuerdo con Marte R. Gómez, a nivel temático expresa su concepción sobre la Reforma agraria en tres niveles:

1. La tierra dormida o la propiedad dormida durante el sistema latifundista.
2. El despertar de la tierra al comienzo de la Revolución.
3. La explotación de la tierra con la ayuda de los agrónomos y la asistencia de los elementos técnicos y científicos proporcionados por el progreso.[9]

Para ilustrar sus procesos y elaborar las metáforas en que apoya su esquema narrativo Rivera utilizó un tipo de narración muy sencilla en la que cada panel, al igual que en las páginas de un libro ilustrado, trasmite unas cuantas ideas, y la suma de éstas sostiene la tesis general. Recurre a la comparación del proceso social que va de la esclavitud a la liberación gracias a la Revolución, con el proceso reproductivo de la fecundación, gestación y floración. De esta manera, equipara el proceso social a los fenómenos físicos, los cuales, sometidos a las leyes naturales, son inevitables e irreversibles, metáfora físico-biológica típica del positivismo.

Desde entonces Rivera manejó la concepción evolucionista y apriorística de la historia típica de la modernidad que en Chapingo le sirvió para aclamar el triunfo de la Revolución Agraria mexicana, y posteriormente en sus siguientes murales, para exaltar la toma del poder por parte del proletariado en un régimen socialista.

[8] Fernández, "Chapingo hace cincuenta años", p. 18.

[9] Gómez, "Apuntes sobre el muralismo", p. 289.

El pintor recurre en segundo lugar a la iconografía cristiana —particularmente a la vida de Cristo— con el fin de legitimar la lucha popular, otorgándole la misma significación y jerarquía al martirio y resurrección del pueblo con el triunfo revolucionario que al sacrificio y resurrección de Cristo, el triunfo de su doctrina y de su reino. Queda claro que éste es un recurso que Rivera utiliza con fines propagandísticos al igual que varios de sus contemporáneos: "ya que el pueblo mexicano es católico en su mayoría y simpatiza con la figura de Jesús nombrándole solamente como hombre y no como parte integrante de la hipotética Divinidad".[10] Tanto el evolucionismo histórico como la iconografía cristiana son para el pintor herramientas metafóricas poderosas.

Rivera aprovechó la nave tripartita de que consta el edificio para integrar a nivel temático y arquitectónico el todo espacial. En el techo pintó una serie de símbolos referidos al nuevo orden social tal como la estrella de cinco puntas, la hoz, el martillo, las palmas extendidas con los dedos juntos. Esto con la función de reafirmar el tratamiento del tema central o *leitmotiv* desarrollado a todo lo largo de los muros laterales.

La secuencia narrativa de "La revolución social" inicia en el muro izquierdo con "El agitador" frente a los campesinos y mineros dispuestos a explotar las riquezas naturales del suelo y el subsuelo. En contraposición luego muestra a "Los explotadores" identificados con el capataz de la mina y el hacendado en el campo (imagen 6). Inmediatamente después, en la parte superior, los siguen "Las fuerzas reaccionarias", ya para entonces encarnadas y tipificadas dentro del lenguaje del muralismo mexicano por el militar, el capitalista y el cura. "La organización clandestina del movimiento agrario", título del siguiente panel, se propone como reacción natural en la evolución social. El líder campesino aparece encarnado en un predicador iluminado según lo indica su sombrero convertido en halo; aparece de frente al espectador y al centro de la composición con una hoz en la mano hablando a un grupo de labriegos que siguen su prédica con atención.

"La muerte del líder" simboliza una vez más la necesidad del sacrificio del pueblo mediante la Revolución para alcanzar con su triunfo el florecer de una nueva sociedad. Aparece rodeado de sus deudos; tres mujeres lo lloran mientras sus camaradas hacen guardia con sus armas y la bandera depuesta para luego continuar la lucha. Con su sangre se

[10] Declaración de Cervantes López en el prólogo a *Dice el pueblo* de Gutiérrez Cruz, p. 62.

alimenta un árbol frondoso lleno de flores rojas.[11] El estatismo de esta escena derivada del tratamiento hierático que le da a las figuras trasmite otra sensación que tiene que ver con la tragedia detenida, atemporal, al mismo tiempo que con la eterna fructificación del sacrificio.

La escena culmina en el panel "El triunfo de la Revolución" con la repartición de los frutos de la lucha armada (imagen 7). Se trata de una evocación metafórica de la Última Cena en la que una mujer alimenta a campesinos, soldados y obreros con los frutos ganados con la Revolución, y ellos, a manera de Eucaristía, al recibirlos reafirman su fe revolucionaria. Al fondo vemos como parte del paisaje un tractor zoomorfo, bestia mecánica al servicio del hombre que asegura por el trabajo la perpetración de sus logros.

En el muro opuesto y junto a la puerta de entrada, Rivera se vale de la poderosa asociación simbólica entre la mujer y la tierra para representar la Revolución Agraria: su origen, proceso de gestación, alumbramiento y floración hasta alcanzar el triunfo dando nueva vida a la nación.

En la primera escena, Rivera une el proceso biológico con el revolucionario bajo el título de "La sangre de los mártires revolucionarios fecundan la tierra" e inicia a su vez la narración del progreso liberador equiparable al desarrollo biológico: El líder y el ideólogo de la revolución del Sur, Emiliano Zapata y Otilio Montaño, amortajados con unos lienzos rojos y en sus catafalcos de arcilla y de raíces, bajo la tierra nutren con su sangre la milpa fértil que crece en la superficie (imagen 8). Al centro ilumina la escena una flor de fuego pintada alrededor de la claraboya. Este gran sol, símbolo de Jesucristo dentro de la iconografía cristiana, permite a Rivera referirse al carácter de mártires y redentores que en este catecismo cívico les asigna.

En el siguiente panel dos mujeres musculosas representan "las fuerzas subterráneas". Con sus cuerpos extendidos en total tensión luchan por emerger de un río de lava en un volcán a punto de explotar. Entre ellas dos, aparece otra más en cuclillas al centro de la composición; parece estar en pugna por las riquezas minerales de la tierra que están cautivas por las fuerzas malignas. En la galería del segundo piso, exactamente encima de ella y sólo separada por la cornisa que compartimenta los dos pisos, aparece un joven desnudo que parecería ser el fruto purificado del triunfo de las fuerzas positivas en esa lucha.

[11] Esta escena está claramente inspirada en el *Cristo muerto* del Giotto de la capilla Scrovina y la capilla de las Arenas en Padua.

Con las potencialidades de la tierra liberadas llega el momento de la preñez o "Germinación". Al centro, una mujer en proceso de ser inseminada —mitad hembra, mitad planta— observa las diversas fases de la gestación representadas a su alrededor por tres desnudos femeninos en posición fetal. Inmediatamente después sigue "Floración": la tierra está finalmente dando a luz, el capullo de una enorme flor que representa un útero que se está abriendo es el símbolo principal. La claraboya al centro como parte del cáliz acentúa con su luz el sentido dramático del nacimiento de esta flor de fuego que nace de la fecundación de la mujer. La última escena del muro derecho, "Fructificación", muestra y ofrece sus frutos a un niño.

Ambos procesos, el natural y el social, culminan con "la tierra fecunda" en el altar mayor: la diosa de la fertilidad —exuberante y majestuosa— reina triunfante sobre la tierra. Desnuda y reclinada tiene una mano abierta mientras en la otra sostiene una semilla germinada. La rodean los elementos que la alimentan: el fuego, el aire y el agua. A sus pies aparecen bajo su protección un hombre, una mujer y un niño que de espaldas al espectador le rinden culto a la tierra al mismo tiempo que observan las herramientas tecnológicas necesarias para obtener sus frutos. La modelo fue Lupe Marín, quien entonces estaba preñada de su primera hija y aparece imponente representando a la tierra fecunda.

Frente al altar mayor, en el muro con que Rivera cubrió el coro pintó a "la tierra dormida". Una espléndida mujer desnuda que duerme con una calma profunda sobre la tierra y lleva en la mano derecha una mazorca.

En estos murales el artista logró un balance perfecto entre forma e idea, entre espacio arquitectónico y pictórico. Con un conocimiento enciclopédico de los grandes clásicos crea su propio lenguaje y hace la apología del catecismo de los logros de la Revolución Agraria mexicana.

PALACIO NACIONAL

Los murales de Diego Rivera en la escalera central de Palacio Nacional fueron la muestra más representativa de la pintura histórica mexicana dedicada a legitimar al Estado nacional revolucionario. Además de dar corporeidad a los múltiples protagonistas y a las hazañas de la epopeya de la Revolución que construían los intelectuales, pedagogos e historiadores, dotaron de un riquísimo acervo iconográfico a la nueva historia institucional.

Durante el callismo y el maximato, Rivera consolidó su fama tanto por la gran calidad de su obra como por sus relaciones con el poder. Esto le permitió acaparar los escasos contratos para hacer arte público que se presentaron después de la suspensión de los frescos de la Preparatoria, y llegar a la cumbre de su carrera como pintor oficial del callismo con la decoración de los muros de Palacio Nacional sobre historia patria.[12]

Rivera hizo los primeros esbozos del proyecto para la escalera central en 1926 cuando[13] Calles aún estaba en la presidencia, y la ejecución de la obra abarcó todo el maximato y los dos primeros años del cardenismo (1929-1935). La propuesta original del mural sufrió transformaciones importantes a partir de la segunda mitad de 1929, y de ahí en adelante en 1930, 1931 y 1935. Los cambios principales se hicieron en la interpretación del presente y futuro de México, y fueron mínimas las alteraciones en el *México antiguo* o prehispánico. Los motivos de esas variaciones no fueron meramente estilísticos, sino que derivaron de los propios giros ideológicos y partidistas del artista, que con frecuencia se aparejaban con los acaecidos entre los grupos de poder intelectual y político.[14]

El pensamiento histórico riveriano era típicamente moderno: estaba arraigado en un socialismo evolucionista, organicista y esotérico que equiparó los procesos sociales a los naturales, entendiendo la culminación de los primeros como el triunfo inevitable del pueblo gracias a la conducción del líder político y guía espiritual hacia un futuro predeterminado. De ahí que con la representación del pasado pretendiera legitimar el presente, y fuera viable imaginarse el futuro en función de la evolución de los procesos sociales hacia un final previsible.

La obra de Rivera cabe dentro de las numerosas manifestaciones culturales que conformaron en México el proceso de formación de un nuevo tipo de lenguaje sobre el pasado, el cual correspondería a lo que de acuerdo con Guillermo Zermeño se denomina "periodo institucional

[12] Previo a la ejecución de los frescos en el Palacio Nacional en 1929, pintó en la secretaría de Educación Pública (1923-1928), la Escuela Nacional de Agricultura en Chapingo (1924-1927), y en la secretaría de Salubridad (1929).

[13] Véase la conferencia de Rivera, "Ideología del proyecto para la decoración mural de la escalera de Palacio Nacional de México, en la ciudad de México por el pintor Diego M. Rivera", dictada por él a Anita Brenner, abril de 1927, Archivo Glusker Brenner. La doctora Susana Glusker Brenner me hizo el favor de permitirme utilizar el documento inédito que aquí uso como punto de partida de mi interpretación de este mural.

[14] Azuela, *Arte y poder*, p. 165.

dentro del proceso de formación de una nueva cultura histórica [que] tiene en su trasfondo la formación política de la nación" y, según el mismo autor, las etapas que la conforman, protoinstitucional e institucional están marcadas por la intención de producir un nuevo tipo de discurso histórico nacionalista.[15]

En el periodo institucional (1910-1950) "se aspira a la universalidad, es decir, a representar en el texto a la totalidad de los mexicanos al margen de su condición regional, lingüística o etnográfica y se asigna al historiador y a su obra la doble función de erigirse como juez del pasado y sus protagonistas, y de contribuir a la formación de una nueva conciencia ciudadana con las enseñanzas obtenidas de su análisis".[16] Es esta función didáctica —regeneracionista la que une en sus fines esenciales al muralismo mexicano con la corriente historiográfica institucional en boga.

Rivera conservó de forma heterodoxa elementos del positivismo como el evolucionismo histórico y de acuerdo con la historiografía mexicana de nuevo cuño tomó del pragmatismo político las referencias al pasado inmediato, y del empirismo tradicionalista las narraciones sobre los orígenes o génesis de la nación. Sin embargo, por sus ligas con el liberalismo radical la vuelta se da al pasado prehispánico y las referencias a la etapa colonial no son hispanófilas como en el empirismo tradicionalista, sino hispanófobas.[17] A tono con la ideología oficial en ciernes, ambos, pasado y presente, se decantan y enlazan a la lucha armada de 1910 y a la conquista de los ideales revolucionarios con los gobiernos triunfantes.

Como miembro de la generación que nació en los últimos tres lustros del siglo XIX, Rivera adquirió los conocimientos y percepción iniciales de la historia patria mediante la obra de Justo Sierra, la cual estaba dedicada a la enseñanza y divulgación de la historia de México dentro de la línea li-

[15] Guillermo Zermeño Padilla divide ese proceso en dos periodos: el primero, proto institucional, que va de 1850 a 1910, y el segundo, institucional, abarca de 1910 a 1950. Véase Zermeño, *La cultura moderna de la historia*, p. 191.

[16] Para un estudio acucioso de la definición y uso del pasado en la historia moderna y como parte de ésta su uso y definición en la historiografía mexicana posindependentista, véase Zermeño, *La cultura moderna de la historia*.

[17] Matute denomina a dichas manifestaciones historiográficas pragmatismo político y empirismo tradicionalista; en el caso de Rivera la vuelta se da al pasado prehispánico y la referencia a la etapa colonial no se da como en la corriente del empirismo tradicionalista hispanófilo sino hispanófobo. Matute, *Pensamiento historiográfico mexicano del s. XX*.

beral. De acuerdo con Álvaro Matute,[18] es precisamente por la vía de Justo Sierra que el pintor incorpora las obras señeras para el pensamiento liberal mexicano como *México a través de los siglos* de Vicente Riva Palacio. Ya en el momento en que inicia y ejecuta la escalera de Palacio Nacional, sin abandonar al socialismo evolucionista se reencuentra con esta tradición historiográfica refuncionalizada por la élite intelectual prerrevolucionaria. Justamente el año de 1926 aparece *El compendio de Historia de México*, obra escrita por Alfonso Toro, es precisamente Toro quien recoge la tradición historiográfica forjada por Riva Palacio y Sierra, y quien la transmite a nivel escolar a los grados de secundaria y preparatoria.

Rivera sigue los patrones de la tradición historiográfica liberal en la periodización de la historia nacional, la selección de los personajes y de los acontecimientos relevantes. En el afán de darle veracidad a sus relatos y representaciones, sobre todo a nivel iconográfico, consultó las mismas fuentes coloniales y códices prehispánicos que sus antecesores y coetáneos liberales a sabiendas del valor testimonial que se le reconocía entonces a las evidencias gráficas.[19] Asimismo, reformuló el relato histórico engrosando y reacomodando las filas de los héroes y hazañas del panteón liberal con los héroes revolucionarios vivos y difuntos. Sin abandonar el sentido evolucionista, apriorístico y modernizador heredado del liberalismo decimonónico,[20] lo replantea con base en un socialismo local de tinte populista, de tal manera que los orígenes, los móviles, el desenlace y el sentido del devenir histórico se atribuyeron a la inequidad del sistema económico social, a la lucha de clases y al triunfo y gobierno del proletariado. Por último, el pintor toma del pensamiento etnográfico los principios fundamentales del nacionalismo indigenista revolucionario difundido y cimentado entonces sobre todo por Manuel Gamio,[21] quien era en esos momentos uno de los principales ideólogos. La visión homófona

[18] En su comunicación oral el doctor Matute señala el alto impacto de la obra de Toro en la enseñanza de la historia mexicana, y cómo aún en 1967, fecha en que trabaja como bibliotecario en el fondo de consulta Virgilio Vigil de la Biblioteca Nacional, seguía siendo la obra más consultada a nivel escolar.

[19] Rodríguez Mortellaro, "El pasado indígena en el nacionalismo revolucionario", p 35.

[20] Palacios, *La pluma y el arado*, p. 118.

[21] A través de sus obras señeras *Forjando Patria (1916) y La Población del Valle de Teotihuacan* (1922), así como de su notable labor de funcionario, como fundador y director del departamento de Arqueología y Etnografía (1917 a 1924. Dirección de Antropología a partir de 1924).

y sincrónica del "indio" y sus tiempos históricos permite en la retórica etnográfica ligar el mundo prehispánico al actual, y crear el constructo del indio eterno y unívoco, cuya supuesta esencia racial, cultural e histórica le permiten ser parte de la identidad patria.

Esta retórica histórica-etnográfica cupo en el esquema totalizador nacionalista porque certifica al presente Estado-nación posrevolucionario desde el pasado indígena prehispánico, supuesto origen de la nación mestiza en sus componentes indígenas y populares. De acuerdo con Stanley Diamon, se trata de la construcción de una disertación legitimadora, cuya "meta última estaba en probar con la construcción de un discurso basado en una interpretación idealizada, racionalizada del pasado convirtiéndolo en un potencial dinámico capaz de transformarse en un presente idealizado".[22]

LA OBRA

El fresco ocupó los muros de la escalinata principal que consta de dos paredes laterales y una central coronadas con una serie de arcos ciegos bajo un techo abovedado. Rivera compartimentó la historia de México en cuatro estancos: la época prehispánica, la colonial, la independentista y la revolucionaria. Ésta última, según la manera porfiriana de historiar (origen del pragmatismo historiográfico), abarcaba hasta su momento actual.

El esquema compositivo de cada uno de los tres muros responde al sentido particular que Rivera da a cada uno de los periodos históricos.[23] Para enaltecer los ideales y las aspiraciones patrias el muralista se inspiró en la gramática gestual elaborada por la academia, con la que generó arquetipos identificables con acciones y actitudes ejemplares dentro de la nueva religión cívica republicana, en la que se encontraban precisamente los temas patrios referidos a la historia política y sus hechos y protagonistas de mayor trascendencia.

[22] Diamond, "The Myth of Structuralism".

[23] Para un análisis acucioso y atinado de este mural, véase Rodríguez Montellaro, "El pasado indígena en el nacionalismo revolucionario". De la misma autora, "La nación mexicana en los murales del Palacio Nacional", pp. 55-132.

MÉXICO ANTIGUO

En la obra, el muro norte se divide en dos zonas que muestran las facetas positivas y negativas del *México antiguo* (imagen 9). La secuencia narrativa comienza al centro del mural con Quetzalcóatl, figura a partir de la cual se desvela el mundo prehispánico[24] simbolizado por el valle de México o mesa de Anáhuac; emblema fundacional de la nación. A la derecha aparecen los frutos de la cultura indígena: la danza, la música, la agricultura y la artesanía. En el extremo izquierdo lo anterior es contrastado por la guerra y la explotación popular por parte de los gobernantes mexicas. Esta escena concluye con la imagen de Huitzilopochtli, promotor de la barbarie y causante de la caída y destierro de Quetzalcóatl, quien a continuación aparece en la balsa de serpiente que lo conduce a su exilio.

El artista eligió el mito del dios barbado[25] como tema principal porque además de ser el más importante y difundido desde la época prehispánica a la fecha, su alto valor emblemático le permite relacionar al mundo indígena con Occidente y referirse a los componentes esenciales de la mexicanidad derivados de los bloques indo-hispanos, fruto del mestizaje cultural y racial.

A la manera del cientificismo histórico liberal, Rivera hizo una amplia investigación iconográfica para representar el mundo precolombino en fuentes primarias como los códices florentino, borbónico y mendocino, e interpretó el pasado prehispánico según el esquema mítico establecido por la historia religiosa del que se apropia el liberalismo para representar el tiempo original de la nación.[26] En el caso específico de la etapa posrevolucionaria, aquéllo le permite "contribuir al proceso de —integración— incorporación de las comunidades indo-campesinas y vincularlas con la idea de la nación y de su historia".[27] Rivera aprovecha también las probadas fórmulas de las alegorías históricas de corte neoclásico y republicano propias del discurso nacionalista, para dotar su propuesta temática de la visión moderna hegemónica y homogeneizante. Se vale del mito de los orígenes y del compuesto esencial de la "mexicanidad"

[24] Rodríguez Montellaro, "El pasado indígena en el nacionalismo revolucionario", p. 29.

[25] Rodríguez Montellaro, "El pasado indígena en el nacionalismo revolucionario", p. 29.

[26] Pérez Vejo, "Pintura de historia e imaginario nacional: el pasado en imágenes", pp. 103-105.

[27] Palacios, "Una historia para campesinos", p. 244.

derivada de la raza y la cultura prehispánica ancestral, para —sin excluir a la otredad indígena poseedora de una cosmovisión y memoria histórica distinta— otorgarle un lugar fundamentalmente simbólico dentro de la Historia política con mayúscula.

DE LA CONQUISTA A 1930 (1929-1931)

En la franja inferior del muro central que corresponde al descanso de la escalera, en el primer módulo representó, siguiendo una secuencia cronológica, la conquista con la defensa de los caballeros águila de la gran Tenochtitlán. El relato tiene un tono épico más que dramático, el cual resalta con gran dinamismo el heroísmo de los defensores indígenas por encima de su derrota. En la parte central superior de este registro Rivera colocó sobre el basamento de la pirámide del Templo Mayor un águila que sostiene en el pico los emblemas guerreros aztecas, y entre las garras unas pencas de nopal: símbolos todos ellos del fundamento indo hispano de la nueva nación.

Continúa con la época colonial, donde la conquista se enmarca en breves escenas narrativas, estáticas y opresivas en las que la labor positiva de personajes como fray Bartolomé de las Casas o Vasco de Quiroga es eclipsada por la presencia de las fuerzas despóticas. Los autos de fe y la quema de textos sagrados muestran la conflagración de la Iglesia y las autoridades monárquicas en el intento de aniquilar a los pueblos originales y su cultura. Esto, de nuevo, se ciñe a la veta del radicalismo liberal hispanófobo refuncionalizado por la historia oficial posrevolucionaria.

Presenta luego a los próceres independentistas Miguel Hidalgo, José María Morelos, Juan Aldama y Vicente Guerrero. En el siguiente y último nivel sitúa a los héroes de la Revolución Agraria, Emiliano Zapata, Felipe Carrillo Puerto y José Guadalupe Rodríguez conducidos por el obrero internacional que apunta con el brazo extendido hacia la cúspide del muro sur dedicado a *México hoy y mañana*.

Según el plan original y de acuerdo con la noción oficial de la historia, los héroes y las hazañas propias del liberalismo decimonónico ocuparon el total del penúltimo registro en tres de los cinco arcos que coronan el muro central, y compartieron con los próceres revolucionarios los dos del centro. Se trata de una representación multitudinaria de escenas y personajes que sin orden cronológico mezcla la Independencia, el Porfiriato, la Revolución y la posrevolución. Dentro de este complejo, las únicas dos escenas que se leen con claridad corresponden a una versión previa que se refiere a la defensa de la nación de los poderes extranjeros. Rivera las ejemplificó con las invasiones acaecidas en el siglo XIX: en el arco del extremo norte la estadounidense de 1847, y en el extremo opuesto la francesa (1862-1867) que el ejército popular mexicano derrotó y que culmina momentos antes del fusilamiento de Maximiliano, Miramón y Mejía.

En el penúltimo registro del arco central Rivera pintó la época de la independencia. Aparecen aquí los mismos héroes y villanos del santoral cívico del liberalismo decimonónico, sólo que se les sitúa de tal manera que con su presencia avalan *post mortem* la legitimidad de la Carta Magna de 1917: Hidalgo, Morelos, Josefa Ortiz, Allende, Aldama, Guerrero, Guadalupe Victoria, los hermanos Galeana, Pedro Asensio, mientras "tras de ellos en un rincón dialoga Iturbide con un eclesiástico [...], Santa Ana flanqueado de un arzobispo y un fraile, seguido de una dama y un caballero aristocrático y precedido por el pueblo más que nunca cargado de fardos".[28]

En el panel que flanquea al arco central, inmediatamente a la izquierda, la multitudinaria representación de los porfiristas que encabezó el general Díaz es precedida por otra de próceres revolucionarios: el presidente Madero encabeza "un grupo de representativos de la Revolución de 1910" entre los que se encontraban juntos —como si hubieran pertenecido siempre a la misma facción— los siguientes personajes: Carranza, impulsor de las corrientes revolucionarias; Zapata y Otilio Montaño, caudillos e ideólogos del agrarismo, y Carrillo Puerto, líder socialista. En representación de artistas e intelectuales aparece José Vasconcelos, y José Guadalupe Posada encarna al artista popular y padre adoptivo de los artistas revolucionarios. Sin hacer distingos en sus ideologías o filiaciones políticas, Rivera se valió de todos ellos para conformar la versión oficial de la revolución institucionalizada de 1910.

En el arco central coloca a Obregón y a Calles en vez de la imagen monumental originalmente esbozada en la que la Patria sostenía entre sus brazos al soldado y al campesino. Inmediatamente arriba, coronando el

[28] "Ideología del proyecto para la decoración mural de la escalera del Palacio Nacional de México, en la ciudad de México por el pintor Diego M. Rivera". Entrevista inédita localizada en el Archivo Glusker Brenner, p. 1.

arco medio, sitúa al obrero internacional quien con el brazo extendido señala el camino al agrarista Zapata, al socialista Carrillo Puerto y a José Guadalupe Rodríguez Triana, líder y candidato a la presidencia por el partido comunista, recién asesinado por los callistas, todos ellos héroes de la Revolución[29] (imagen 10).

MÉXICO DE HOY Y MAÑANA

El año de 1935 Rivera concluyó en el muro sur de la escalera central el ciclo histórico revolucionario. Al mismo tiempo que transmite el espíritu socialista del cardenismo alude a propuestas políticas sociales y a hechos históricos recientes y relevantes para el régimen en turno. Así, hace referencia al corporativismo nacionalista y a sus integrantes sectoriales obrero, campesino y militar, quienes componen el arquetipo del pueblo y conforman la estructura jerárquica de esta nueva sociedad socialista, cuyo guía es Carlos Marx. Por otro lado, el pintor se suma al espíritu de la educación socialista que con la enseñanza de la historia patria pretendió mostrar el proceso histórico desde la lucha de clases, con la finalidad de despertar la conciencia de clase y el compromiso de la ciudadanía por la defensa de los ideales nacional-socialistas comprendidos en el plan sexenal.

De acuerdo con la concepción oficial imperante del proceso histórico, en el muro sur, con el encuentro entre presente y futuro concluía la cadena evolutiva de movimientos y luchas sociales "que progresaba cada vez más hacia lo que sería su propia lógica popular en términos de clase; nacional en términos de ideología; y social en términos de su orientación propositiva".[30]

No deja de llamar la atención que 1934, fecha en la que Rivera inicia el muro sur, apareciera el libro de texto de Manuel Teja Sabre *Breve historia de México*, "obra en la que finalmente se plasma la versión ofi-

[29] Hasta estos momentos, según el propio pintor, este mural "fue sometido a aprobación y aprobada por el Partido Comunista". "Las obras de Diego Rivera sentenciadas", en *Excelsior* (26 jun. 1924). A partir de su expulsión, el *muralista* realizó algunos de los cambios más significativos de la versión final. En el arco central sustituyó a una mujer que abraza protectora al campesino y al indígena y que representa a la madre patria por Zapata, Rodríguez Triana y Carrillo Puerto, los expresidentes Obregón y Calles y en la cúspide aparece el obrero internacional señalándoles la ruta hacia el marxismo a dichos próceres.

[30] Palacios, "Una historia para campesinos", p. 241.

cial del régimen posrevolucionario".[31] Con esta obra Rivera compartirá principios ideológicos sustanciales como el enlazar el presente con el futuro próximo, de manera que las conquistas cardenistas derivadas del plan sexenal se presentarán como el paso previo a la liberación definitiva de las masas.

Al comparar la versión original del proyecto preliminar que Rivera presentó en el callismo con el relato final, salta a la vista la adopción del artista de la nueva percepción histórica de Cárdenas y de la radicalización de su plan de gobierno. En el primer caso, se trata de la representación del proletariado en el proceso de construir el México del futuro justo y equitativo a nivel social, desarrollado científica y tecnológicamente gracias a la labor conjunta y solidaria de los obreros y los campesinos, así como a la ayuda de la educación, la ciencia y la tecnología.

Ribera mezcla la narración literal con la representación metafórica, escenas y personajes actuales con imágenes alegóricas prehispánicas. El pintor utiliza una estructura compositiva básica dividida por dos diagonales. Vemos que "los obreros y campesinos organizados trabajan y escuchan la palabra del saber, manejando las maquinarias, cultivan la tierra y emprenden la reconstrucción del templo mayor, es decir, la casa del pueblo".[32] Esta escena es coronada con una representación alegórica en la que: "sobre el disco del sol se dibuja la cruz de un aeroplano en pleno vuelo; sobre el Citlaltépetl se ha posado la estrella de Quetzalcóatl, y de ahí [en forma de] serpiente emplumada que desciende de nuevo para vivir entre los suyos".[33] Se trataba de representar la culminación del ciclo evolutivo de la historia de México con el regreso de Quetzalcóatl, y con ello la vuelta a las raíces culturales raciales y sociales, y en esta visión utópica, la reconquista del socialismo primitivo que supuestamente reinaba en el México prehispánico.

En esta sección, como en el resto de la primera versión del mural, Rivera pretendía representar "una serie de acontecimientos que resumen en ellos la historia entera de la evolución del país [...], dar simultáneamente

[31] Matute, *Pensamiento historiográfico mexicano del s. XX*, p. 27.

[32] Rivera, "Ideología del proyecto para la decoración del mural de la escalera del Palacio Nacional de México en la ciudad de México por el pintor Diego M. Rivera." Entrevista inédita localizada en el archivo Glusker-Brenner, dictado por Diego Rivera en abril 1927, p. 4.

[33] Rivera, "Ideología del proyecto para la decoración del mural de la escalera del Palacio Nacional de México en la ciudad de México por el pintor Diego M. Rivera." Entrevista inédita localizada en el archivo Glusker-Brenner, dictado por Diego Rivera en abril 1927, p. 4.

la emoción del camino recorrido hasta hoy, y de las causas de sus dificultades y de las posibilidades de la realización de sus designios".[34]

En la versión final la composición se divide en tres áreas temáticas colocadas en diagonal. En éstas aparece la representación polar de un mismo hecho que corresponde con la estructura general conformada por la contraposición bien-mal, y ocupan, respectivamente, los lados derecho e izquierdo del mural. Rivera combinó el esquema narrativo con el épico para referirse al pasado inmediato y predecir el futuro próximo.

En ambos lados del primer nivel representó la explotación y represión obrero-campesina. Inmediatamente arriba, denunció los orígenes del mal social con pequeñas escenas en las que delata la complicidad entre los poderes eclesiásticos, gubernamentales y del gran capital extranjero. Incluye los arquetipos de los traidores de la patria: el militar, el cura y el capitalista. Los dos últimos son encarnados por el expresidente Calles y el líder sindical callista Morones Prieto vestido con sotana. Ambos personajes eran para entonces ángeles caídos del panteón cívico oficial. Para delatar su contubernio con los grandes consorcios extranjeros situó inmediatamente abajo al magnate petrolero estadounidense Nelson Rockefeller, al que ya había caricaturizado en la SEP, y hacía sólo unos cuantos meses había mandado blanquear el mural de Rivera en el Rockefeller Center. En la sección derecha en cada una de estas franjas diagonales vemos la explotación en el campo, la represión obrera, el adoctrinamiento y la explotación del pueblo por la Iglesia.

A nivel formal Rivera utilizó con gran tino una serie de elementos compositivos típicamente modernos. Tal fue el manejo de los espacios bidimensionales, la superposición formal y la división temática a base de una serie de andamios metálicos que reafirman la contemporaneidad de la temática de ese muro. El andamiaje también corresponde a la estructura compositiva y narrativa de las tiras cómicas.

De esta manera, Rivera dotó a la historia patria oficial de símbolos y representaciones colectivas que en el ámbito de las imágenes contribuyeron a crear la ideología de la Revolución triunfante y con ello, desde la esfera de lo simbólico, justificar, mantener y perpetuar a las esferas de poder.

[34] Rivera, "Ideología del proyecto para la decoración del mural de la escalera del Palacio Nacional de México en la ciudad de México por el pintor Diego M. Rivera." Entrevista inédita localizada en el archivo Glusker-Brenner, dictado por Diego Rivera en abril 1927, p. 4.

La efectividad de su discurso plástico fue definitiva para su difusión por medios tan diversos como algunos de los textos gratuitos de historia patria, la cartelera cinematográfica con películas como *Río Escondido,* las guías turísticas, los múltiples libros sobre México en que se han reproducido estas imágenes, además de las visitas guiadas obligatorias de las escuelas públicas y privadas. Esta presencia constante y efectiva ha hecho que forme parte del imaginario revolucionario institucional.

CONCLUSIONES

La vocación de arte público socialmente comprometido que patrocinó el Estado, marcó la doble actuación del muralismo mexicano como aparato crítico e instrumento ideológico en el proceso de construcción del nuevo orden que nacía de la lucha revolucionaria. Esa función cívica conllevó necesariamente el tratamiento de cuestiones que a corto o largo plazo se empalmaban con acontecimientos relevantes de envergadura pública recientes o pasados, que implicaron entrar a los espacios de la historia. Por la diversidad de sus propuestas ético-estéticas, los murales de temática histórica dan testimonio de las diversas interpretaciones que se hicieron de los asuntos públicos actuales y antiguos, y de la manera en que algunos de éstos a la larga conformaron el discurso histórico oficial. En los muros quedó el registro de las dudas y las réplicas alrededor de los orígenes, el desenvolvimiento y el sentido presente del ser colectivo en la etapa posrevolucionaria. Las respuestas fueron tan diversas como las personalidades y tendencias ético estéticas de los artistas y el grupo al que pertenecían, los intereses y la postura de sus patrocinadores estatales frente al campo artístico cultural, y las transformaciones de ambas por los vaivenes políticos y sociales del momento. Según su vigencia y su representatividad, algunas ideas-imágenes plasmadas en los muros se quedaron atrás mientras que otras se integraron al imaginario colectivo, y como parte del dispositivo simbólico comunitario contribuyeron a cohesionar a sus miembros alrededor de los ideales, las necesidades y los conflictos en común.[35]

[35] Agradezco al doctor Álvaro Matute y a la doctora Anne Staples por su asesoría en la preparación de este trabajo.

Imagen 1. *El desembarco de los españoles y la cruz plantada en tierras nuevas*, Ramón Alva de la Canal, Fresco, 1922-1923. Antiguo Colegio de San Ildefonso.

Imagen 2. *Masacre en el Templo mayor o La conquista de Tenochtitlan*, Jean Charlot, Fresco y encáustica, 1922-1923.

Imagen 3. *Cortés y la Malinche*, José Clemente Orozco, fresco, 1926.
Cubo de la escalera del Antiguo Colegio de San Ildefonso.

Imagen 4. *La familia*, José Clemente Orozco, fresco, 1926. Patio principal, segundo nivel, Antiguo Colegio de San Ildefonso.

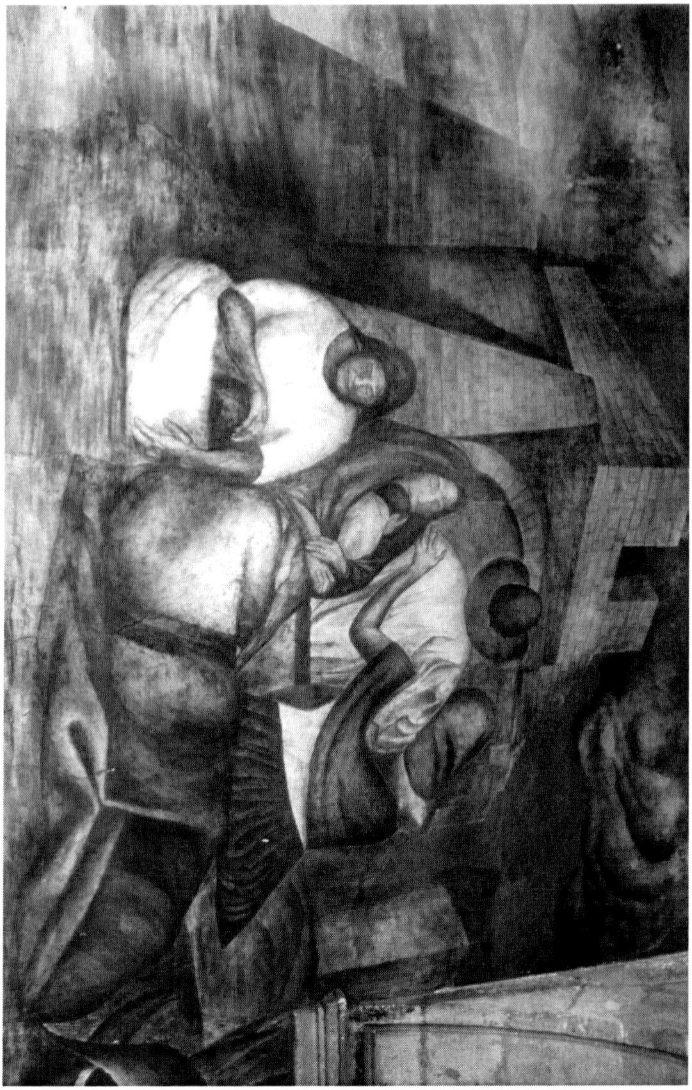

Imagen 5. Murales de la capilla de la Escuela Nacional de Agricultura de Chapingo (vista general), Diego Rivera, fresco, 1924-1927.

Imagen 6. *Los explotadores*, Diego Rivera, fresco, 1923-1927.
Murales de la capilla de la Escuela Nacional de Agricultura de Chapingo.

Imagen 7. *Fruto de la Revolución*, Diego Rivera, fresco, 1923-1927.
Murales de la capilla de la Escuela Nacional de Agricultura de Chapingo.

Imagen 8. *La sangre de los mártires*, Diego Rivera, fresco, 1923-1927.
Murales de la capilla de la Escuela Nacional de Agricultura de Chapingo.

Imagen 9. Mural *México antiguo,* Diego Rivera, fresco, 1929. Palacio Nacional.

Imagen 10. Detalle del *Arco central*, Diego Rivera, fresco, 1929. Palacio Nacional.

Historia ¿para todos? Las posibilidades de la historia pública

MEMORIA Y OLVIDO. LA HISTORIA OFICIAL Y LA QUE NO LO ES EN ESTADOS UNIDOS

Eric Foner
UNIVERSIDAD DE COLUMBIA

Traducción de Erika Pani

Cada mes la Asociación de Historiadores Americanos, la más connotada del gremio, publica la revista *Perspectives*, abocada a analizar nuevas tendencias dentro de la enseñanza de la historia. Bajo el título "Controversia en el salón de clases," el número de mayo de 2010 incluye una serie de artículos que discuten cómo abordar temas polémicos en distintos contextos —desde museos y parques nacionales hasta aulas de preparatorias y universidades—, y discuten, incluso, si es que estos temas tienen cabida dentro de lo que se enseña. Los temas conflictivos van desde la historia de la sexualidad y de los derechos reproductivos hasta la guerra de Vietnam, el genocidio, la religión y el Medio Oriente contemporáneo. Irónicamente, estos textos carecen de sentido histórico. En Estados Unidos como en otros lugares, los debates acalorados en torno de la manera en la que debemos conceptualizar la historia y enseñarla no es nada nuevo.

En Estados Unidos vivimos un momento emocionante para ser historiadores. Nos quejamos con frecuencia de que los estadounidenses no conocen su historia, pero en realidad, la historia ha alcanzado niveles de popularidad —y de rentabilidad— sin precedentes. Las listas de los libros más vendidos incluyen con regularidad libros de historia. Hollywood, para bien o para mal, produce películas de tema histórico como salchichas. El *History Channel* tiene una de las audiencias más numerosas de la televisión de paga. Los museos históricos y otros espacios para la representación pública del pasado nunca habían recibido tantos visitantes.

Esta creciente fascinación popular con el pasado ha coincidido, a veces de manera incómoda, con una profunda reorientación de los estudios históricos.

Se ha convertido en prácticamente una obviedad afirmar que la generación anterior ha presenciado una expansión notable del repertorio de los personajes de las narrativas históricas. Grupos que habían sido ignorados por los estudiosos —afroamericanos, mujeres, trabajadores, etcétera— y temas como la historia de la familia, de la sexualidad, de las emociones, ocupan hoy un lugar central en los relatos del pasado. La composición del profesorado en sí también ha cambiado, y refleja de manera más fiel la de la sociedad estadounidense. Cuando yo cursaba el posgrado, en la década de 1960, no tuve nunca un profesor que fuera mujer, o que no fuera blanco.

Toda historia, como dice el dicho, es historia contemporánea. Los últimos cuarenta años demuestran que, por instinto, nos volvemos hacia el pasado para tratar de entender el presente. Los sucesos que vivimos dirigen nuestra atención hacia temas históricos antes descuidados. Así, la revolución de los derechos civiles colocó a la historia de la esclavitud y de los derechos civiles en la vanguardia de los estudios históricos. Una "segunda ola" de feminismo dio origen a un campo floreciente de historia de las mujeres. Estos y otros desarrollos similares han enriquecido enormemente nuestra comprensión de la historia estadounidense, y han ampliado de forma importante la lista de actores históricos.

Sin embargo, el surgimiento de lo que solía llamarse la "nueva historia social" ha generado preocupación por la fragmentación del campo de estudio y por lo difícil que se ha vuelto construir una narrativa coherente del pasado cuando los historiadores se centran en las experiencias distintas de grupos diversos. Quienes trabajan temas más "tradicionales", como la historia diplomática, política o empresarial se quejan repetidamente de sentirse marginados dentro de una profesión en la que los estudios sociales y culturales van en ascenso. Sin embargo, es quizá más interesante la distancia que separa a la vanguardia de los estudios contemporáneos de los temas "convencionales" que siguen acaparando el interés de un público amplio que se siente atraído por la historia. Los libros de historia que mejor se venden son aquéllos que tratan temas bien conocidos desde hace décadas —los padres fundadores, la expedición de Lewis y Clark, la Guerra Civil, la segunda Guerra Mundial. La última vez que revisé la lista del *New York Times*, incluía dos libros de historia: uno trataba de la guerra naval contra Japón en el Pacífico, el otro de la batalla de Little Big Horn, en la que se enfrentaron los indios con el general George A. Custer. Dudo que la lista vaya a incluir, próximamente, alguna obra sobre trabajadoras industriales. A pesar del desarrollo de la historia social y cultural, los lectores no especializados, a quienes les interesa la vida de la gente común, siguen recurriendo a las novelas, como lo han hecho durante siglos, y no a los trabajos históricos.

"Frente la historia", bromeaba Oscar Wilde, "nuestra única obligación es reescribirla". El que cada generación lo haga, como conviene a sus necesidades, no tiene nada de excepcional ni de siniestro. Tampoco lo son los desacuerdos dentro del gremio y con el público más amplio sobre cuál es la mejor manera de estudiar y enseñar historia —desacuerdos, a fin de cuentas, sobre quién es dueño de la historia. Pero, para sorpresa y malestar de los historiadores, la historia se ha convertido en un "tema cuña" en las llamadas "guerras culturales" estadounidenses, que, tras haber menguado, parecen ahora reavivarse. En la década de 1990 era imposible abrir un periódico sin toparse con una amarga disputa sobre cómo debía presentarse y enseñarse el pasado estadounidense. Una serie de conflictos enconados se centró en si los historiadores estaban elaborando una versión del desarrollo de la nación que fuera lo suficientemente edificante. En 1995, la exposición propuesta en el Museo Nacional de Historia Americana en Washington, D. C. para conmemorar el cincuenta aniversario de la explosión de la bomba atómica, provocó tantos desacuerdos sobre si el uso de la bomba debía justificarse o condenarse que el museo se vio obligado a quitar casi todo el material histórico que iba a contextualizar la exhibición del Enola Gay, el avión que lanzó la bomba sobre Hiroshima. La propuesta de establecer estándares nacionales para la enseñanza de la historia fue condenada por críticos como Lynne Cheney, la esposa del vicepresidente George W. Bush, quien había estado al frente del Fondo Nacional para las Humanidades, por dedicar demasiada atención a los miembros de las minorías, desairando a estadounidenses más prominentes, y por construir un relato "deprimente" de la evolución de la nación. Mi debate con la sra. Cheney en "Crossfire", el programa televisivo de Pat Buchanan constituye quizá el momento más destacado —y el más bajo— de mi carrera. No era un foro apropiado para el intercambio razonado de ideas.

Aunque en Estados Unidos, a diferencia de, por ejemplo, Francia, el Estado nacional no impone una currícula de historia a toda la nación, tenemos una larga tradición de esfuerzos por parte de los gobiernos estatales y locales para definir la forma en que se presenta la historia. Los esfuerzos que realiza actualmente el Consejo de Educación de Texas para reescribir la historia con fines descaradamente políticos, a los que me referiré en breve, no son nada nuevo. Después de la primera Guerra Mundial y de la Revolución rusa, por ejemplo, varios estados promovieron una historia ferozmente nacionalista. En 1923, en Indiana se publicó una guía estatal para la enseñanza de la historia que declaraba que "la historia no ofrece paralelo alguno a nuestro crecimiento nacional, nuestra prosperidad nacional y nuestros logros nacionales [...]. Con razón pensamos que nuestra filosofía política es la correcta, y que aquéllos que hoy la atacan están equivocados". El texto añadía que para "aprender correctamente" este hecho, "se requería de un conocimiento correcto de la historia". El objetivo de la historia, declaraban las autoridades de Indiana, era inculcar a los jóvenes "un sentido de la grandeza de su estado". Esta forma de enseñar historia produjo los resultados deseados. Cuando Robert y Helen Lynd llevaron a cabo la investigación para su clásico *Middletown* en Muncie, Indiana, durante la década de 1920, descubrieron que más de 70% de los estudiantes de Preparatoria estaban de acuerdo con las siguientes afirmaciones: "Los Estados Unidos son, sin duda alguna, el mejor país del mundo" y "La raza blanca es la mejor raza del mundo".

La tragedia del 11 de septiembre de 2001 no hizo sino avivar la batalla por el pasado de Estados Unidos. El ensayista conservador Dinesh D'Souza contribuyó al debate con *What is so Great about America*[1] (nótese que no se trata de una pregunta), un libro que buscaba unir al pueblo estadounidense alegando que principios como la libertad y la tolerancia religiosa son exclusivos de "Occidente". Para D'Souza, la única razón válida para estudiar a otras sociedades es poder demostrar nuestra superioridad. El anuncio de la casa editorial que publicó este libro identificaba a aquéllos que pensaban de forma distinta como "personas que buscan racionalizar al terrorismo". William Bennet, que como la sra. Cheney dirigió el Fondo Nacional para las Humanidades, publicó

[1] Dinesh D'Souza, *What is so Great about America*, Washington, D. C., Regnery Press, 2002.

poco después *Why We Fight*,[2] libro en el que acusaba a los historiadores de sembrar una "amplia y extenuante confusión" y de "diluir la determinación de la nación".

En la estela del 11 de septiembre emergió una nueva historia oficial que pretendía ofrecer una explicación de usos múltiples, tanto del ataque como de la guerra contra el "terrorismo". Ésta se articula en torno del valor toral del discurso político estadounidense: la libertad. En su mensaje al Congreso diez días después del 9/11, el presidente Bush anunció que "la libertad misma [estaba] bajo ataque", y dio el título de "Libertad inagotable" a la guerra contra Afganistán y el de "Operación libertad iraquí" a la subsecuente invasión a Irak. En junio de 2002, en el discurso que dirigió a la Hermandad Internacional de Carpinteros, el presidente preguntaba por qué los terroristas habían atacado a Estados Unidos: "Porque amamos la libertad, por eso. Y ellos odian la libertad". A mediados de septiembre de 2002, pidió que se pusiera mayor atención en la enseñanza de la historia, para que los niños en edad escolar pudieran entender "porqué peleamos". Bush añadió: "la nuestra es una historia de libertad [...], libertad para todos". En su primer discurso inaugural en enero de 2001, Bush utilizó las palabras "libre" y "libertad" seis veces. Cuatro años después, en un segundo discurso inaugural que duró diez minutos, recurrió a ellas casi 50 veces.

Es ilustrativo comparar el mensaje presidencial que pronunció Bush en 2002 con el discurso de las Cuatro libertades de Franklin D. Roosevelt de 1941, para enunciar los ideales que debían movilizar el apoyo estadounidense al esfuerzo bélico de los aliados durante la segunda Guerra Mundial.[3] Ambos mensajes exaltaron las libertades de expresión y de culto, y subrayaron la importancia, para las sociedades humanas, de vivir libres de miedo (*freedom from fear*), con un nuevo sentido de urgencia después del 11 de septiembre, que, como el ataque a Pearl Habor, destrozó el sentido de invulnerabilidad de los estadounidenses. Ambos presidentes utilizaron la expresión *freedom from want*, el ser libre de necesidades materiales. Para Roosevelt, en un momento en el que la Gran Depresión era un recuerdo vivo, esto significaba asumir la responsabilidad de elevar

[2] William J. Bennet, *Why we fight. Moral Clarity and the War on Terrorism*, Washington, D. C., Regnery Press, 2003.

[3] Mensaje del presidente al Congreso sobre el estado de la Unión, 6 de enero, 1941, en http://www.ourdocuments.gov/doc.php?doc=70&page=transcript.

a los oprimidos y garantizar la seguridad económica de todos los estadounidenses. Para Bush, en la estela de la revolución neoconservadora de la década de 1980, esto sugería la expansión de los mercados en una economía globalizada. No se trata aquí de afirmar que una definición es "mejor" que la otra, sino de subrayar que lo que entendemos hoy por "libertad" es una creación reciente, y no una característica fija y atemporal de nuestra "civilización".

El invocar a la libertad en un llamado a cerrar filas no es nada inusual en Estados Unidos. La Revolución engendró una visión de la nación estadounidense y de su misión que persiste hasta el día de hoy, en la que la nación se define como la excepcional encarnación de la libertad en un mundo corroído por la opresión. La Guerra Civil y el proceso de emancipación reforzaron la identificación de Estados Unidos con el progreso y la libertad. En el siglo XX, un discurso que pintaba al mundo como tajantemente dividido en dos campos enfrentados, en el que uno representaba a la libertad y el otro a su antítesis, adquirió nuevos bríos en el contexto de la lucha global contra el nazismo y el comunismo. Este sentido de excepcionalismo estadounidense, de que Estados Unidos ejemplifica la superioridad de las instituciones libres para el resto del mundo sigue vivo al día de hoy, y representa un elemento medular de nuestra cultura política y de nuestra conciencia histórica.

Al principio de su obra *La comunidad del anillo*, J. R. Tolkien escribía que a los ***hobbits*** les encantaba leer historia, especialmente aquellos "libros llenos de cosas que ya sabían, expuestas de manera clara y exacta, sin contradicciones". La ironía, claro está, es que en realidad los ***hobbits*** sabían muy poco tanto del mundo como de su propia historia. El sentido de lo familiar no puede ser la medida de la veracidad de una narrativa histórica. El decir que el pasado estadounidense es la historia de la libertad, como lo hizo el presidente Bush, hace imposible discutir con seriedad aquellos numerosos casos en los que se ha negado la libertad a grupos de estadounidenses, o la forma en que, el día de hoy, algunos estadounidenses gozan de una libertad mucho mayor que otros. Dividir al mundo de forma maniquea entre las fuerzas de la luz y las de la oscuridad oscurece el hecho que las situaciones locales y las complejas motivaciones de la acción humana no pueden subsumirse en una simple dicotomía que enfrenta a los amigos de la libertad con sus enemigos, o a terroristas con quienes a ellos se oponen. La historia que se invoca al servicio de la guerra es, en general, una historia deficiente.

De hecho, parece que la guerra siempre ha llevado a restringir la libertad, aquel valor por el cual, ostensiblemente, se lucha. Históricamente, los derechos civiles se han limitado severamente en tiempos de crisis. Cuando en 1798 Estados Unidos se enfrascó en la "casi guerra" con Francia, las leyes de Extranjería y Sedición permitieron que fueran deportados aquellos inmigrantes que las autoridades federales consideraban peligrosos, y decretaron que era ilegal criticar al gobierno federal. Durante la Guerra Civil, ambos contendientes encarcelaron a sus críticos y acallaron a la prensa de oposición. Durante la primera Guerra Mundial los estadounidenses de origen alemán, los socialistas, los líderes sindicales y los críticos de la participación estadounidense en la guerra fueron víctimas de una dura represión por parte del gobierno y de los ataques de "patrióticas" patrullas ciudadanas. En el contexto del "terror rojo" que siguió a la guerra, miles de radicales fueron arrestados, y numerosos extranjeros fueron deportados. Durante la segunda Guerra Mundial, decenas de miles de japoneses americanos, la mayoría de ellos ciudadanos estadounidenses, fueron encerrados en campos de reclusión. Durante la Guerra Fría, el gobierno equiparó distintas formas de disenso con el comunismo, y el FBI buscó entorpecer los movimientos por los derechos civiles y los que se oponían a la guerra. A menudo, los historiadores califican estos episodios de anomalías vergonzosas. Pero las violaciones a la libertad que se han perpetrado desde el 11 de septiembre —muchas de las cuales se han mantenido durante la administración del presidente Obama— ponen de manifiesto que el miedo desemboca, de forma inexorable, en la disposición a ver la libertad cercenada. "La necesidad es el pretexto de toda infracción a la libertad humana", declaró William Pitt, hijo, en 1783. "Es el argumento de los tiranos". Es esencial que los estudiantes de hoy aprendan de esta experiencia histórica.

El filósofo Friedrich Nietzsche identificó tres formas distintas de acercarse a la historia: la monumental, la anticuaria y la crítica (las primeras dos producirían historias de celebración y nostalgia; la tercera una historia "que juzga y condena"). Los reclamos recientes que llaman a reducir el estudio del pasado estadounidense a lo que Nietzsche llamaba la historia monumental o celebratoria también tienen un antiguo linaje. En todos los países son las versiones de la historia las que proporcionan la materia prima de los sentimientos nacionalistas y patrióticos. En Estados Unidos, estos reclamos han aumentado en momentos de construcción nacional (como la primera mitad del siglo XIX), en momentos de percibida fragmentación nacional (como las décadas de 1890 y 1990, durante las cuales se difundieron miedos por la inmigración masiva y la supuesta falta de unidad cultural), y durante las guerras. A menudo, los historiadores estadounidenses, como sus colegas en otros lugares, han intentado construir una genealogía intelectualmente convincente para la nación, excluyendo, hasta hace muy poco, a aquellos elementos que, como las tribus indígenas, los afroamericanos y las culturas de raíz hispana o francesa del Oeste, parecían representar poco más que obstáculos a la expansión de la libertad anglosajona y a la grandeza nacional estadounidense. Durante la primera Guerra Mundial, distinguidos estudiosos produjeron panfletos según las especificaciones del gobierno, que ponderaban, por ejemplo, aquellos "principios comunes" que compartían Jean-Jacques Rousseau, Oliver Cromwell, y Thomas Jefferson, para poner de manifiesto una supuesta base histórica de la alianza de Estados Unidos con Francia y Gran Bretaña. Al final de la Guerra Fría, hubo historiadores destacados que celebraron la resolución de importantes problemas sociales, el "final de la historia" y el triunfo de un "consenso" liberal en el que todos los estadounidenses, con excepción de los displicentes y de los fanáticos, compartían los mismos valores dominantes.

Walter Lippmann escribió alguna vez que la función del buen periodismo es asegurar que no se sorprenda a la gente. Lo mismo puede decirse de la buena historia. El pasado que pintan los historiadores debe representar un pasado del cual, de manera plausible, haya podido surgir el presente. El problema con la historiografía del consenso de los cincuenta, por ejemplo, no es sólo que presentara una visión incompleta del pasado, sino que dejaba a los estudiantes completamente desarmados para comprender la realidad en la que vivían. La revolución de los derechos civiles, los enfrentamientos que produjeron Vietnam, *Watergate* —estos fenómenos parecían surgir de la nada, pues carecían de raíces perceptibles en el pasado estadounidense. La historia egocéntrica y súper-celebratoria que se ha promovido después del 9/11 —una historia que carece de matices y complejidades— no nos permitirá dotar de sentido a un mundo cada vez más interconectado.

Recordar partes de la historia va de la mano con olvidar otras. En un ensayo sobre la conciencia histórica, el estudioso francés Ernest Renan apuntaba que "el olvido —podría decirse incluso el error histórico— desempeña un papel importante en la creación de la nación, y por lo tanto, los adelantos en el campo de la historia constituyen a menudo una amenaza a la nación". La esclavitud es un buen ejemplo de esto. No hay tema en el que la distancia que separa las indagaciones académicas de las percepciones del público sea más notable. Puede afirmarse que, durante los últimos treinta años, los estudios históricos estadounidenses de mayor calidad son los que han producido los historiadores de la esclavitud y la emancipación. Esta literatura no sólo ha demostrado, sin lugar a dudas, la centralidad de la esclavitud dentro de la historia de Estados Unidos, sino que ha transformado la forma en que comprendemos temas que van desde la revolución estadounidense hasta los orígenes y consecuencias de la Guerra Civil.

Sin embargo, para el público en general, existe aún un vacío importante en lo que toca a la esclavitud. Por supuesto, se han tomado medidas en comunidades a lo largo del norte del país para identificar y marcar los sitios vinculados con el "ferrocarril subterráneo",[4] y se ha construido un museo dedicado a este tema en Cincinnati. Pero los paseos turísticos de las plantaciones históricas en el Sur siguen edulcorando la realidad de la esclavitud (cuando ni siquiera se menciona a los esclavos, a menudo descritos como "sirvientes"). Quienes visiten Washington encontrarán un museo nacional dedicado al Holocausto, financiado por millones de dólares de los contribuyentes, pero casi nada que tenga que ver con la esclavitud. ¿Qué pensaríamos si los alemanes construyeran un museo de la esclavitud estadounidense en Berlín, pero evitaran cuidadosamente abordar el tema del Holocausto?

La esclavitud ha desempeñado un papel destacado en las recientes disputas por la historia. La exhibición pública de la bandera confederada en el Sur ha provocado manifestaciones, boicots económicos y un referéndum estatal. En abril de 2010, el gobernador de Virginia reinstauró la celebración del "mes de la historia confederada", que uno de sus predecesores había abandonado por tratarse de un tema divisivo. Olvidó, en su proclamación, mencionar la esclavitud, que era por lo que la Confederación había luchado.[5] De manera más provechosa, el Congreso ha ordenado al Servicio de Parques Nacionales, órgano que administra los sitios históricos, que de-

[4] La red de contactos y lugares mediante la cual cientos de esclavos fugitivos lograron escapar a Canadá (N. del T.).

[5] "Virginia Gov. Robert F. MacDonnell's Original Confederate History Month Proclamation" en *The Washington Post* (7 abr. 2010), en http://www.washingtonpost.com/wp-dyn/content/article/2010/04/07/AR201004.

dique mayor espacio y atención a la esclavitud en los sitios relacionado con la Guerra Civil, reconociendo que, hasta hace muy poco, en destinos populares como el campo de batalla de Gettysburg no se ofrecía una explicación de por qué pelearon los hombres de la Guerra Civil.

El legado de la esclavitud también desempeña un papel importante en la controversia que desataron los cambios a la currícula de ciencias sociales aprobados por el Consejo de Educación de Texas, dominado por conservadores. En Texas, el gobierno estatal, y no los distritos escolares, certifica los libros de texto. Por lo tanto, para participar en el enorme mercado texano, las editoriales tienen un fuerte incentivo para modificar sus libros con el fin de ajustarse a sus estándares. ¿Dónde estaba Lee Harvey Oswald, a fin de cuentas, cuando le disparó a John F. Kennedy? En el Depósito de libros de Texas, un gran edificio en Dallas lleno de libros.

La mayor parte de los comentarios sobre el contenido de los nuevos estándares texanos se ha centrado en su mandato de que los estudiantes de Preparatoria conozcan a los personajes y a las instituciones conservadoras de las décadas de 1980 y 1990, como Phyllis Schlafly,[6] la Moral Majority,[7] la fundación Heritage,[8] la National Rifle Association[9] y el "Contrato con América".[10] No tiene nada de malo enseñar sobre el conservadurismo moderno, que es una fuerza clave en la historia reciente de Estados Unidos. Lo que es más interesante es lo que estos nuevos estándares nos dicen acerca de la visión general que tienen los conservadores modernos de la historia y de la sociedad estadounidense, y sobre la forma en que esperan inculcar esta visión entre los jóvenes.

Por lo que sugiere esta currícula de ciencias sociales actualizada, los conservadores quieren que los estudiantes surgidos de la educación texana se queden con una impresión favorable de las mujeres que aceptan los papeles tradicionales de género, de la Confederación sureña, de algunas

[6] Activista y publicista conservadora, crítica del feminismo y de la enmienda constitucional para asegurar la igualdad de derechos (N. del T.).

[7] Grupo de presión política, activo en la década de 1980, fundado por el predicador Jerry Falwell, con una agenda cristiana evangélica (N. del T.).

[8] Centro de investigación y difusión abocado a la promoción de la libre empresa, el gobierno limitado, y la libertad individual (N. del T.).

[9] Asociación que busca preservar el derecho de los estadounidenses a portar armas (N. del T.).

[10] Serie de compromisos que el líder Republicano Newt Gingrich propusiera al electorado estadounidense en 1994 (N. del T.).

partes de la Constitución, del capitalismo, del ejército y de la religión. No creen que los estudiantes deban aprender nada acerca de aquellas mujeres que exigieron mayor igualdad, de otras partes de la Constitución, de la esclavitud, de la Reconstrucción que siguió a la Guerra Civil, del tratamiento desigual que en general se ha dado a los grupos de no blancos, de los ambientalistas, de los sindicatos, de la regulación económica federal, y de los extranjeros.

Así, el Consejo ha eliminado las referencias a la Declaración de la Convención de Seneca Falls de 1848, que reclamaba la igualdad de derechos para hombres y mujeres, así como las cartas entre John y Abigail Adams, y a la sufragista Carrie Chapman Catt. El papel de la religión (pero no la separación entre Iglesia y Estado) es enfatizado a lo largo del texto. Por ejemplo, los dinámicos movimientos religiosos de los siglos XVIII y XIX son identificados como parte de los doce "hechos y eras" más importantes de la época colonial a 1877. Sin embargo, se elimina a Thomas Jefferson de la lista de los hombres cuyas ideas inspiraron la Revolución americana, suponemos que por abogar por la construcción de un "muro de separación" entre la Iglesia y el Estado.

Estos cambios buscan disminuir o evitar discusiones sobre la esclavitud, que se menciona sobre todo por su "impacto" sobre las distintas secciones del país, y en el advenimiento de la Guerra Civil. El discurso inaugural de Jefferson Davis como presidente de la Confederación será estudiado junto con los textos de Abraham Lincoln. Se subrayan la segunda y quinta enmiendas de la Constitución (el derecho a portar armas y la prohibición de que el gobierno expropiara la propiedad privada). Sin embargo, reducen las enmiendas trece, catorce y quince, que abolieron la esclavitud y garantizaron los derechos civiles de los negros, a simples consecuencias de la Guerra Civil. Se ha eliminado el requisito de que los estudiantes comprendan "las razones" por las cuales fueron aprobadas, y los "derechos que garantizan".

Se requiere también que los estudiantes en Texas entiendan los "beneficios" (pero ninguno de los inconvenientes) del capitalismo. Sin embargo, no se atreven a llamar al sistema económico por su nombre: el texto se refiere siempre a la "libre empresa". Los sindicatos brillan por su ausencia. El impacto del hombre sobre el medio ambiente ha sido, aparentemente, completamente benéfico, la currícula habla de las presas que controlan las inundaciones y de los beneficios de la infraestructura para el transporte, pero no menciona los problemas que surgen de la explotación de la naturaleza.

El Consejo de Educación de Texas busca, obviamente, promover una versión oficial de la historia que celebra los logros del pasado estadounidense, mientras ignora sus deficiencias, y desdeña en buena parte a aquéllos que lucharon para hacer de Estados Unidos una sociedad más justa e igualitaria. Una vez más, esto no es inusual en absoluto. Como se ha mencionado, en todos los países las versiones del pasado han proporcionado la materia prima de la ideología nacionalista y de los sentimientos patrióticos. La escritura de la historia —tanto en Europa, donde se originó, como en las nuevas naciones independientes de Asia y África en las últimas generaciones— siempre ha estado atada al Estado-nación. En los últimos años, varios países se han visto sacudidos por debates en torno de la historia que, en muchos aspectos, se parecen a los nuestros.

Hace poco, realicé un estudio poco científico de los artículos referidos a controversias históricas que han sido publicados en los últimos años por el *History News Network*,[11] un sitio de Internet consultado cada semana por numerosos historiadores. Incluyo aquí algunos de muchos ejemplos. El gobierno turco ha condenado con vehemencia los esfuerzos realizados para que se reconozca en retrospectiva el genocidio armenio de 1915. Quien mencione este hecho histórico puede terminar en la cárcel por "ofender el ser turco". Ha habido manifestaciones violentas en Corea del Sur, en protesta por la publicación de libros de texto japoneses que describen al dominio japonés sobre Asia como humanitario, sobre todo en comparación con el imperialismo europeo. En Japón, historiadores nacionalistas y feministas se han enfrentado en repetidas ocasiones, en discusiones sobre si debe registrarse para la posteridad la difícil situación de las mujeres que durante las guerras en el Pacífico asiático entre 1931 y 1945, fueron obligadas por el ejército japonés a prostituirse. Ciertos grupos políticos de derecha han logrado que algunas empresas editoriales excluyan de los libros de texto toda referencia a estas mujeres.

Mientras tanto, en Rusia, los nuevos textos sancionados por el gobierno buscan restablecer un sentido de orgullo nacional, profundamente lastimado por el fin de la Guerra Fría y el desastre económico que le siguió, rehabilitando a Stalin como un exitoso constructor de la nación, a pesar de haber cometido algunos "errores". Finalmente, cuando estaba dando clase en Londres en 2008, el secretario de Educación del gabinete

[11] http://hnn.us/

de oposición se quejaba de que los alumnos británicos no conocían su pasado. Sugería que el remedio era dejar a un lado la historia social para volver a enfatizar la de los reyes y reinas. En respuesta, uno de los miembros del gabinete sugirió que para inspirar un sentido adecuado de lo que significa ser británico en una nación crecientemente multicultural, había que celebrar los 500 años de la ascensión al trono de Enrique VIII. La idea de que este rey podía servir como modelo para los británicos de hoy no recibió mucho apoyo.

Una consecuencia inesperada de los debates públicos sobre la historia ha sido la proliferación de las disculpas oficiales por las injusticias del pasado. Por casualidad, estaba en Sidney, Australia, en junio de 2008, durante "Sorry Day", el día en que los australianos piden perdón por la forma en que trataron a la población indígena, y sobre todo por la práctica, prevaleciente durante gran parte del siglo XX, de sacar a los niños de las familias aborígenes para colocarlos dentro de familias blancas. Se trata de un caso en el que la realidad imita al arte. Un año antes, en su novela *Diary of a Bad Year*, el novelista J. M. Coetze relataba cómo un despacho de abogados estadounidense publicaba anuncios en Australia, ofreciendo asesorar a compañías australianas (por 650 dólares la hora) sobre cómo redactar una disculpa por los abusos contra los aborígenes en el pasado, sin asumir responsabilidad legal alguna.

La disculpa formal, que antes significaba algo, se ha devaluado. Uno puede asumir una postura de moral elevada sin arriesgar pérdidas reales. Así, durante los últimos años hemos presenciado una avalancha de disculpas en Estados Unidos, pidiendo perdón por varios crímenes del pasado, pero que se frasean de forma tal que el presente no reconoce ninguna responsabilidad de enmendar los daños que produce el duradero legado de estas fechorías. El Senado se ha disculpado por la esclavitud, por no promulgar leyes que castigaran los linchamientos, y por el "Programa de repatriación" de 1931, por el cual regresaron a México a 2 000 000 de trabajadores "eventuales", cuando la mayoría eran ciudadanos estadounidenses. También las legislaturas estatales han entrado al juego. Varios estados del Sur han pedido perdón por la esclavitud. California promulgó una resolución en la que "deploraba profundamente" la discriminación histórica contra los chinos. Algunas compañías privadas, como los bancos y las aseguradoras que en el pasado obtuvieron beneficios de la esclavitud también se han disculpado. Sin embargo, con la excepción del pago de 25 000 dólares que el gobierno entregó a los sobrevivientes de los campos de internación para japoneses americanos de la segunda Guerra Mundial, ninguna de estas disculpas estuvo acompañada de algún tipo de indemnización para las víctimas o sus descendientes, y tampoco, lo que es quizá más grave, de políticas sociales para remediar el duradero impacto de la esclavitud y la desigualdad y para redimir a quienes hoy son víctimas de la discriminación. En tales circunstancias, las disculpas, que parecen reflejar una conciencia entre el público de los elementos menos admirables de nuestra historia nacional, en realidad se reducen a una especie de psico-política, un mecanismo para que los privilegiados se sientan bien consigo mismos, sin tener que sacrificar nada de su estatus, que también es resultado del proceso histórico.

Estas batallas por la historia, aunque han generado más calor que luz, resaltan las diferencias centrales entre la forma en que los historiadores comprenden su oficio, y lo que los gobiernos y gran parte del público más amplio creen que debe ser la escritura de la historia. Los historiadores consideran que la búsqueda constante de nuevas perspectivas es un elemento vital para comprender la historia. Fuera del mundo académico, muchos anhelan la consagración de ideas consabidas y desconfían de la reinterpretación. Revisar las formas en que entendemos el pasado es lo que hacemos los historiadores. Pero fuera del mundo académico, la etiqueta "historiador revisionista" es un insulto.

¿Qué se supone, entonces, que deben hacer los historiadores? En la década de 1990, en una de las sesiones que el senado dedicó a una controversia sobre la presentación de la historia en el Smithsonian, instituto público para la difusión del conocimiento, que entre otras cosas administra los grandes museos de Washington D. C., la senadora por California Diane Feinstein comentó que cuando ella estudiaba la carrera de Historia en la Universidad de Stanford, sus profesores se limitaban a presentar los hechos. Deploró que el día de hoy los historiadores se dediquen a interpretar. Sin duda en Stanford la senadora Feinstein tuvo acceso a la obra de gigantes académicos como Carl Becker y Charles Beard, que demolieron, hace un siglo, la idea de que hay una verdad histórica fija y permanente, y que los hechos y la interpretación pueden aislarse los unos de la otra. La tarea misma de seleccionar unos hechos, al tiempo que se ignoran otros, es un acto de interpretación.

No obstante, en 2008, la legislatura de Florida proscribió de las escuelas públicas estatales lo que describió como las "concepciones posmodernas de la verdad relativa". "La historia de los Estados Unidos —declaraba esta ley— deberá ser vista como fáctica, no construida, cognoscible, enseñable y debe proveer de conocimientos que puedan ser medidos en un examen, y se definirá como la creación de una nueva nación basada en gran parte en los principios universales expuestos en la Declaración de Independencia". No hubo sugerencia alguna de que se podía legítimamente hacer notar que las prácticas de una sociedad basada en la esclavitud se desviaban de los principios de la Declaración.

En general, este afán por identificar una verdad histórica inalterable me recuerda una conversación que tuve en los noventa con una joven y entusiasta reportera de la revista *Newsweek*. "Profesor —me preguntó— cuándo es que los historiadores dejaron de relatar los hechos y empezaron con toda esta revisión de las interpretaciones del pasado?" "Con Tucídides", le respondí. La historia siempre ha sido reescrita, y siempre se reescribirá, en respuesta a nuevas preguntas, nueva información, nuevas metodologías, y nuevos imperativos políticos, sociales y culturales.

Sin embargo, que cada generación pueda y deba reescribir la historia no significa que ésta sea simplemente una sucesión de mitos e invenciones. Hay una serie de estándares profesionales comúnmente aceptados que nos permiten distinguir a la historia bien hecha de las falsedades como la negación del Holocausto. No se puede volver al pasado, pero se le puede estudiar de manera intelectualmente honesta. La "verdad" histórica existe, no en el sentido científico de la palabra, sino como un acercamiento razonable al pasado. No obstante, lo que más trabajo cuesta aceptar a aquellos que están fuera del gremio es el hecho que, a menudo, hay más de una forma legítima de relatar los sucesos del pasado.

La forma en que pensamos la historia es importante. Pondré como ejemplo el periodo al que he dedicado gran parte de mi carrera académica, la Reconstrucción que siguió a la Guerra Civil. Esta época, todavía hoy malentendida, constituye un momento excepcional en la historia de la democracia estadounidense y de los derechos de los afroamericanos. Un indicador de esto es que en toda la historia de Estados Unidos, sólo seis negros, incluyendo a Barack Obama, han pertenecido al Senado. De estos, dos, Hiram Revels y Blanche K. Bruce, fueron electos durante la Reconstrucción.

El periodo de la Reconstrucción es un excelente ejemplo de lo que a veces llamamos "la política de la historia". No me refiero a la identificación partidista del historiador. Me refiero a la forma en que la interpretación histórica a un tiempo refleja y contribuye a moldear la política del presente, del momento en que escribe el historiador. Durante muchos, muchos años, de hecho durante gran parte del siglo XX, la versión llamada "tradicional" o "estándar" de la Reconstrucción dominó la escritura de la historia, los libros de texto y el imaginario popular. Para resumir, según esta versión, la Reconstrucción fue el punto más bajo de toda la saga de la democracia estadounidense. A decir de esta interpretación, al finalizar la guerra, Abraham Lincoln habría querido volver a integrar al Sur derrotado a la Unión, de forma rápida, benévola e indulgente. Tras su asesinato, su sucesor, Andrew Johnson, habría seguido con esta política. Pero su visión sería frustrada por los villanos del cuento, los republicanos radicales del Congreso, motivados, según el historiador que uno decida escoger, por un odio vengativo hacia el Sur, por el deseo de imponerle el yugo del capitalismo norteño, o simplemente para mantener al partido Republicano en el poder.

Los radicales descarrilaron el benévolo plan de Johnson e impusieron al derrotado Sur el sufragio negro, o sea, el derecho al voto de los hombres negros, de los antiguos esclavos. Según esta visión, los negros eran incapaces de ejercer este derecho, pues eran inferiores y no debían formar parte de la democracia estadounidense. Lo que sucedió entonces fue una orgía de corrupción y mal gobierno. Eventualmente, siguiendo esta línea, grupos patrióticos como el Ku Klux Klan derrocaron a estos gobiernos y restauraron en los estados del Sur lo que cortésmente llamaron "autogobierno", y que nosotros llamaríamos supremacía blanca.

Como he mencionado, esta interpretación dominó la escritura de la historia, y llegó a un público de masas por medio de la novela *The Clansman* de Thomas Dixon (una novela histórica que tuvo un impacto extremadamente pernicioso en la vida estadounidense), así como su versión cinematográfica, *Birth of a Nation*, una elegía al Ku Klux Klan que se estrenó en la Casa Blanca durante la administración de Woodrow Wilson, lo que consistió en un excepcional espaldarazo presidencial a una interpretación histórica. Esta visión demostró ser sorprendentemente longeva, lo que se explica porque era congruente con el sistema racial que marcó a Estados Unidos entre 1900 y la era de los derechos civiles en la década de 1960. Las lecciones políticas de la vieja interpretación eran muy claras. En primer lugar, había sido un error dar el voto a la población negra durante la Reconstrucción, con lo que el Sur blanco tuvo razón al quitárselo a finales del siglo XIX. Cualquier esfuerzo por devolver a los afroamericanos sus derechos políticos simplemente desembocaría en una repetición de los supuestos horrores de la Reconstrucción. En segundo lugar, la Reconstrucción había sido impuesta al sur por norteños ajenos a la región. Quizá algunos habían sido hombres bien intencionados, inspirados por ideales humanitarios; no obstante, la Reconstrucción había comprobado que los norteños no entendían al Sur, ni su estructura racial. Los únicos que podían comprenderla eran los blancos sureños. En consecuencia, quedaba claro que el Sur blanco debía resistir cualquier intento por cambiar su sistema racial que viniera de fuera. Es interesante que los lectores de mediados del siglo XX hubieran tenido acceso a un retrato más "verídico" de la Reconstrucción en una novela —*Freedom Road* de Howard Fast— que en la obra de la mayoría de los historiadores, con la excepción de W. E. B. Dubois, cuya gran obra *Black Reconstruction in America* fue ignorada durante décadas por los historiadores profesionales.

Cuando se llevó a cabo la revolución de los derechos civiles todos los pilares que habían sostenido a esta interpretación se derrumbaron. La época fue completamente reinterpretada. Hoy en día, la mayoría de los historiadores ven a la Reconstrucción como un esfuerzo noble, aunque fallido, por establecer, por primera vez en la historia de Estados Unidos, una democracia racial. Fueron años de esperanza y progreso, y de la notable aparición sobre el escenario de la historia de un pueblo que había estado previamente condenado a la "muerte social" que significaba la esclavitud. La ley de los derechos civiles de 1866 y la 14ª y 15ª enmiendas establecieron principios enteramente nuevos en la vida estadounidense: la ciudadanía por nacimiento y la igualdad ante la ley, sin importar la raza. Redefinieron la definición misma del "ser americano" en formas que son, aún hoy, polémicas, como lo demuestran nuestros álgidos debates en torno de la migración, legal e ilegal. En una manifestación del movimiento conservador del Tea Party, uno de los participantes llevaba una manta que decía "Abroguen la 14ª enmienda". ¿Por qué? Porque esa enmienda erige al gobierno nacional, y no a los de los estados, como la autoridad que define y protege los derechos de los ciudadanos estadounidenses, y declara que toda persona nacida en Estados Unidos —independientemente del estatus legal de sus padres— es ciudadana de Estados Unidos. Es posible que la Reconstrucción haya sido el único momento en la historia de Estados Unidos en que la introducción de la 14ª enmienda a la Constitución era una posibilidad. Dudo mucho que pudiera ratificarse hoy en día. Y hoy creemos que la tragedia de la Reconstrucción no es que se haya emprendido un proyecto así, sino el que haya fracasado, dejando a las generaciones que le siguieron el difícil problema de asegurar la justicia racial dentro de la sociedad estadounidense. Sin embargo, a menudo me impresiona lo difícil que ha sido que la nueva interpretación se arraigue en el imaginario popular, desplazando a las viejas visiones, pobladas de héroes y villanos fácilmente identificables y que proveían una explicación más cómoda, para los blancos estadounidenses, del fracaso de la Reconstrucción.

Lo que el estudio de la historia tiene de maravilloso es su naturaleza democrática. Son muy pocos los legos que se sienten calificados para opinar sobre la física nuclear. Pero todos, incluyendo productores de cine, periodistas, políticos, novelistas y ciudadanos comunes y corrientes pueden emitir juicios sobre la historia, y lo hacen. ¿A quién pertenece la historia? A todos y a nadie. En definitiva, no pertenece al Estado nacional. Por eso, el estudio del pasado es un viaje de descubrimiento que evoluciona de forma constante y no tiene fin.

En 1867, en el momento en que la Reconstrucción radical comenzaba a implementarse en el Sur, Robert G. Fitzgerald, un hombre negro que había luchado en la Guerra Civil y que enseñaba en una escuela para los hijos de antiguos esclavos en Carolina del Norte, escribió en su diario "el pasado es la llave del presente y el espejo del futuro". Pero la historia sólo puede ser esto si trasciende los límites, en lugar de reforzarlos o reproducirlos, si ofrece una valoración sincera de las fortalezas y debilidades de nuestra propia sociedad, y no representa simplemente un ejercicio de autocelebración, y si nos permite pensar a nuestra nación, y su papel en el mundo, de forma histórica y no mítica.

LA POLÍTICA DE LA HISTORIA: LAS CONMEMORACIONES DE 2010*

Javier Garciadiego
El Colegio de México

> [...] el pasado es el presente, el pasado no acaba de terminar, de pasar nunca, el pasado está aquí, actuando sobre nosotros, no porque nosotros queramos sino porque es inevitable, porque yo estoy aquí gracias al pasado, porque el pasado es una dimensión del presente.
> Javier Cercas

México, como otros países de Hispanoamérica, conmemoró[1] durante el año 2010 el bicentenario del proceso que comenzó con la crisis del imperio hispánico y que luego dio lugar al nacimiento de los países hispanoamericanos. En efecto, hace dos centurias se pasó, en buena parte del continente y en poco más de un decenio, de un régimen virreinal, por ende monárquico, a uno republicano. En el caso de México, además de conmemorarse el inicio del proceso que derivó en el nacimiento de la nación mexicana, se cumplieron los cien primeros años del comienzo del movimiento revolucionario que definió, en buena medida, la historia de casi todo nuestro siglo XX.

* *Este ensayo está dedicado a Juan Rebolledo, encargado de organizar las celebraciones históricas de 1985. También está dedicado a Cuauhtémoc Cárdenas, Sergio Vela, Rafael Tovar y José Manuel Villalpando, así como a Enrique Márquez y Patricia Galeana, pues todos, desde sus distintas –y en ocasiones hasta encontradas– posiciones ideológicas y políticas, hicieron su mejor esfuerzo para que las celebraciones de 2010 fueran provechosas para el país.*

[1] Se usan indistintamente los términos celebrar, conmemorar y festejar, aunque no sean sinónimos: la palabra celebrar implica cierta solemnidad y está relacionada con ceremonias cívicas o religiosas; conmemorar significa recordar juntos, y festejar tiene un carácter lúdico, festivo. Véase Enrique Krauze, "Bicentenario: la cuenta regresiva", *Reforma* (25 jul. 2010).

Toda conmemoración histórica nacional depende de la ideología de los gobernantes y de la naturaleza política del Estado que la organiza, así como de la situación económica y de la estructura social del país que se festeja; obviamente, también la determinan la conciencia histórica que en él prevalezca, el desarrollo tecnológico alcanzado y el "clima espiritual" dominante. México no fue la excepción. Para comenzar, el proceso organizativo padeció numerosos contratiempos,[2] la crisis económica fue un factor decisivo y el clima político imperante provocó notorias incertidumbres. Lo grave fue que no era un cumpleaños cualquiera: 2010 implicaba cifras cabalísticas y abarcaba dos efemérides mayúsculas. El problema mayor consistió en que en México conmemorábamos dos procesos plenamente disímbolos. De la Independencia sabemos cuándo comenzó y cuándo terminó, pero no respecto de la Revolución, ni conocemos con qué logros concluyó ésta. Si bien la consumación de la Independencia es un hecho histórico sin problemas cronológicos —septiembre de 1821—, fechar la conclusión de la Revolución es un problema insoluble: ¿fue su final la rendición del gobierno y del ejército de Victoriano Huerta, a mediados de 1914? ¿Lo fue la promulgación de la nueva Constitución, a principios de 1917? ¿Concluyó con la conformación de un nuevo grupo gobernante, en 1920? ¿Acaso terminó al declinar la violencia grave y endémica, y al dar inicio al proceso de institucionalización, hacia 1929? ¿Fue su final el mismo que el del reformismo de Lázaro Cárdenas, en 1940?[3]

Lo realmente grave no es que la Revolución carezca de un final calendarizable sino que, a diferencia de la lucha por la Independencia, no es claro que se hayan cumplido sus principales compromisos. Insisto: re-

[2] Recuérdese que la Comisión Organizadora de la Conmemoración del Bicentenario de la Independencia y del Centenario de la Revolución fue oficialmente encabezada por el licenciado Sergio Vela, el embajador Rafael Tovar y desde octubre de 2008, por el titular del Instituto Nacional de Estudios Históricos de las Revoluciones de México, licenciado José Manuel Villalpando, con quien se alcanzó la imprescindible estabilidad en el puesto de mando. Aun así, todavía el 21 de julio, a escasas siete semanas del 15 de septiembre, la Comisión Organizadora pasó a ser coordinada por la Secretaría de Educación Pública. Véase "Reconocen desorden para el Bicentenario", *El Economista* (22 jul. 2010), y "Llega SEP tarde a festejos", *Reforma* (27 jul. 2010). Recuérdese también que durante los últimos meses de la administración del presidente Fox se nombró para dicho puesto al ingeniero Cuauhtémoc Cárdenas.

[3] Para una amplia discusión sobre esta cuestión, véase Ross, *¿Ha muerto la Revolución mexicana?*

sulta más fácil evaluar el proceso independentista, pues es innegable que con él finiquitamos nuestra subordinación política de España. En cambio, ¿cuáles son los frutos de la Revolución? La dictadura fue sustituida por gobiernos desigualmente autoritarios, los que se prolongaron alrededor de siete décadas, y sólo muy recientemente se ha podido construir un sistema en buena medida democrático;[4] asimismo, no hemos acabado con la desigualdad social. Por lo mismo, el problema consistía en conmemorar una Revolución que algunos mexicanos consideran contraproducente, otros la ven como detenida e inconclusa, mientras otra parte de la población la percibe como traicionada. El reto era mayúsculo: ¿cómo podía celebrarse y festejarse una Revolución tan difícil de conmemorar? Acaso resulte útil analizar la forma en la que México enfrentó sus anteriores aniversarios patrios, a fin de poder comprender nuestra actuación ante las recientes efemérides.

EL PRIMER CENTENARIO

En 1910 México cumplió el primer centenario de vida independiente. Gobernaba el país el general Porfirio Díaz, militar destacado en las guerras de mediados del siglo XIX contra los conservadores y los franceses y quien había detentado el poder durante más de tres décadas. En ese año Díaz cumpliría 80 años, una edad muy superior a la que la estadística reconocía entonces a la mayoría de los mexicanos. Aunque poco antes había ofrecido retirarse ese año del poder, su promesa había sido más estratégica que sincera.[5] Dicha promesa y su incumplimiento conciernen al tema del centenario: ¿cómo pudo creerse que don Porfirio habría de ceder a alguien, aun siendo de su equipo, el papel protagónico en

[4] Paradójicamente, al mismo tiempo que se alcanzaban notables avances en la condición democrática del país, a finales del siglo XX, éste dejó de caracterizarse por su nacionalismo, y los iniciales compromisos revolucionarios, como la Reforma Agraria o el apoyo a los obreros, perdieron su prioridad. O sea, se alcanzaba tardíamente uno de los objetivos de la Revolución, pero al mismo tiempo se dejaban de cumplir otros.

[5] Obviamente, me refiero a las célebres declaraciones que don Porfirio hizo al periodista James Creelman. Una versión completa de aquel documento, en *Entrevista Díaz-Creelman;* para un análisis de la entrevista, véase mi ensayo Garciadiego, "Entrevista Díaz-Creelman", pp. 105-140.

aquellas celebraciones?[6] Piénsese que en su diseño Díaz se autoasignó un papel tan relevante como el de los héroes que iban a ser recordados: no hubo ceremonia importante que no encabezara, inauguración lustrosa en la que no cortara el consabido listón, obra decisiva en la que no colocara la primera piedra, ni discurso en el que no fuera ensalzado a la altura de los héroes históricos.[7] Por ejemplo, en el desfile de los "carros alegóricos", en uno de ellos fueron colocados juntos los bustos de Hidalgo, Juárez y Díaz; asimismo, en el discurso oficial del último acto de los festejos, la llamada "Apoteosis de los héroes", se exaltó más a Díaz que a los propios héroes.[8]

Ciertamente, uno de los objetivos de las conmemoraciones de nuestro primer centenario fue fijar en términos políticos el canon de la historia patria. Durante los primeros dos tercios del siglo XIX la historiografía había reflejado los enfrentamientos constantes entre liberales y conservadores,[9] pero se sabía que del triunfo militar y político definitivo dependería el ideológico y cultural. Por tanto, la definición de nuestro pasado se dio luego de la victoria del grupo liberal. Obviamente, la nueva construcción historiográfica incluía la efemérides a conmemorarse: el santoral del proceso independentista fue motivo de definición, pues había que canonizar a los imprescindibles héroes y condenar a los igualmente necesarios traidores: en la parte superior del altar histórico, Miguel Hidalgo y José María

[6] Porfirio Díaz reconoció su "buena fortuna" por encabezar las celebraciones del Centenario de la Independencia. Véase su discurso en la ceremonia de entrega del uniforme y otros objetos de Morelos, en García (dir.), *Crónica oficial de las fiestas del primer centenario*, pp. 23-24 del apéndice. Para analizar las ventajas políticas que implica encabezar este tipo de festejos históricos, véase Leo Zuckermann, "No han sabido organizar las fiestas", *Excélsior* (26 jul. 2010).

[7] En términos historiográficos, por los discursos generados, los actos más importantes fueron el desfile del 15 de septiembre, la ceremonia "del grito", esa misma noche, y la "Apoteosis de los héroes", de principios de octubre. Obviamente, también fue importantísima la inauguración de la Columna de la Independencia. Para un recuento completo de las actividades llevadas a cabo entonces, véase *Memoria de los trabajos emprendidos,* más apéndice. Para una información más selectiva, consúltese la *Crónica oficial*, citada en la nota anterior.

[8] El busto de Hidalgo iba coronado por la patria; el de Juárez, por la justicia, y el de Díaz por la paz. Para un detallado análisis del contenido de los desfiles y discursos, véase Guedea, "Historia de los centenarios de Independencia, 1910-1921", pp. 21-107.

[9] Véase Parcero, *Introducción bibliográfica*. Sobre todo, véanse Guedea (coord.), *El surgimiento de la historiografía nacional* y Pi-Suñer Llorens (coord.), *En busca de un discurso integrador de la nación.*

Morelos; abajo, Félix María Calleja; en posición intermedia, Agustín de Iturbide y Vicente Guerrero. El pasado inmediato también sería objeto de definiciones que permitieran forjar la identidad histórica del país: la guerra con Estados Unidos de 1846-1848 produjo más traidores —Santa Anna, sus generales, la Iglesia católica— que héroes. De hecho, a falta de hombres heroicos tuvieron que buscarse héroes ajenos —el Batallón de San Patricio— o héroes niños.[10] Si se acepta que el personaje histórico derrotado es más mártir que héroe,[11] como tales deberían ser considerados Hidalgo y Morelos, y en la guerra con Estados Unidos el general Pedro María Anaya fue un ejemplo típico de mártir. La guerra de Reforma también colaboró al santoral patrio: héroe, Benito Juárez; mártires, Melchor Ocampo y Santos Degollado; traidores, el presidente moderado Ignacio Comonfort y el general conservador Félix Zuloaga. Comprensiblemente, en la triunfal lucha contra la intervención francesa hubo más héroes —Juárez otra vez, Ignacio Zaragoza y Mariano Escobedo— que mártires, aunque también hubo varios traidores, como Miguel Miramón, Juan Nepomuceno Almonte y hasta Santiago Vidaurri.[12]

Porfirio Díaz se había distinguido en las guerras de Reforma y de Intervención. Sin embargo, ser el único sobreviviente de ellas y haber gobernado al país durante los últimos treinta años le permitieron aprovechar el festejo centenario para maniobrar y ser ascendido en el santoral patrio. Si Hidalgo y Morelos nos habían dado la Independencia, y Juárez la había preservado, iniciando además la construcción del Estado mexicano moderno, Díaz había consumado este proceso, consolidando la nación. Recibió un país atrasado, desintegrado e inestable, y entregaría uno en dinámico crecimiento económico, mejor comunicado y en paz. Si en términos historiográficos el *México a través de los siglos* narraba los complejos procesos históricos del país, subrayando —en tres de sus cinco tomos— las vicisitudes enfrentadas a lo largo del siglo XIX y los esfuerzos de los liberales para obtener el triunfo,[13] años después el propio Díaz

[10] Véanse Plasencia, "Conmemoración de la hazaña épica de los niños héroes, pp. 241-279, y Villalpando, *Niños héroes.*

[11] Véase González de Alba, *Las mentiras de mis maestros*. Para una discusión reciente sobre el papel de los héroes en la historia nacional, véase el libro de Krauze, *De héroes y mitos.*

[12] Uno de los primeros en "fijar" nuestra historia desde una perspectiva liberal fue Guillermo Prieto. Al respecto, véase su catecismo *Lecciones de historia patria.*

[13] Véase Riva Palacio (coord.), *México a través de los siglos.*

impulsaría otro libro, *México: su evolución social*, que tuvo como objetivo presumir los adelantos recientes del país, obtenidos por métodos pacíficos, evolutivos, y para ponerse como único héroe del progreso nacional.[14]

La conmemoración de 1910 no tenía como objetivo exclusivo encumbrar históricamente a Porfirio Díaz. Contaba por lo menos con otros tres objetivos mayores. Durante el siglo XIX México había padecido graves penurias económicas, por lo que habían sido creadas muy pocas instituciones con instalaciones adecuadas. Recuérdese que la residencia presidencial y la sede de las principales oficinas gubernamentales, es decir el Palacio Nacional[15] —antes "de los Virreyes"— y el Castillo de Chapultepec,[16] eran construcciones del periodo novohispano. Sin embargo, a consecuencia del crecimiento económico alcanzado durante el Porfiriato, hubo un superávit comercial y una balanza de ingresos gubernamentales positiva, por lo que pudo contarse con los recursos económicos necesarios para edificar las primeras grandes construcciones gubernamentales desde el periodo borbónico. Así, una prioridad de las celebraciones de 1910 fue

[14] Sierra, *México: su evolución social*. Véase la reciente reedición facsimilar, con un prólogo de Laura Moya —pp. XIII-XXXVIII—, hecha en 2005 por Miguel Ángel Porrúa. Véase también Moya, *La nación como organismo*. Para un análisis de Sierra como historiador, véanse el prólogo de Abelardo Villegas al libro *Evolución política del pueblo mexicano*, y Hale, *Justo Sierra*. Para una visión general, consúltense Yáñez, *Don Justo Sierra*, y Dumas, *Justo Sierra*.

[15] Hernán Cortes construyó sobre las ruinas de la residencia que habitó Moctezuma Xocoyotzin una fortaleza que después fue utilizada para instalar el gobierno virreinal. Luego del tumulto de 1692, en el que quedó prácticamente destruida, fue reedificada como palacio barroco. Durante la etapa independiente sufrió algunas modificaciones arquitectónicas y se utilizó como sede de las oficinas del gobierno y como habitación presidencial. Durante el Porfiriato adquirió una fachada afrancesada y en 1926 se completó el edificio al agregársele una estructura más y al devolvérsele su carácter barroco. Véase *Enciclopedia de México*, t. XI, 1993, pp. 6142-6143, y *El Palacio Nacional. La sede del poder.*

[16] El Castillo de Chapultepec fue construido sobre las ruinas de unas habitaciones de descanso de los jerarcas aztecas. Hacia 1785 el virrey Bernardo de Gálvez mandó construir sobre ellas una casa de campo; en 1841 ésta fue destinada para el Colegio Militar. Posteriormente, Maximiliano de Habsburgo la ocuparía como su residencia, y su reedificación estuvo a cargo del arquitecto Vicente Manero. Durante la administración de Manuel González se remozó el castillo y se conservó el Colegio Militar. Más tarde, Porfirio Díaz, Francisco I. Madero, Venustiano Carranza, Pascual Ortiz Rubio y Abelardo Rodríguez lo utilizaron como residencia. Finalmente, durante la administración de Lázaro Cárdenas fue destinado a Museo Nacional de Historia. Véase *Museo Nacional de Historia. Castillo de Chapultepec*, pp. 6-9, y *Diccionario Porrúa*, pp. 425-426.

hacer gran número de "mejoras materiales",[17] así como dos obras conmemorativas de gran significado histórico: la Columna de la Independencia y el Hemiciclo a Juárez. Dichas construcciones demostrarían el crecimiento y modernización del Estado mexicano, y Díaz no estaba dispuesto a compartir esos logros: si unos habían conquistado la Independencia y otros preservado nuestra amenazada integridad, a él sólo le correspondía la pacificación, consolidación y modernización del país, su progreso.[18] Puede asegurarse que en aquellos festejos predominaron las inauguraciones ingenieriles y arquitectónicas. Piénsese en la ampliación del canal del desagüe del valle de México, la adaptación de la Penitenciaria y la construcción de la Escuela Normal para Maestros, el Palacio de Correos y el Manicomio General, entre muchas otras. Fueron tantos los nuevos edificios que hasta entonces la ciudad de México dejó de ser básicamente colonial, entrando a la etapa de la modernidad.[19]

De otra parte, es indiscutible que México había sido una nación internacionalmente incómoda durante el siglo XIX, desde la expulsión de los españoles poco después de la Independencia hasta el fusilamiento de Maximiliano en 1867,[20] pasando por las guerras de Texas (1836) y de "los pasteles" (1838), por la invasión de Estados Unidos de 1846-1848 y por la suspensión del pago de la deuda externa en 1861, lo que provocaría la Intervención francesa.[21] Comprensiblemente, el segundo gran

[17] Véase *Memoria de los trabajos*, p. 16. El recuento de lo realizado consigna 1450 construcciones especiales en todo el país. *Memoria de los trabajos*, p. 98.

[18] Es indiscutible que durante los festejos de 1910 se enaltecieron el presente y el futuro del país tanto como su historia. Al respecto, véase Lempérière, "Los dos centenarios de la Independencia mexicana", pp. 317-352.

[19] Para el tema del significado político de las grandes construcciones hechas durante el Porfiriato tardío, véase Moya Gutiérrez, "La arquitectura emblemática del Porfiriato". Sobre todo, véase Azuela, "Las artes plásticas en las conmemoraciones de los centenarios de la Independencia, 1910, 1921", pp. 108-165.

[20] Véanse los tres primeros volúmenes de la obra *México y el mundo. Historia de sus relaciones exteriores*, t. I, Vázquez, *México y el expansionismo norteamericano;* el t. II, Vázquez, *México, Gran Bretaña y otros países (1821-1846)*, y el t. III Galeana, *La disputa por la soberanía (1821-1876)*.

[21] Recuérdese que la moratoria declarada por Juárez provocó en un primer momento una triple intervención en México, de Francia, Inglaterra y España. A diferencia de los dos primeros, Francia quedó insatisfecha con los ofrecimientos mexicanos para la reanudación del pago de su deuda. Así, motivada por otros objetivos, inició su intervención militar en la primavera de 1862.

objetivo de Díaz fue buscar que la conmemoración de 1910 sirviera como prueba indiscutible del aprecio internacional que México había finalmente conquistado durante su gobierno, gracias a su particular manera de dominar y conducir el país. Por ello las celebraciones del centenario tuvieron un carácter marcadamente internacionalista,[22] con un mensaje más de concordia que de reivindicación nacionalista,[23] lo que explica que los principales protagonistas de los festejos fueran, además de don Porfirio, los representantes diplomáticos.[24] El tercer objetivo explica la constante presencia de otro protagonista, el secretario de Instrucción Pública, Justo Sierra, para quien las celebraciones debían servir como ejercicio de "educación patriótica" y para mostrar "el adelanto intelectual del país".[25]

En resumen, don Porfirio decidió conmemorar con gran boato los aspectos triunfales de nuestra historia; pero sobre todo pretendió introducirse en ella, para lo que era imprescindible celebrar también sus propios logros. Ninguno de los políticos de su tiempo se atrevió a regatearle méritos.[26] Todos los gobernantes estatales y locales eran porfiristas; lo mismo puede decirse de los legisladores. De hecho, puesto que la opción conservadora tenía cerca de medio siglo de haber sido vencida en todos los rubros —militar, político y cultural—, en el México de 1910 no había, aparentemente, confrontaciones ideológicas. Díaz estaba convencido de

[22] Tras la muerte de Ignacio Mariscal, Federico Gamboa estuvo al frente —durante 18 días— del ministerio de Relaciones Exteriores en calidad de interino; cuando Enrique C. Creel fue designado sustituto de Mariscal, reorganizó la comisión encargada de los festejos del centenario, la que fue dirigida por el propio ministro y por el subsecretario Gamboa. Éste señaló que "la trascendencia y significado" de los festejos "jamás serán superados", y que "lo ocurrido y registrado, de positivo milagro ha de calificarse". Véase Gamboa, *Mi diario*, pp. 116 y 124.

[23] En efecto, el tono de los discursos y la naturaleza de las ceremonias diplomáticas fueron de concordia y de "confraternidad". Por ejemplo, Díaz fue muy elogioso con Estados Unidos durante el acto de colocación de la primera piedra del monumento a George Washington, y muy obsequioso con España —se le llamó "madre"—, a pesar de ser el país del que nos habíamos independizado.

[24] Para un análisis sobre el significado de los obsequios traídos por los 30 representantes especiales, o los entregados a México por las distintas colonias de residentes, véase Zárate Toscano, "Los hitos de la memoria", pp. 85-135.

[25] Recuérdense las inauguraciones de la Escuela Normal para Maestros y de la Universidad Nacional. Véase *Crónica oficial*, pp. 199-202 y 203-205.

[26] Ni siquiera su principal adversario político, Francisco I. Madero, cuestionó su jerarquía de alto personaje de la historia nacional, llamándolo "héroe de la paz". Véase *La sucesión presidencial en 1910*, 1908, p. 117.

que no existían propuestas alternativas de desarrollo nacional. El único proyecto adecuado para el país era el suyo, acaso definible como liberal-conservador.[27] Por ello podía mirar con confianza el porvenir. Las fiestas del centenario se habían organizado, en buena medida, para consagrar a don Porfirio y para ratificar la pertinencia de su programa de gobierno.

La naturaleza política de los festejos, así como su carácter elitista y dispendioso, no serían objeto del escrutinio público, pues era poca la libertad de prensa que se gozaba entonces.[28] Sobre todo, Díaz nunca previó que las celebraciones independentistas serían empañadas por un desafío electoral. Menospreciando a su opositor y equivocando el diagnóstico de la situación política nacional, manipuló abiertamente su reelección y encarceló a su contrincante, aunque se sabía que su prisión no era rígida y que sería más bien breve.[29] Sin embargo, su adversario electoral, Francisco I. Madero, devino revolucionario, y Díaz fue pronto derrocado. Peor aún, fue expulsado del lado triunfal de la historia nacional: pasó de héroe a villano. Su nombre fue extirpado de las páginas de la historiografía patria y no se le permitió consagrarse en los monumentos y en la estatuaria en que había soñado.[30] Tan sólo quedaron como prueba de su capacidad gubernamental las edificaciones públicas hechas durante su mandato. Los festejos de 1910 fueron su último momento feliz.[31] Los elogios sobre la situación del país vertidos por los oradores fueron desmentidos por el estallido revolucionario apenas dos meses después de los festejos,[32] y las potencias que lo aplaudieron, en menos de un año favorecieron su caída —Estados Unidos— o lo alojaron como exiliado —Francia.

[27] Zea, *El positivismo en México; Villegas, Positivismo y porfirismo,* y Hale, *La transformación del liberalismo en México.*

[28] Toussaint Alcaraz, *Escenarios de la prensa en el Porfiriato.*

[29] Una actitud represiva más severa hubiera impactado negativamente su imagen ante los representantes diplomáticos.

[30] Durante aquellas celebraciones se inauguraron la Columna de la Independencia y el Hemiciclo a Juárez. Véanse las obras citadas de Arnaldo Moya Gutiérrez, Alicia Azuela y Verónica Zárate.

[31] Para una versión favorable a las celebraciones de 1910, véase Tovar y de Teresa, *El último brindis de don Porfirio.*

[32] Zárate Toscano, "Los hitos de la memoria", p. 126.

LOS CONSUMADORES

La siguiente efemérides no pudo tener un magno festejo. En 1921 se cumplió el primer centenario de la consumación de la Independencia, pero la celebración fue más bien modesta, pues acababa de concluir la guerra revolucionaria, que había durado diez años y abarcado buena parte del territorio nacional. Consecuentemente, dos circunstancias definieron la nueva celebración. Primero, las pobres condiciones económicas del país no permitieron un festejo ostentoso. Segundo, México emergió de su decenio revolucionario sin relaciones diplomáticas con Estados Unidos y Europa, las que comenzaron a reanudarse dos años después. Así, en el festejo fueron protagonistas los países latinoamericanos: Argentina, Brasil, Colombia y El Salvador, entre otros.[33] A pesar de estas dificultades, el gobierno obregonista organizó, con notable premura,[34] unos festejos que tuvieron un triple carácter: fueron populares, nacionalistas y unificadores: todas las clases sociales participaron y "nadie fue olvidado".[35] A falta de inauguraciones de grandes obras públicas, el programa incluyó desfiles militares, conciertos musicales y bailables populares, además de la Exposición de Arte Popular y de la verbena titulada la "noche mexicana", en el bosque de Chapultepec.

Además de su carácter popular y festivo, los festejos de 1921 tenían una clara significación nacionalista. Recuérdese que José Vasconcelos, rector de la Universidad Nacional, inauguró el Congreso Internacional de Estudiantes señalando que "todos los hombres de todas las razas merecen la misma atención y el mismo aprecio", en claro reclamo a Estados

[33] Como muestra del acercamiento a Latinoamérica, se modificaron los nombres de ciertas calles del centro de la capital: por ejemplo, la Calle del Reloj se llamó República de Argentina; el antiguo Callejón del Carrizo cambió a República de Ecuador; la calle Dolores por República de Cuba y la Calle del Muerto se llamó República Dominicana. Véase Díaz y de Ovando, "Las fiestas del 'Año del Centenario': 1921", p. 116. El carácter latinoamericanista de los festejos de 1921 no permite decir que fueran hispanófobos, pues otra vez, como en los de 1910, España fue muy elogiada.

[34] Llegados al poder los sonorenses a mediados de 1920, la propuesta de celebraciones provino, un par de meses después, del diario *Excélsior* y del escritor José de Jesús Núñez y Domínguez. También fueron propuestos los festejos por el ayuntamiento capitalino, en enero de 1921. O sea, se dispuso de menos de un año para organizarlos.

[35] Emiliano López Figueroa, Carlos Argüelles y Martín Luis Guzmán integraron el comité ejecutivo de la Comisión de las Fiestas del Centenario de la Consumación de la Independencia.

Unidos y a las potencias europeas.[36] Asimismo, dado que en México predominaba la ideología revolucionaria, resultaba difícil celebrar a Iturbide, quien tardíamente se había hecho independentista, pues implicaría reconocer que al final habían triunfado los criollos conservadores. Consecuentemente, el gobierno rindió homenaje a Vicente Guerrero, "uno de los más insignes y más preclaros héroes insurgentes", y abiertamente buscó erosionar el nombre de Iturbide,[37] quien tuvo pocos defensores, pues los intelectuales conservadores apenas comenzaban a regresar de su exilio impuesto por los revolucionarios[38] y la Iglesia católica estaba proscrita del debate público.[39]

[36] "Discurso de José Vasconcelos, rector de la Universidad Nacional, con motivo de la solemne inauguración del Congreso Internacional de Estudiantes", en Matute, *José Vasconcelos y la Universidad*, p. 91.

[37] Véase Díaz y de Ovando, "Las fiestas del 'Año del Centenario': 1921", p. 161. El mismo Vasconcelos cesó al profesor Antonio Ramos Pedrueza por haber vertido elogios en favor de Iturbide. A su vez, el líder obrero Luis N. Morones, el exzapatista Antonio Díaz Soto y Gama y el exvillista Federico Cervantes hicieron duros denuestos públicos contra Iturbide. Véase Guedea, "Historia de los centenarios de Independencia, 1910-1921", pp. 90-92.

[38] Como el obispo de Querétaro, Francisco Banegas Galván, quien en 1914, luego del triunfo de la facción constitucionalista, había salido del país exiliándose en Cuba y en Estados Unidos. Regresó a México en 1919 y en 1923 publicó su *Historia de México*, casi toda ella dedicada a Iturbide. Por otra parte, Francisco Bulnes había regresado al país a mediados de 1920, lo que le permitió opinar sobre el concurso al que convocó *El Universal* "sobre la personalidad de don Agustín de Iturbide". Al respecto, señaló que el Plan de Iguala había sido elaborado por "hombres sesudos y de gran talento", pues su objetivo era "hacer pasar a la sociedad de la vida colonial a la vida independiente sin sacudir con brutalidad el secular edificio y hacerlo pedazos". Véase Bulnes, *Los grandes problemas de México*, pp. 225-248. Cómo último ejemplo está el del aristocratizante Manuel Romero de Terreros —marqués de san Francisco— y miembro de la recién creada (en 1919) Academia Mexicana de la Historia, quien en 1921 publicó un par de artículos sobre el tema y el libro *La corte de Agustín I Emperador de México*, México, Museo Nacional de Arqueología, Historia y Etnología, 1921.

[39] En contrasentido de la propuesta gubernamental, el 16 de septiembre de 1921 el episcopado mexicano hizo un llamado, mediante una carta pastoral, para que se recordara la participación de Agustín de Iturbide, a quien se calificaba como "nuestro libertador": "muy justo es que el pueblo mexicano acuda en masa a festejar cristianamente tan fausto centenario, y que con este motivo se muestre digno de aquel Héroe que le dio vida de nación independiente". Asimismo, en un *Te Deum* en la iglesia de La Profesa organizado por los Caballeros de Colón se elogió "la figura histórica de don Agustín de Iturbide". Por último, en *Revista de Revistas* se publicó el editorial "El aniversario secular", enalteciendo a Iturbide, y en otro editorial titulado "La utilidad de las fiestas centenarias" se señaló que la

En cuanto a construcciones, renglón incomparable al de 1910, tan sólo se inauguró la Escuela Nacional de Agricultura, en Chapingo,[40] de acuerdo al afán agrarista revolucionario. Asimismo, se publicitaron los rescates arqueológicos hechos en San Juan Teotihuacán, como prueba de la ideología indigenista de los nuevos gobiernos revolucionarios.[41] Por otra parte, se organizó la Exposición sobre Arte Popular, cuyo mensaje era claro: exaltar al pueblo mexicano, tan criticado por la violencia del decenio previo, como creativo, trabajador y artístico.[42] El objetivo gubernamental, en resumen, era defender ideológicamente a la Revolución mexicana y resaltar el nacimiento de un Estado con clara identidad nacionalista, —"dentro del más puro mexicanismo"—, si bien dicho nacionalismo era más político e ideológico que económico. En otras palabras, un Estado que buscaba su reconocimiento internacional, argumentando que ya se había logrado la paz y se había dado un nuevo orden sociopolítico al país.[43]

Con todo, Álvaro Obregón, político astuto y sagaz, atisbó la oportunidad de redimensionar su figura en la historia. Si Iturbide y Vicente Guerrero habían sido los consumadores de la guerra de Independencia, él tenía más méritos para eternizarse como consumador de la Revolución. Si bien no era el iniciador de la lucha, como Madero, ni había sido el promulgador de la nueva Constitución, como Venustiano Carranza, nunca había combatido contra "la causa" ni era un advenedizo en ella, como Iturbide, ni tampoco un simple aunque tenaz guerrillero, como Guerrero.[44] Al con-

conmemoración había tenido la oportunidad de analizar la figura de Iturbide y de entender que "el valeroso jefe del Ejército Trigarante consumó nuestra Independencia y que sin él no se explican los acontecimientos más trascendentales de nuestra vida política". Véase Díaz y de Ovando, "Las fiestas del 'Año del Centenario': 1921", pp. 133, 156-159 y 174.

[40] Gómez, *Episodios de la vida de la Escuela Nacional de Agricultura.*

[41] Manuel Gamio, antropólogo fundador del indigenismo mexicano, había nacido en la ciudad de México en 1883. Durante el gobierno de Venustiano Carranza estuvo al frente de la Dirección de Antropología, y entre 1918 y 1921 dirigió las exploraciones arqueológicas en el valle de Teotihuacán, descubriendo el templo de Quetzalcóatl. Consúltese Gamio, *La población del valle de Teotihuacán.*

[42] La exposición fue organizada por el Dr. Atl, Roberto Montenegro y Jorge Enciso. Un muy buen análisis de ella en Azuela, "Las artes plásticas en las conmemoraciones de los centenarios de la Independencia, 1910, 1921", pp. 139-148.

[43] Véase Díaz y de Ovando, "Las fiestas del 'Año del Centenario': 1921", pp. 113, 150, 157, 161 y 171. Consúltese también el trabajo de Lempérière, "Los dos centenarios de la Independencia mexicana".

[44] Para algunos, los homenajes a Guerrero fueron insuficientes, al grado que hubo una

trario, Obregón podía alegar, de manera incuestionable, que él había sido el principal militar de la Revolución: uno de los grandes vencedores del ejército huertista entre 1913 y 1914, y el principal vencedor del ejército de la Convención —léase de Villa— en 1915. Además, había llegado al poder en 1920 mediante la revuelta de Agua Prieta, que no solamente fue incruenta sino que había sido considerada una lucha unificadora, como la Trigarante de 1821, pues reclutó a todos los que estaban en armas contra el gobierno de Carranza y luego los integró en el aparato gubernamental, acabando con la situación bélica que padecía el país desde 1910.[45] Más aún, ambos llegaron al poder por lo atinado de su propuesta política y no por el poderío militar de sus revueltas. En consecuencia, Obregón fue visto como un nuevo "héroe de la guerra y de la paz", imagen estropeada por acontecimientos posteriores, como la represión a la rebelión delahuertista y a los opositores a su reelección en 1927 y 1928.[46]

CELEBRANDO EL MILAGRO

Los 150 años de la Independencia y el primer Cincuentenario de la Revolución habrían de cumplirse 40 años después, en 1960. El contexto sería totalmente diferente. Distante ya la Revolución como proceso destructivo, el país pasaba por el periodo más exitoso de la era posrevolucionaria: el llamado "milagro mexicano", caracterizado por un apreciable crecimiento económico[47] y una inédita estabilidad política, que si bien no se sustentaba en un régimen democrático, sí implicaba una mejoría respecto de la situación vivida en el país desde 1910 hasta mediados del decenio de los treinta.

manifestación pública frente al ayuntamiento capitalino contra "el Comité de Festejos del Centenario, por no haber honrado como se debía la memoria del general Vicente Guerrero". Véase Guedea, "Historia de los centenarios de Independencia, 1910-1921", pp. 96-97.

[45] Véanse Garciadiego, "La revuelta de Agua Prieta"; Dulles, *Ayer en México,* y Quiroz Flores, "De guerreros a generales".

[46] En el inventario de muertes políticas durante la presidencia de Obregón deben considerarse, entre otras, la del senador Francisco Field Jurado y las de los generales Lucio Blanco y Francisco Murguía.

[47] "Redondeando" cifras, puede decirse que durante esos años se alcanzó una tasa promedio de crecimiento del PIB de 6%. Véase Cárdenas, "La economía mexicana en el dilatado siglo XX", p. 508.

El aparato político nacional estaba dominado, monolíticamente, por autoridades y funcionarios provenientes de un solo partido, el que se definía formalmente como Partido Revolucionario Institucional y en el lenguaje común como el "partido oficial". Estos dos elementos, institucional y "oficial", confirmaban su naturaleza más gubernamental que partidista. Con todo, sería falso afirmar que el país vivía bajo una dictadura. Se contaba con las instituciones y los procedimientos propios de la democracia: se hallaba plenamente vigente la Constitución, el aparato gubernamental estaba dividido en tres órganos de poder y existían un par de partidos de oposición, aunque sin ninguna posibilidad de triunfo en unas monótonas elecciones que se celebraban puntual y tranquilamente. Se ha asegurado que los partidos de oposición obtenían algunas victorias locales que no se les reconocían y que el sistema electoral estaba diseñado para facilitar los permanentes triunfos del PRI. Ambas afirmaciones son ciertas, pero también es cierto que los éxitos de éste se debían, en gran medida, a la buena marcha de la economía del país, y a que sus candidatos eran vistos como profesionales de la política, a diferencia de los de la oposición, reconocidamente *amateurs*. Además, el PRI y los gobiernos surgidos de él estaban culturalmente identificados con la historia triunfal del país, con sus aspectos patrióticos y progresistas, en particular con la Revolución, que se percibía exitosa y madura. Más aún, se les veía como su continuación, como productos de ella. Esto es, gozaban de legitimación histórica.

Los logros de dicha Revolución habrían de difundirse y presumirse durante el año de 1960 en dos publicaciones elaboradas para festejar la efemérides. Una se tituló *Cincuenta años de Revolución mexicana en cifras*. El argumento debía ser irrebatible: sin explicaciones ni justificaciones innecesarias, tan sólo habrían de mostrarse las estadísticas de los principales rubros económicos y sociales del país. Todas eran positivas; todas merecían aplausos.[48] La otra obra fue de naturaleza distinta pero

[48] Por ejemplo, en 50 años se logró quintuplicar el Producto Nacional Bruto; la participación del sector industrial aumentó de 20% en 1910 a 36% en 1960; se duplicó la productividad de la fuerza de trabajo; desde 1950 se habían repartido 48 000 000 de hectáreas a campesinos; el volumen de la producción agrícola se cuadruplicó; la instalación eléctrica se sextuplicó y la energía generada logró septuplicarse; para 1960 el tamaño de la producción manufacturera fue 18 veces mayor que la obtenida al iniciarse el siglo XX, y el analfabetismo fue disminuido a prácticamente una tercera parte del que existía en 1900. Véase *50 años de Revolución mexicana en cifras*, pp. 12, 13, 14 y 19.

igualmente laudatoria. Se trata de los cuatro gruesos volúmenes titulados genéricamente *México: cincuenta años de Revolución*, el primero dedicado a la economía, el segundo a lo social y los restantes a la política y a la cultura.[49] A diferencia de la compilación estadística, en ésta el objetivo era argumentativo y comprehensivo. En efecto, en 67 capítulos se buscó demostrar los logros del régimen posrevolucionario en prácticamente todos los ámbitos de la vida pública nacional. Una característica de esta obra es que posiblemente por la insuficiencia de académicos especialistas en las ciencias sociales,[50] los ensayos fueron hechos por políticos "ilustrados" o por funcionarios técnicos muy acreditados.[51]

La adscripción laboral de los autores explica el carácter optimista de sus análisis sobre el México de mediados del siglo XX. Seguramente influyó también que la situación general del país era, en verdad, más que aceptable. Recuérdese que México vivía el periodo histórico llamado con una indiscutible dosis de exageración "el milagro", si bien la economía nacional todavía era de dimensión modesta, antes del *boom* petrolero de los decenios siguientes. De hecho, estos fueron los años en los que el país pasó de ser rural a urbano e industrial, con un sector de la población plenamente moderno. Las principales obras públicas construidas para conmemorar los 150 años de vida independiente y los 50 de proceso revolucionario confirman el afán modernizador imperante: escuelas, hospitales, carreteras, plantas eléctricas y conjuntos habitacionales, destacando la Unidad Independencia, al sur de la ciudad de México.[52]

[49] *México: cincuenta años de Revolución.*

[50] La Escuela Nacional de Ciencias Políticas nació en 1951; cinco años después 18 alumnos obtuvieron el título de licenciatura; la cifra de egresados aumentó a 129 entre 1957 y 1964. Véase Colmenero, *Historia, presencia y conciencia*, pp. 56 y 76.

[51] Ejemplos de los políticos "ilustrados" podrían ser Jesús Reyes Heroles, Jaime Torres Bodet, Porfirio Muñoz Ledo, Arturo González Cosío, Vicente Fuentes Díaz y Marte R. Gómez. Entre los funcionarios técnicos cabría recordar a Gonzalo Robles, Adolfo Orive Alba, Octaviano Campos Salas, Héctor Hernández, Gustavo Romero Kolbeck, Alfredo Navarrete, Ernesto Fernández Hurtado, Andrés Caso y Víctor Bravo Ahuja. Hubo algunos colaboradores procedentes del ámbito académico, como Mario de la Cueva, Lucio Mendieta y Núñez, Ignacio Burgoa, Jorge Castañeda, Javier Rondero, Pablo González Casanova, Francisco Larroyo, Edmundo O'Gorman, Eusebio Dávalos Hurtado, José Luis Martínez y Emilio Uranga. El coordinador de la obra fue José Iturriaga, alto funcionario de Nacional Financiera y pionero en el país de los análisis sociológicos modernos. En efecto, en 1951 había publicado *La estructura social y cultural de México.*

[52] Loaeza, "Celebrando el cincuentenario", p. 193.

Evidentemente, esto no implica que el país no enfrentara agudos problemas. Por ejemplo, poco antes de 1960 habían tenido lugar dos grandes movimientos de trabajadores, uno magisterial y el otro de ferrocarrileros.[53] Al mismo tiempo, por esos días triunfaba el proceso revolucionario cubano. El impacto sobre la Revolución mexicana fue doble: los elementos moderados y conservadores, tanto internos como externos, y ya fueran políticos o empresarios, comenzaron a percibir a la Revolución mexicana como un proceso positivo, bien conducido, con objetivos justos y razonables; en cambio, los elementos progresistas y radicales, de dentro y de fuera, empezaron a comparar las dos revoluciones, y como consecuencia, a criticar a la Revolución mexicana en tanto tibia, inconclusa o traicionada.[54] Estas nuevas críticas vinieron a sumarse a las que venía dirigiendo el expresidente Cárdenas a sus sucesores, pues estaba convencido de que el proceso histórico mexicano se había desviado desde que el Partido de la Revolución Mexicana, creado por él, había sido sustituido por el Partido Revolucionario Institucional, en 1946.[55]

El de 1960 sería el último cumpleaños feliz de la Revolución mexicana. Para comenzar, debe reconocerse que fue evidente la prioridad que para el gobierno tuvo festejar la Revolución sobre la Independencia. En efecto, los políticos de entonces se sentían herederos y deudores de la Revolución. Así, la conmemoración de finales de noviembre tuvo más realce que el "grito" de mediados de septiembre: fue una ceremonia "sobria" pero significativa, consistente en el traslado de los restos de Madero de la cripta familiar del Panteón Francés al Monumento a la Revolución mexicana, ante la presencia de los tres poderes de la unión y de todos los expresidentes del país vivos, incluido el "severo" crítico Lázaro Cárdenas.[56]

Declarado 1960 "Año de la Patria", el presidente López Mateos —quien de joven había militado en la campaña presidencial vasconcelista

[53] Consúltense Alonso, *El movimiento ferrocarrilero en México*, 1958-1959, y Loyo, *El movimiento magisterial de 1958 en México*.

[54] Para una muestra clara de la expresión de los jóvenes intelectuales mexicanos de "izquierda" que inmediatamente ensalzaron la Revolución cubana, véase Reynaga Mejía, *La Revolución cubana en México*.

[55] Para el "distanciamiento" de Cárdenas con el PRI, véase González Compean y Lomelí (coords.), *El partido de la Revolución*, p. 306. Algunos antecedentes que se remontan al periodo presidencial de Miguel Alemán, en Servín, *Ruptura y oposición*, pp. 128-134.

[56] Loaeza, "Celebrando el cincuentenario", pp. 193, 195, 199-200. Según esta autora, la ceremonia de inhumación de los restos de Madero fue "solemnísima".

de 1929, la que buscaba dar a la política posrevolucionaria un carácter ético— vio la necesidad de reavivar el ánimo revolucionario de la ideología gubernamental:[57] ese año se nacionalizó la industria eléctrica, en materia asistencial se creó el ISSSTE y López Mateos definió a su gobierno como "de extrema izquierda dentro de la Constitución".[58] Se buscaba satisfacer a Cárdenas y responder a los ferrocarrileros y profesores, quienes aseguraban que los gobiernos posrevolucionarios habían perdido su impulso renovador.[59] A pesar de los esfuerzos de López Mateos y de los intelectuales que apoyaban al régimen, es indudable que en el país había nacido una generación insatisfecha con la Revolución mexicana:[60] además de lo expresado en la revista *Política*, en las artes plásticas fue cuestionado el muralismo revolucionario y en literatura apareció una novelística crítica y hasta burlona de la Revolución.[61]

La visión épica de la Revolución estaba concluyendo. Más bien empezó a ser vista desde una doble perspectiva: como un proceso sociopolítico vivo, incluso dinámico y vigoroso; como un momento histórico concluido, en su aspecto destructivo y violento. Esto explica la creación del Instituto Nacional de Estudios Históricos de la Revolución Mexicana (INEHRM), pensado precisamente para responsabilizarse de la efemérides del cincuentenario.[62] Explica también la publicación de varias obras de carácter histórico en el Fondo de Cultura Económica, entre las que destacaban los *Documentos históricos de la Revolución mexicana*, en 27 volúmenes, coordinados por el excarrancista mexiquense —y por ende paisano

[57] Véase *Adolfo López Mateos*.

[58] Véase "Declaración de Guaymas. Conferencia de prensa concedida por el presidente López Mateos a los periodistas locales y nacionales", Guaymas, Son., 1º de julio de 1960, *Documentos*, núm. 8, serie 2 (jul.-sep. 1960), pp. 2-4.

[59] También se buscaba responder a los intelectuales —como Daniel Cosío Villegas y Jesús Silva Herzog—, quienes sentenciaron, años atrás, que la Revolución había muerto.

[60] Véase el trabajo de Ana Santos, "La Revolución permanente. El 50 aniversario de la Revolución mexicana: entre la continuidad y el agotamiento del discurso oficial", en este libro.

[61] Fuentes, *La muerte de Artemio Cruz*, e Ibargüengoitia, *Los relámpagos de agosto*. En pintura el mayor crítico del muralismo revolucionario fue el joven pintor José Luis Cuevas.

[62] Significativamente, el primer director del INEHRM, Salvador Azuela, inauguró la cátedra de "Historia de la Revolución mexicana" a nivel universitario, argumentando que era un "hecho" histórico. Véase Archivo Histórico UNAM, fondo *Personal Docente*/2887/ff. 170-172, 175 y 196. Para la versión de algunos de sus primeros alumnos consúltense Torre Villar, *Salvador Azuela*, p. 45 y Blanquel, "Azuela y la oratoria en México", p. 73.

del presidente López Mateos— Isidro Fabela; la colección Fuentes para la historia de la Revolución mexicana, coordinada por el obregonista Manuel González Ramírez, director del Patronato de la Historia de Sonora, y la síntesis aún canónica del decenio revolucionario, escrita por Jesús Silva Herzog, quien poco antes había calificado a la Revolución mexicana como un proceso ya "muerto". Así, en el cincuentenario todos tuvieron oportunidad de glorificar a la Revolución mexicana, desde los veteranos confrontados y los políticos beneficiados con su herencia y usufructo, hasta sus críticos inflexibles,[63] pues aún entre éstos la Revolución gozaba de buen prestigio.

EL FESTEJO TRISTE

En 1985 tuvieron lugar las conmemoraciones por los 175 años del comienzo de la Independencia y los 75 del inicio de la Revolución. Si en 1960 el país prometía tener un futuro floreciente, el contexto de 1985 fue crítico al principio y terminó siendo desastroso, a pesar de que todavía pudo contarse con una casi total homogeneidad político-ideológica: todos los gobernadores aún procedían del PRI, al igual que la mayoría de los presidentes municipales; a su vez, la oposición legislativa era muy reducida. Sin embargo, a diferencia de 1960, en 1985 la situación económica del país era peor que mala; además, ya había un grupo numeroso de académicos de las ciencias sociales y políticas,[64] en el que predominaban los críticos de la evolución que había tenido el proceso histórico mexicano en los últimos años.

La organización de las festividades fue asignada al INEHRM,[65] dependiente de la Secretaría de Gobernación, que debía coordinar las actividades que realizaran los distintos organismos gubernamentales, así como colaborar con las actividades que organizaran las instancias académicas.

[63] Véase Silva Herzog, *Breve historia de la Revolución mexicana*, y "La Revolución mexicana es ya un hecho histórico", p. 113. Entre los títulos publicados en la serie Fuentes para la Historia de la Revolución mexicana había una antología documental de la *Huelga de Cananea* y los *Ocho mil kilómetros en Campaña*, de Álvaro Obregón.

[64] Véase Colmenero, *Historia, presencia y conciencia*.

[65] Véanse el *Programa nacional de celebraciones*, México, Comisión Nacional para las Celebraciones del 175 aniversario de la Independencia nacional y 75 Aniversario de la Revolución mexicana, s/f., y Serrano Álvarez, *El INEHRM*.

Se decidió que hubiera un elemento cívico-histórico que sirviera de eje directriz, y dicho programa —llamado "Jornada por la Patria"— consistió en el recorrido por todas las entidades del país, gobernadas aún por políticos del mismo partido, de dos de nuestros objetos de mayor significado histórico: la campana del curato de Dolores, Guanajuato, que tañó Hidalgo en la madrugada del 16 de septiembre de 1810, momento que se considera inicial dentro del proceso independentista, y la versión original de la Constitución de 1917, texto que aglutinó las demandas y propuestas de todos los grupos revolucionarios y que ha normado la naturaleza del Estado mexicano subsiguiente.

La existencia de numerosos científicos sociales permitió, por otra parte, que hubiera un gran proyecto editorial, con valiosos rescates bibliográficos, un ambicioso análisis de la situación nacional y libros de divulgación histórica para niños. El esfuerzo fue plenamente elogiable: se publicaron sendas colecciones de libros "clásicos" de la Independencia y de la Revolución,[66] y una atractiva serie de biografías infantiles de los grandes protagonistas de nuestra historia. Si bien los autores tenían acreditada calidad profesional y los personajes biografiados reflejaban una gran pluralidad política, los límites de la llamada versión "oficial" de la historia no fueron rebasados.[67] Los problemas mayores se concentraron

[66] El INEHRM editó cerca de 40 títulos en la colección "Obras fundamentales": 12 sobre Independencia, entre los que destacan Carlos María de Bustamante, *Cuadro histórico de la Revolución mexicana de 1810* (8 vols.); Luis Castillo Ledón, *Hidalgo, la vida del héroe;* Luis Chávez Orozco, *Historia de México, 1808-1836*; Juan E. Hernández y Dávalos, *Colección de documentos para la historia de la guerra de Independencia de México de 1808 a 1821* (6 vols.); Genaro García, *Documentos históricos mexicanos* (7 vols.), y 26 de Revolución: Miguel Alessio Robles, *Historia política de la Revolución*; Juan Barragán Rodríguez, *Historia del ejército y de la revolución constitucionalista* (3 vols.); Alfredo Breceda, *México revolucionario* (2 vols.); Federico Cervantes, *Francisco Villa y la Revolución*; Federico González Garza, *La Revolución mexicana. Mi contribución político-literaria*; Francisco I. Madero, *Epistolario (1900-1909)* (2 vols.); Andrés Molina Enríquez, *La Revolución Agraria en México*, y Francisco J. Múgica, *Hechos, no palabras*... Posteriormente, se completó la triada en la que suele dividirse la historia nacional con una colección de 12 títulos de la República Liberal, entre ellos José María Iglesias, *La cuestión presidencial de 1876*; Benito Juárez, *Exposiciones (cómo se gobierna). Discursos y manifiestos. Miscelánea* (3 vols.); José María Lafragua, *Miscelánea de política*; Melchor Ocampo, *Escritos políticos*; Manuel Payno, *Memorias sobre la Revolución de diciembre de 1857 a enero de 1858*, y Juan Suárez y Navarro, *Historia de México y del general Antonio López de Santa Anna.*

[67] Entre 1986 y 1988 el INEHRM publicó 47 biografías para niños; destacan, entre otros personajes: Ignacio Allende, Nicolás Bravo, Lázaro Cárdenas, Venustiano Carranza, Be-

en los volúmenes sobre la situación que el país enfrentaba entonces, en los que colaboraron funcionarios y académicos, resultando una obra de naturaleza híbrida.[68]

Con todo, el legado de aquellas conmemoraciones fue determinado por un trágico factor físico. Poco antes de que tuviera lugar la triunfal entrada de la campana y la Constitución a la capital del país, ésta fue severamente dañada por el sismo del 19 de septiembre. La verbena, que tuvo lugar a pesar del luto capitalino, pasó prácticamente desapercibida.[69] Más aún, la tragedia que vivía la capital determinó el clima de la celebración por la Revolución, pues la de la Independencia, días antes del temblor, tuvo un ambiente festivo. No fue así dos meses después: en su discurso al recibir los Símbolos Patrios —campana y Constitución—, el presidente De la Madrid destacó "la vigorosa unidad del pueblo y la recia voluntad colectiva para construir todos los días la patria amorosa", con lo que las víctimas y damnificados del momento se equiparaban a los mártires de la Independencia y la Revolución, así como los médicos y rescatistas se identificaban con los héroes de antaño. Durante la ceremonia en la que se depositaron los Símbolos Patrios en el Monumento a la Revolución, el secretario de Gobierno del Distrito Federal, Guillermo Cosío Vidaurri, reconoció explícitamente: "hoy de nuevo la Historia nos pone a prueba pero habremos de salir fortalecidos". Al término de la ceremonia hubo una verbena popular, "que provocó un rato de esparcimiento".[70] Es indiscutible: a finales de 1985 la ciudad de México no estaba en condiciones de festejar, ni física ni anímicamente.

lisario Domínguez, Abraham González, Vicente Guerrero, Miguel Hidalgo, Benito Juárez, José María Morelos y Pavón, Álvaro Obregón, Guadalupe Victoria, Francisco Villa y Emiliano Zapata. Si bien se cuenta con los principales líderes de las diferentes corrientes que hicieron la Independencia y la Revolución, así como la guerra de Reforma, todavía se omitieron personajes como Antonio López de Santa Anna y Porfirio Díaz, de innegable protagonismo en nuestra historia.

[68] *México, setenta y cinco años de Revolución*, 4 vols.

[69] En el tradicional desfile deportivo participaron Hugo Sánchez y Fernando Valenzuela, quienes dieron "aliento" y "estímulo" a los damnificados del barrio de La Merced. Véase "Risas y llantos, en el desfile", *Excélsior* (21 nov. 1985).

[70] La prensa calificó los actos de "sobrios", "nacionalistas", "entusiastas"; todo "triste y hermoso a la vez". Véase "Ambiente de patriotismo en la verbena popular en el Zócalo", "Evidenciaron los Símbolos Patrios la unidad popular", "Vive nuestra Revolución en el empeño del pueblo", *La Prensa* (21 nov. 1985).

2010: CONMEMORACIONES POLIFÓNICAS

¿Cuál fue la naturaleza de las conmemoraciones de 2010? ¿Cuál fue el contexto que las enmarcó? Una vez revisados los anteriores aniversarios pueden advertirse algunas de sus principales características. Para comenzar, en el año 2010 el país seguía inmerso en la crisis económica mundial iniciada en 2009, una de las más severas de la historia según los expertos. Si bien a la Comisión Nacional Organizadora de los Festejos se le asignó un presupuesto de casi 3 000 000 000 de pesos, lo cierto es que la crisis obligó a suprimir o modificar "varias de las actividades originalmente contempladas".[71] De otra parte, si se comparan las recientes celebraciones con los anteriores aniversarios, lo primero que debe subrayarse es el inédito contexto político e ideológico en el que tuvieron lugar las recientemente celebradas. Para comenzar, a diferencia de 1910, 1921, 1960 y 1985, México cuenta hoy con un gobierno democrático y pluripartidista. Esto significa que el Ejecutivo federal ya no domina a los poderes Legislativo y Judicial, como tampoco controla a los gobiernos estatales y locales. Implica también que todas las instituciones políticas e instancias de poder contienen elementos provenientes de los principales partidos políticos. Cada uno de éstos cuenta con sus respectivas bases sociales, y todos tienen sus particulares posiciones ideológicas e historiográficas.[72] La consecuencia fue triple: por un lado, la ausencia del presidencialismo de antaño impidió —por fortuna— que el propio poder Ejecutivo definiera el valor de los personajes del pasado y el significado de nuestros procesos históricos.[73] De otra parte, resultó imposible —también por fortuna— tener unas conmemoraciones con una definición ideológica única. Sin embargo, la otra consecuencia de nuestro excesivamente confrontado pluripartidismo es que hubo muchas obstrucciones organizativas mutuas. En resumen, tuvimos libertad respecto a las conmemoraciones, pero padecimos una considerable desorganización.

[71] Véase "Adelgaza crisis a celebraciones centenarias", *Reforma* (7 sep. 2009).

[72] Para conocer las interpretaciones de la historia de cada uno de los partidos políticos, véase el número monográfico de las *Memorias de la Academia Mexicana de la Historia*, México, Academia Mexicana de la Historia, t. XLVIII (2005-2006), pp. 49-101.

[73] Germán Martínez Cázares, "Capricho histórico", *Reforma* (20 sep. 2010). Asimismo, el PAN —su partido— no intentó "dar voz a una narrativa [histórica] distinta". Véase José Antonio Aguilar Rivera, "¿1821 o 1810?", *Nexos* (sep. 2010).

Una dificultad mayor que las meramente organizativas fue que las diferencias entre las tres principales organizaciones partidistas del país son profundas y reales. Para comenzar, considérese que cierto sector de autoridades y funcionarios procedentes del Partido de la Revolución Democrática —así como de Convergencia y del Partido del Trabajo— ni siquiera reconocen a las autoridades federales. En consecuencia, el divorcio entre las comisiones encargadas de los festejos a nivel nacional y para el Distrito Federal era previsible.[74] Recuérdese que el gobierno de la ciudad de México adelantó sus conmemoraciones, asignando un especial valor a los sucesos de 1808 en la capital virreinal.[75] Este divorcio fue el principal pero de ninguna manera el único,[76] y en ocasiones rebasó el nivel de las diferencias ideológicas para convertirse en abiertas descalificaciones y en auténticas labores obstruccionistas.[77] También resultó comprensible que el origen partidista de los gobernadores de los estados relevantes para

[74] Un recuento de los reclamos de la comisión capitalina en Enrique Márquez, "Contra *su* Bi-Centenario: ¿por qué ha fracasado el programa conmemorativo de *Los Federales*?", *Nexos* (jun. 2010), pp. 20-24. El subrayado en el título es mío.

[75] El gobierno capitalino propuso conmemorar el inicio de la Independencia a partir de 2008, como homenaje a Francisco Primo de Verdad y Ramos (1760-1808), alegando, con sobradas razones, que en la ciudad de México el proceso independentista comenzó dos años antes que en el resto del país. Para ello inauguró la "Puerta 1808", del escultor Manuel Felgueres, en la avenida Juárez, en el cruce de Bucareli y Reforma; publicó el libro *Memoria póstuma. Lic. D. Francisco Primo de Verdad y Ramos. Síndico del Ayuntamiento de México 1808*; creó la "Medalla 1808" para reconocer los méritos de historiadores destacados y se planeó la creación de un instituto que llevaría el nombre del síndico y del que se dijo que posiblemente estaría a cargo de Porfirio Muñoz Ledo. Véase *El Universal* (4 sep., 14 y 25 nov. 2007), y *La Jornada* (21 oct. y 14 nov. 2007).

[76] El 22 de diciembre de 2008 el presidente Calderón y el licenciado Villalpando, coordinador ejecutivo nacional de la Comisión Organizadora de las Conmemoraciones 2010, asistieron al Museo Casa de Morelos, en Ecatepec, para conmemorar el 193 aniversario luctuoso de José María Morelos y Pavón. Por su parte, el presidente municipal de Ecatepec, miembro del PRD, encabezó otra ceremonia cívica en homenaje del héroe independentista, sin asistir a la organizada por las autoridades federales.

[77] Enrique Márquez, coordinador de la Comisión BI100 de los festejos en la ciudad de México, creó el portal de Internet titulado "Aguafiestas del Bicentenario" para criticar los festejos encabezados por el gobierno federal. En dicha página aparecen, entre otras, secciones como "Recuento del absurdo", o "Lugarcomuntrónic". Véase www.aguafiestas.mx; "Bicentenario, 'un recuento absurdo'", *Milenio* (29 ago. 2010), y "El Aguafiestas, el crítico del Bicentenario", *El Universal* (8 sep. 2010). Para una crítica severa, pero balanceada y rigurosa del programa federal, véase Enrique Márquez, "¿Cómo celebramos el Bicentenario?", *El Universal* (18 nov. 2010).

ambos movimientos —Guanajuato y Querétaro para la Independencia, o Coahuila, Chihuahua y Morelos para la Revolución—[78] definiera algunas particularidades en las respectivas celebraciones regionales. Por ejemplo, parece que el gobernador de Guanajuato confundió el Bicentenario de la Independencia con un inexacto cumpleaños de la guerra cristera, pues la principal actividad conmemorativa en este estado fue la instalación de la Expo Guanajuato Bicentenario, ubicada en Silao, frente al monumento a "Cristo Rey", "insignia del movimiento cristero", y no en Dolores.[79] Peor aún, este problema tuvo incluso manifestaciones municipales: por ejemplo, el presidente municipal de Dolores Hidalgo, el gobernador de Guanajuato y el presidente del país provienen del mismo partido, por lo que era previsible una celebración tripartita,[80] pero no pudo hacerse lo mismo el 20 de noviembre con el municipio de Puebla, para muchos "la cuna" de la Revolución.[81]

La posibilidad de este tipo de conflictos palidecía frente a la amenaza de los mismos en el Distrito Federal. La pregunta llegó a plantearse abiertamente: ¿quién dominará el Zócalo la noche del 15 de septiembre? ¿Dividirán y compartirán la Plaza de la Constitución los gobiernos capitalino y federal? ¿Habrá dos celebraciones en distinto horario?[82] Incluso

[78] Ya en pleno proceso organizativo, a finales de 2009, la gubernatura de Querétaro pasó del PAN al PRI.

[79] *Milenio* (18 jul. 2010). El gobernador de Guanajuato, Juan Manuel Oliva, alegó que la ubicación de la Expo Bicentenario fue decidida por razones turísticas y de infraestructura. Véase "Niega Oliva despilfarro…", *Proceso* (18 jul. 2010). Véase también José Contreras, "Dolores Hidalgo, fuera del Bicentenario. Dolores Hidalgo, fuera del presupuesto", *Opinión* (2 jun. 2010).

[80] En efecto, el presidente del país dio primero el "grito" en el zócalo capitalino y luego se trasladó a Dolores, Guanajuato, para dar un segundo "grito" en la madrugada del 16 de septiembre.

[81] Aunque la discusión sobre el lugar de la primera "chispa" revolucionaria siempre me ha parecido localista, aquí me refiero, obviamente, al caso de los hermanos Serdán. Por cierto, el presidente del país envió en su representación a José Manuel Villalpando, quien visitó Puebla el día 18 de noviembre, aniversario del martirologio de Aquiles y Máximo Serdán, pero la ceremonia no tuvo la misma dimensión que la de Dolores, acaso por las diferencias políticas que tenía con el gobernador de Puebla, Mario Marín, del PRI. Véase *Ultranoticias*, Puebla (19 nov. 2010).

[82] Estas especulaciones partían de lo sucedido en el Zócalo la noche del 15 de septiembre de 2006, cuando hubo dos "gritos" oficiales, uno federal y otro capitalino, y cuando el grupo político que ocupaba el Zócalo lo liberó apenas horas antes de que en él tuviera lugar el tradicional desfile militar.

se rumoró la posibilidad de que el movimiento popular del excandidato presidencial Andrés Manuel López Obrador intentara ocupar el Zócalo, pues lo considera como un sitio propio, simbólico de su movimiento. Además, el manejo político de la historia no es una estrategia desconocida para López Obrador, como lo prueba el uso que hizo de Benito Juárez durante su campaña de 2006.[83] El asunto se resolvió dentro de los guiones previstos: hubo sólo un "grito" en el Zócalo, encabezado por el presidente, pero algunas autoridades capitalinas se quejaron de que el Centro Histórico de la ciudad había sido virtualmente "ocupado" por las autoridades federales.[84] A su vez, López Obrador dio su propio "grito" —el "grito de los libres"— en la Plaza de las Tres Culturas, también de enorme significado histórico.[85]

Otro ingrediente en este tipo de polémicas y reclamos fue el subcomandante Marcos, plenamente identificado con un héroe de la historia nacional y de quien se pensó que reclamaría a finales de noviembre el incumplimiento de las propuestas agrarias de Zapata y los agravios que han padecido las etnias indígenas desde principios del siglo XVI.[86] Para sorpresa —y desilusión— de muchos, el subcomandante Marcos se mantuvo en silencio, como lo ha hecho en los últimos años. Vinculada al neozapatismo está la antes muy extendida visión cíclica de nuestra historia. De

[83] Recuérdese que en 2006 pretendió dar contenido histórico a su campaña electoral con el bicentenario de Juárez, en un intento por identificarse con éste. Para él la enseñanza más grande del oaxaqueño consistía en que "actuó con honestidad, con austeridad, con integridad". Incluso llegó a manifestar que al gobernar seguiría los principios de austeridad, patriotismo y justicia sostenidos por Juárez, y que como él, habitaría en el Palacio Nacional. Véase *El Universal* (22 ene. y 28 jun. 2006). El uso de los símbolos históricos no se limitó a Juárez. Los ejemplos podrían ser muchos: uno de ellos fue el uso del distintivo tricolor durante los días del intento de desafuero, distintivo que el propio Madero pidió usar a los rebeldes en el artículo 11°, Transitorio D, del Plan de San Luís Potosí.

[84] Enrique Márquez, "El panismo se negó a un Bicentenario conjunto", *Proceso* (15 ago. 2010). En una versión menos alarmista se precisó que las autoridades federales y locales, entre ellas la PGR, la Secretaría de Gobernación, la Secretaría de Seguridad Pública del Distrito Federal y la Procuraduría capitalina, "conformaron un grupo de alto nivel para diseñar la estrategia de seguridad" de los festejos. Véase "Buscan blindar festividades", *Reforma* (24 ago. 2010). Véase también "Quieren autoridades llevar la fiesta en paz", *Reforma* (24 ago. 2010).

[85] Véase "La arenga en el Grito de los Libres fue 'por los de abajo'", *La Jornada* (17 sep. 2010).

[86] El subcomandante Marcos también se ha distinguido por el uso político de la historia. Al respecto, véase Gilly, "Huellas, presagios, historias", pp. 25-71.

naturaleza más bien mítica, y muy identificada con el imaginario popular, esta versión tiene más elementos agoreros que de racionalidad histórica. Acaso atendible durante los peores años del autoritarismo priísta, entre los años sesenta y finales del decenio siguiente, la democratización del país hizo anacrónica e inútil esta visión, a pesar de lo cual algunos grupos intelectuales y políticos vinculados al guerrillerismo mexicano inútilmente anunciaron que en el 2010 estallaría un tercer ciclo de lucha popular y nacionalista en el país,[87] para cumplir puntualmente con un supuesto destino ineluctable, y por esa misma razón inescrutable. Como atinadamente se dijo, la violencia social no estallaría en el 2010, pues "la historia no obedece a ningún libreto".[88]

En rigor, el país padece hoy una ola de violencia de naturaleza completamente distinta: delictiva y no sociopolítica. Como se dijo al principio, las conmemoraciones históricas nacionales no sólo dependen de las condiciones políticas y de la situación económica del país que festeja. También interviene la actitud mental que prevalezca entre sus habitantes. Es innegable: el miedo predominante en algunas regiones del país explica que en Ciudad Juárez, paradójicamente la población donde se selló el triunfo militar de la Revolución contra Porfirio Díaz, se hayan tenido que cancelar los festejos públicos.[89]

[87] Un ejemplo de este tipo de argumentos "cíclicos" es el del colega Carlos Antonio Aguirre Rojas, quien supone que ante los "evidentes paralelismos históricos" entre el México de hoy y el de finales de la Colonia y del Porfiriato, nos dirigimos "hacia un escenario que reeditará, por tercera vez, la abierta y masiva irrupción revolucionaria del descontento popular". Véase su artículo "México en 2007", pp. 95-104. Contra esta versión, véanse los análisis de Lorenzo Meyer, "1910, 2010 ¿y 2012?", *Reforma* (22 jul. 2010), y Enrique Krauze, "Historia con aerosol", *Reforma* (4 oct. 2009).

[88] Enrique Krauze, "Bicentenario: la cuenta regresiva", *Reforma* (25 jul. 2010). El argumento de Meyer, enunciado en su artículo citado en la nota anterior, coincide con el de Krauze: "Desde hace años, y no como una predicción con sustento... se formuló un pronóstico relacionado con... la posibilidad de que México volviera a enfrenar un nuevo ciclo de violencia extrema". Según Meyer, "nadie tomaba en serio esa conjetura".

[89] "Por violencia, cancelan festejos en 14 ciudades", *Milenio* (13 sep. 2010), y "Cancelan el Grito en Juárez", *La Jornada* (13 sep. 2010).

¿POLIFONÍA O SIMPLE RUIDO?

En términos historiográficos, las principales organizaciones partidistas tienen diferencias auténticas, que se expresan en sus respectivas visiones de la historia nacional. Durante varios decenios, en ausencia de una cabal legitimación electoral, los gobernantes emanados del PRI alegaron tener legitimidad histórica. Su argumento puede sintetizarse así: la historia nacional está definida por tres procesos benéficos e indisolublemente ligados —Independencia, Reforma y Revolución—, siendo el propio PRI una secuela de ellos, en tanto institución producida por la Revolución. Ignorando las enormes diferencias que hay entre cada uno de estos tres procesos,[90] el PRI sostiene que sus objetivos y propuestas se nutren de ellos. Otra argumentación histórica del PRI consiste en alegar que han sido gobernantes suyos los únicos capaces de crear grandes instituciones. Cierto es que durante los años dominados hegemónicamente por ese partido se crearon provechosísimas instituciones económicas, educativas, políticas y sociales, pero cierto es también que la transición a la democracia exige nuevas instituciones, propias del siglo XXI creadas y a crearse con el concurso de las diferentes fuerzas políticas, cuya difícil colaboración hace extremadamente complicada su construcción.

Por lo que se refiere al PRD, debe recordarse que nació de la unión de dos componentes originarios: uno fue un sector del PRI, que se escindió por considerar que el liderazgo del partido había adoptado posturas contrarias a sus principios;[91] el otro ingrediente estaba compuesto por casi todas las principales corrientes de la "izquierda" mexicana, las que hacia 1988 decidieron asumir la vía electoral como único medio para alcanzar el poder. En términos historiográficos, ambos comparten su simpatía por la Independencia, la Reforma y la Revolución mexicanas, con sus héroes y sus principios. Sin embargo, también los separan algunos elementos importantes, los que no deben ser reducidos a simples matices: los antiguos priístas prefieren identificarse con los procesos institucionales, los productos legislativos y los logros gubernamentales; por su parte, quienes proceden de la "izquierda" simpatizan con hechos y actores que muchas

[90] La más elaborada versión de la continuidad y similitud de los tres procesos es la de Reyes Heroles, *El liberalismo mexicano*. La más atinada crítica a esta perspectiva es la de Hale, "Liberalismo mexicano", pp. 457-463.

[91] Garrido, *La ruptura. La Corriente Democrática del* PRI.

veces terminaron como procesos fallidos o como personajes vencidos: las huelgas de Cananea y Río Blanco, o Vicente Guerrero, Ricardo Flores Magón y Emiliano Zapata. Otro elemento que los distingue es su visión internacional: el nacionalismo de los antiguos priístas frente a la simpatía de los provenientes de la "izquierda" por los héroes revolucionarios extranjeros, en particular latinoamericanos, lo que a veces se refleja en una comparación negativa para el proceso histórico mexicano.

En otro elemento historiográfico difieren los dos componentes originarios del PRD: quienes proceden de la "izquierda" culpan al PRI de las represiones de que fueron víctimas, ya fuera como activistas del Partido Comunista, como militantes del movimiento estudiantil de 1968 o en tanto vinculados a algún grupo guerrillero posterior. Sin embargo, para evitar polémicas internas o incluso escisiones, los "izquierdistas" han personalizado la responsabilidad de las represiones en los expresidentes Luis Echeverría y Gustavo Díaz Ordaz, lo que facilita que los expriístas no las asuman como responsabilidad del aparato gubernamental del que formaban parte.

En cuanto al PAN, resulta comprensible que en las conmemoraciones pasadas sus políticos fueran acusados por los del PRI, y por un número enorme de intelectuales, de no ser herederos ni continuadores de los procesos históricos nacionales, de ser unos advenedizos. El reclamo de los políticos del PRD y de sus pensadores afines tiene un tono diferente: los acusan de ser auténticos traidores a nuestra historia.[92] De hecho, en esta acusación coinciden muchos intelectuales apartidistas, o incluso contrarios al PRI y al PRD.[93] Resulta innegable que la propia concepción historiográfica del PAN pareció no avenirse al objetivo natural de las conmemoraciones. Para los ideólogos de este partido la historia mexicana ha sido determinada por movimientos violentos, sobre todo la Revolución, con más secuelas negativas que positivas. Muchos de los héroes nacionales les parecen ignorantes y demagogos, cuando no simples ambiciosos de poder: entre estos últimos, Juárez; entre los primeros, Vicente Guerrero

[92] Entre otros, Paco Ignacio Taibo II señaló que al gobierno actual lo caracteriza "su analfabetismo histórico, su incapacidad de verse en el pasado, su ausencia de identidad". Véase su artículo "De celebraciones, restos y oropeles", *La Jornada* (18 ago. 2010). Véase también Pedro Salmerón, "Los panistas no entienden ni les gusta la Revolución mexicana", *La Jornada* (27 sep. 2010).

[93] Véase Jesús Silva Herzog, "Más allá del pesimismo", *Reforma* (20 sep. 2010).

o Villa y Zapata.[94] De otra parte, los panistas no sólo han sido excluidos del proceso histórico nacional por los militantes de los otros partidos, al considerarlos herederos de elementos tenidos por nefastos, como Iturbide, Santa Anna, Maximiliano o Díaz.[95] De hecho, los propios panistas se han autoexcluido del proceso histórico mexicano, construyendo una versión alternativa en la que sus héroes no son populares ni radicales (Iturbide para el caso de la Independencia; Madero para el de la Revolución) y el elemento cohesionador en la historia del país no es la triada Independencia-Reforma-Revolución sino elementos como la religión católica y el mestizaje. Por último, en lugar de identificarse con los gobiernos posrevolucionarios, en la historiografía vinculada al PAN se enaltece a sus opositores, ya sean los cristeros o José Vasconcelos.[96]

Según los panistas, la interpretación que los priístas hacen de nuestra historia descansa en un discurso elaborado desde el triunfo liberal, en la segunda mitad del siglo XIX, continuado a lo largo de todo el siglo XX, cuyo objetivo es demostrar que sólo las autoridades gubernamentales priístas pueden asumir el único proyecto de desarrollo adecuado para México, el formulado en la Independencia, la Reforma y la Revolución. Así adquirían legitimidad histórica, lo que a su vez facilitaba sus triunfos electorales y permitía que su preeminencia fuera considerada natural, justa y pertinente. Contra este discurso histórico legitimador se lanzaron los panistas cuando comenzaron a alcanzar sus primeros triunfos electorales. En efecto, procedieron a hacer cambios en la nomenclatura urbana, conscientes de que tales nombres, hechos y fechas se integran a la conciencia

[94] Paco Ignacio Taibo II, citado en la nota 92, percibió que durante el año 2010 las autoridades panistas diluyeron la importancia de personajes como Villa y Zapata. Véase "El gobierno, sin capacidad para celebrar la gesta de 1910: expertos", *La Jornada* (19 nov. 2010). En el mismo sentido, otro editorialista aseguró que los políticos panistas, apoyados por la "derecha intelectual", intentaron "enterrar lo más posible las estatuas ecuestres de Zapata, Villa y Guerrero" e ignoraron a Flores Magón, y embalsamaron preventivamente a los liberales. Véase Hermann Bellinghausen, "El regreso del Ipiranga", *La Jornada* (7 jun. 2010).

[95] Fueron varios los intelectuales que a lo largo del año recordaron este argumento. Entre otros, Hermann Bellinghausen, "El regreso del Ipiranga", *La Jornada* (7 jun. 2010); José Antonio Crespo, "El PAN ante el Bicentenario", *Excélsior* (1° sep. 2010), y Carlos Tello Díaz, "La historia como mural", *Milenio* (1° oct. 2010).

[96] El principal conducto para la difusión de esta historiografía alternativa fue la editorial Jus, a través de sus colecciones "Hechos y figuras de nuestra historia" y "México heroico". Para una versión desde adentro de dicha editorial, véase Abascal, *Mis recuerdos*.

y a la memoria colectiva de los ciudadanos. El asunto no era trivial, pues la definición de la nomenclatura urbana es un acto de pedagogía política y de control ideológico.[97] Sin embargo, es indudable que las condiciones de pluralidad ideológica del país y la composición pluripartidista del aparato gubernamental exigió que las conmemoraciones de 2010 fueran polifónicas.[98] Hubiera sido erróneo aprovechar las efemérides para intentar imponer la visión panista de la historia, o para contravenir las visiones ya establecidas.[99] En cambio, seguramente le hubiera convenido al PAN ubicarse como parte fundamental del más reciente eslabón del complejo proceso histórico mexicano, el del periodo de la transición a la democracia, en lugar de insistir en identificarse como parte de otra historia.[100]

Uno de los aspectos más fuertemente criticados durante los últimos meses de 2010 fue la preferencia que tuvieron las autoridades por la Independencia sobre la Revolución. Recuérdese, por ejemplo, que las principales construcciones hacían referencia al 1810, soslayando el 1910: Arco o Torre Bicentenario, luego Estela de Luz; Parque Bicentenario, en la antigua refinería de Azcapotzalco, y Expo Bicentenario, en Guanajuato. Recuérdese también que fue mayor el presupuesto otorgado al desfile lúdico del 15 de septiembre que al del 20 de noviembre —consistente en unas marionetas gigantes, también sin contenido histórico—, el que incluso se

[97] Héctor Aguilar Camín, "El pleito de las calles", *La Jornada* (7 abr. 1997), y "El pleito por la historia", *Proceso* (10 dic. 2000). Véase mi ensayo "¿Es posible —o deseable— una nueva historia oficial?", pp. 23-42. Como atinadamente dijo José Antonio Crespo, "todos los gobiernos usan la historia para fines políticos". Véase "Cuestionan culto a restos de héroes", *Reforma* (3 jun. 2010).

[98] Enrique Krauze señaló atinadamente: "En 1910 hubo un Centenario: el de don Porfirio. En 1960 hubo un Sesquicentenario: el del PRI. En septiembre habrá una pluralidad de bicentenarios. Y el juez no será un jerarca ni un partido: será el público y la crítica". Véase "Y tú, ¿qué aportaste al Bicentenario?", *Reforma* (29 ago. 2010).

[99] De hecho, desde que el presidente Felipe Calderón era dirigente de su partido sabía de las dificultades que implica hacer una "revaloración" de la historia nacional, al reconocer que "la vida de los héroes es un patrimonio común". Véase *Excélsior* (4 abr. 1997).

[100] Según el politólogo José Antonio Crespo, el PAN pudo reclamar su parte de la herencia maderista. Véase su artículo "El PAN ante el Bicentenario", citado en la nota 95. Al efecto debe recordarse que acaso el único ejemplo exitoso de estatuaria cívica realizada en 2010 fue la instalación de una escultura ecuestre de Madero en la Alameda del centro de la ciudad de México, casi al frente de Bellas Artes, precisamente el 20 de noviembre. Véase "Irrumpe Apóstol a caballo", *Reforma* (21 nov. 2010). La estatua, de casi tres toneladas, es obra del artista Javier Marín.

canceló en ciudad de México, habiendo tenido lugar en Guadalajara.[101] Por último, considérese que sólo las osamentas de los héroes independentistas merecieron la atención del gobierno federal, olvidándose de las de los revolucionarios.[102] Cierto es que pudo aplicarse, por partida doble, el principio de que "primero en tiempo es primero en derecho": 200 son más que 100, y septiembre pasa antes que noviembre. Sin embargo, muchos analistas aseguraron que la única explicación a la desigualdad en el trato a ambas efemérides es que las autoridades panistas no simpatizan con la Revolución, con la que incluso tienen "un pleito de origen" y a la que ven como sustento del régimen político que combatieron desde su fundación, en 1939, a pesar de que pudieron alegar ser parcialmente herederos de Francisco I. Madero y de José Vasconcelos. De hecho, la crítica señalaba que los festejos por la Revolución se habían limitado a Madero, mientras que el recuerdo de personajes como Villa y Zapata quedó "diluido".[103]

Seria equivocado suponer que los mexicanos que votan por el PAN concuerdan cabalmente con su visión histórica. Seguramente son muchos los que rechazan al PRI contemporáneo, y también al PRD, pero que por otro lado aprecian y comparten su visión del proceso histórico nacional. También son muchos mexicanos los que desde hace años prefieren una historia distinta a la versión impulsada por el PRI o el PRD. De otra forma no se explicaría el enorme éxito, en cuanto a número de lectores, de historiadores como Carlos Pereyra, José Vasconcelos, José Bravo Ugarte, Alfonso Taracena, José Fuentes Mares y Carlos Alvear Acevedo, entre los de ayer,[104] a los que deben agregarse, entre otros, los nombres de Armando Ayala, Armando Fuentes Aguirre, mejor conocido como

[101] Las marionetas eran francesas, de la compañía Royal de Luxe.

[102] Acaso esto se debió a que los restos de los segundos se encuentran en el Monumento a la Revolución, que es un edificio controlado por el Gobierno del Distrito Federal.

[103] Véase José Antonio Aguilar Rivera, "¿1821 o 1810?", *Nexos* (sep. 2010), y José Antonio Crespo, "El PAN ante el Bicentenario", *Excélsior* (1° sep. 2010). Asimismo, los colegas Paco Ignacio Taibo II, Francisco Pérez Arce y Pedro Salmerón coincidieron en que el gobierno federal prestó mucho menos atención a los festejos de noviembre, incurriéndose en una "diferencia abismal". Véase "El gobierno, sin capacidad para celebrar la gesta…", "El gobierno, sin capacidad para celebrar la gesta de 1910: expertos", *La Jornada* (19 nov. 2010). Véase también "Los panistas no entienden ni les gusta la Revolución mexicana", *La Jornada* (27 sep. 2010).

[104] Véase Jaime del Arenal, "La historiografía conservadora mexicana del siglo XX", *Metapolítica*, 22, vol. 6 (mar.-abr. 2002), pp. 47-55.

"Catón", y Francisco Martín Moreno, entre los de hoy.[105] Ninguno de éstos se atreve a criticar a la Independencia, aunque todos cuestionan severamente a la Revolución.[106] Muchos mexicanos comparten esta postura: resulta difícil simpatizar con un hecho histórico tan sangriento, como lo prueba la popularidad de la aseveración sobre "el millón de muertos", que para colmo no ha podido cumplir con sus principales propuestas: 100 años después no tenemos una democracia madura, las desigualdades sociales siguen siendo ominosas y nuestra dependencia respecto a Estados Unidos es mayor que la habida en 1910; más aún, al grupo gobernante emanado de la Revolución se le ha criticado su autoritarismo y sus corrupciones. Esto explica el éxito de ventas de cualquier libro que cuestione por inútil dicha gesta.[107]

Sería igualmente equivocado suponer que en México sólo hay tres versiones de nuestra historia: la que podría identificarse como canónica u oficial;[108] la que insiste en que la historia del país está definida por una lucha de clases en la que siempre han salido derrotadas las clases populares,[109] y la que critica los excesos de violencia y el radicalismo programático de nuestros tres momentos fundacionales. Existe además, desde hace un par de decenios, una cuarta versión, cada vez más difundida, que se identifica con un amplio sector de los ciudadanos no partidistas y de mayor nivel educativo. Esta versión de la historia se nutre en dos fuentes: por un lado, en los avances de la historiografía profesional que han podido trascender los ámbitos académicos; por el otro, en la creciente oferta de diversos productos historiográficos, ya sean programas radiofónicos o televisivos, filmes de tema histórico y hasta novelas "históricas", biografías "noveladas" o libros de difusión hechos por profesionales.[110] Seguramente este numeroso sector de ciudadanos fue res-

[105] Ilustrativamente, el principal proyecto editorial —y comercial— de Francisco Martín Moreno para el año de las conmemoraciones se tituló *100 mitos de la historia de México*, publicado en 15 volúmenes y vendido quincenalmente en los puestos de periódicos.

[106] También debe agregarse a este listado, como historiador, el nombre de José Manuel Villalpando, prolífico y exitoso colega, así como el de Alejandro Rosas.

[107] Schettino, *Cien años de confusión*.

[108] Para una versión en la que se sobrestima, sin definirla ni analizarla debidamente, este tipo de historiografía, véase Crespo, *Contra la historia oficial*.

[109] Dos autores ubicables en esta corriente podrían ser Adolfo Gilly y Carlos Antonio Aguirre Rojas.

[110] Obviamente, el mejor representante —también tendría que decirse iniciador— de este tipo de historiografía es Enrique Krauze.

ponsable del éxito de dos revistas independientes, una de acceso general, la otra más elitista, ambas producto de la iniciativa privada, sin vínculos con institución académica alguna, que aparecieron con motivo de las conmemoraciones y que se caracterizan por expresar una versión "refrescante" de nuestro pasado.[111] Lo mismo podría decirse de la telenovela *Gritos de muerte y libertad*, que reconstruyó en trece episodios nuestra guerra de Independencia.[112]

DIAGNÓSTICO Y EVALUACIÓN

Concluyo reiterando que el carácter y dimensión de las conmemoraciones históricas depende de las condiciones políticas y económicas del país que festeja, y de la ideología —que obviamente incluye su conciencia histórica— de los responsables de las celebraciones. Por tanto, es de lamentarse el terrible impacto de la crisis económica en lo referente a la construcción de grandes obras, ya fueran de significado histórico o de beneficio colectivo, pues obligó a que fueran pocas y causó que buen número de ellas quedaran inconclusas.[113] Es de señalarse que estos retrasos y cancelaciones afectaron a casi todos los gobiernos, no sólo al federal.[114] A

[111] Me refiero a *Relatos e Historias en México*, Editorial Raíces, y 20/10 *Memoria de las revoluciones en México*, Reflejo GM Medios.

[112] Entre sus objetivos estaba mostrar a los héroes "como realmente eran". Es de notarse que sus productores señalaron que no era una telenovela sino una serie televisiva de temática histórica: "la historia no es cinematográfica, pero sí lo son los personajes". Véase *La Jornada* (18 ago. 2010).

[113] Desde mediados de 2010 se advirtió que algunas de las obras proyectadas para conmemorar la Independencia y la Revolución, como la "Estela de Luz", la reapertura de la sala principal del Palacio de Bellas Artes y el Parque Bicentenario no estarían listas para ser inauguradas durante los meses adecuados. Véase "Habrá festejo, pero sin obras", *Reforma* (20 jun. 2010). Para un análisis general del problema, véase el reportaje de Karla Garduño, "Calderonismo y Bicentenario", *Enfoque*, suplemento de *Reforma* (5 sep. 2010). Además de la falta de recursos, los retrasos se debieron a errores de planeación, a la inverosímil tramitología y hasta a obstrucciones de autoridades políticamente contrarias. Posteriormente, se supo que el retraso en la obra conocida como "Estela de Luz" se debía a problemas geológicos del subsuelo. Véase "Arrasan expertos con Estela de Luz", *Reforma* (30 mayo 2011).

[114] El retraso fue notorio en la entrega de obras como el Parque Bicentenario o la llamada "Estela de Luz". Sin embargo, estos "errores" administrativos no se limitaron al gobierno federal. Por ejemplo, el gobierno local de la ciudad de México tampoco concluyó

diferencia del factor económico, de efectos perversos, la situación política del país trajo secuelas negativas y positivas. Entre las primeras, las descalificaciones y obstrucciones constantes y generalizadas entre las diversas comisiones organizadoras.[115] Entre las segundas, debe reconocerse que el gobierno nacional no pretendió imponer su visión histórica, por lo que no se redujo a una sola voz la versión de la historia difundida. A diferencia de las conmemoraciones de 1910, 1921, 1960 y 1985, que fueron casi monódicas, las del año 2010 fueron plenamente polifónicas.

Es evidente que otros factores además de los políticos, económicos e ideológicos determinan este tipo de conmemoraciones. En efecto, son decisivas la tradición cultural del país que festeja, su nivel de avance tecnológico y sus condiciones sociológicas. Así, en la sociedad de masas urbanas predominante en México a partir de la segunda mitad del siglo XX, la exigencia de espectáculos lúdicos es esencial en este tipo de conmemoraciones. Es comprensible, por lo tanto, que haya habido competencias deportivas, concursos musicales y verbenas cívicas, pues las conmemoraciones no pueden ser solamente reflexivas. Serían anestesiantes. La historia no es propiedad de los historiadores. Más aún, dado que hoy en día, en México y el resto del mundo, los espectáculos lúdicos masivos están vinculados a los medios electrónicos de comunicación visual, resulta comprensible haber tenido festejos cívicos mínimamente presenciales y en su mayoría televisivos. El más importante, obviamente, fue el desfile del 15 de septiembre, encargado a un australiano experto en espectáculos deportivos. Tal decisión fue muy discutida y criticada. El problema no es que fueran espectáculos lúdicos, sino que tuvieron un costo altísimo y carecieron de contenido histórico, lo que impidió que se aprovechara la oportunidad de mejorar el nivel de conocimiento histórico en la población[116] y que se pudiera identificar el desfile con la efemérides

la Pérgola Ixca Cienfuegos, escultura de Vicente Rojo en honor de Carlos Fuentes, ni la Casa de América Latina, entre otros proyectos prometidos. Véase "Renuncia Márquez al gobierno del DF", *Reforma* (11 jun. 2011).

[115] Patricia Galeana, "'Festejos' centenarios", *Reforma* (19 dic. 2010); José Manuel Villalpando, "Réplica/En defensa de los festejos 2010", *Reforma* (9 ene. 2011), y Patricia Galeana, "Réplica. El del Bicentenario será recordado como un año de violencia y pobreza, no como uno de renovación, creatividad o de concordia", *Reforma* (23 ene. 2011).

[116] La Comisión Organizadora de los Festejos del Bicentenario de la Independencia y el Centenario de la Revolución mexicana contrató los servicios de la empresa Spectack Productions dirigida por el australiano Ric Birch para organizar las celebraciones, hecho

que se celebraba, como bien se había hecho en 1910. En particular fue muy criticada la erección efímera de un "coloso" la noche del 15 de septiembre en el zócalo capitalino, pues el prototipo fue Benjamín Argumedo, quien en 1910 luchó contra Porfirio Díaz, pero luego se hizo "contrarrevolucionario". Mientras que el escultor del "coloso" alegó que se había inspirado en Argumedo por su aspecto físico —por sus "bigotes súper revolucionarios"— y no por su posición político-ideológica, la Secretaría de Educación Pública señaló que la figura no retrataba "a ningún personaje en particular", sino que representaba "anónimamente a los cientos de miles de mexicanos campesinos que lucharon por la Independencia".[117]

La tradición cultural, la idiosincrasia, también es determinante en este tipo de conmemoraciones, como lo es el nivel de desarrollo tecnológico. Pensemos en alguna combinación de ambos factores: en 2010 tuvimos hasta pruebas de antropología forense con las osamentas de los principales héroes independentistas.[118] Es indudable que este ejercicio estaba vinculado

que generó diversas y severas críticas: Enrique Florescano, antes miembro del comité asesor de la Comisión, señaló "yo renuncié a ese comité porque cómo es posible que vaya a hacer el festejo un australiano", lo que calificó de "error colosal". De otra parte, cierta prensa afirmó que con esta decisión el gobierno federal trataba de "waltdisneylizar la historia". Véase Luis Hernández Navarro, "La waltdisneylandización de la historia", en *La Jornada*, 27 julio 2010; "Asesores extranjeros para el Bicentenario", *Proceso* (13 sep. 2009), pp. 75-76, y "Bicentenario, error colosal", *Excélsior* (14 dic. 2009). El desfile fue descrito como "costosísimo y malogrado", y su resultado "aberrante". Véase Olga Harmony, "Recuento del (D) año 2010", *La Jornada* (6 ene. 2011).

[117] Un airado colega, Pablo Moctezuma Barragán, escribió que el caso del coloso era "sólo un botón de muestra del contenido de las celebraciones", pues "a la par que desprestigian y banalizan a los verdaderos héroes, tratan de enaltecer a los traidores, como fue Argumedo". Curiosamente, Moctezuma omitió decir que después de colaborar con Victoriano Huerta, de la segunda mitad de 1914 hasta su muerte —a principios de 1916—, Benjamín Argumedo estuvo incorporado a las fuerzas zapatistas y en las de la llamada Convención de Aguascalientes. Véase "Los festejos exaltan a contrarrevolucionario", *La Jornada* (17 sep. 2010); "El Coloso no retrata ningún personaje en particular: SEP", *La Jornada* (20 sep. 2010); "El Coloso del Bicentenario genera controversia en México", en *CNN México* (20 sep. 2010); "'Barroco e inútil' discutir por 'el Coloso': Lujambio", *El Universal* (22 sep. 2010), y "Héroe por un día; SEP arrumba al Coloso", *El Universal* (28 sep. 2010). Para un análisis de Argumedo, véase Garciadiego, "Benjamín Argumedo: revolucionario arquetípico y guerrillero mítico", pp. 97-113.

[118] En una solemne ceremonia luctuosa, el domingo 30 de mayo fueron exhumados los restos óseos de los libertadores insurgentes que se encuentran en la Columna de la Independencia, para trasladarlos al Museo Nacional de Historia, en el Castillo de Chapultepec, con el objetivo de identificarlos y evaluar su estado de conservación. Una vez con-

a nuestras dos tradiciones religiosas, la prehispánica y la católica, ambas coincidentes en su necrofilia, ya sea por el culto a los muertos en la cultura mesoamericana, o por el gusto por las reliquias del catolicismo español.[119] Si bien en las conmemoraciones de 1910 y 1960 también hubo actos definibles como necrofílicos, ya sea la visita oficial a la catedral, en 1910, para honrar los restos de los héroes,[120] o el traslado en 1960 de los restos de Madero al Monumento a la Revolución, en 2010, año de una brutal violencia delictiva, la exhibición de los restos óseos de nuestros héroes pareció a muchos una decisión desafortunada, de mal gusto.[121]

Como ya se dijo, las conmemoraciones históricas siempre están vinculadas a la tecnología disponible en el momento de los festejos. México no fue la excepción. Contra quienes aseguraron que fue poco lo que se hizo, es preciso señalar que las conmemoraciones del 2010 fueron básicamente electrónicas. En efecto, algunos de los programas más exitosos fueron la

cluidas las pruebas, a cargo de investigadores del INAH, fueron llevados a Palacio Nacional para que formaran parte de la exposición titulada *México: 200 años. La patria en construcción*. Véase "Exhuman restos de héroes insurgentes con honores", *El Universal* (31 mayo 2010). Las críticas a todo este asunto fueron numerosísimas, y casi alcanzaron el número y la acritud de las dirigidas al desfile del 15 de septiembre. Por ejemplo, Enrique Florescano consideró que "el agravio mayor a los fundadores del Estado nacional es exhumar sus restos y convertirlos en desfile necrofílico", para luego ubicarlos en el "recinto oficial del poder". Por su parte, Josefina Zoraida Vázquez especificó que lo importante en la historia "son los hechos y no los restos", en tanto que "no agregan nada". Véase "Cuestionan culto a restos de héroes", *Reforma* (3 jun. 2010).

[119] Lomnitz, *Idea de la muerte en México*. Enrique Florescano, quien presidiera la comisión organizadora de los festejos en el estado de Veracruz, señaló que "el culto a las reliquias es una tradición religiosa, que en muchos casos ha suscitado fanatismo y apoyado patriotismos funestos y divisiones partidarias". Juan Ortiz Escamilla, historiador radicado en Veracruz, señaló a su vez que con ello se estaba "sacralizando a los héroes, ya los convertimos en santos, y eran seres humanos". Véase "Cuestionan culto a restos de héroes", *Reforma* (3 jun. 2010).

[120] Lo mismo podría decirse de las celebraciones de 1921, cuando el jacobino Obregón llegó hasta las puertas de Catedral, donde se colocó una urna para que pudiera honrar los restos de los héroes independentistas.

[121] Luego de que el historiador Juan Ortiz Escamilla consideró que el "manoseo" de las osamentas era "escandaloso", planteó "¿qué mensaje están mandando a la nación al pasear cuatro cráneos de decapitados por el Paseo de la Reforma ahora que ruedan cabezas por todos lados?". Otro colega cuestionó: "¿Para qué exponer hoy cráneos, si ya estamos hartos de tantas calaquitas?" Véase "Cuestionan culto a restos de héroes", *Reforma* (3 jun. 2010). Véase también Manuel Ajenjo, "¡Vivan los héroes que nos dieron huesos!", *El Economista* (3 jun. 2010).

serie televisiva "Discutamos México", en la que debatieron cerca de 500 intelectuales a lo largo de 150 programas. Por televisión se transmitieron, además, las series "La Historia en breve", de 39 documentales, y "La Historia en corto", con 76 "cápsulas de divulgación histórica". Asimismo, casi todo 2010 hubo el programa Radio 2010, por Internet, con comentarios y noticias vinculadas a las efemérides las 24 horas del día. Reflejo de los tiempos, se contó con un Portal Bicentenario, que tuvo más de 12 000 000 visitas, y la telefonía celular dio lugar al programa "México es mi Museo", con breves mensajes sobre 2010 sitios históricos del país.[122] No fue poco lo que se hizo: fue diferente, fue propio de los inicios del siglo XXI.

Por lo que respecta a la estructura social, a diferencia de las cuatro celebraciones anteriores, para la de 2010 el país contaba ya con una sólida sociedad civil, desde la que se lanzó una campaña —"Iniciativa México"— para descubrir nuevos héroes, anónimos y ajenos al aparato estatal, héroes suyos, ciudadanos. Aunque acaso confundía la participación protagónica en la construcción de la nación con algún loable esfuerzo filantrópico, lo cierto es que este programa no tenía antecedentes en las conmemoraciones anteriores. Fue producto de la sociedad civil, no del aparato gubernamental.[123] Finalmente, y otra vez a diferencia de las conmemoraciones anteriores, la Iglesia católica pudo participar en los debates historiográficos del año pasado, tratando de matizar la excomunión que el Vaticano impuso a los héroes independendistas; además, seguramente en imitación a la exposición "México: 200 años. La patria en construcción", ofrecieron exhibir los restos de Iturbide en la capilla de San Felipe de Jesús de la Catedral Metropolitana; por último, se publicó la "carta pastoral" titulada "Conmemorar nuestra historia desde la fe para comprometernos hoy con nuestra patria".[124]

[122] *Reporte de las principales actividades*, pp. 9, 17, 23, 26-31 y 37. Esta publicación resulta especialmente útil para conocer sobre las exposiciones, publicaciones, concursos y en general para comprender todos los proyectos del gobierno federal referentes a los festejos y celebraciones históricas del 2010.

[123] "Iniciativa México" fue una convocatoria lanzada por más de 40 medios de comunicación, los que por medio de destacados intelectuales, educadores, empresarios y líderes de organizaciones no gubernamentales, premiarían a los más pertinentes proyectos de contenido ambiental, educativo, humanitario o social. El concurso concluyó a principios de noviembre y el ganador fue el proyecto "Agua para siempre". Véase *El Economista* (7 nov. 2010).

[124] Véase "Iglesia prepara festejos para el Bicentenario", *El Universal* (20 ago. 2010), y "Exhibe Catedral restos de Iturbide", *Reforma* (30 ago. 2010).

Ni lo lamentemos ni lo rechacemos. Todo esto, y más, influyó en el carácter de nuestras conmemoraciones de 2010. Por eso fueron un tema tan popular y polémico. Las conmemoraciones son historia y política, son pasado y presente. Como casi todo velorio popular mexicano, combinan seriedad con festejo. Aun así, ojalá podamos aprovechar que, como no sucedió en ninguna de las cuatro conmemoraciones previas —1910, 1921, 1960 y 1985—, cuando se vivía en total homogeneidad ideológica y política, hayamos tenido en 2010 unas conmemoraciones que se caracterizaron por la pluralidad y la polémica. En realidad, cada una de las cinco celebraciones tuvo sus características distintivas, propias de su coyuntura y contexto: las de 1910 fueron construccionistas, fastuosas, internacionales, y personalistas; las de 1921 fueron sobrias, nacionalistas y populares; las de 1960 fueron autocomplacientes; las de 1985 fueron librescas y contaron con un imaginativo recorrido de la campana de Dolores y del manuscrito original de la Constitución de 1917, que desgraciadamente tuvo un final triste por el sismo capitalino del 19 de septiembre; por último, las de 2010 fueron conmemoraciones electrónicas y polifónicas; sobre todo, estuvieron expuestas, por primera vez, a todo tipo de críticas. A pesar de las muchas dificultades que enfrentaron y de las numerosas decisiones equivocadas, por no decir absurdas, las recientes celebraciones fueron provechosas. Pudieron ser mejores, indudablemente. Sin embargo, puede asegurarse que el contexto en el que se dieron fue peor que los resultados obtenidos.[125]

[125] La colega Soledad Loaeza, estudiosa de estos temas, encontró también que fue "muy desafortunado" que las conmemoraciones de 2010 hayan tenido lugar "en una de las peores coyunturas que hayamos enfrentado en los últimos 30 años". Véase "Propuesta para las conmemoraciones", *La Jornada* (10 jun. 2010).

NUEVAS HISTORIAS OFICIALES: EL CASO DEL MEMORIAL DEL 68 EN MÉXICO

Álvaro Vázquez Mantecón
Universidad Autónoma Metropolitana-Azcapotzalco

El 22 de octubre de 2007 la Universidad Nacional Autónoma de México inauguró el Centro Cultural Universitario Tlatelolco en el edificio que durante años había sido la sede de la secretaría de Relaciones Exteriores. En el lugar donde antes se tramitaban los pasaportes, colindante con la Plaza de las Tres Culturas, se erigió el Memorial del 68, una exposición con un fuerte apoyo multimedia sobre la historia del movimiento estudiantil de 1968. Aunque no se trataba del primer trabajo coordinado por la Universidad Nacional sobre el tema, tanto la importancia del montaje como la significación implícita en el espacio urbano en el que se encuentra, el Memorial implicó un punto de inflexión en el discurso histórico sobre el pasado reciente en el país. Lo anterior nos permitirá abrir una discusión sobre la pertinencia de considerarlo o no como parte de una nueva historia oficial, pero sobre todo, para estudiar la manera en la que se construyen los discursos sobre el pasado en el México de hoy.

¿Hasta qué punto se puede considerar al Memorial del 68 como parte de una nueva historia oficial? Según el Diccionario de la Real Academia de la Lengua Española, "oficial" es algo "que es de oficio, o sea que tiene autenticidad y emana de la autoridad derivada del Estado" y no es algo "particular y privado". Especialmente aplicado a la historia, el término requiere necesariamente de la participación del Estado. Aunque pueda existir una "historia oficial de la salsa", cualquier relato histórico que aspire a ser oficial debe ser emitido por alguna instancia del Estado. En este sentido, el hecho de que el Memorial haya sido creado por iniciativa de la Universidad Nacional Autónoma de México, a final de cuentas, una institución que forma parte del Estado mexicano, podría caracterizar al relato como oficial. Sin embargo, hasta hace relativamente poco tiempo, las narrativas históricas sobre el 68 desde el punto de vista estudiantil habían ocupado una posición marginal ante un discurso gubernamental que, por muchos años, sostuvo una posición cerrada y de condena ante la rebelión de los jóvenes. Es decir, que por años no existió un discurso homogéneo sobre el 68 por parte del Estado. Recorrer los momentos relevantes y transformaciones de la historiografía sobre el movimiento estudiantil implica necesariamente una revisión sobre la naturaleza del cambio político en el México contemporáneo.

DEBATES SOBRE LA HISTORIA DEL MOVIMIENTO ESTUDIANTIL

Después de la masacre la versión oficial del gobierno de Gustavo Díaz Ordaz se impuso sobre los medios masivos de comunicación. Las tesis sobre "la conjura comunista" se repitieron hasta el cansancio. Pero, por lo general, en lo que toca a los medios impresos y el radio y la televisión, se impuso el silencio. Algunas veces se colaban algunas declaraciones que confirmaban la versión gubernamental, como las del expresidente Díaz Ordaz al ser nombrado embajador en España en el año de 1977: "Salvé a México", o "si de algo estoy orgulloso es de 1968".[1] Sin embargo, ése silencio no se impuso en el medio editorial. Desde muy pronto surgieron libros fundamentales que documentaron una versión muy distinta a la repetida por el gobierno: el minucioso compendio cronológico y documental de Ramón Ramírez (*El movimiento estudiantil de México*, 1969), las crónicas Elena Poniatowska (*La noche de Tlatelolco*, 1971) y de Carlos Monsiváis (*Días de guardar*, 1971).[2] Mientras que el 68 era abordado en el ámbito editorial y académico, por espacio de más de 20 años el discurso gubernamental evitó las referencias al movimiento estudiantil para públicos masivos. Lo que no impidió que el tema fuera tratado de

[1] Monsiváis, *Días de guardar*, pp. 49-57.

[2] Es remarcable que estas tres obras fueran publicadas por la misma editorial (Era) bajo el impulso de la editora Neus Espresate. Véanse Ramírez, *El movimiento estudiantil* de 1968; Poniatowska, *La noche de Tlatelolco*; Monsiváis, *Días de guardar*.

manera alegórica por artistas plásticos, literatos y cineastas que buscaron la manera de referirse a los sucesos tanto en el espacio público como en sus creaciones.[3] El cine conseguía imágenes profundas y conmovedoras, pero que se situaban en el terreno de la metáfora, como las creadas por Alejandro Jodorowsky en *La montaña sagrada* (1973), en donde un grupo de soldados disparan sobre estudiantes con esparadrapos en la boca que recordaban a la manifestación del silencio para que brotaran pájaros de sus heridas; o de la misteriosa inundación que destruía la unidad habitacional de Nonoalco-Tlatelolco en *Naufragio* (1977) de Jaime Humberto Hermosillo, en un cataclismo que parecía inevitable asociar con la matanza que ahí había ocurrido años antes. Pero, a pesar de su elocuencia, eran apuntes marginales que destacaban una gran zona de silencio. A un poco más de 20 años de distancia del 2 de octubre la película *Rojo amanecer* (1989) de Jorge Fons enfrentaba serios problemas de censura antes de ser distribuida en cines. Lo interesante es que la incapacidad gubernamental para imponer una vez más el silencio seguramente reflejaba la intensidad de la lucha política de la década de los ochenta, en donde tanto la izquierda como la derecha habían ganado un lugar creciente en la oposición al régimen priista. Por aquellos años, el Comité del 68 Pro Libertades Democráticas, fundado en octubre de 1978 por exdirigentes del movimiento estudiantil, realizó una convocatoria para realizar un monumento en la Plaza de las Tres Culturas.[4] La estela que se puso a principios de los años noventa al costado de la iglesia de Santiago con los nombres de los caídos en la matanza significa un marcador: el primer monumento público con un sentido adverso a la que hasta entonces ha sido la versión oficial sostenida por el gobierno. O símbolo también de la llegada de la izquierda a algunos ámbitos del poder, al menos del Legislativo. En 1993, desde la Cámara de Diputados, se conformó una Comisión de la Verdad para investigar los sucesos ocurridos 25 años atrás y reunir elementos para procesar penalmente a los responsables.

[3] Véanse Vázquez Mantecón, "La visualidad del 68", pp. 34-39; Vázquez Mantecón, "El 68 en el cine mexicano", pp. 192-202; y Medina, "En torno al basurero de la historia", pp. 251-259.

[4] El proyecto ganador fue "La grieta", propuesto por un colectivo de artistas plásticos y arquitectos que implicaba una producción compleja, por lo que no fue realizado. En su lugar se hizo la estela que actualmente se encuentra a un costado de la iglesia de Santiago. Medina, "En torno al basurero de la historia".

Para principios de los años noventa ya no existía una visión homogénea de la historia oficial sobre el 68. Al menos eso muestran los libros de texto de historia para primaria impresos por la SEP en 1992, y que no llegaron a ser distribuidos debido a una intensa discusión pública sobre sus contenidos.[5] En ellos por primera vez se aludía al movimiento estudiantil y a la matanza de Tlatelolco, con una importancia equiparable en espacio al crecimiento urbano y de las clases medias en los años sesenta. En el texto se decía que con Tlatelolco el milagro mexicano había llegado a su fin e "hizo pensar a los mexicanos sobre las carencias de su país".[6] En los libros de texto de sexto grado la referencia al 68 disminuyó considerablemente hasta quedar únicamente como un punto en la línea del tiempo y sin un texto explicativo específico, aunque sí se da el espacio suficiente para hablar de las Olimpiadas de 1968 y de la presencia de México en justas deportivas.[7] En cambio los planes de estudio para secundaria realizados por la SEP en 1993 incluyeron el tema de "el movimiento del 68", junto con "el desarrollo de una sociedad políticamente compleja y los avances del pluralismo político".[8] A partir de entonces, diversas editoriales privadas han publicado libros de texto para secundaria que incluyen el tema. La mayoría de las veces se limitaban a hacer una cronología de los sucesos y terminaban con una reflexión sobre la crisis implícita del sistema político en aquellos años.[9]

La llegada del 68 a los programas de estudio y a libros de texto escolares es un proceso que sólo puede ser visto a la luz de los cambios políticos sucedidos en México en los años noventa. El crecimiento de la oposición al régimen priísta implicó una modificación del discurso histórico, que comenzó a abrirse a temas que documentaran la diversidad política del México contemporáneo. Tampoco debe ser casual que los medios masivos de comunicación trataran abiertamente el movimiento estudiantil a partir de 1997, año crucial en que un candidato de izquierda ganó las elecciones del Distrito Federal y que el partido oficial perdió la mayoría absoluta en la Cámara de Diputados.

[5] Aunque hay que decir que la naturaleza del debate en torno a los Libros de Texto Gratuitos de 1992 no giraba alrededor de la presencia del movimiento estudiantil de 1968. Las críticas más importantes atacaron la visión crítica de los libros hacia los mitos convencionales de la historia de bronce que había excluido del relato a figuras como el Pípila y los Niños Héroes.

[6] SEP, *Historia. Cuarto grado*, pp. 74 y 75.

[7] SEP, *Historia. Sexto grado*, pp. 99 y 100.

[8] SEP, *Planes de estudio, secundaria*, p. 115.

[9] Urrutia, *El hombre en la historia 3*, pp. 54 y 55.

En ese año salió al aire en televisión abierta y cadena nacional la serie de documentales históricos *México, Siglo XX*, producida por Enrique Krauze. El primer programa fue precisamente *Díaz Ordaz y el 68*, dirigido por Luis Lupone. Por primera vez llegaba a la pantalla en cadena nacional, el relato de lo sucedido en aquel año crucial. Quizá por el peso de tantos años de silencio, el programa obtuvo una medición de audiencia insólita: 17 puntos de *raiting*. Algo común en una telenovela, pero impensable en una serie cultural. Si para entonces el gran tema de debate era el cambio democrático del país, el 68 era exaltado como el origen que conducía inevitablemente a esa meta-historia.

Para el 30 aniversario del movimiento estudiantil, en 1998, la historia del 68 sería cualquier cosa menos marginal. Estaba presente en los libros de texto, en el espacio público (como demostraba el monumento de la plaza), en los medios masivos de comunicación. La UNAM organizó en el MUCA la exposición "68, 30 años después", acompañada por un extenso programa de actividades culturales. La publicación de *Parte de guerra*, de Julio Scherer y Carlos Monsiváis,[10] destruía la homogeneidad de las versiones oficiales largamente sostenidas al documentar el punto de vista del entonces secretario de Defensa Marcelino García Barragán. Pero eran otros tiempos y todos querían caber en esa historia. En 1998 el periódico *El Universal* publicó una serie fotográfica en la que aparecía un joven estudiante de la Vocacional 7 discutiendo con un granadero poco antes de ser golpeado por éste durante la última semana de julio de 1968, en el inicio del movimiento estudiantil. No se trataba de una fotografía extraordinaria (existen muchas más que documentan mejor la crueldad policíaca en aquella semana). Lo extraordinario era la identidad del estudiante: Ernesto Zedillo Ponce de León, entonces presidente de México. Quizá años antes hubiera resultado una filtración incómoda. Pero en 1998, incluso un presidente de origen priísta podía enorgullecerse de haber formado parte de ese pasado democrático.

EL MEMORIAL DEL 68

De manera que desde la perspectiva del 2006-2007 (fechas en las que se realizó el Memorial) era importante hacer un relato extenso sobre el movimiento estudiantil del 68 y sobre su importancia para el país, pero no se trataba de algo precisamente novedoso. La idea de hacer un memorial

[10] Véase Scherer y Monsiváis, *Parte de guerra*.

surgió al momento mismo de la asignación a la UNAM de la torre que había ocupado la secretaría de Relaciones Exteriores y de la creación del Centro Cultural Universitario Tlatelolco (CCUT). La cancillería desocupó el edificio para ocupar uno nuevo frente a la Alameda Central y cedió el inmueble al gobierno del Distrito Federal, encabezada por un gobierno de izquierda, quien a su vez donó el inmueble a la UNAM con la única condición de que se realizara un monumento que conmemorara el 2 de octubre. Ya existía en la plaza una estela que conmemoraba el evento. El director del CCUT, Sergio Raúl Arroyo, convocó a un equipo de trabajo bajo la premisa de que no tenía sentido realizar un monumento sobre una fecha trágica, sino que era necesario abordar la historia del movimiento estudiantil y destacar sus aportaciones a la vida política y cultural en México.[11] La idea coincidía con la corriente "antimonumental" alemana que alega que los monumentos son construcciones estatales para calmar la ansiedad de la memoria, pero que acaban propiciando el olvido público.[12] Mientras que un monumento tiene un sentido unívoco, el memorial y las intervenciones artísticas no. La intención era construir un espacio que propiciaran el conocimiento y la reflexión sobre el pasado reciente.

Se decidió entrevistar a diversos militantes del movimiento estudiantil y realizar un montaje multimedia. Lo que en un principio se concibió como un espacio pequeño de reflexión, marcado por cuatro grandes pantallas, terminó convirtiéndose en una exposición extensa que ocupaba dos plantas del edificio. La causa principal del crecimiento del proyecto fueron las entrevistas. El equipo decidió entrevistar a personas que hubieran militado en el movimiento estudiantil. Es importante destacar que prácticamente no se realizaron entrevistas a representantes del gobierno o del ejército de entonces, puesto que lo que se proponía era hacer un relato sobre una generación en particular que por años no había tenido el privilegio del micrófono. En ese sentido, el memorial estaba comprometido con elaborar un relato histórico sobre una de las partes. La necesidad de presentar una muestra representativa de la militancia "sesentayochera" (preparatorianos, universitarios, politécnicos, comunistas, cristianos, espartacos, líderes prominentes y militantes anónimos) hizo que llegaran a

[11] Además del director del CCUT, el equipo de trabajo estuvo conformado por el museógrafo Alejandro García Aguinaco, el documentalista Nicolás Echevarría, el artista multimedia Óscar Guzmán, y por mí en lo que respecta a los contenidos históricos.

[12] Jelin y Langland, "Las marcas territoriales como nexo entre pasado y presente", p. 10.

hacerse 57 entrevistas. El cuestionario seguía una historia de vida: tipo de familia de origen, gustos musicales o literarios, intereses, primeras formas de militancia política, la manera en que se involucraron en el movimiento. Se seguía con atención la experiencia personal durante los meses de julio y agosto de 1968 y se evitaba propiciar la interpretación para dar un carácter conciso al testimonio. Por último, se preguntaba al entrevistado por la manera en que el movimiento había marcado su vida o militancia posterior. La idea era convertir a ese relato personal en un relato colectivo, en una suerte de perfil de una generación diversa desde el punto de vista ideológico y social, pero unificada por la experiencia común.

De manera similar a otros espacios museográficos semejantes, como los diversos museos sobre el holocausto judío o el del *apartheid* en Johannesburgo, el Memorial del 68 tomó las entrevistas —la experiencia personal— como elemento principal a mostrar en el recorrido a los visitantes. Sin embargo, era necesario contextualizar esa experiencia para un público visitante (presumiblemente estudiantes de secundaria o preparatoria) que estaba alejado por más de cuarenta años de los sucesos y que desconocía muchos de los elementos determinantes. Era necesario realizar un espacio didáctico que referenciara la década de los sesenta (una "década extensa", puesto que partía de 1958, con las luchas por la independencia sindical en México y terminaba en 1973, con la caída del gobierno de Salvador Allende) para enmarcar una cronología más o menos puntual del movimiento estudiantil. Películas, fotografías y música servían para explicar procesos que quedaban lejos de un visitante promedio: Guerra Fría, rebelión contracultural, guerras de liberación en países del Tercer Mundo, avances tecnológicos, etcétera. A pesar de que el Memorial ponía énfasis particular en su carácter didáctico, también aspiraba a dirigirse a un público especializado. Hacia el final del recorrido, un centro de documentación proporciona, a quien esté interesado, toda la investigación fílmica e iconográfica y documental recabada para la realización del Memorial, así como la versión íntegra de las entrevistas a los militantes en versión transcrita o en video.

Es importante destacar el papel que jugó la UNAM en la convocatoria a los testimonios que conforman el Memorial. El prestigio de la institución propició la colaboración activa de los militantes, que dieron su testimonio o cedieron material de sus archivos personales para ser mostrados en el recorrido museográfico. Es probable que a otra institución (ya fuera gubernamental, educativa o privada) le hubiera sido más difícil realizar una convocatoria tan amplia a la participación de individuos con un perfil ideológico plural. En ese sentido, la UNAM representa una instancia de enunciación privilegiada dentro de las instituciones del Estado mexicano para referirse al movimiento estudiantil del 68. Inevitablemente, el memorial traduce un punto de vista particular: el de lo que para la Universidad implicó ese momento crucial de la historia contemporánea del país. Es casi seguro que otra institución habría propiciado un relato distinto.

Otro elemento a considerar es que si bien los realizadores del Memorial contaron con amplia libertad y absoluta independencia para la realización de la propuesta museográfica, también es cierto que existió una colaboración estrecha con las agrupaciones de exmilitantes del movimiento estudiantil. Concretamente con el Comité del 68 Pro Libertades Democráticas, a quien se llegó a solicitar asesoría para casos especiales, o discutir aspectos del guión curatorial durante su elaboración. La intención era la de propiciar consensos en la elaboración de un relato sobre la experiencia generacional. El carácter abierto del relato del memorial propició el acuerdo, puesto que se trata de un espacio en donde se escuchan por medio del montaje muchos relatos, en ocasiones contradictorios, sobre lo sucedido. Todo espacio para la recuperación de la memoria sobre procesos de la historia reciente está sujeta a la necesidad de una negociación política. ¿Qué pasa cuando lo que se hace no coincide con lo que los activistas demandan o la sociedad espera? Los lineamientos generales del Parque de la Memoria en Buenos Aires, Argentina, fueron establecidos por ley, y los trabajos fueron supervisados por una comisión de 27 personas (representantes de la Universidad de Buenos Aires, de los poderes Ejecutivo, Legislativo y Judicial, representantes de grupos de defensa de los derechos humanos, etcétera).[13] Por supuesto que en el caso del Memorial del 68 la cosa no llegó a tanto, pero, definitivamente, existía la conciencia de que tenía que ser un espacio para el consenso.

LOS DEBATES ENTRE LA MEMORIA Y LA HISTORIA

La estructura narrativa del Memorial del 68 se articula mediante las entrevistas con los militantes. Ellos relatan su vida y su experiencia personal antes, durante y después del movimiento estudiantil. Como menciona-

[13] Tappatá, "El Parque de la Memoria en Buenos Aires", p. 100.

mos antes, no existe una visión unificada del *sentido* de la experiencia. Por el contrario, el montaje suele mostrar discrepancias o contradicciones. El memorial muestra la pluralidad de orígenes ideológicos y la diversidad de puntos de vista sobre las aportaciones a la vida política y cultural del México contemporáneo. Aunque también existen algunos consensos que acaban por darle forma a un relato que perfila hacia una interpretación que destaca el carácter pacífico y ciudadano del movimiento y que realiza una aportación a la democratización del país. Pero eso está en boca de los entrevistados, y no directamente en una visión editorial de los realizadores del memorial.

Así, el memorial se ubica en un espacio simbólico fronterizo entre las nociones de historia y de memoria, que en la actualidad parece encontrarse en conflicto: por un lado quedaría la noción de Historia (con mayúsculas), con una intención objetiva y universal; mientras que por otro, el de Memoria, como un concepto asociado al recuerdo particular de personas o grupos específicos. Es decir, subjetivo. Por una parte, se ejercen las funciones tradicionales de la historia: investigar, seleccionar, contextualizar, explicar. Pero, de manera simultánea, se da un soporte a la expresión de los relatos individuales de un colectivo preciso. Ambas nociones suelen ser problematizadas en la actualidad. En el caso de México, como en el de otros países, la actividad de los historiadores sobre procesos traumáticos en la historia contemporánea suelen ser cuestionados por los sobrevivientes a dichos eventos. Se suele argumentar que el historiador no puede hablar del pasado porque "no lo experimentó". A lo que podría oponerse que el haber vivido un suceso no necesariamente implica el comprenderlo. La comprensión sólo puede derivar de la evaluación objetiva de fuentes documentales y de un análisis diacrónico que relacione los eventos en cuestión con otros más antiguos o consecuentes.[14] El punto importante en el debate sobre el 68 es cómo cambia un modelo de memoria gestionada por los sobrevivientes o militantes, hacia la construcción de una historia por parte de una instancia distinta.

En un tema como el de la historia del movimiento estudiantil de 1968, el papel de la UNAM como una particular instancia de mediación entre el Estado y las organizaciones civiles evita un conflicto común en otras latitudes, en donde existe el temor de que la política pública de memoria implique el riesgo de que el Estado desplace a la sociedad en el ejercicio

[14] Javier Cercas, "El chantaje del testigo", *El País Semanal* (EPS) (20 dic. p. 10).

de recordar el pasado reciente.[15] Probablemente, el consenso se deba a que el memorial se haya conformado no como un espacio unívoco, sino como un relato en donde cabe lo polivalente y lo contradictorio. Es en ese sentido que cuesta trabajo concebirlo como un monumento tradicional de la historia de bronce. Al menos no aspira a convertirse en una versión unívoca de la historia (como los monumentos que representan abstracciones de *la patria*). Si la historia de bronce, como la concibió Luis González, trata de un relato bipolar sobre la lucha entre buenos y malos, héroes y villanos, rudos y técnicos con la nación cumpliendo las funciones de un *ring* de box, quizá alguien podría argumentar que el memorial ofrece una nueva visión en la que se invierten los valores, y los estudiantes dejan de ser "agitadores comunistas" para convertirse en héroes que sostuvieron la antorcha de la democracia durante un régimen opresivo. Como parte del equipo que trabajó en la realización del Memorial, puedo asegurar que se quiso evitar caer en esquematismos y, por el contrario, se intentó poner los elementos complejos de la historia sobre la mesa para que el público visitante pudiera apreciar la complejidad de los procesos históricos. Pero la respuesta a ese dilema debiera estar en un estudio de recepción. Algunos trabajos recientes apuntan hacia ese sentido.[16]

Lo cierto es que historia oficial o no, el Memorial del 68 representa los debates que implica la construcción de relatos sobre el pasado reciente. El proceso mismo por el cual se consigue que en el espacio mismo de la Plaza de las Tres Culturas existan marcadores sobre la matanza del 2 de octubre refleja las transformaciones políticas del México contemporáneo, así como la aparición de nuevos actores sociales que condicionan la transformación del sentido de la historia. Hoy en día Tlatelolco se ha convertido en un *lugar de memoria*,[17] cargado de significado, que sólo puede ser visto como fruto de la acción humana. Una revisión de los debates por la memoria reciente desde una perspectiva historiográfica nos remite directamente a la consideración de nuevas historias oficiales complejas y heterogéneas, de la misma manera que el escenario del poder político de la actualidad.

[15] Véase Vinyes, *El Estado y la memoria.*

[16] Eugenia Allier Montaño, "La memoria, entre lugares y espacio público. Una aproximación a México desde Uruguay como pretexto", versión mecanuscrita de la ponencia presentada en el Seminario Topografías conflictivas: *Memorias, espacios y ciudad en disputa*, Instituto de Desarrollo Económico y Social, Buenos Aires, Argentina, 15 y 16 de abril de 2010.

[17] Véase Nora, "Between Memory and History".

LA HISTORIA, LA HISTORIA PATRIA Y LA FORMACIÓN DE UN NUEVO CONSENSO NACIONAL

Soledad Loaeza
El Colegio de México

En el año 2010 la conmemoración de los aniversarios de la independencia y de la Revolución ocurrió en una de las peores coyunturas que había enfrentado México desde el accidentado final del siglo XX. En ese lapso de 20 años repetidas crisis financieras, el agotamiento del modelo económico, el creciente rechazo al régimen de partido hegemónico, así como las profundas reformas políticas y económicas que se introdujeron para resolver estos problemas, dieron lugar a conflictos y disputas que fracturaron el consenso autoritario que desde 1940 había sostenido la continuidad institucional. La fractura fue también un reflejo del debilitamiento del Estado, cuya presencia había sido central para la articulación de la sociedad.

Los desacuerdos en el seno de la sociedad y del personal político se profundizaron al acercarse las celebraciones, primero, a consecuencia de la disputada elección presidencial de 2006, luego, por las repercusiones negativas que tuvo sobre México la crisis financiera internacional de 2008, y, por último, por la extensión de la violencia criminal por todo el país. Cada uno de estos acontecimientos planteó dilemas divisivos, por ejemplo, en relación con los procedimientos de la democracia electoral que dejaron insatisfechos a quienes denunciaban lo que consideraban la manipulación de los resultados y defendían el triunfo de Andrés Manuel López Obrador. Ese episodio demostró que la cultura democrática era tal vez mayoritaria, pero aún no lograba el consenso de la sociedad. Las políticas del gobierno en relación a los otros dos temas, la crisis financiera y la criminalidad, provocaron —y provocan— el rechazo de amplias corrientes de opinión, pero los cuestionamientos también reflejan el profundo antagonismo que inspira el rumbo que ha seguido el país desde las reformas de los años ochenta. La fractura es tal que los festejos patrios de 2010 poco sirvieron para salvar las discrepancias entre los mexicanos; en todo caso, fueron utilizados por las fuerzas políticas para subrayar sus diferencias.

Este contexto erosiona la autoridad del Estado, agudiza las heterogeneidades que atraviesan a la sociedad, y limita su capacidad para identificar valores y objetivos comunes. En estas condiciones difícilmente puede generarse un acuerdo amplio que sustituya al anterior, lo que algunos llaman un nuevo pacto social, en el que cristalicen los cambios que acarreó la democratización. La ausencia de un consenso ha obstaculizado la estabilización de las relaciones en el seno de la sociedad, y entre ésta y el Estado. Algunas corrientes de opinión atribuyen las dificultades que encara el país a la falta de un *proyecto nacional*.

Más allá de las implicaciones que la exigencia de un *proyecto nacional* tiene en una sociedad plural y en un sistema político liberal, lo importante es que expresa la percepción de que los grandes cambios de finales del siglo XX arrastraron consigo no sólo las desgastadas bases del autoritarismo, sino también las nociones de identidad y de comunidad que con el liderazgo del Estado y bajo el sello del nacionalismo, sostuvieron por décadas un cierto grado de cohesión social, y un considerable apoyo al sistema autoritario.

Este pasado autoritario aparentemente armónico contrasta con la persistencia de los desacuerdos y las diferencias que es característica del México actual, y que ha propiciado la fragmentación social. En estas circunstancias, y por razones que se discutirán más adelante, se ha producido una crisis de la identidad nacional que es también un reflejo de la crisis del Estado, la institución integradora por excelencia.

Las dificultades que han surgido para la formación de un nuevo consenso sugieren que la democracia —entendida como sistema de valores y como arreglo institucional— es insuficiente para cimentar la cohesión social, y restaurar el sentimiento de pertenencia a una comunidad de objetivos.[1] ¿Cómo se puede superar esta fragmentación?

[1] José Antonio Aguilar apunta que la democracia fue insuficiente para darle conte-

El punto de partida de la reconstrucción de los vínculos sociales que las crisis y las reformas liberales y democratizadoras desplazaron, puede ser el reconocimiento de su historia, y de las creencias, los símbolos, los hábitos y los significados que definen el perfil de una comunidad nacional. El recurso al *artefacto cultural* que es, en palabras de Benedict Anderson, el nacionalismo, se justifica porque posee un poderoso potencial emotivo de reconciliación social, y de vinculación entre el Estado y la sociedad que llena los vacíos que en este respecto deja la democracia. El interés de recuperarlo como componente de un nuevo pacto social, reside en que no sería una simple restauración del "nacionalismo revolucionario" que sostuvo al régimen autoritario, sino que sería una fórmula enriquecida por la experiencia democrática y por el pluralismo, esto es, a salvo de la xenofobia, el racismo y tentaciones autárquicas.

Para desarrollar dicha hipótesis este artículo aborda primero el tema de la identidad nacional; en segundo lugar discute el papel de la historia en la formación de una comunidad diferenciada, y los dos instrumentos que utilizó el Estado autoritario para integrarla en el México postrevolucionario: la historia oficial y la historia patria; y, por último, plantea que, pese a que el Estado renunció al nacionalismo, éste sigue vigente en el seno de la sociedad. Este desarrollo puede ser una oportunidad para que la definición de identidad nacional sea más flexible, incluyente y permeable a los cambios del entorno.

LAS IDENTIDADES PARTICULARES CONTRA LA IDENTIDAD NACIONAL

Hacia finales del siglo XX la identidad nacional fue el blanco de ataque de las identidades particulares en casi todo el mundo. Este reto fue consecuencia de las transformaciones impulsadas por amplios procesos como la globalización, la reivindicación de los derechos de las minorías, las crecidas olas migratorias, o la extensión de las redes sociales como *Facebook* o *Twitter* que han eliminado fronteras geográficas, que convencionalmente contribuían a las diferenciaciones nacionales. Estos

nido a las identidades nacionales, en México y en Estados Unidos, donde "mexicanos y estadounidenses no podían imaginarse simplemente como ciudadanos. Requerían de un relato étnico, histórico y cultural que sirviera como columna vertebral de la nacionalidad". Aguilar Rivera, *El sonido y la furia*, p. 89.

desarrollos han puesto en tela de juicio la validez de las nociones de soberanía, unidad nacional y homogeneidad cultural, que habían sido sustento del Estado-nación.

En los años setenta del siglo pasado se impuso en el debate público la defensa de los derechos de grupos vulnerables como las minorías indígenas o las mujeres, que se autodefinían a partir de una característica particular, por ejemplo, el género, la religión, la etnicidad o la preferencia sexual. Esta reivindicación del derecho a la diferencia se tradujo en la exigencia, no siempre explícita, de que se reconociera la superioridad de estas identidades particulares frente a la identidad nacional que en el pasado se había impuesto a todas las demás, a las que había subordinado, cuando no simplemente anulado.

Las políticas asimilacionistas predominantes en el siglo XIX y buena parte del XX fueron objeto de crítica y de rechazo, y en más de un caso la imposición de la cultura hegemónica, que fue central en el proceso de construcción nacional, fue denunciada como genocidio cultural, cuando no físico. Las identidades particulares sentaron las bases del multiculturalismo que surgió como alternativa a las sociedades nacionales más o menos homogéneas. Este desarrollo se ha topado con la oposición de quienes desconfían de su impacto disruptivo y defienden la integración cultural como una condición de estabilidad social, y de continuidad. El tema de la identidad nacional ha demostrado ser divisivo, o, en palabras de Roger Bartra, "un inquietante campo minado",[2] porque mientras unos reivindican las identidades particulares como una derivación legítima del pluralismo democrático, otros las rechazan en nombre de la superioridad de la identidad general que garantiza la continuidad de la nación. Los debates a propósito de la incompatibilidad del islam que practican grupos de inmigrantes establecidos en los países europeos, con los principios de organización de esas sociedades, ilustran este desacuerdo.

En México las inquietudes a propósito de la identidad nacional alimentaron el debate cultural y político desde la independencia, e incluso antes, y se prolongan inagotables hasta la fecha. Su durabilidad expresa las dificultades que supone reconciliar en una fórmula unitaria elementos de culturas distintas, la indígena —hoy se hablaría de *culturas indígenas*, en plural— y la española;[3] a las que ahora se ha suma-

[2] Bartra, *Anatomía del mexicano*, p. 12.

[3] La bibliografía acerca de la construcción de la identidad mestiza, sus mitos y con-

do la vigorosa cultura popular estadounidense. Recientemente, se ha planteado de nuevo la discusión a propósito de la continuidad de la identidad nacional dado el impacto de las demandas de reconocimiento de minorías de distinta naturaleza, y la creciente integración de México a Estados Unidos.

La identidad nacional es hoy un conjunto frágil de actitudes, hábitos y características en el que convergen las creencias, los mitos, los hábitos y los estereotipos que comparten millones de mexicanos respecto de sí mismos y del mundo exterior.[4] Esta identidad no se ha mantenido idéntica a sí misma en el tiempo, sino que el cambio social la ha transformado; sin embargo, el mito del país mestizo es un dato permanente que sigue siendo capital para la diferenciación de la cultura mexicana, y para la definición de la identidad nacional.

La creencia de que la singularidad de México estriba en la mezcla feliz y armónica entre las raíces indígena y española es un viejo y poderoso mito que cobró forma desde la independencia en 1810, aunque en las primeras décadas del siglo XVII los intelectuales mexicanos quisieron ver en el mestizaje uno de los conceptos centrales de la definición de la identidad nacional.[5] En el siglo XIX la teoría racial de la nacionalidad se extendió, y luego del triunfo de los liberales en 1867, fue ascendida a la categoría de mito oficial, y como tal, después de 1910, quedó integrada al legado revolucionario. Más aún, la Revolución renovó las pretensiones integradoras del mestizaje, el cual inspiró las políticas educativas del Estado posrevolucionario. La continuidad de este mito se mantuvo más o menos intacta hasta que fue estrepitosamente desmentida por el levantamiento del Ejército Zapatista de Liberación Nacional, EZLN, que irrumpió en el escenario político mexicano en enero de 1994. Esta protesta puso al descubierto la marginación de las minorías indígenas y la realidad del racismo que enmascara el mito del país mestizo.[6]

tradicciones es amplísima. Incluye a autores tan distinguidos como Andrés Molina Henríquez, Manuel Gamio, José Vasconcelos, Samuel Ramos, Octavio Paz y Roger Bartra. Véase, por ejemplo, Aguilar Rivera, *El sonido y la furia*; Aninno y Rojas, con la colaboración de Francisco A. Eissa-Barroso, *La Independencia*. Véanse también Barrón, *Historias de la Revolución mexicana*; Bartra, *Anatomía del mexicano*.

[4] El "paquete" identitario incluye una historia multisecular, ancestros fundadores, héroes, idioma, folclore, gastronomía, música, artes plásticas.

[5] Brading, "Patriotismo y nacionalismo en la historia de México".

[6] Navarrete Linares, "La construcción histórica", pp. 237-382.

A finales de la década de los setenta del siglo pasado, las reivindicaciones de autonomía de las minorías indígenas desafiaron la función tradicional del Estado como generador y articulador de una identidad nacional única. En los años noventa, estos reclamos se hicieron eco del reconocimiento de la composición pluriétnica y multicultural de las sociedades, que se impuso en el ámbito internacional, tal y como quedó registrado en 1989 en el Convenio 169 de la Organización Internacional del Trabajo, OIT. Esta disposición rechaza las políticas asimilacionistas y apunta a una suerte de autodeterminación indígena en el marco de los estados nacionales.[7] Las demandas de autonomía de los zapatistas fueron la ilustración concreta de esta exigencia.

El cambio del gobierno mexicano sobre el tema de las minorías indígenas había sido anterior a los pronunciamientos zapatistas. Para sorpresa de muchos, dada su larga y rica historia de políticas de homogeneización cultural, México fue de los primeros países en ratificar el convenio de la OIT pese a que repudiaba las premisas fundamentales del nacionalismo mexicano:[8] la homogeneidad étnica, fruto del mestizaje y las virtudes de la asimilación cultural que encarna el símbolo guadalupano. La adhesión al Convenio 169 de la OIT puso en tela de juicio la definición racial de la identidad nacional mexicana. Esta adhesión provocó severas críticas por parte de quienes consideraban que el reconocimiento de derechos de las minorías indígenas comprometía la integridad de la nación.

El segundo factor que es visto como una amenaza a la identidad nacional es la creciente integración de México a Estados Unidos. Emblemático de este proceso es el tratado de libre comercio con ese país, que entró en vigor en 1994.[9] La integración se ha extendido a los ámbitos financiero, económico y de seguridad, pero lo más relevante en términos

[7] Willem Assies, "El multiculturalismo latinoamericano a inicio del siglo XXI", Cátedra UNESCO de Sostenibilitat. Postgrau: Globalizació i Gobernabilitat Mundial 24 d'abril 2006. www.odg.cat/documents/formacio/ 24abril_Salvador_Marti.pdf. Fecha de acceso 23/06/2011.

[8] Esta firma condujo a una reforma constitucional que definía como pluriétnica a la nación mexicana, propuesta por Carlos Salinas de Gortari en 1992. Según la explicación más socorrida de este viraje, el gobierno en turno quería mostrar su voluntad de cambio con el propósito de lograr la firma del tratado de libre comercio con Estados Unidos y Canadá.

[9] Para un examen del proceso de integración de México a Estados Unidos, véase Loaeza,"La metamorfosis del Estado", 2010, pp. 24-70.

del problema de la identidad es la omnipresencia de la cultura popular estadounidense en México, que es incluso anterior al Tratado de Libre Comercio de América del Norte, TLCAN. Los medios masivos, en particular la televisión, son vehículo eficaz de esta influencia que es palpable en los patrones de consumo, en el lenguaje, en la moda, e incluso en las formas de relación social. No obstante esta indudable presión, la desaparición de la cultura mexicana, que algunos temen, no es previsible, en buena medida gracias a su densidad histórica y a su probada capacidad para transformarse con la incorporación de las formas que adopta la sociedad.[10]

En Estados Unidos el tema de la identidad nacional también ha adquirido actualidad como reacción a un fenómeno migratorio de proporciones sin precedentes, y ha sido igualmente divisivo.[11] Mientras una corriente de opinión defiende la tradición estadounidense de apertura a la inmigración, otra la evalúa de manera negativa, y propone cerrar las puertas de su país. Así, por ejemplo, en 2004, el distinguido politólogo Samuel P. Huntington publicó un libro titulado *Who Are We? The Challenges to American National Identity*,[12] que inicia con la siguiente declaración: "Escribo en tanto que patriota y en tanto que académico", profundamente preocupado "por la unidad y por la fuerza" de su país, y confiesa su "temor" de que el sentimiento patriótico esté en peligro. Por consiguiente, se siente obligado a dar la voz de alarma ante las amenazas que se ciernen

[10] El tema de la identidad nacional se ha planteado en Europa en otros términos. Por una parte, el proceso de integración económica ha acarreado la transferencia de responsabilidades que antes eran exclusivas del Estado-nación a los órganos supranacionales de la Unión Europea. Así ha ocurrido con decisiones que históricamente eran por definición estatales, por ejemplo, de orden financiero y comercial, y en relación al control de fronteras. En este caso, me parece que la pregunta debe centrarse en si la disminución de responsabilidades del Estado-nación ha repercutido en el desdibujamiento de las identidades nacionales. Por otra parte, el flujo masivo de inmigrantes provenientes de África, Asia y América Latina también ha modificado el rostro de las sociedades europeas, que ya no pueden autodefinirse a partir de una supuesta homogeneidad religiosa, étnica o lingüística, porque son formaciones multiculturales difícilmente asimilables en una sola identidad.

[11] En Europa la migración ha impulsado a los partidos de extrema derecha, pero, incluso organizaciones políticas moderadas como el Partido Demócrata Cristiano en Alemania, han sido susceptibles al temor de que el crecimiento de la población musulmana en ese país erosione la identidad nacional alemana. La canciller Angela Merkel, denunció a finales de 2010 el fracaso del multiculturalismo y sostuvo que era preciso defender "los valores que nos guían", en particular, "nuestra tradición judeo-cristiana".

[12] Huntington, *Who Are We?*

sobre una identidad que, nos dice, está definida por la cultura de los colonizadores británicos que se establecieron en lo que es hoy la isla de Manhattan: el idioma inglés, los valores del protestantismo, el individualismo, el compromiso religioso y el respeto a la ley.[13]

Esta descripción fue vigorosamente refutada por los historiadores que rechazan la idea de que Estados Unidos es una variante del mundo inglés, y que apuntan hacia los cambios que ha experimentado la identidad estadounidense en más de 200 años, gracias a las aportaciones de católicos, judíos, africanos y asiáticos.[14]

El argumento de Huntington es una defensa del asimilacionismo y de la historia de los inmigrantes que estuvieron dispuestos a adoptar la cultura y los valores políticos de la sociedad que los acogía. Así pues, insiste en que a lo largo de más de tres siglos a la cultura protestante-anglosajona se han incorporado "americanos" de todas las razas y etnias. De esta convicción parte su crítica feroz a la "hispanización" del país, que, según este autor, provoca la resistencia de los inmigrantes de origen mexicano a integrarse a la cultura de la mayoría, porque se rehúsan a hablar inglés, o porque son bilingües, viven en barrios aislados y mantienen estrechos vínculos con su país de origen. Llega incluso a afirmar que la inmensa ola de mexico-americanos —magnificada por el crecimiento demográfico de estos grupos— habrá de desembocar en una *reconquista* de Nuevo México, Arizona y Texas. No obstante, la principal objeción de Huntington a estos migrantes está dirigida a sus actitudes cívicas, pues les reprocha la deslealtad a las instituciones políticas que, según él, revela su resistencia a la integración. Desde esta perspectiva, la identidad nacional es un concepto integral que incorpora valores y actitudes políticas.[15]

[13] Huntington, *Who Are We?*, pp. VII-VIII.

[14] Andrew Hacker, "Patriot Games", en The *New York Review of Books*, 51: 11 (24 jun. 2004). "Considerar a Estados Unidos como una variante del mundo inglés, 'impidió que muchas generaciones de estadounidenses percibieran las dinámicas y complejidades del sincretismo cultural'. La identidad nacional estadounidense era el resultado, no de la imposición de la cultura inglesa sobre todos los demás grupos sino de la interacción recíproca de los diversos grupos étnicos y raciales." Aguilar Rivera, *El sonido y la furia*, p. 95.

[15] El componente político de la identidad nacional es parte de la política de integración de las minorías a la mayoría dominante. La política francesa frente a la inmigración está inspirada por este principio. En 2007 el presidente Nicolás Sarkozy se propuso responder a las inquietudes asociadas a la inmigración con la creación de un ministerio de la Inmigración, la Integración, la Identidad Nacional y el Codesarrollo. Su objetivo era la plena integración de los inmigrantes a la cultura y a las instituciones francesas, propósito

La noción predeterminada de la identidad nacional como la que defiende Huntington, evoca los riesgos de un concepto estático, ahistórico, que no admite cambios. Esta versión ha sido la guía de políticas estatales que en muchos casos ha desembocado en actitudes intolerantes, xenófobas o racistas. No obstante, la identidad nacional es un imaginario que resulta de procesos espontáneos de interacción social que escapan al control del Estado, y sólo será autoritaria si se convierte en una política de gobierno. Según el antropólogo Claude Lévi-Strauss, la identidad nacional no es un sistema cerrado, sino que se forja en una relación de constante interlocución y diferenciación con los vecinos, es una experiencia viva y dinámica que se transforma día a día en contacto con un mundo exterior en continuo proceso de cambio.

El historiador Mauricio Tenorio Trillo recoge esta propuesta con una fórmula sugerente: para indagar el tema de la identidad es preferible partir de la pregunta "¿dónde estamos?" que de la interrogante "¿qué somos?".[16] El ¿dónde estamos? expresa con más precisión el carácter fundamentalmente permeable de la identidad que está en movimiento perpetuo, que se construye todos los días con los ajustes que uno hace a los cambios que registran las comunidades de pertenencia. Estos cambios pueden ser producto de la dinámica interna de esas sociedades o pueden ser inducidos desde el exterior. En contraste con esto, la pregunta "¿qué somos?" tiene el inconveniente de referirse a un nosotros estático que traiciona la ductilidad de la cultura. El ejemplo más patente de los riesgos de esta pregunta lo ofrece el texto de Huntington antes citado.

Las preguntas ¿dónde estamos? y ¿qué somos? introducen distintos criterios de diferenciación, pues para responder a la primera de ellas es necesario rastrear una trayectoria, variaciones en el tiempo derivadas de encuentros y de contrastes; en cambio, la respuesta a la segunda pregunta nos remite a atributos fijos de los individuos, tales como la religión, o la etnia, que son hechos dados, inmodificables.

Si los mexicanos nos preguntáramos, "¿dónde estamos?" nuestra respuesta sería mucho más compleja que la del pasado, cuando a ¿qué somos?

que implicaba una serie de medidas punitivas contra aquéllos que fueran renuentes a la incorporación. Asociaciones de derechos humanos y defensoras del multiculturalismo rechazaron esta medida y denunciaron el racismo que la inspiraba. Asimismo, impugnaban la asociación de la "identidad nacional" con los inmigrantes. La irritación que generaba el ministerio fue tal que en noviembre de 2010 se anunció su desaparición.

[16] Tenorio Trillo, *Historia y celebración*, p. 43.

respondíamos: mestizos y guadalupanos/católicos. En forma obligada el punto de partida sería la identificación del origen de esa comunidad que llamamos "México", o del conjunto que identificamos como "mexicanos". ¿De dónde venimos? ¿De una voluntad de pertenencia o de un origen mítico común? ¿O de un legado cultural? Para responder a esta pregunta tenemos que remontarnos al pasado y tomarlo como referente más o menos remoto del punto en el que nos encontramos hoy. Sólo así podemos explicar cómo nos convertimos en una sociedad que se reconoce pluricultural, que se mira mestiza, pero se admite pluriétnica, que es tan moderna como puede, pero que se apoya en una amplia variedad de referencias a una cultura poblada de tradiciones y de novedades; además, la identificación de dónde estamos no se limita a referencias cronológicas y onomásticas, sino que incluye hábitos, conductas y nociones de índole política.

Desde la perspectiva de ¿dónde estamos? tendríamos que hablar de la integración entre Estados Unidos y México que se inició hace varias décadas en forma espontánea, bajo la presión de la geografía, de la demografía y de los mercados de trabajo. En tiempos recientes este proceso ha seguido un ritmo más acelerado dentro del marco de instituciones diseñadas para ordenar una relación bilateral crecientemente compleja y diversa. No obstante la racionalidad que ahora lo dirige, este proceso podría estar en el origen de la crisis de identidad que se registra en ambos países.[17] Visto como un fenómeno positivo el intenso intercambio entre estas sociedades debería contribuir a nutrir a ambas y a afianzar sus características respectivas. Así que, la mutua penetración entre México y Estados Unidos no se resolvería en la temida absorción del más débil por el más fuerte y, tampoco, en la ruptura de la integridad nacional inducida por la insidia de minorías inasimilables, sino que ambas identidades resultarían transformadas y fortalecidas.

[17] Según José Antonio Aguilar Rivera, ambos países están en busca de una nueva identidad nacional y, aunque no lo menciona, esta reflexión podría conducir a preguntarse si la creciente integración entre México y Estados Unidos no es una de las causantes de dicha crisis. Aguilar Rivera, *El sonido y la furia*, p. 26.

HISTORIA ¿PARA QUÉ?

Las grandes transformaciones que han puesto en tensión a las identidades nacionales conducen a la pregunta que se formula cada generación: *Historia ¿para qué?* Si la globalización y el cambio tecnológico han derribado las fronteras nacionales, y le han impuesto al futuro un sentido de urgencia ¿cuál puede ser la utilidad de la historia más allá de satisfacer la curiosidad de los iniciados? Algunas de las funciones sociales que desempeña el conocimiento histórico, por ejemplo, la diferenciación de orígenes, de experiencias, de trayectorias de individuos y de comunidades, parecerían innecesarias en el mundo homogéneo de hoy. Peor todavía, para algunos comentaristas la historia no es el conocimiento disruptivo que destruye mitos y estereotipos, sino un obstáculo al cambio. Apuntan, por ejemplo, que en el caso de México la historia restringe nuestra creatividad y bloquea nuestra capacidad para pensar el futuro. Si estas críticas fueran ciertas, entonces la historia habría perdido uno de sus más importantes *para qués*: la utilidad para entender el presente.

Francis Fukuyama, funcionario del Departamento de Estado de Estados Unidos, publicó en 1989, después de la caída del Muro de Berlín, un ensayo titulado: "El fin de la historia", en el que sostiene que con el fin de la Guerra Fría y el triunfo del mundo occidental desaparecieron las contradicciones que en el análisis marxista eran el motor de la historia.[18] La proposición central de su reflexión es que el derrumbe de los regímenes socialistas trajo la victoria absoluta de la idea liberal en la política y en la economía. "Presenciamos el fin de la historia como tal: esto es, el punto final de la evolución ideológica de la humanidad y la universalización de la democracia".[19] La culminación de este proceso es el surgimiento de un "Estado universal homogéneo". Según Fukuyama, el liberalismo es el nuevo paradigma internacional que gobernará el mundo material en el largo plazo, en virtud del fracaso de las fórmulas rivales del siglo XX, que fueron la fuente de contradicciones y conflictos, el fascismo y el comunismo.

[18] El ensayo fue originalmente publicado en la revista *The National Interest*. http://courses,essex.co.uk/GV/GV905/IR%Media%202010-11/W4%20Readings/Fukuyama%20End%20of%History.pdf. Fecha de acceso 22/06/2011.

[19] El ensayo fue originalmente publicado en la revista *The National Interest*. http://courses,essex.co.uk/GV/GV905/IR%Media%202010-11/W4%20Readings/Fukuyama%20End%20of%History.pdf. Fecha de acceso 22/06/2011, p. 1.

Por su parte, Jorge Castañeda y Héctor Aguilar Camín dieron a conocer un año antes de las conmemoraciones de 2010, *Un futuro para México*. En este trabajo describen la presencia de la historia como un peso muerto que frena la modernización del país: "México es preso de su historia. Ideas, sentimientos e intereses heredados le impiden moverse adónde anhelan sus ciudadanos. La historia acumulada en la cabeza y en los sentimientos de la nación —en sus leyes, en sus instituciones, en sus hábitos y fantasías— obstruye su camino al futuro [...]".[20] Su conclusión es que a nuestro país "le sobra pasado y le falta futuro".[21] En realidad el blanco de su crítica es más el nacionalismo que la historia misma; pero la indisoluble asociación entre ambos lleva a que la condena de uno se extienda al otro.

Si tomamos los textos arriba citados para responder a la pregunta de para qué de la historia, la conclusión es que en el siglo xxi no hay tal "para qué", y que en todo caso la historia es una fuerza negativa que es preciso combatir. Mauricio Tenorio rechaza estas hipótesis y sostiene que, pese a todo —la globalidad, el multiculturalismo, el ascenso del liberalismo—, la historia no es sólo ideología; se sigue escribiendo porque está estrechamente vinculada a "tres importantes nociones modernas: Estado, identidad y justicia".[22] Las tres siguen siendo de gran relevancia en México, donde se mantienen vigentes dada la continuidad de la nación que "existe y es posesión de mucha gente, inclusive más allá del Estado y de los historiadores". Tenorio llama la atención sobre los riesgos de la reflexión académica y del ejercicio en los cubículos y en las publicaciones académicas, de "acabar con los mitos. Pero no se puede soberbiamente declarar a la nación un sueño de ignorantes".[23] Es decir, al descartar el nacionalismo con el argumento de que nos remite a propuestas y soluciones superadas, también hacemos a un lado el amplio y diverso mundo de los memoriosos, de quienes buscan en el pasado los porqués de su presente, guiados en primer lugar por la intuición; pero también abandonamos un poderoso recurso para la construcción de la relación entre poder y sociedad.

Como sostienen Luis Villoro y Tenorio, la historia no sólo es obra de los historiadores, sino del ejercicio espontáneo de personas "que buscan

[20] Aguilar Camín y Castañeda, *Un futuro para México*, p. 13.

[21] Aguilar Camín y Castañeda, *Un futuro para México*, p. 19.

[22] Tenorio, *Historia y celebración*, p. 152.

[23] Tenorio, *Historia y celebración*, p. 155.

comprender los lazos que [las] unen a su comunidad".[24] Entender el pasado forma parte de la toma de conciencia de uno mismo, porque las creencias al respecto dan forma, así sea de manera indirecta, a actitudes en relación con el presente, y guían nuestros juicios a propósito de la realidad inmediata.[25]

Así pues, y al igual que antes, la historia hoy nos sirve para entender dónde estamos: "Parecería que, de no remitirnos a un pasado con el cual conectar nuestro presente, éste resultara incomprensible, gratuito, sin sentido. Remitirnos al pasado dota al presente de una razón de existir, explica el presente".[26] En la compleja transición política y social que vive México desde principios del siglo XXI, cuya realidad es confusa y relativamente caótica, la historia integra un marco de referencia coherente de principios y presupuestos sobre el mundo y sobre las cosas del mundo. Desde ahí se organizan el pensamiento y la acción; y se contextualizan la decisión y la acción individual.

HISTORIA OFICIAL E HISTORIA PATRIA

En el siglo XX mexicano la identidad nacional y el nacionalismo fueron en buena medida producto de la acción del Estado. Al igual que en muchos otros países, en México el Estado asumió muy temprano la responsabilidad de elaborar un pasado común que quedó en el corazón de la identidad nacional. Pero a la historia también se le atribuyó un lugar privilegiado en la justificación del sistema político; de esta manera, el autoritarismo mexicano de la segunda mitad del siglo XX aparecía como una fórmula particular, propia de la cultura local, y resultado de un proceso casi espontáneo. Además, la élite en el poder pretendía anclar la legitimidad del sistema político en sus orígenes —la Revolución de 1910— antes que en las elecciones y el voto. De ahí la importancia que le dio a la formulación de una versión oficial. De todas formas, la credibilidad de los procedimientos electorales era casi nula por la práctica sistemática del fraude y la hegemonía del Partido Revolucionario Insti-

[24] Villoro, "El sentido de la Historia", p. 43.

[25] Howard, *Lessons of History*, p. 13.

[26] Villoro, "El sentido de la historia", p. 37. "Un hecho deja de ser gratuito cuando se le conecta con sus antecedentes". Villoro, "El sentido de la historia".

tucional, PRI. Éste, a su vez, buscaba la justificación de su permanencia en el poder también en la historia y en su papel de supuesto guardián de las tradiciones revolucionarias. Este uso de la historia tuvo consecuencias significativas para el conocimiento del pasado —que estuvo plagado de silencios—; pero, sobre todo, condujo a que el partido hegemónico se apropiara de la historia nacional, y propiciara la confusión entre Estado, partido y nación.

Así, la historia —al menos una versión sancionada por el Estado, monumentalizada y parcial— quedó integrada al consenso autoritario. Esta asociación entre historia e instituciones autoritarias explicaría en parte el empeño de los gobiernos del Partido Acción Nacional, PAN, en referir el origen de su presencia en el poder sólo a los valores democráticos, y fincar su legitimidad exclusivamente en la competencia electoral y en el voto ciudadano, haciendo a un lado la historia. Esta estrategia contribuyó al fortalecimiento de las identidades partidistas, a expensas de la identidad común que en el pasado representaba el nacionalismo.

La educación pública fue el principal instrumento del Estado para llevar a cabo su política de integración y formación de la identidad nacional. En ese ámbito se apoyó en la enseñanza de una historia patria que intentaba ser también una pedagogía cívica. Asimismo, los gobiernos de la posrevolución divulgaron activamente una versión oficial de la historia, que repetían el presidente de la República en discursos solemnes, declaraciones al vuelo y todo tipo de pronunciamientos, así como los funcionarios públicos de todo nivel, los documentos oficiales, y los representantes del partido. El eje central de esta narrativa era la construcción del Estado-nación, y la lucha contra los enemigos de la soberanía nacional, entre los que se contaban, además de las potencias extranjeras que en algún momento quisieron dominar México, los adversarios del partido hegemónico.

Entre la historia patria que es la historia de aula esencialmente dirigida a los niños,[27] y la historia oficial, cuyos destinatarios eran todos los mexicanos, y cuyo propósito fundamental era el mantenimiento y la reproducción del *statu quo*, había diferencias de fondo muy importantes que expongo más adelante. Sin embargo, la élite en el poder hizo de la historia patria una historia oficial, es decir, como ocurre en los regímenes antidemocráticos, trató a los ciudadanos como si fueran menores de edad y buscó transmitirles un pasado construido desde las necesidades políti-

[27] González, "De la múltiple utilización de la historia", en *Historia ¿para qué?*, p. 67.

cas del presente.[28] Dominada por esta intención, la versión oficial incurría en silencios y omisiones, cuando no en tergiversaciones.

Durante el régimen autoritario no había distinción entre la historia patria y la historia oficial o hegemónica, aunque la primera es una especialidad, un género legítimo. La frontera entre ambas era muy tenue, casi inexistente, pese a que sus destinatarios y sus objetivos son distintos. El objetivo primordial de la historia patria es educar a los niños en la conciencia de que pertenecen a una comunidad, con la que comparten objetivos, y a la que están vinculados por reglas de relación. Reglas y propósitos que "al ligar a los miembros de una comunidad, permiten su convivencia".[29] Es decir, la enseñanza de la historia patria es un aspecto importante del proceso de socialización de los niños; su fin primero es eminentemente subjetivo, dado que se propone generar sentimientos y emociones positivas en torno a una comunidad preexistente.[30]

La historia patria no es conocimiento, sino celebración.[31] Tampoco es una empresa académica; su intención primordial es transmitir imágenes, leyendas y valores, pero es sobre todo un vehículo para introducir al individuo en su comunidad, lo contextualiza, le proporciona un marco de referencia coherente de principios y presupuestos a propósito del mundo y de lo que significa. Su objetivo primordial es fomentar actitudes cívicas y valores sociales y políticos a partir de la experiencia de un pasado épico, y de los héroes canónicos de la defensa de la patria. Así, hasta finales del siglo XX, los programas escolares buscaban enseñar historia y civismo a la vez. Por esa misma razón, las narraciones de estos libros de texto eran fábulas con moralejas; su propósito era presentar hechos heroicos, casi siempre desligados de sus causas, exaltar figuras excepcionales que eran modelos edificantes para los niños.[32]

[28] Para una discusión sobre este tema, véase MacMillan, *The Uses and Abuses of History*, pp. 36-49.

[29] Villoro, "El sentido de la historia", p. 43.

[30] Para George Orwell el patriotismo es un sentimiento defensivo, espontáneo, mientras que repudiaba el nacionalismo que es una construcción agresiva, externa al individuo; el patriotismo está desvinculado de las instituciones políticas; el nacionalismo, en cambio, está normalmente asociado a un Estado o al mito de un pueblo; el patriotismo es tradicionalista, el nacionalismo mira sobre todo al futuro. El poema de Ramón López Velarde "Suave patria" evoca la calidad casi proustiana del patriotismo que parece ser un asunto de olores, de sabores, de imágenes y recuerdos personales.

[31] Jean Meyer, "Visiones y revisiones de la historia patria", *Nexos* (sep. 2001).

[32] González, "De la múltiple utilización de la historia", p. 67.

Lorenzo Meyer describió así la experiencia placentera que había sido para él el estudio de la historia patria. "Cuando yo era niño, esa historia patria me dio una enorme confianza en México, me dio mucho optimismo la visión simple y sencilla. Había algo bueno en la esencia de la vida, y la historia te podía decir que en el largo plazo las cosas iban a estar bien". No obstante, luego añadió: "El desencanto brutal vino al término de la adolescencia, al darme cuenta no sólo de que la historia patria estaba asentada en unas simplificaciones terribles, cuando no en mentiras".[33] La desilusión de los mitos fundadores de la patria a la que alude Meyer es un aspecto de la incorporación del individuo al mundo de los adultos, es parte del proceso normal de aprendizaje.[34] Pero estas enseñanzas también eran importantes porque prometían un horizonte optimista de largo plazo. El mensaje que recibían los niños era que, a pesar de muchas dificultades, el país marchaba con rumbo firme por el camino del progreso, a una meta predeterminada de paz y prosperidad.

La historia oficial es una "versión autorizada" que no admite cuestionamientos; está dirigida a todos, en particular a los adultos, y su intención primera es controlar la narrativa del pasado, unificar su interpretación y justificar el *statu quo*. Así nace una ortodoxia, y cualquier reto a esta versión es considerado una anomalía, cuando no una traición. Historias oficiales hay muchas. Por ejemplo, El Colegio de México ha publicado su propia historia, como lo hacen otras instituciones con el mismo propósito: formar una identidad, legitimar una estructura, un orden jerárquico, una trayectoria, unos objetivos. Estas versiones oficiales están sancionadas por la autoridad, son canónicas e intocables, en ellas el pasado es inmutable. Pensemos, por ejemplo, en la apostasía que cometió José Revueltas cuando escribió su novela *Los errores*, que era un recuento de la vida interna del Partido Comunista Mexicano. Como su versión de los hechos no sólo no correspondía, sino que desmentía la historia que sostenía la dirigencia del partido, Revueltas fue expulsado de sus filas, no sin antes verse obligado a renunciar a la publicación del libro.

[33] Jean Meyer, "Visiones y revisiones de la historia patria", *Nexos* (sep. 2001), p. 59.

[34] Según Michael Howard, "la desilusión es una parte necesaria del crecimiento y de la pertenencia a una sociedad adulta; y una buena definición de la diferencia entre una sociedad occidental liberal y una sociedad totalitaria —ya sea comunista, fascista o católica autoritaria— es que en la primera el gobierno trata a los ciudadanos como adultos, mientras que en la segunda no puede hacerlo". MacMillan, *The Uses and Abuses of History*, p. 39.

Existe una historia oficial, que es también hegemónica, del movimiento estudiantil de 1968, y no es precisamente la del gobierno, cuya versión de esos acontecimientos nunca fue siquiera escuchada. La interpretación hegemónica de esa protesta fue elaborada en obras que se consideran textos intocables: por ejemplo, el relato periodístico de Elena Poniatowska *La Noche de Tlatelolco*. Como lo ejemplifican las polémicas que repetidamente ha sostenido el exlíder estudiantil Luis González de Alba con algunos de sus compañeros en la dirección del movimiento, y con autores que defienden la versión oficial, heroica y mártir,[35] en la que los estudiantes aparecen como víctimas de un poder irracional y sanguinario. Esta versión atribuye una importancia secundaria a las estrategias y decisiones de la dirigencia estudiantil. Cualquier intento por hacer una lectura crítica de esta interpretación será de inmediato repudiado, sobre todo en los medios universitarios.

Durante buena parte del siglo XX los sucesivos gobiernos difundieron la versión oficial de la historia de México, con el propósito de fomentar una identidad nacional vinculada con valores políticos, por ejemplo, al intervencionismo estatal, o, sencillamente, el estatismo, o la hegemonía del PRI. Esta versión descansaba en una visión de la historia como un proceso lineal y acumulativo, que recurría al pasado para justificar el autoritarismo del presente como el inevitable resultado de un proceso legítimo de construcción nacional. Lo más notable de esta interpretación era el acentuado determinismo histórico que, por ejemplo, llevaba a explicar el presidencialismo tomando como antecedente el poder del Tlatoani en la organización política de los aztecas en el México prehispánico.

La filosofía de la historia que subyacía a esta versión oficial privilegiaba la continuidad como un valor absoluto, alimentaba una visión fatalista y casi inercial del cambio, y planteaba implícitamente la imposibilidad de modificar el rumbo del país, que había sido determinado por los revolucionarios de 1910. Esta versión también enfatizaba la superioridad de la homogeneidad frente a la diversidad política. Es decir, era una versión que negaba el pluralismo y el conflicto propio de las sociedades complejas, y se esforzaba por subrayar las coincidencias entre los protagonistas de la historia, de tal suerte que también diluía las diferencias entre ellos y sus propuestas, y entre fórmulas distintas de organización política.

[35] Véase, por ejemplo, Luis González de Alba y Marcelino Perelló, "El 68, cartas cruzadas" (sep. 2003), www.letraslibres.com/index.php?sec=15 . Fecha de acceso, 21 de mayo de 2011.

La historia oficial que difundieron los gobiernos posrevolucionarios tomó como punto de partida la historia patria que habían elaborado los liberales luego de su triunfo a finales del siglo XIX. Esta victoria se selló con una política que buscaba formar una identidad nacional que reproducía los rasgos de la patria liberal: mestiza y laica, articulada por el Estado en torno a luchas y a héroes que se identificaban con la defensa de la independencia y de la soberanía nacional: Miguel Hidalgo, José María Morelos, Benito Juárez. También buscaba ofrecer una alternativa a la moral religiosa que inculcaba la Iglesia católica porque su objetivo primordial era formar ciudadanos.[36]

De manera inevitable, la historia oficial que se fue construyendo desde el poder a partir de ese núcleo liberal era parcial y por definición excluyente. Además, cuando los revolucionarios en el poder extendieron esta versión a la interpretación de los acontecimientos del siglo XX, también prolongaron el conflicto decimonónico que había enfrentado a liberales y conservadores, como si éste hubiera quedado congelado en el tiempo sin resolverse. Así mantuvo la vitalidad de la fractura que provocó la Constitución de 1917 con la instauración del Estado laico. La ruptura se hizo patente en 2000, después del triunfo del PAN en las elecciones presidenciales de ese año, cuando una vertiente importante de ese partido lanzó una serie de acciones que reivindicaban la causa de los católicos mexicanos, porque, según los panistas, el laicismo obligatorio en la educación violaba sus derechos, y en términos más generales, por la exclusión de que habían sido objeto a lo largo del siglo XX. Así, en la ceremonia oficial de toma de posesión, Vicente Fox recibió de manos de una de sus hijas un crucifijo. Los libros de texto gratuito fueron nuevamente objeto de violento rechazo por parte de los padres de familia de escuelas católicas, que les reprochaban que no reconocieran el papel central de la Iglesia en el proceso histórico nacional. En Jalisco y Guanajuato diferentes fiestas religiosas empezaron a celebrarse como si se tratara de actos oficiales, y los miembros del episcopado buscaron asumir un liderazgo político que unos años antes hubiera sido impensable.

La ofensiva del presidente Fox adquirió un tono revanchista más agresivo cuando hizo pública su decisión de sacar de la oficina presidencial el retrato de Benito Juárez que presidía la habitación.[37] A este episodio,

[36] Véase Prieto, *Lecciones de historia patria*.

[37] Soledad Loaeza, "De historias oficiales y leyendas negras", *Nexos* (sep. 2001), pp. 47-49.

que provocó airadas reacciones, le siguieron otros incidentes en los que funcionarios panistas se ufanaron de colocar imágenes y símbolos religiosos en las oficinas públicas. Este revanchismo católico fue una prueba de que la guerra cristera de 1926-1929 era parte importante de la biografía y de la conciencia de muchos mexicanos, en particular en el centro del país, la zona cristera; por ejemplo, el propio presidente Fox es originario de León, Guanajuato, ciudad conocida como "Sinarcópolis", la capital del movimiento sinarquista que nació después de la derrota de los cristeros. La memoria de esta guerra era una "herida abierta" en el corazón del pueblo católico de la región; y quienes se identificaban con la causa cristera vieron en la coyuntura que creó el triunfo del PAN, una oportunidad para rescatar su historia.[38]

Las acciones revanchistas eran esperables. Hasta entonces los panistas, muchos de ellos militantes católicos, se veían a sí mismos como parte de una amplia corriente nacional que fue derrotada por la Revolución o por la posrevolución, y luego reprimida. No obstante, una vez en el poder no lograron dar una versión alternativa de la historia nacional distinta de la interpretación jacobina que había sustentado la hegemonía del PRI.[39] Prefirieron concentrar sus esfuerzos en la promoción del conservadurismo social.

Las críticas de los panistas al liberalismo expresan la continuidad de la vieja fractura que dividió a liberales y conservadores en el XIX. Una corriente significativa del PAN se había mantenido fiel al antiguo repudio a las ideas liberales con el argumento de que tenían un impacto desintegrador sobre las instituciones tradicionales, en primer lugar sobre la familia. Mientras que para los revolucionarios de 1910 y para sus herederos, el triunfo del liberalismo había sido un gran paso hacia adelante y un antecedente de su propia victoria, para el PAN el liberalismo era una fuerza destructora que había causado grandes desastres nacionales, por ejemplo, la concentración de la tierra que propiciaron las leyes de manos muertas.

[38] Véase, por ejemplo, Villalpando, *Batallas por la historia*; Crespo, *Contra la historia oficial*.

[39] Jorge G. Castañeda, secretario de Relaciones Exteriores de Fox, sostiene que los panistas no entendieron la importancia de revisar la historia oficial. Relata que el primer año de gobierno trató de disuadir al presidente Fox de que conmemorara el aniversario de la Revolución el 20 de noviembre o el natalicio de Benito Juárez el 21 de marzo: "Adolfo Aguilar Zínser y yo [...] le planteamos al presidente Fox: 'Mira, esta fiesta es de ellos, es del PRI, no es de los mexicanos, ya no se diga del PAN [...]. Lo que te debe quedar claro es que este cuento, este rito, no es nuestro, es historia oficial [...]". Bruno H. Piché, "Un encuentro con Jorge G. Castañeda", *Newsweek en español*, vol. 15, núm. 28 (18 jul. 2011), p. 36.

De ahí se derivaban otras diferencias: los héroes de unos eran los villanos de los otros y viceversa. Estos antagonismos no eran un asunto meramente historiográfico, sino que estaban cargados de ideología e impulsaban políticas distintas.[40] Mientras, dentro de la tradición del liberalismo mexicano, unos defendían el intervencionismo estatal como una condición necesaria para asegurar la liberación del individuo, otros lo rechazaban en nombre de los derechos de las "comunidades naturales".

Tanto la historia oficial que promovían los gobiernos autoritarios como la historia patria que difundía la escuela renuncian a la riqueza y complejidad de la historia para construir una narrativa simplificada. Sin embargo, la historia patria parte de una intención pedagógica que atiende las necesidades de los menores; la historia oficial, en cambio, busca establecer un mínimo común denominador. Sin embargo, en los dos casos el pasado es inmutable —de ahí que Luis González se refiriera con humor a la historia oficial como "historia de bronce"—. Esta calidad reniega de la naturaleza de la historia y del ejercicio profesional del historiador o la historiadora, que supone un constante revisionismo. Esto no es indispensable en la historia patria, dado que su intención no es transmitir conocimiento, sino inspirar conductas y actitudes.

Desde los años sesenta aparecieron trabajos de investigación y de reflexión históricas que cuestionaban algunos de los presupuestos fundamentales de la historia oficial, por ejemplo, el carácter unitario de la Independencia y de la Revolución.[41] Nuevas investigaciones pusieron fin a silencios, por ejemplo, acerca de los cristeros y de su guerra contra el Estado de la revolución.[42] Así, y gracias a la labor de numerosos historiadores, la reconstrucción de los grandes procesos nacionales derribó los presupuestos de la continuidad y de la unicidad que sostenía la versión ofi-

[40] Véase, por ejemplo, la defensa del partido conservador y del proyecto del Imperio de Maximiliano en México, en Sánchez Navarro-Peón, *Miramón*, p. 10. Este autor describe el conflicto entre liberales y conservadores en estos términos: (El partido liberal sostenía los principios de la Revolución francesa; el conservador negaba valor a los principios de esa revolución) "sosteniendo en cambio los inmutables del orden social cristiano. El primero [...] quería destruir nuestras tradiciones, considerando que eran rémoras y trabas para el desenvolvimiento del Estado. El otro partido, por el contrario, deseaba que resplandecieran en su mayor pureza las nobles tradiciones de la raza y del espíritu latino, queriendo que México siguiera el derrotero que tan brillantemente había tomado en la época virreinal".

[41] Véase, por ejemplo, González y González, *Pueblo en vilo*; Gilly, *La revolución interrumpida*.

[42] Meyer, *La cristiada*.

cial. La historia crítica conoció un notable auge en las décadas siguientes,[43] y rompió el lazo de continuidad que vinculaba la historia oficial con la historia patria. Algunos personajes históricos como Hernán Cortés, Lucas Alamán, Agustín de Iturbide y hasta Benito Juárez siguen siendo materia de controversia, al igual que Francisco Villa, Plutarco Elías Calles, o Lázaro Cárdenas. No obstante, estos desacuerdos ya no son vistos como una amenaza a la identidad nacional, sino que reflejan la pluralidad de interpretaciones de la historia, y, por ende, amplían y flexibilizan nuestro conocimiento del pasado contribuyendo a renovar la identidad nacional.

EL NACIONALISMO COMO FUENTE DE CONSENSO

El nacionalismo mexicano del siglo XX fue uno de los más exitosos productos de la revolución de 1910 y un factor capital en la construcción del Estado-nación. Su formación fue un proceso largo, asociado a la modernización, a las políticas educativas estatales y a la voluntad de la élite en el poder de homogeneizar culturalmente, desde una autoridad centralizada, a una población diversa, a la que separaban importantes diferencias étnicas.[44] Esta experiencia ilustra la conclusión de Ernest Gellner de que "el nacionalismo engendra a las naciones, y no al revés".[45]

[43] "Cuando se llega a sentir que el pasado pesa, se procura romper con él, se trata de evitar que sobreviva o que regrese. La recordación de los sucesos de infeliz memoria contribuye a lo dicho por Goethe ('Escribir historia es un modo de deshacerse del pasado') y por Brunschvigg ('Si los hombres conocen la historia, la historia no se repetirá'). Así como hay una historia que nos ata al pasado hay otra que nos desata de él. Este es el saber histórico disruptivo, revolucionario, liberador, rencoroso". González y González, *Pueblo en vilo*, pp. 62-63.

[44] Esta caracterización se apoya en la definición de nacionalismo de Ernest Gellner para quien la nación es una cultura compartida y el nacionalismo un fenómeno de la modernidad, un principio político que sostiene que la semejanza cultural es el vínculo social básico. Gellner, *Nationalism*, pp. 3-4. Para Gellner, la aparición del nacionalismo está ligada a la modernidad y a una sociedad de individuos, "el nacionalismo es, esencialmente, la imposición general de alta cultura en la sociedad [...]. Es el establecimiento de una sociedad anónima e impersonal; integrada por individuos atomizados que son mutuamente sustituibles, pero que se mantienen juntos sobre todo gracias a una cultura compartida [...]". Citado en Özkirimli, *Theories of Nationalism*, p. 133. La sociedad mexicana, incluso ahora, está muy lejos de ser una sociedad de individuos, como lo demuestra la persistencia del corporativismo y el florecimiento reciente del comunitarismo.

[45] Özkirimli, *Theories of Nationalism*, p. 133.

En este proceso se distinguen dos momentos: hasta 1940, la caracterización del nacionalismo atizaba disputas entre quienes proponían una fórmula tradicionalista, que era hispanista, defensiva, yankófoba y pesimista; y quienes promovían el nacionalismo revolucionario, que era indigenista, xenófobo y populista, así como un instrumento de movilización de masas.[46] Se debe añadir que este último también era defensivo y que ambos tenían como referencia a Estados Unidos. Los desacuerdos reflejaban los propios desacuerdos que se tenían en relación con el rumbo que debía seguir el país.

Después de 1940 el nacionalismo se volvió un instrumento de desmovilización del Estado, en el que se fincaba firmemente su relación con la sociedad. El *leitmotiv* de este nacionalismo era la reconciliación social, y su vehículo la despolitización. Con esa intención, el gobierno abandonó el lenguaje radical del cardenismo, se concentró en la promoción del desarrollo y del bienestar, y en la defensa de la soberanía y de la autodeterminación. Este nacionalismo se inspiraba en los temas tradicionales de la derecha: la neutralidad del Estado, la negación del conflicto social, la primacía de la unidad nacional frente a la diferencia política, la defensa de la familia y, en general, del conservadurismo social.[47] Su tema fundamental era la especificidad mexicana, de ahí el énfasis en el mestizaje, así como la supuesta autosuficiencia de los mexicanos frente al exterior, la exaltación de las particularidades nacionales y de la originalidad de la vía mexicana, cuyo éxito se medía en términos de estabilidad política y de altas tasas de crecimiento de la economía.

Pese al crédito internacional que se ganó el nacionalismo mexicano como una fórmula exitosa de modernización y de defensa frente a Estados Unidos, nunca se desarrolló como una doctrina o como una ideología política, agresiva y rigurosamente articulada, como ocurrió con las dictaduras militares europeas o latinoamericanas. De hecho, la naturaleza cultural del nacionalismo se sobrepuso a su potencial político, esto es, se invertían más esfuerzos en la discusión filosófica del "ser" del mexicano, que en la elaboración de un cuerpo sistematizado de ideas orientadas hacia el poder, vinculadas con el mundo exterior, el "otro", o la superioridad intrínseca del mexicano.[48] Así que, como se vio

[46] Vázquez, *Nacionalismo y educación en México*, pp. 183-184.

[47] Véase Loaeza, *Clases medias y política en México*, pp. 132-133.

[48] Véase, por ejemplo, Bartra, *Anatomía del mexicano*.

antes, la historia y las diferenciaciones culturales de todo tipo, desde las más educadas hasta las folclóricas, ocupaban un lugar prominente en los contenidos del nacionalismo.

Esta fórmula fue abandonada en los años ochenta del siglo XX. La apertura del país al exterior sentó las bases de un contexto radicalmente distinto al que había sustentado el nacionalismo revolucionario. Hasta entonces el nacionalismo había sido producto de una autodefinición del Estado en una sociedad cerrada; sin embargo, la apertura propició un cambio muy significativo, pues las demandas y las miradas del exterior intervinieron en las transformaciones del nacionalismo como nunca antes. Esta susceptibilidad a la influencia del exterior se explica también por un segundo cambio que fue igualmente significativo: a partir de los noventa la élite gobernante renunció al nacionalismo como fuente de legitimación de sus decisiones, y como canal de comunicación con la sociedad, bajo la presión de la crisis interna y de las corrientes internacionales, y buscó sin éxito, sustituirlo, primero, con el discurso de la modernidad, y, luego, con el discurso democrático. Este cambio en el Estado impulsó la evolución del nacionalismo hacia la oposición al partido en el gobierno. De suerte que hoy ha dejado de ser fuente de consenso para convertirse en el imaginario de grupos sociales que se identifican como parte de una comunidad que piensa que debe defenderse del mundo exterior, y que se opone al partido en el poder. Este nacionalismo arraiga en el temor y la debilidad.

Una de las premisas del neoliberalismo que se instaló en el mundo a fines del siglo XX como el paradigma político dominante, era que había que superar la "ideología" nacionalista para aprovechar los beneficios de la integración económica, la globalización y las reformas de libre mercado. En México, las crisis y las reformas de los ochenta y noventa, así como la integración a Estados Unidos, socavaron dos presupuestos básicos del nacionalismo: en primer lugar, que el mundo exterior era una amenaza y luego la calidad de adversario de Estados Unidos.

Los últimos gobiernos priístas del siglo —Carlos Salinas, primero, y Ernesto Zedillo, después— pusieron fin al nacionalismo económico. Se trataba ahora de ver en el exterior un mundo de oportunidades, y en el poderoso vecino del norte a un socio con el que teníamos más intereses en común que diferencias. Este cambio fue visto como una adaptación a las transformaciones de la economía mundial; no obstante, generó grandes contradicciones en la conciencia nacionalista mexicana, pues ésta se había formado en buena medida en oposición al exterior y en particular a Estados Unidos.

Sin embargo, ahora las consecuencias de las políticas neoliberales pueden medirse en una acentuada concentración de la riqueza y en graves crisis financieras, pero no hay indicios de la desaparición del nacionalismo. Por el contrario, tanto el neoliberalismo como el multiculturalismo han provocado poderosas reacciones nacionalistas en América Latina, en Europa y en Estados Unidos. Más aún, ¿quién puede dudar de que el comportamiento de Estados Unidos, la potencia hegemónica mundial, en Afganistán o en Irak esté movido por sus intereses nacionales? ¿O que el nacionalismo es uno de los motores de las transformaciones en China, la gran potencia del futuro? A ojos de muchos en todo el mundo, el nacionalismo sigue siendo un valor político legítimo, que da forma a alternativas de gobierno y dicta decisiones políticas y administrativas. Sobre todo, sigue siendo un vínculo —tenue o pronunciado— entre Estado y sociedad, y entre grupos sociales heterogéneos. No obstante, habría que considerar que la mayor parte de las reacciones nacionalistas en Europa o en Estados Unidos están fincadas en la debilidad y en los diferentes tipos de temores frente al futuro.

La renuncia al nacionalismo tuvo un costo muy elevado para el Estado mexicano porque le arrebató la red de relaciones que mantenía con la sociedad, que había sido la base de su capacidad de movilización de apoyo y fundamento de cohesión social.[49] De ahí que el propio Estado se viera debilitado por esta reorientación del discurso y de la decisión política. La transformación se inició con Carlos Salinas, que echaba mano de los símbolos históricos que eran utilizados por los gobiernos del PRI para legitimarse en la "tradición revolucionaria",[50] pero, en lugar de retomar el tema de la continuidad, que había sido el motivo principal de sus antecesores, ofrecía una reinterpretación que pretendía justificar la liberalización económica en esa misma tradición, pese a que era una reorientación

[49] Loaeza, "La metamorfosis del Estado", pp. 54-55.

[50] Fernando Vizcaíno llevó a cabo un estudio de las transformaciones del nacionalismo mexicano entre 1970 y 2000. Para examinar lo que llama el "nacionalismo de Estado" analiza los discursos de toma de posesión y los informes anuales al Congreso, con base en el conteo de referencias a ciertos acontecimientos, personajes y conceptos clave. Por ejemplo, distingue entre "referentes históricos": Independencia, Hidalgo, Morelos, Reforma, Juárez, Revolución, Cárdenas y cardenismo, y los "referentes cívicos": soberanía, democracia, nación y patria o patriotismo. Los presidentes que estudia son Luis Echeverría, José López Portillo, Miguel de la Madrid, Carlos Salinas y Ernesto Zedillo. Vizcaíno, "El nacionalismo mexicano en los tiempos de la globalización".

radical de las políticas históricas de la posrevolución. De esta intención nació el liberalismo social, que fue la propuesta salinista para sustituir el nacionalismo revolucionario del pasado.[51] Las referencias históricas prácticamente desaparecieron del discurso de Ernesto Zedilllo, quien prefería apoyarse en el concepto de democracia, y rara vez utilizaba el concepto de nación.[52] Vicente Fox llevó estas intenciones todavía más lejos. Su discurso tenía pocas referencias históricas, si acaso alguna, en cambio apelaba de continuo a la democracia.[53]

Roger Bartra formuló las dudas que planteaban nuevas formas de legitimación del poder en los siguientes términos:

> ¿Puede funcionar legítimamente un sistema político sin acudir al canon tradicional del nacionalismo revolucionario? ¿Podemos abandonar impunemente los estereotipos de la identidad nacional?... Intentemos imaginar si un nuevo y democrático sistema político mexicano podría funcionar y permanecer sin que su legitimidad se derive de la invención de redes mediadoras que lo liguen con la sociedad de su entorno[...]. Se trataría de un sistema legitimado por sí mismo, autónomo y basado en la racionalidad y la formalidad de la administración y en su capacidad de generar las condiciones políticas del bienestar.[54]

Y la respuesta a estas preguntas es un rotundo No. Esta fórmula que Bartra llama tecnocrática resultó insuficiente, como lo prueba la incapacidad del presidente Fox de afianzar un nuevo consenso nacional que, según él, habría de apoyarse en los valores de la democracia y en la eficiencia tipo empresarial del Estado. En el mismo tenor está el fracaso de la reforma administrativa que el propio Fox intentó poner en pie con el apoyo de especialistas provenientes del sector privado, o de miembros distinguidos de la sociedad civil.[55]

[51] Vizcaíno, *El nacionalismo mexicano*, pp. 275-276.

[52] Vizcaíno, *El nacionalismo mexicano*, p. 277.

[53] En el discurso de toma de posesión, rindió homenaje a figuras de oposición que, según él, habían luchado por la democracia, es decir, los reconocía como antecesores a cuyo linaje se acogía él mismo: Manuel Gómez Morín, Manuel J. Clouthier, Valentín Campa, Vicente Lombardo Toledano, pero también incluyó al candidato asesinado del PRI en 1994: Luis Donaldo Colosio.

[54] Bartra, *Anatomía del mexicano*, p. 14.

[55] Véase Loaeza, "El estilo personal de Vicente Fox", pp. 243-278.

Así, el nacionalismo ha dejado de ofrecer una base de acuerdo general. Las posiciones al respecto provocan tensiones entre el Estado y la sociedad, y antagonismos en el interior de esta última, pues la defensa o el repudio del nacionalismo han impulsado la formación de corrientes de opinión adversarias que podríamos denominar "nacionalistas" y "liberales". Los primeros buscarían restablecer la presencia del Estado en la sociedad, recreando el vínculo entre ambos con base en la historia y en el rescate de las particularidades mexicanas que demandan soluciones también particulares. Esta recuperación implicaría un freno a las políticas liberales y el restablecimiento del intervencionismo estatal; los segundos, en cambio, defienden la continuidad de las reformas neoliberales, la apertura al exterior y una participación muy limitada del Estado en la economía.[56]

El carácter divisivo que ha adquirido el nacionalismo en el contexto posautoritario no ha podido ser contrarrestado por las fuerzas políticas que no han tenido la capacidad de generar un consenso democrático duradero. De esta restricción se derivan algunos de los problemas institucionales más severos de los que adolece la democracia mexicana, como es, por ejemplo, la partidización del Estado, que repercute en la lentitud de los procedimientos de toma de decisión y en las insuperables dificultades con que se topan los partidos para concluir acuerdos en relación a políticas de gobierno.

Y sin embargo, el nacionalismo parece ser la única alternativa para reconstruir la interacción entre el Estado y la sociedad.[57] La historia ofrece más de un ejemplo de cómo un Estado que no se vincula con la sociedad no logra desarrollar la identidad de índole cultural que es crucial para la eficacia de las políticas de gobierno, y para asegurar una continuidad de largo plazo. El Estado no puede gobernar sin la sociedad, sino que requiere de lazos simbólicos, incluso míticos, como los que ofrece el nacionalismo, para movilizar los recursos de la misma sociedad y para sustentar sus relaciones con ella.

[56] La Encuesta Mundial de Valores de 2000 registraba un notable aumento del "orgullo de ser mexicano". A la pregunta ¿Qué tan orgulloso está usted de ser mexicano? 79% respondió "muy orgulloso"; mientras que en 1997, 72% dio esa respuesta; en 1990 sólo 55%. Vizcaíno, *El nacionalismo mexicano*, p. 267.

[57] Según Bartra: "La erosión del nacionalismo y su crisis como mecanismo legitimador no es una invitación a propiciar, como reemplazo, un nuevo nacionalismo: es más bien una señal de que comenzamos una época en que los fundamentos de la legitimidad no se encuentran en la exaltación ideológica de los valores nacionales". Bartra, *Anatomía del mexicano*, p. 18.

CONCLUSIONES

Dice Benedict Anderson que "la magia del nacionalismo consiste en que hace del azar, destino". Es decir, conjura la incertidumbre y responde a las preguntas que plantea la búsqueda de los orígenes. Su fuerza no ha sido derrotada por las transformaciones del Estado o por las potentes transformaciones internacionales. La reunificación alemana en 1989 se produjo, por encima de la voluntad de los Estados, al grito de los berlineses del este y del oeste que cantaban sobre el muro que dividía a su ciudad: "Somos un pueblo". Las leyes que han sido votadas en diferentes estados de la Unión Americana para controlar la inmigración indocumentada hablan de la vitalidad del nacionalismo en ese país, para no mencionar las reacciones nacionalistas a la inmigración que se han articulado en Europa como fuerzas políticas y decisiones de gobierno.

Una de las consecuencias más notables de la democratización mexicana fue que la defensa de la soberanía y la promoción del interés nacional fueron sustituidas por los principios de la democracia liberal, como si nación y democracia fueran opciones antitéticas. No obstante, la nación es un poderoso fenómeno cultural es "una creencia compartida, e incluso necesaria, para la convivencia justa y pacífica y partir de ahí".[58]

Sin embargo, para que sea la piedra de toque de un nuevo consenso, tendría que fundarse en mucho más que el reconocimiento de una identidad propiamente mexicana de índole estrictamente cultural, porque se ha enriquecido con la experiencia democrática y pluralista de las últimas dos décadas. La reconstrucción de la trayectoria reciente de la identidad nacional supone recuperar una historia de México no partidizada, que contenga el pasado común a todos los mexicanos, uno de cuyos capítulos tendría que ser el recuento de la transición, que vendría a sumarse a la narrativa de la construcción del Estado nacional que dominó la narrativa de la historia en el siglo XX. Esta operación supone nuevas lecturas del pasado y, sobre todo, distinguir el conocimiento histórico de sus usos en la formación de una conciencia nacional, teniendo en cuenta la obligada diferencia que separa a la historia como saber disruptivo, de la historia patria, cuyos destinatarios son en primer lugar los escolares, aunque ambas dan contenido a la identidad nacional. Es decir, un nuevo consenso nacional sería el resultado de un nacionalismo

[58] Tenorio, *Historia y celebración*, p. 155.

cívico —como llaman algunos autores al nacionalismo que se vincula con las instituciones de la democracia liberal—[59] que incluyera los valores democráticos, así como la historia patria que está dirigida a los niños, y la historia que se enriquece de continuo gracias a las preguntas del presente.

[59] Según David A. Hollinger, "el nacionalismo cívico es la variedad del nacionalismo que se desarrolló en forma conspicua en Estados Unidos, Francia y América Latina. Los constructores de ese nacionalismo imaginaban a la nación como una comunidad formada por individuos iguales ante la ley, unidos por lazos de adhesión patriótica a un conjunto de prácticas y valores políticos compartidos. La comunidad política está formada por individuos sin distinción de raza, color o religión." Citado en Aguilar Rivera, *El sonido y la furia*, pp. 88-89. Este concepto es similar al de patriotismo constitucional, popularizado por Jürgen Habermas después de 1989.

SIGLAS Y REFERENCIAS

AAASCM	*Archivo de la Antigua Academia de San Carlos de México, México, D. F.*
AGN	*Archivo General de la Nación, México, D. F.*

BIBLIOGRAFÍA GENERAL

Abascal, Salvador

Mis recuerdos, México, Tradición, 1980.

Acevedo, Esther

"Los comienzos de una historia laica en imágenes", en *Los pinceles de la historia. La fabricación del Estado, 1864-1910*, México, Museo Nacional de Arte, 2003, pp. 34-89.

"Entre la tradición alegórica y la narrativa factual", en *Los pinceles de la historia. De la patria criolla a la nación mexicana, 1750-1860*, México, Museo Nacional de Arte, 2001, pp. 114-131.

"De la Reconquista a la Intervención", en *Los pinceles de la historia*, 2000, pp. 188-203.

"Entre la tradición alegórica y la narrativa factual", en *Los pinceles de la historia*, México, Museo Nacional de Arte, 2000, pp. 114-123.

"El legado artístico de un imperio efímero", en *Testimonios artísticos de un episodio fugaz (1864-1867)*, México, Museo Nacional de Arte, 1995, pp. 19-193.

Aguayo, Fernando y Lourdes Roca (coords.)

Imágenes e investigación social, México, Instituto de Investigaciones Dr. José María Luis Mora, 2005.

Aguilar Camín, Héctor

Saldos de la revolución: cultura y política de México, 1910-1980, México, Nueva Imagen, 1982.

Aguilar Camín, Héctor y Jorge G. Castañeda

Un futuro para México, México, Ediciones Santillana, 2010.

Aguilar Rivera, José Antonio

El sonido y la furia. La persuasión multicultural en México y Estados Unidos, México, Taurus, 2004.

Aguirre Rojas, Carlos Antonio
Mitos y olvidos de la historia oficial de México. Memorias y contramemorias en la nueva disputa en torno del pasado y del presente histórico mexicanos, México, Ediciones Quinto Sol, 2003.
"México en 2007: siguiendo la vía más rápida hacia el 2010", en *Contrahistorias. La otra mirada de Clío*, 8, año 4 (mar.-ago. 2007), pp. 95-104.

Alamán, Lucas
Historia de Méjico desde los primeros movimientos que prepararon su independencia en el año de 1808, hasta la época presente, México, Jus, 1975.

Álbum del Caramelo Patria
Álbum del Caramelo Patria. Historia de México, México, Offset, American Book R. A. Co., s. f. [1942].

Álbum oficial
Álbum oficial del Comité Nacional del Comercio: 1er Centenario de la Independencia de México, 1810-1910, prefacio de Lorenzo Zubeldia, México, Gómez de la Puente [1910].

Alonso, Antonio
El movimiento ferrocarrilero en México, 1958-1959, México, Ediciones Era, 1972.

Álvarez, Manuel Francisco
El pintor Joaquín Ramírez y el retrato de Hidalgo, México, A. Carranza e Hijos, 1910.

Anderson, Benedict
Comunidades imaginadas: reflexiones sobre el origen y la difusión del nacionalismo, México, Fondo de Cultura Económica, 2005. [*Imagined Communities. Reflections of the Origins and Spread of Nationalism*, Londres, Verso, 1991].

Aninno, Antonio, Rafael Rojas y Francisco A. Eissa-Barroso
La Independencia, México, Centro de Investigación y Docencia Económicas, Fondo de Cultura Económica, 2008.

Anna, Timothy
El imperio de Iturbide, México, Consejo Nacional para la Cultura y las Artes, Alianza Editorial, 1991.

Arenal Fenochio, Jaime del
Un modo de ser libres, Zamora, El Colegio de Michoacán, 2002.
"La historiografía conservadora mexicana del siglo xx", en Metapolítica, 6: 22 (mar.-abr. 2002), pp. 47-55.

Arriaga Rivera, Agustín
"El movimiento juvenil", en *México: cincuenta años de revolución*, s/l, 1923, pp. 220-225.

Artes de México
150 Aniversario de la consumación de la Independencia, Iturbide, el varón de Dios, núm. 146, año XVIII (1971).

Azuela, Alicia
Arte y poder, renacimiento artístico y revolución social, México 1910-1945, Zamora, El Colegio de Michoacán, Fondo de Cultura Económica, 2005.
"Las artes plásticas en las conmemoraciones de los centenarios de la Independencia, 1910, 1921", en Guedea (coord.), 2009, pp. 108-165.
"Los murales de san Ildefonso. La educación y el arte, un proyecto de cultura nacional", en *Antiguo Colegio de san Ildefonso*, México, Laura D. B. de Laviada Editora, 2008.

Báez, Eduardo
La pintura militar en el siglo XIX, México, secretaría de la Defensa Nacional, 2008 y 1992.
"Pintura militar: entre lo episódico y la acción de masas", en *Anales del Instituto de Investigaciones Estéticas*, XXIII: 78 (primavera 2001), pp. 129-147.

Barrón, Luis
Historias de la Revolución mexicana, prólogo de Friedrich Katz, México, Centro de Investigación y Docencia Económicas, Fondo de Cultura Económica, 2004.

Barrón de Morán, Concepción
Historia y civismo. Mi libro de cuarto año, Conaliteg-SEP, México, 1967.

Bartra, Roger
Anatomía del mexicano, selección y prólogo, México, Debolsillo, 2005.

B. C. B. [*sic*]
Álbum de la Constitución Mexicana, México, s. p. i.

Béjar Raúl y Héctor Rosales (coords.)
La identidad nacional mexicana como problema político y cultural, Cuernavaca, Centro Regional de Investigaciones Multidisciplinarias, Universidad Nacional Autónoma de México, 2002.

Benjamin, Thomas
La Revolución mexicana. Memoria, mito e historia, México, Taurus, 2003.

Bertaccini, Tiziana
El régimen priista frente a las clases medias, 1943-1964, México, Consejo Nacional para la Cultura y las Artes, 2009.
Bertussi, Guadalupe Teresina y Gabriela González Gómez (coords.)
Anuario Educativo Mexicano. Visión Retrospectiva 2005, México, Universidad Pedagógica Nacional, Porrúa, Cámara de Diputados, 2008.
El billete mexicano
El billete mexicano, prólogo Eduardo Turrent Díaz, introducción Francisco Borja Martínez, textos de Elsa Lizalde Chávez, Elisa Vargaslugo, Elena Horz Balbás, Enrique Guarner Lans, fotografía Michel Zabé, Arturo Chapa, México, Banco de México, 1999.
Blancarte Roberto (comp.)
Cultura e identidad nacional, México, Fondo de Cultura Económica, 1994.
Blanquel, Eduardo
"Azuela y la oratoria en México", en *Homenaje a Salvador Azuela*, México, Seminario de Cultura Mexicana, 1985, pp. 71-74.
Brading, David
"Patriotismo y nacionalismo en la historia de México", en *Asociación Internacional de Hispanistas. Actas XII (1985)*. AIH. Centro Virtual Cervantes. Fecha de acceso 21 de junio de 2011.
Buenfil Burgos, Rosa Nidia
Argumentación y poder: la mística de la Revolución mexicana rectificada, México, Programa de Análisis Político del Discurso e Investigación, Plaza y Valdés, 2004.
Bulnes, Francisco
Los grandes problemas de México, México, Ediciones de *El Universal*, 1926.
La guerra de Independencia: Hidalgo, Iturbide, México, *El Diario*, 1910.
Las grandes mentiras de nuestra historia. La nación y el ejército en las guerras extranjeras, México, Viuda de Charles Bouret, 1904.
El verdadero Juárez y la verdad sobre la Intervención y el Imperio, París, Charles Bouret, 1904.
Burke, Peter
Visto y no visto: el uso de la imagen como documento histórico, Barcelona, Crítica, 2001.
Bustamante, Carlos María de
Campañas del general Calleja, comandante en jefe del ejército real de ope-

raciones, llamado del Centro, México, Imprenta del Águila, 1828.
Cuadro histórico de la Revolución mexicana de 1810, México, Soria, 1926, 5 volúmenes.
Cuadro histórico de la Revolución mexicana, México, Comisión Nacional para las Celebraciones del 175 Aniversario de la Independencia nacional y 75 aniversario de la Revolución mexicana, Instituto Cultural Helénico, Fondo de Cultura Económica, 1985, 7 volúmenes.

Cadena, Longinos
Elementos de historia general y patria, Primer año, Herrero Hermanos, México, 1923.

Calendario
Calendario cívico mexicano, México, Departamento del Distrito Federal, 1930.

Camacho Becerra, Arturo (comp.)
Catálogos de las exposiciones de la Sociedad Jalisciense de Bellas Artes, Guadalajara, El Colegio de Jalisco, 1998.

Camp, Roderic A., Charles A. Hale y Josefina Z. Vázquez (eds.)
Los intelectuales y el poder en México, México, El Colegio de México, Los Ángeles, University of California, 1991.

Campos, Rubén M.
El folclore y la música mexicana, México, Publicaciones de la Secretaría de Educación Pública, Talleres Gráficos de la Nación, 1928.

Cárdenas, Enrique
"*La economía mexicana en el dilatado siglo* XX", en Kuntz Ficker (coord.), 2010, pp. 503-548.

Castañeda García, Carmen, Luz Elena Galván Lafarga y Lucía Martínez Moctezuma (coords.)
Lecturas y lectores en la historia de México, México, Centro de Investigación y Estudios Superiores en Antropología Social, El Colegio de Michoacán, Universidad Autónoma del Estado de Morelos, 2004.

Castellanos, Laura
México armado, 1943-1981, México, Era, 2008.

Catálogo
Catálogo de los Objetos de Bellas Artes presentados en la Tercera Exposición Anual de la Academia Nacional de San Carlos de México. Enero, 1851, México, Tipografía de S. Rafael, Calle de Cadena núm. 13, 1850.

Catálogo
Catálogo de las obras presentadas en la XIX Exposición Nacional de Obras

de Bellas Artes de la Escuela Nacional de Bellas Artes. Correspondiente al año de 1879, con el carácter de Nacional y Escolar del Bienio de 1878 y 1879, México, Imprenta de la Escuela Nacional de Artes y Oficios, primera Calle de San Lorenzo, 1879.

Catálogo
Catálogo de las obras presentadas en la XX Exposición de Obras de Bellas Artes de la Escuela Nacional de Bellas Artes, abierta el 5 de Noviembre de 1881. Centenario de la Fundación de la Escuela. México, Imprenta de Epifanio D. Orozco y Compañía, Escalerillas núm. 13, 1881.

Catálogo general
Catálogo general de las obras presentadas en la XXI Exposición de obras de Bellas Artes, abierta el 8 de diciembre de 1886. México, Tip. Berrueco Hnos. San Felipe Neri núm. 20 y medio, 1887.

Cerretero, Mario y James F. Voss (comps.)
Aprender y pensar la historia, Buenos Aires y Madrid, Amorrortu Editores, 2004.

50 años
50 años de Revolución mexicana en cifras, México, Presidencia de la República, Nacional Financiera, 1963.

Collado, Carmen (coord.)
Miradas recurrentes. La ciudad de México en los siglos XIX *y* XX, México, Instituto de Investigaciones Dr. José María Luis Mora-Universidad Autónoma Metropolitana-Azcapotzalco, 2004.

Colmenero, Sergio
Historia, presencia y conciencia. Facultad de Ciencias Políticas y Sociales 1951-1991, México, Universidad Nacional Autónoma de México, 1991.

Condés Lara, Enrique
Represión y rebelión en México (1959-1985), t. I, México, Benemérita Universidad Autónoma de Puebla, Miguel Ángel Porrúa, 2007.

Connerton, Paul
How Societies Remember, Cambridge, Cambridge University Press, Nueva York, 1989.

Corzo Ramírez, Ricardo y Dolores Mota Hernández
Arengas cívicas veracruzanas. Aniversarios de la Independencia, 1826-1869, Xalapa, Universidad Veracruzana, 2010.

Cosío Villegas, Daniel
"La Revolución mexicana, entonces y ahora", en Ross, 1978, pp. 125-135.

Crespo, José Antonio
Contra la historia oficial. Episodios de la vida nacional: desde la Conquista hasta la Revolución, México, Random House Mondadori, 2009.
Obras completas. La crisis de México, México, Clío, 1997.
Cuervo Martínez, Francisco
"México" Libro nacional de lectura para uso de los alumnos de IV año de la escuela primaria, México, Patria, 1934.
Chust, Manuel y Juan Marchena (eds.)
Las armas de la nación. Independencia y ciudadanía en Hispanoamérica, 1750-1850, Madrid, Iberoamericana, Frankfurt y Vervuert, 2007.
Chust, Manuel y Víctor Mínguez (eds.)
La construcción del héroe en España y México: (1789-1847), Valencia, España, Publicacions de la Universitat de València, Universidad Autónoma Metropolitana-Iztapalapa, Universidad Veracruzana, El Colegio de Michoacán, 2003.
Delacroix, Christian, François Dosse, Patrick García
Histoire et historiens en France depuis 1945, París, ADPF, ministère des Affaires Étrangères, 2003.
"L'historiographie française. Une mise en perspective", en Delacroix, François Dosse, Patrick García, 2003, pp. 9-24.
Di Castro, Elisabetta (coord.)
Justicia, desigualdad y exclusión en México, México, Universidad Nacional Autónoma de México, 2009.
Diamond, Stanley
"The Myth of Structuralism", en Rossi (coord.), 1974, pp. 292-335.
Diario de los Debates de la Cámara de Diputados
Diario de los Debates de la Cámara de Diputados del Congreso de los Estados Unidos Mexicanos, Legislatura XXXVIII, Año I, t. I, Sesión del 1° de diciembre de 1940,
http://cronica.diputados.gob.mx/DDebates/38/1er/Ord/19401201.html
Diario de los Debates de la Cámara de Diputados del Congreso de los Estados Unidos Mexicanos, Legislatura XLIV, Año II, t. I, Sesión del 22 de septiembre de 1959,
http://cronica.diputados.gob.mx/DDebates/44/2do/Ord/19590922.html
Diario de los Debates de la Cámara de Diputados del Congreso de los Estados Unidos Mexicanos, Legislatura XLIV, Año III, t. I, Sesión del 1° de

septiembre de 1960,
http://cronica.diputados.gob.mx/DDebates/44/3er/Ord/19600901.html

Díaz Arciniega, Víctor
Querella por la cultura revolucionaria (1925), México, Fondo de Cultura Económica, 1989.

Díaz y de Ovando, Clementina
"Las fiestas del 'Año del Centenario': 1921", en *México: Independencia y soberanía*, México, secretaría de Gobernación, Archivo General de la Nación, 1996, p. 116.

Diccionario Porrúa
Diccionario Porrúa de historia, biografía y geografía de México, México, Porrúa, 1964, pp. 425-426.

La Diputación provincial de México
La Diputación provincial de México. Actas de sesiones, 1821 1823, prólogo, estudio introductorio y sumario de Cecilia Noriega Elío, México, Instituto de Investigaciones Dr. José María Luis Mora, El Colegio Mexiquense, El Colegio de Michoacán, 2007.

"Discurso"
"Discurso de José Vasconcelos, rector de la Universidad Nacional, con motivo de la solemne inauguración del Congreso Internacional de Estudiantes", en Matute, 1983, p. 91.

Documents
Documents et civilisation, du Moyen Age à 1944, París, Classiques Hachette, 1974.

Dulles, John W. F.
Ayer en México. Una crónica de la revolución, 1919-1936, México, Fondo de Cultura Económica, 1977.

Dumas, Claude
Justo Sierra y el México de su tiempo, 1848-1912, México, Universidad Nacional Autónoma de México, 1986 y 1975, 2 vols.

Durand, Gilbert
Las estructuras antropológicas del imaginario. Introducción a la arquetipología general, México, Fondo Cultura Económica, 2004.

Durand, Jorge
"El Programa Bracero (1942-1964). Un balance crítico", en *Migración y Desarrollo*, 9 (segundo semestre 2007), pp. 27-43, redalyc.uaemex.mx/redalyc/pdf/660/66000902.pdf

Enciclopedia de México
Enciclopedia de México, t. xi, 1993, pp. 6142-6143.
Entrevista Díaz-Creelman
Entrevista Díaz-Creelman, prólogo de José María Luján, traducción de Mario Julio del Campo, México, Universidad Nacional Autónoma de México, 1963.
Fernández, Justino
Arte moderno y contemporáneo de México, t. I, El arte del XIX, México, Universidad Nacional Autónoma de México, 2001.
El arte del siglo XIX en México, México, Universidad Nacional Autónoma de México, 1967.
Fernández y Fernández, Ramón
"Chapingo hace cincuenta años", en *Pliego*, 1976, pp. 18 y 100.
Ferro, Marc
Comment on raconte l'histoire aux enfants à travers du monde entier, París, Payot, 1983.
Florescano, Enrique
Imágenes de la Patria, México, Taurus, 2005.
Fuentes, Carlos
La muerte de Artemio Cruz, México, Fondo de Cultura Económica, 1962.
Fuentes Díaz, Vicente
"Partidos y corrientes políticas", en *México: cincuenta años de revolución*, 1963, pp. 336-344.
Galeana, Patricia
La disputa por la soberanía (1821-1876), t. III de México y el mundo. Historia de sus relaciones exteriores, México, El Colegio de México, 2010.
Gamino Ochoa, Rocío
Imágenes de arte mexicano. La pintura de retrato en el siglo XIX, México, Universidad Nacional Autónoma de México, 1994.
Gamboa, Federico
Mi diario: mucho de mi vida y algo de la de otros: segunda serie, México, E. Gómez de la Puente, 1934.
Gamio, Manuel
La población del valle de Teotihuacán, México, secretaría de Educación Pública, 1922, 2 vols.
Gámiz, Abel
Historia Nacional de México. Curso elemental, México, Compañía Nacional Editora "Aguilas", 1923.

García, Genaro (dir.)
Crónica oficial de las fiestas del primer centenario de la Independencia de México, México, Talleres del Museo Nacional, 1911.
García Riera, Emilio
Historia documental del cine mexicano, México, Universidad de Guadalajara, Conaculta, Instituto Mexicano de Cinematografía, 1993, vol 1.
Historia del cine mexicano, México, secretaría de Educación Pública, Foro 2000, 1986.
Garciadiego, Javier
La revuelta de Agua Prieta, tesis de licenciatura en ciencia política México, Universidad Nacional Autónoma de México, 1974.
"Entrevista Díaz-Creelman", en *Memorias de la Academia Mexicana de la Historia*, t. I (2009), pp. 105-140.
"¿Es posible —o deseable— una nueva historia oficial?", en *Retos de la historia y cambios políticos*, México, Instituto Nacional de Estudios Históricos de la Revolución Mexicana, 2004, pp. 23-42.
"Transición y lecturas de la historia", en *Nexos*, 285 (sep. 2001), pp. 32-42.
"Benjamín Argumedo: revolucionario arquetípico y guerrillero mítico", en *Francisco Villa y la Revolución mexicana en el norte*, Durango, Universidad Juárez del estado de Durango, 1998, pp. 97-113.
Garrido, Esperanza
"Evolución y manejo de la imagen de Miguel Hidalgo y Costilla en la pintura mexicana (1828-1960)", en *Arte y coerción*, México, Universidad Nacional Autónoma de México, 1992, pp. 35-43.
Garrido, Luis Javier
La ruptura. La corriente democrática del PRI, México, Grijalbo, 1993.
Gellner, Ernest
Nationalism, Nueva York, Nueva York University, 1997.
Gilly, Adolfo
La revolución interrumpida. México, 1910-1920. Una guerra campesina por la tierra y el poder, México, ediciones El Caballito, 1971.
"Huellas, presagios, historias. Carta al subcomandante", en *Discusión sobre la historia*, México, Taurus, 1995, pp. 25-71.
Gómez, Marte R.
Episodios de la vida de la Escuela Nacional de Agricultura, Chapingo, Centro de Economía Agrícola, Colegio de Posgraduados, Escuela Nacional de Economía, 1976.
"Apuntes sobre el muralismo", en *Pliego*, 1976, p. 289.

Gonzalbo Aizpuru, Pilar (coord.)
Historia y nación, 1. Historia de la educación y enseñanza de la historia, México, El Colegio de México, 2002.

González Carrasco, Aurelio
Diálogos en cazuela, México, Editora México Nuevo, 1939.

González Casanova, Pablo
"La opinión pública", en *México: cincuenta años de revolución*, 1963, pp. 345-351.

González Compean, Miguel y Leonardo Lomelí (coords.)
El partido de la Revolución. Institución y conflicto (1928-1999), México, Fondo de Cultura Económica, 2000.

González de Alba, Luis
Las mentiras de mis maestros, México, Cal y Arena, 2002.

González Navarro, Moisés
"La ideología de la Revolución mexicana", en Ross, 1978, pp. 171-177.

González Pedrero, Enrique (coord.)
Los Libros de Texto Gratuitos, México, Comisión Nacional de Libros de Texto Gratuitos, 1982.

González y González, Luis
Pueblo en vilo. Microhistoria de San José de Gracia, México, El Colegio de México, 1968. *Viaje por la historia de México*, México, secretaría de Educación Pública, Instituto Nacional de Antropología e Historia, Conaculta, 2010.
"El quehacer histórico", en *El oficio de historiar*, Zamora, El Colegio de Michoacán, 1999, pp. 57-70.
"De la múltiple utilización de la historia", en *Historia ¿para qué?*, 1980, p. 67.

Greaves, Cecilia
Del radicalismo a la unidad nacional: una visión de la educación en el México contemporáneo, 1940-1964, México, El Colegio de México, 2008.

Guedea, Virginia
En busca de un gobierno alterno: los Guadalupes de México, México, Universidad Nacional Autónoma de México, 1992.
"Historia de los centenarios de Independencia, 1910-1921", en Guedea (coord.), 2009, pp. 21-107.

Guedea, Virginia (coord.)
Asedios a los centenarios (1910 y 1921), México, Fondo de Cultura Económica, Universidad Nacional Autónoma de México, 2009.

El surgimiento de la historiografía nacional, vol. III de *Historiografía mexicana*, México, Universidad Nacional Autónoma de México, 2001.

Gutiérrez Cruz, Carlos

Declaración de Francisco Cervantes López en el prólogo a *Dice el pueblo. Poesía revolucionaria*, México, DOMES, 1980.

Halbwachs, Maurice

La mémoire collective, París, PUF, 1950.

Hale, Charles A.

Justo Sierra: un liberal del Porfiriato, México, Fondo de Cultura Económica, 1997.

La transformación del liberalismo en México a fines del siglo XIX, México, Vuelta, 1991.

"Liberalismo mexicano", en *Historia Mexicana*, XII:3 (47) (ene.-mar. 1963), pp. 457-463.

Hartog, François

Regímenes de historicidad: presentismo y experiencias del tiempo, México, Universidad Iberoamericana, 2007.

Haskell, Francis

History and Its Images: Art and the Interpretation of the Past, New Haven, Yale University Press, 1993.

Heau de Jiménez, Catalina

Así cantaban la Revolución, México, Grijalbo, Conaculta, 1990.

Hemond, Aline y Pierre Ragóne (coords.)

L´image au Mexique. Usages, appropiations et transgressions, París, Centre d' Etudes Mexicaines & Centraméricaines y L´Harmattan, 2001.

Henríquez Ureña, Pedro

"La revolución y la cultura en México", en *Revista de Revistas*, Año XVI, 727 (15 mar. 1924), pp. 34-35.

Hernández López, Conrado

Tendencias y corrientes de la historiografía mexicana en el siglo XX, Zamora, El Colegio de Michoacán, Universidad Nacional Autónoma de México, 2003.

Hernández y Hernández, Francisco

"El movimiento campesino", en *México: cincuenta años de revolución*, 1963, pp. 186-193.

Hernández y Lazo, Begoña (coord.)

Celebración del 20 de noviembre. 1910-1985, México, Instituto Nacional de Estudios Históricos de la Revolución Mexicana, 1985.

Historia de México
Historia de México, México, secretaría de Educación Pública, Academia Mexicana de la Historia, Fondo de Cultura Económica, 2010.
Historia ¿para qué?
Historia ¿para qué?, varios autores, México, Siglo Veintiuno Editores, 1980.
Hobsbawm, Eric y Terence Ranger (eds.)
The Invention of Tradition, Cambridge, Cambridge University Press, 1983.
Howard, Michael
Lessons of History, New Haven y Londres, Yale University Press, 1991.
Huntington, Samuel P.
Who Are We? The Challenges Of American National Identity, Nueva York y Londres, The Free Press, 2004.
Ibargüengoitia, Jorge
Los relámpagos de agosto, La Habana, Casa de las Américas, 1964.
J. R.
El lector mexicano: libro tercero de lectura, México, C. Bouret, 1899.
Jelin, Elizabeth y Victoria Langland
"Las marcas territoriales como nexo entre pasado y presente", introducción al libro *Monumentos, memoriales y marcas territoriales*, Buenos Aires, Siglo Veintiuno Editores, 2003, pp. 1-18.
Jellin, Elizabeth y Victoria Langland (comps.)
Monumentos, memoriales y marcas territoriales, Buenos Aires, Siglo Veintiuno Editores, 2003.
Jiménez Codinach, Guadalupe
México, los proyectos de una nación, 1821-1888, México, Fomento Cultural Banamex, 2001.
Krauze, Enrique
Daniel Cosío Villegas: una biografía intelectual, México, Joaquín Mortiz, 1980.
La presidencia imperial. Ascenso y caída del sistema político mexicano (1940-1996), México, Tusquets, 1997.
De héroes y mitos, México, Tusquets Editores, 2010.
Kuntz Ficker, Sandra (coord.)
Historia económica general de México. De la colonia hasta nuestros días, México, El Colegio de México, Secretaría de Economía, 2010.
Lainé, Ramón
Catecismo de Historia Oficial de México escrito para las escuelas elementales de la República Mexicana, Coatepec, Imprenta de A. M. Rebolledo, 1881.

Lamé Fleury, Jules

La historia romana referida a los niños y jóvenes, Puebla, Imprenta de Joaquín Martínez, 1874.

Lecturas de política mexicana

Lecturas de política mexicana, México, El Colegio de México, 1981.

Lempérière, Annick

"Los dos centenarios de la Independencia mexicana (1910-1921): de la historia patria a la antropología cultural", en *Historia mexicana*, XLV: 2 (178) (oct.-dic. 1995), pp. 317-352.

León, Nicolás

Historia general de México, México, Herrero Hermanos, 1919.

Loaeza, Soledad

Acción Nacional. El apetito y las responsabilidades del triunfo, México, El Colegio de México, 2010.

Clases medias y política en México. La querella escolar, 1959-1963, México, El Colegio de México, 1988.

"El estilo personal de Vicente Fox y los límites de la autoridad presidencial", en Loaeza, 2010, pp. 243-278.

"Celebrando el cincuentenario", en *20/10 Memoria de las Revoluciones en México*, 10 (invierno 2010), p. 193.

"La metamorfosis del Estado: del jacobinismo centralizador a la fragmentación democrática", en Loaeza y Prud'homme (coords.), 2010, pp. 24-70.

Loaeza, Soledad y Jean François Prud'homme (coords.)

Los grandes problemas de México. Instituciones y procesos políticos, México, El Colegio de México, 2010.

Lomnitz, Claudio

Idea de la muerte en México, México, Fondo de Cultura Económica, 2006.

López Mateos, Adolfo

Adolfo López Mateos. Una vida dedicada a la política, México, Gobierno del Estado de México, 2010.

"Pensamiento y programa del Partido Revolucionario", en Ross, 1978, pp. 165-168.

López-Portillo, Felícitas

"El discurso anticomunista de la burguesía mexicana durante el alemanismo", en *Latinoamérica. Anuario de Estudios Latinoamericanos*, 22 (año 1989), 1991, pp. 205-220.

Loyo, Aurora
El movimiento magisterial de 1958 en México, México, Ediciones Era, 1979.
Loyo, Engracia y Valentina Torres Septién
"Radicalismo y conservadurismo. Dos orientaciones en los libros de textos escolares, 1920-1940", en Camp, Hale y Vázquez (eds.), 1991, pp. 527-550.
MacMillan, Margaret
The Uses and Abuses of History, Londres, Profile Books, 2008.
Madero, Francisco I.
La sucesión presidencial en 1910. El Partido Nacional Democrático, San Pedro de las Colonias, Coahuila, 1908.
Martínez Moctezuma, Lucía
La infancia y la cultura escrita, México, Siglo Veintiuno Editores, Universidad Autónoma del Estado de Morelos, 2001.
"Retrato de una élite: autores de libros escolares en México (1890-1920)", en Castañeda García, Galván Lafarga y Martínez Moctezuma (coords.), 2004, pp. 115-142.
Matute, Álvaro
Pensamiento historiográfico mexicano del siglo xx: la desintegración del positivismo, 1911-1935, México, Universidad Nacional Autónoma de México, Fondo de Cultura Económica, 1999.
José Vasconcelos y la Universidad, introducción y selección, México, Universidad Nacional Autónoma de México, 1983.
Medina, Cuauhtémoc
"En torno al basurero de la historia. Algunas excursiones hacia el 68 en el arte contemporáneo", en Vázquez Mantecón, 2007, pp. 250-259.
Medina, Cuauhtémoc, Álvaro Vázquez Mantecón y Olivier Debroise
La era de la discrepancia, arte y cultura visual en México, 1968-1997, México, Universidad Nacional Autónoma de México, Turner, 2006.
Medina, José Toribio
Adiciones a la imprenta en Puebla de los Ángeles, México, Universidad Nacional Autónoma de México, 1961.
Medina Peña, Luis
Hacia el nuevo Estado. México, 1920-1994, México, Fondo de Cultura Económica, 1996.
Historia de la Revolución Mexicana, 1940-1952. Del cardenismo al avilacamachismo, México, El Colegio de México, 1978.

Memoria
Memoria de los trabajos emprendidos y llevados a cabo por la Comisión Nacional del Centenario de la Independencia, México, Imprenta del Gobierno Federal, 1910.
Memoria
Memoria póstuma. Lic. D. Francisco Primo de Verdad y Ramos. Síndico del Ayuntamiento de México 1808.
Memorias
Memorias de la Academia Mexicana de la Historia, México, Academia Mexicana de la Historia, tomo XLVIII, 2005-2006, pp. 49-101.
Mendoza, Vicente T.
El corrido mexicano, México, Fondo de Cultura Económica, 1954.
Lírica narrativa de México. El corrido, México, Universidad Nacional Autónoma de México, 1964.
La canción mexicana. Ensayo de clasificación y antología, México, Universidad Nacional Autónoma de México, 1961.
Merino Huerta, Mauricio
"Los Libros de Ciencias Sociales y los Programas de 1972 y 1978", en González Pedrero (coord.), 1982, pp. 315-327.
México: cincuenta años de Revolución
México: cincuenta años de Revolución, México, Fondo de Cultura Económica, 1960-1962, 4 vols.
México: cincuenta años de Revolución, resumida, México, Fondo de Cultura Económica, 1963.
México, setenta y cinco años de Revolución
México, setenta y cinco años de Revolución, México, Instituto Nacional de Estudios Históricos de la Revolución Mexicana, Fondo de Cultura Económica, 1988, 4 vols.
Meyer, Jean
La cristiada. La guerra de los cristeros, México, Siglo Veintiuno Editores, 1973.
"¿Qué hacer con el pasado?", en *Nexos* (sep. 2009) http://www.nexos.com.mx/?P=leerarticulo&Article=785.
Michel, Concha
México en sus cantares, compilación de Quetzal Rieder Espinosa, México, Fondo Nacional para la Cultura y las Artes, Instituto Nacional Indigenista, Instituto Michoacano de Cultura, 1997.
Mier, Servando Teresa de
Historia de la revolución de Nueva España, antiguamente Anáhuac, o ver-

dadero origen y causas de ella con la relación de sus progresos hasta el presente año de 1813, México, Fondo de Cultura Económica, 1985, t. I.

Mínguez, Víctor y Manuel Chust Calero (coords)
La construcción del héroe en España y México (1789-1847), Valencia, Universitat de Valencia, 2003.

Monsiváis, Carlos
Días de guardar, México, Era, 1971.

Mora, Juan Miguel de
El gatuperio. Omisiones, mitos y mentiras de la historia oficial, México, Siglo Veintiuno Editores, 1993.

Moya, Laura
La nación como organismo. México: su evolución social, México, Universidad Autónoma Metropolitana, 2003.

Moya Gutiérrez, Arnaldo
La arquitectura emblemática del Porfiriato en la ciudad de México, 1876-1911, tesis de doctorado en historia, México, El Colegio de México, 2008.

Museo Nacional de Historia
Museo Nacional de Historia. Castillo de Chapultepec, México, Instituto Nacional de Antropología e Historia, 1961, pp. 6-9.

Navarrete Linares, Federico
"La construcción histórica de la discriminación étnica en México", en Di Castro (coord.), 2009, pp. 237-382.

Nietzsche, Friedrich
Contribución a la genealogía de la moral, Madrid, Rafael Caro Raggio, 1929.

Nora, Pierre
"Entre mémoire et histoire. La problématique des lieux", en Nora (dir.), *Les lieux de mémoire*, París, Gallimard, 1984-1986, 4 vols., 1997, pp. 23-43.
"La historia de Francia de Lavisse", en Pagano y Buchbinder, 1993, pp. 13-77.
"Between Memory and History: Les lieux de mémoire", en *Representations*, 26 (1989), pp. 7-25.

Novick, Peter
Ese noble sueño. La objetividad y la historia profesional norteamericana, México, Instituto de Investigaciones Dr. José María Luis Mora, 1997, 2 tomos.

OCE
Observatorio Ciudadano de la Educación, (2009), http://www.observatorio.org/comunicados/EducDebate21_Alianza.html.
Olivera, Alicia, Salvador Rueda y Laura Espejel
Historia e historias. Cincuenta años de vida académica en el Instituto de Investigaciones Históricas, México, Universidad Nacional Autónoma de México, 1998.
Ortiz de Ayala, Tadeo
México considerado como nación independiente y libre, prólogo de Fernando Escalante, México, Conaculta, 1996.
Ortiz Escamilla, Juan
"Cuando las armas hablan, callan las leyes", en Ortiz Escamilla y Terrones López, 2009, pp. 95-130.
"La nacionalización de las fuerzas armadas en México, en Chust y Marchena (eds.), 2007, pp. 291-323.
Ortiz Escamilla, Juan y María Eugenia Terrones López
Derechos del hombre durante la guerra civil de 1810 en México, México, Comisión Nacional de los Derechos Humanos, Instituto de Investigaciones Dr. José María Luis Mora, 2009.
Otero, Mariano
"Recuerdo de un día en Puente de Calderón", en Mariano Otero, *Obras*, recopilación, selección, comentarios y estudio preliminar de Jesús Reyes Heroles, México, Porrúa, t. 34, 1995, p. 500.
Özkirimli, Umut
Theories of Nationalism. A Critical Introduction, Londres, Palgrave, 2000.
Pagano, Nora y Pablo Buchbinder
La historiografía francesa contemporánea, Buenos Aires, Biblios, 1993.
Palacios, Guillermo
La pluma y el arado, México, El Colegio de México, 1999.
"Calles y la idea oficial de la Revolución mexicana", en *Historia mexicana*, XXII: 3(87) (ene.-mar. 1973), pp. 261-278.
"Una historia para campesinos: el "maestro rural" y los inicios del relato historiográfico posrevolucionario: 1932-1934", en Gonzalbo Aizpuru (coord.), 2002, p. 237-262.
Palacio Nacional
El Palacio Nacional. La sede del poder, México, secretaría de Hacienda y Crédito Público, Telmex, 2005.

Parcero, María de la Luz
Introducción bibliográfica a la historiografía política de México, siglos XIX *y* XX, México, Universidad Nacional Autónoma de México, 1982.
Patiño Arias, Patricio
"Los libros del área de ciencias sociales y los Programas de 1957 y 1960", en González Pedrero, 1982, pp. 125-138.
Pedró, Francesc e Irene Puig
Las reformas educativas: una perspectiva política comparada, Paidós, Barcelona, 1998.
Pelegrini, Sandra C. A. y Silvia H. Zarinato (coords.)
Narrativas da Pós-Modernidade na Pesquisa Histórica, Maringá, EDUEM, 2005.
Pellicer de Brody, Olga
"La Revolución cubana y la izquierda mexicana", en *Lecturas de política mexicana*, 1981, pp. 195-227.
Pellicer de Brody, Olga y José Luis Reyna
Historia de la Revolución mexicana 1952-1960. El afianzamiento de la estabilidad política, México, El Colegio de México, 1988.
Pérez Montfort, Ricardo
Expresiones populares y estereotipos culturales en México. Siglos XIX *y* XX. *Diez ensayos*, México, Centro de Investigaciones y Estudios Superiores en Antropología Social, 2007.
Avatares del nacionalismo cultural. Cinco ensayos, México, Centro de Investigación y Docencia en Humanidades del Estado de Morelos y Centro de Investigación y Estudios Superiores en Antropología Social, 2000.
"Nacionalismo y regionalismo en el cine mexicano 1930-1950. Algunas reflexiones finales", en Pérez Montfort, 2007, pp. 299-321.
"Indigenismo, hispanismo y panamericanismo en la cultura popular mexicana de l920 a l940", en Blancarte (comp.), 1994, pp. 343-383.
Pérez Vejo, Tomás
España en el debate público mexicano. Aportaciones para una historia de la nación, México, El Colegio de México, Escuela Nacional de Antropología e Historia, 2008.
Nación, identidad nacional y otros mitos nacionalistas, Oviedo, Ediciones Nobel, 1999.
"Los problemas para la construcción de un imaginario nacional sobre la guerra de independencia en México", en *Memoria* 2010, núm. 7, pp. 167-180.
"Nacionalismo e imperialismo en el siglo xix: dos ejemplos de uso de

las imágenes como herramientas de análisis histórico", en Aguayo y Roca (coords.), 2005, pp. 50-74.
"Historia política, imágenes e imaginarios colectivos", en Pelegrini y Zarinato (coords.), 2005, pp. 31-68.
"La pintura de historia y la invención de una memoria nacional", en *Image et Mémoires. Actes de 3 Congrés International du Grimh*, Lyon, Université Lumiere-Lyon 2, 2003, pp. 83-96.
"Los hijos de Cuauhtémoc: el paraíso prehispánico en el imaginario mexicano decimonónico", en *Araucaria, Revista Iberoamericana de Filosofía, Política y Humanidades*, 9 (2002), pp. 95-115.
"Pintura de historia e imaginario nacional: el pasado en imágenes", en *Historia y Grafía*, 16, año 8 (2001), pp. 73-110.
"Les expositions de l´Academie de San Carlos au XIX siècle. L´iconographie de la peinture d´histoire et "l´invention" d´une identité nationale au Mexique", en Hemond y Ragóne, 2001, pp. 211-234.

Pérez Vejo, Tomás y Marta Yolanda Quezada (coords.)
De novohispanos a mexicanos: retratos e identidad colectiva en una sociedad en transición, México, Instituto Nacional de Antropología e Historia, 2009.

Los pinceles de la historia
Los pinceles de la historia. De la patria criolla a la nación mexicana, 1750-1860, México, Museo Nacional de Arte, Banco Nacional de México, Universidad Nacional Autónoma de México, Conaculta, Instituto Nacional de Bellas Artes, 2000.

Pi-Suñer Llorens, Antonia (coord.)
En busca de un discurso integrador de la nación, 1848-1884, vol. IV, de ***Historiografía mexicana***, México, Universidad Nacional Autónoma de México, 1996.

Plasencia de la Parra, Enrique
"Conmemoración de la hazaña épica de los niños héroes: su origen, desarrollo y simbolismo", en *Historia Mexicana*, XLV:2 (178) (oct.-dic. 1995), pp. 241-280.

Pliego Quijano, Susana
Los murales de Diego Rivera en Chapingo: una interpretación iconográfica, tesis de doctorado en historia del arte, México, Universidad Nacional Autónoma de México, 2009.
Los murales de Diego Rivera en Chapingo: una interpretación iconográfica, México, Escuela Nacional de Agricultura, Colegio de Posgraduados, 1976.

Poniatowska, Elena
La noche de Tlatelolco, México, Era, 1971.
Prieto, Guillermo
Lecciones de historia patria escritas para los alumnos del Colegio Militar, México, Secretaría de Fomento, 1890.
Lecciones de historia patria, México, Instituto Nacional de Bellas Artes, *c*. 1986.
Quiroz Flores, Sonia
De guerreros a generales (los primeros pasos hacia la institucionalización del ejército mexicano en el interinato de Adolfo de la Huerta), tesis de licenciatura en Historia, México, Universidad Nacional Autónoma de México, 1982.
Rafael, Rafael
"Tercera Exposición de la Academia Nacional de San Carlos de México", en *El Espectador de México*, 1851, t. I, pp. 35-48.
Ramírez, Fausto
"La 'Restauración' fallida: la pintura de historia y el proyecto político de los conservadores en el México de mediados del siglo XIX", en *Los pinceles de la historia. De la patria criolla a la nación mexicana, 1750-1860*, 2000, pp. 204-229.
"Entre la alegoría y la crónica visual. Las modalidades estilísticas del Segundo Imperio, 1864-1867", en *Testimonios artísticos de un episodio fugaz (1864-1867)*, México, Museo Nacional de Arte, 1995, pp. 19-32.
"El proyecto artístico en la restauración de la República: entre el fomento institucional y el patrocinio privado (1867-1881)", en *Los pinceles de la historia. La fabricación del Estado, **1864-1910***, México, Museo Nacional de Arte, 2003, pp. 54-89.
"Hidalgo en su estudio": la ardua construcción de la imagen del pater patriae mexicano", en Mínguez y Chust Calero, 2003, pp. 189-209.
"La historia disputada de los orígenes de la nación y sus recreaciones pictóricas a mediados del siglo XIX" en *Los pinceles de la historia*, 2001, pp. 240-248.
Ramírez, Ramón
El movimiento estudiantil de 1968, México, Era, 1969, 2 volúmenes.
Ramírez y Sesma, Joaquín
Colección de decretos, órdenes y circulares expedidas por los gobiernos nacionales de la Federación Mexicana desde el año de 1821 hasta 1826, para

arreglo del ejército de los Estados Unidos Mexicanos, México, Imprenta a cargo de Martín Rivera, 1827, pp. 181-182.

Ratz, Konrad
Tras las huellas de un desconocido: nuevos datos y aspectos de Maximiliano de Habsburgo, México, Conaculta, Instituto Nacional de Antropología e Historia, Siglo Veintiuno Editores, 2008.

Renan, Ernest
"Qu'est-ce qu'une nation", 1882, en http://www.nationalismproject.org/what/renan.htm.

Reporte
Reporte de las principales actividades conmemorativas con motivo del bicentenario del inicio de la Independencia nacional y del centenario del inicio de la Revolución mexicana, México, secretaría de Educación Pública, Instituto Nacional de Estudios Históricos de la Revolución Mexicana, 2010.

Reséndiz García, Ramón
"Del nacimiento y muerte del mito político llamado Revolución mexicana: tensiones y transformaciones del régimen político, 1914-1994", en *Estudios Sociológicos*, XXIII: 67 (ene.-abr. 2005), pp. 139-183.

Reyero, Carlos
La pintura de Historia en España. Esplendor de un género en el siglo XIX, Madrid, Cátedra, 1989.

Reyes Heroles, Jesús
El liberalismo mexicano, México, Universidad Nacional Autónoma de México, 1957-1961, 3 vols.

Reynaga Mejía, Juan Rafael
La Revolución cubana en México a través de la revista Política, México, Universidad Nacional Autónoma de México, Universidad Autónoma del Estado de México, 2007.

Riva Palacio, Vicente (coord.)
México a través de los siglos, México, Ballescá y Compa, 1884-1889.

Rivas Larrauri, Carlos
Del arrabal, antología de Armando Jiménez Farías, México Editores Mexicanos Unidos, 1979.

Rivera Marín, Guadalupe
"El movimiento obrero", en *México: cincuenta años de Revolución*, 1963, pp. 194-202.

Rodríguez Kuri, Ariel

Historia del desasosiego. La revolución en la ciudad de México, 1911-1922, México, El Colegio de México, 2010.

Rodríguez Montellaro, Itzel

El pasado indígena en el nacionalismo revolucionario. El mural México antiguo (1929) de Diego Rivera en el Palacio nacional, México, tesis de maestría en historia del arte, México, Universidad Nacional Autónoma de México, 2004.

"La nación mexicana en los murales del Palacio Nacional (1929-1935)", en *Los murales del Palacio Nacional*, México, Instituto Nacional de Bellas Artes, Américo Arte Editores, 1967, pp. 55-132.

Rodríguez Moya, Inmaculada

El retrato en México: 1781-1876. Héroes ciudadanos y emperadores para una nueva nación, Sevilla, Consejo Superior de Investigaciones Científicas, 2006.

Roldán Vera, Eugenia

Conciencia histórica y enseñanza: un análisis de los primeros libros de texto de historia nacional, 1852-1894, tesis de licenciatura en historia, México, Universidad Nacional Autónoma de México, 1995.

Romero de Terreros, Manuel

La corte de Agustín I Emperador de México, México, Museo Nacional de Arqueología, Historia y Etnología, 1921.

Rosas Moreno, José

Nuevo compendio de la historia de México escrito en verso y dedicado a la infancia, México, Imprenta del autor, 1877.

Un viajero de diez años; relación curiosa e instructiva de una excursión infantil por diversos puntos de la República Mexicana, México, Imprenta de Aguilar e hijos, 1881.

Ross, Stanley

¿Ha muerto la Revolución mexicana?, México, Premia Editora, La red de Jonás, 1978.

Ross, Stanley (edición e introducción)

¿Ha muerto la Revolución mexicana?, México, secretaría de Educación Pública, 1972.

Rossi, Ino (coord.)

The Unconscious in Culture. The Structuralism of Claude Lévi-Strauss in Perspective, Nueva York, E. P Dutton, 1974.

Rueda, Salvador

"Álvaro Matute. La vida del pasado", en Olivera, Rueda y Espejel, 1998, pp. 187-216.

Salcedo Aquino, Roberto
"El desarrollo de los Libros de Texto Gratuitos", en González Pedrero (coord.), 1982, pp. 31-46.
Salmerón, Celerino
Las grandes traiciones de Juárez: a través de sus tratados con Inglaterra, Francia, España y Estados Unidos, México, Jus, 1962.
Samuel, Raphael
"The Eye of History", en *Theatres of Memory*, vol. 1 (1994), pp. 315-336.
Sánchez Lira, Rafael
Iluminación nacionalista, México, Luz, 1956.
Sánchez Navarro-Peón, Carlos
Miramón, México, Patria, 1949.
Sánchez Pereyra, Javier y Elvira Maldonado Cruz (responsables)
Seminario Encuentro con los autores, México, Instituto Estatal de Educación Pública de Oaxaca, 1994, t. I.
Scherer, Julio y Carlos Monsiváis
Parte de guerra, México, Nuevo Siglo Aguilar, 1999.
Schettino, Macario
Cien años de confusión. México en el siglo XX, México, Taurus, 2007.
Serrano Álvarez, Pablo
El INEHRM: historia e historiografía de la Revolución mexicana [en prensa].
Sheridan, Guillermo
"Entre la casa y la calle: la polémica de 1932 entre nacionalismo y cosmopolitanismo", en Blancarte, 1994, pp. 384-415.
SEP
Acuerdo nacional para la Modernización para la Educación Básica, 18 de mayo de 1992, México, secretaría de Educación Pública, 1992.
Historia. Cuarto grado, México, secretaría de Educación Pública, 1992.
Historia. Sexto grado, México, secretaría de Educación Pública, 1994.
Memoria analítica de los Libros de Texto de Historia de México, 1992-1993, México, secretaría de Educación Pública, subse-cretaría de Servicios Educativos para el Distrito Federal.
Plan y programas de estudio primaria, México, secretaría de Educación Pública, 1993.
Planes de estudio, secundaria, México, secretaría de Educación Pública, 1993.
Programa nacional para la Modernización Educativa, México, secretaría de Educación Pública, 1989.

Programa Sectorial de Educación 2007-2012, México, secretaría de Educación Pública, 2007.

Programas de estudio 2009 Cuarto grado, educación básica primaria, Etapa de prueba. http://basica.sep.gob.mx/dgdc/sitio/pdf/inicio/matlinea/cuarto_grado.pdf

Programas de estudio 2009 Quinto grado, educación básica, primaria, Etapa de prueba http://basica.sep.gob.mx/dgdc/sitio/pdf/inicio/matlinea/quinto_grado.pdf

Servín, Elisa

Ruptura y oposición. El movimiento henriquista, 1945-1954, México, Cal y Arena, 2001.

"Propaganda y Guerra Fría: la campaña anticomunista en la prensa mexicana del medio siglo", en *Signos Históricos*, 11 (ene.-jun. 2004), pp. 9-39.

Sierra, Justo

Evolución política del pueblo mexicano, prólogo de Abelardo Villegas, Caracas, Biblioteca Ayacucho, 1977.

Historia patria, México, secretaría de Educación Pública, 1922.

México: su evolución social, 3 vols., México, J. Ballescá, 1900-1902.

Segundo año de historia patria. Elementos para los alumnos de cuarto año primario obligatorio, ajustado al programa de la ley vigente, México, Librería de la viuda de Ch. Bouret, 1894.

Silva Herzog, Jesús

Breve historia de la Revolución mexicana, México, Fondo de Cultura Económica, 1960, 2 volúmenes.

"La Revolución mexicana es ya un hecho histórico", en Ross, 1972, p. 113.

"La Revolución mexicana es ya un hecho histórico", en *Cuadernos Americanos*, XLVII: 5 (sep.-oct. 1949), pp. 7-16.

"La Revolución mexicana en crisis", en *Cuadernos Americanos*, II: 5 (sep.-oct. 1943), pp. 32-55.

Simón mexicano (s. a.)

Libro de Lectura para uso de las escuelas, México, Imprenta de la viuda e hijos de Murguía, 1868.

Smith, Rogers M.

Stories of Peoplehood. The Politics and Morals of Political Membership, Cambridge, Cambridge University Press, 2003.

Soto, Jesús S.

Aspectos de la nueva ideología mexicana, México, Talleres Gráficos de la Nación, 1929.

Tappatá de Valdéz, Patricia
"El Parque de la Memoria en Buenos Aires", en Jellin y Langland (comps.), 2003, pp. 97-111.
Tenorio Trillo, Mauricio
Historia y celebración. México y sus centenarios, México, Tusquets, 2009.
Terán, Marta
"Hidalgo, la mirada de todos", en *Proceso BI-CENTENARIO*, 15 (jun. 2010), p. 30.
Torre, Juan de la
El amigo de los niños mexicanos, México, Cumplido, 1890.
Torre Villar, Ernesto de la
Salvador Azuela. El hombre, el político, el escritor, México, Seminario de Cultura Mexicana, 1985.
Torrente, Mariano
Historia de la revolución hispanoamericana, Madrid, Imprenta de Moreno, 1830.
Torres Barreto, Arturo
"Los libros de texto gratuito de historia en México", en *Multidisciplina. Revista de la Facultad de Estudios Superiores Acatlán*, 2 (dic. 2008-ene. 2009), pp. 25-48.
Torres Quintero, Gregorio
La patria mexicana. Primer ciclo, México, Herrero Hermanos Sucesores, 1927.
Toussaint Alcaraz, Florence
Escenarios de la prensa en el Porfiriato, México, Universidad de Colima, Fundación Manuel Buendía, 1984.
Tovar y de Teresa, Rafael
El último brindis de don Porfirio: 1910 los festejos del Centenario, México, Taurus Ediciones, 2010.
Urrutia, María Cristina (coord.)
El hombre en la historia 3, textos de Krystyna Libura, Pablo Escalante, Rodrigo Martínez, Luis Gerardo Morales, Alejandro Pinet, José Joaquín Blanco, Alberto Sánchez, México, Patria, 1994.
Vasconcelos, José
El desastre, México, Fondo de Cultura Económica, 1982, vol. II.
"Los motivos del escudo". Discurso pronunciado ante la Confederación Nacional de Estudiantes (s. f.), en Matute, 1987, p. 216.

Vázquez, Josefina Zoraida

México y el expansionismo norteamericano, t. I de *México y el mundo. Historia de sus relaciones exteriores*, México, El Colegio de México, 2010.

México, Gran Bretaña y otros países (1821-1846), t. II de *México y el mundo. Historia de sus relaciones exteriores*, México, El Colegio de México, 2010.

Nacionalismo y educación en México, México, El Colegio de México, 1970. "La modernización educativa (1988-1994)", en *Historia Mexicana*, XLVI:4 (184) (abr.-jun. 1997), pp. 927-952.

"Los Nuevos Libros de Ciencias Sociales", en Educación, iii:12 (mar.-abr. 1975).

Vázquez Mantecón, María del Carmen

Puente de Calderón. Las versiones de un célebre combate, México, Universidad Autónoma de México, 2010.

La palabra del poder: vida pública de José María Tornel, 1795-1853, México, Universidad Nacional Autónoma de México, 2008.

Vázquez Mantecón, Álvaro

"El 68 en el cine mexicano", en Vázquez Mantecón (ed.), 2007, pp. 192-203.

"La visualidad del 68", en Medina, Vázquez Mantecón y Debroise, 2006, pp. 34-39.

Vázquez Mantecón, Álvaro (ed.)

Memorial del 68, México, Universidad Nacional Autónoma de México, Turner, 2007.

Vázquez Santa Ana, Higinio

Cantares mexicanos, México, Ediciones León Sánchez, s. f. [1927-1930].

Vázquez Valle, Irene

La cultura popular vista por las élites, México, Universidad Nacional Autónoma de México, 1989.

Velásquez Andrade, Manuel

México Nuevo, Libro quinto de lectura, México, Pluma y Lápiz de México, 1937.

Villa Lever, Lorenza

Cincuenta años de la Comisión de Libros de Texto Gratuitos: cambios y permanencias de la educación mexicana, México, Conaliteg, 2009.

Los Libros de Texto Gratuitos. La disputa por la educación en México, Jalisco, Universidad de Guadalajara, 1998.

"Los Libros de Texto Gratuitos. Gratuitos pero no únicos ni obligatorios", en Bertussi y González Gómez (coords.), 2008, pp. 215-230.
"La significación social de los Libros de Texto Gratuitos. El caso de los libros de Historia de 1992", en Sánchez Pereyra y Maldonado Cruz (responsables), 1994.
"El conflicto en tomo a los Libros de Texto Gratuitos (1962-1975)", en *Revista Encuentro*, 4: 2 (ene.-mar. 1987), pp. 57-89.

Villalpando, José Manuel
Batallas por la historia, México, Planeta, 2008.
Niños héroes, México, Planeta, 2003.

Villegas, Abelardo
Positivismo y Porfirismo, México, secretaría de Educación Pública, 1972, «Sepsetentas, 40».

Villoro, Luis
"El sentido de la Historia", en *Historia ¿para qué?*, 1980, pp. 33-52.

Vizcaíno Fernando
El nacionalismo mexicano en los tiempos de la globalización y del multiculturalismo, México, Universidad Nacional Autónoma de México, 2004.
"El nacionalismo mexicano en los tiempos de la globalización y del multiculturalismo", en Béjar y Rosales (coords.), 2001.

Vinyes, Ricard (ed.)
El Estado y la memoria: gobiernos y ciudadanos frente a los traumas de la historia, Barcelona, rba, 2009.

Waldmann, Meter
"Guerra civil: aproximación de un concepto difícil de formular", en Waldmann y Reinares, 1999, pp. 28-30.

Waldmann, Meter y Fernando Reinares
Sociedades en guerra civil. Conflictos violentos de Europa y América Latina, Barcelona, Paidós, 1999.

Walzer, Michael
Pensar políticamente, selección, edición e introducción de David Miller, Barcelona, Paidós, 2010.
Guerras justas e injustas. Un razonamiento moral con ejemplos históricos, traducción de Tomás Fernández Aúz y Beatriz Eguibar, Barcelona, Paidós, 2001.

Wertsch, James V. y Mark Rozin
"La Revolución rusa: versiones oficiales y no oficiales", en Cerretero y Voss (comps.), 2004, pp. 121-150.

Widdifield, Stacie G.
The Embodiment of the Nation in Late Nineteenth-Century Mexican Painting, Tucson, The University of Arizona Press, 1996.
Yáñez, Agustín
Don Justo Sierra. Su vida, sus ideas y su obra, México, Universidad Nacional Autónoma de México, 1950.
Zárate Toscano, Verónica
"Los hitos de la memoria o los monumentos en el Centenario de la Independencia de México", en *Historia Mexicana*, LX:1 (237) (jul.-sep. 2010), pp. 85-135.
"La música conmemorativa en el México decimonónico", en *Música de la Independencia a la Revolución,* en *Artes de México,* 97 (abril 2010), pp. 34-43 y 74-75.
"Las pervivencias de Iturbide en el México de hoy", en Millars, *Espai i Història*, Universitat Jaume I, XXX (2007), Dossier "La independencia y el desarrollo del estado mexicano: política, cultura y sociedad", pp. 105-122.
"El Paseo de la Reforma como eje monumental", en Collado (coord.), 2004, pp. 62-83.
"El papel de la escultura conmemorativa en el proceso de construcción nacional y su reflejo en la ciudad de México en el siglo XIX", en *Historia Mexicana*, LIII:2 (210) (oct.-dic. 2003), pp. 417-446.
"Héroes y fiestas en la ciudad de México en el siglo XIX: la insistencia de Santa Anna", en Chust y Mínguez (eds.), 2003, pp. 133-153.
"Agustín de Iturbide: entre la memoria y el olvido", *Secuencia*, 28 (ene.-abr. 1994), pp. 5-27.
Zea, Leopoldo
Conciencia y posibilidad del mexicano. El Occidente y la conciencia de México. Dos ensayos sobre México y lo mexicano, México, Porrúa, 2001.
El positivismo en México: nacimiento, apogeo y decadencia, México, Fondo de Cultura Económica, 1968.
Zermeño, Guillermo
La cultura moderna de la historia: una aproximación teórica e historiográfica, México, El Colegio de México, 2002.
Zolov, Eric
Rebeldes con causa. La contracultura mexicana y la crisis del Estado patriarcal, México, Norma, 2002.

Centenarios: conmemoraciones e historia oficial
se terminó de imprimir en octubre de 2012
en los talleres de EDAMSA Impresiones, S.A. de C.V.,
Av. Hidalgo 111, col. San Nicolás Tolentino,
09850 México, D.F.
Portada: Pablo Reyna.
Formación: Marycarmen Mercado.
Cuidó la edición la Dirección de Publicaciones de
El Colegio de México.

Made in United States
North Haven, CT
10 November 2026

22084226R00256